In der Reihe »Heyne Geschichte« sind bereits erschienen:

Dick Wilson

MAO TSE-TUNGS LANGER MARSCH

Der Ursprung der Volksrepublik China

Wilhelm Heyne Verlag
München

Titel der englischen Originalausgabe
The Long March 1935
Deutsche Übersetzung von Hansheinz Werner

Genehmigte, ungekürzte Taschenbuchausgabe
Copyright © 1971 by Dick Wilson
Copyright © der deutschen Übersetzung by F. A. Brockhaus, Wiesbaden
Printed in Germany 1978
Umschlagfoto: Bildarchiv Preußischer Kulturbesitz, Berlin
Umschlaggestaltung: Atelier Heinrichs, München
Satz: IBV Lichtsatz KG, Berlin
Druck und Bindung: Presse-Druck, Augsburg
ISBN 3-453-48043-0

Inhalt

Vorwort

Der Sieg der chinesischen Kommunisten unter Mao Tse-tung und die Errichtung der Volksrepublik China 1949 ist eine der herausragenden, in ihren Konsequenzen gegenwärtig noch nicht voll überschaubaren großen weltgeschichtlichen Entscheidungen des zwanzigsten Jahrhunderts. Die wechselvolle innere Entwicklung des 800-Millionen-Reiches seither, sein Hineinwachsen in die Funktion einer dritten ›Supermacht‹ im Rahmen des sich abzeichnenden neuen Weltmächtesystems – neben den Vereinigten Staaten von Amerika und der Sowjetunion – in den sechziger und siebziger Jahren und die weltweite ideologische Ausstrahlung des Maoismus als besonderer Ausprägung des Marxismus-Leninismus mit eigener Schwerkraft – in Konkurrenz zum Sowjetkommunismus – haben das noch vor wenigen Jahrzehnten auf einen engen Kreis von Experten beschränkte Interesse an dem vielfach rätselhaft erscheinenden »Phänomen« China in einer sehr breiten historisch-politisch engagierten Öffentlichkeit in den Industrienationen Europas und Amerikas rasch anwachsen und schließlich allgemein werden lassen.

Ein tieferes Verständnis für eine bedeutende geschichtliche Kraft – wie sie die chinesischen Kommunisten unter Mao darstellen – läßt sich für Außenstehende oft am besten dadurch gewinnen, daß die Ursprünge, die Anfänge einer Bewegung so genau wie möglich dargestellt und analysiert werden. Dies ist um so notwendiger, wenn – wie hier der ›Lange Marsch‹ der zunächst 100 000, zuletzt noch 5000 Männer und Frauen von der Provinz Kiangsi im Süden über 10 000 km hinweg bis Jenan im äußersten Nordosten Chinas von Oktober 1934 bis Oktober 1935 – ein später immer mehr ins Legendäre entrückter Vorgang, ein zum nationalen Mythos gewordenes symbolträchtiges Geschehen als ›Schlüssel‹ zum Verstehen dienen kann. In einer Erzählung dieser ›Anabasis‹ unseres Jahrhunderts, in einem ausführlichen Bericht über eine solche zur Geschichte gewordene ›Geschichte‹ liegt vor allem eine Chance, wesentliche Aspekte des Selbstverständnisses der Mao-Bewegung (die heute zu festen Bestandteilen des Selbstverständnisses des volkreichsten Staates der Erde geworden sind) zu erkennen und zu vermitteln.

Dick Wilson, der Verfasser des ersten wirklich umfassend angelegten und zugleich zur Aufnahme durch ein großes Lesepublikum geeigneten Berichts über den ›Langen Marsch‹, war sich des ›Entzückens des Journalisten‹, aber auch des ›Alptraums des Gelehrten‹ bei der selbstgestellten Aufgabe einer – soweit überhaupt möglich – wahrheitsgetreuen Rekonstruktion des Geschehens bewußt, bildeten doch sowohl die verklärenden Schilderungen der kommunistischen Chronisten als auch die abwertenden Polemiken der nationalistischen Gegner unter Tschiang Kai-schek kaum überwindbare Barrieren hierfür und starke Belastungen für eine sachlichnüchterne Bestandsaufnahme als Voraussetzung für eine zusammenhängende Darstellung. Bei aller Kritik an den kommunistischen Zeugnissen und Chroniken im einzelnen und bei allem Streben nach umfassenderer Information über das ihm offiziell in der Volksrepublik Zugängliche hinaus ist der Autor schließlich – aufs Ganze gesehen –, gedeckt durch die Autoritäten, den Amerikaner Edgar Snow, den Mao als ersten westlichen Journalisten nach Beendigung des ›Langen Marsches‹ empfing und mit dem er bis zu dessen Tode 1972 in Verbindung blieb, sowie den renommierten Historikern der Universität Leeds, Jerome Ch'en, und fasziniert von dem – wie er den ›Langen Marsch‹ deutet – ›Abbild der immer noch bestehenden Möglichkeiten menschlicher Ausdauer und Entschlossenheit‹, eines ›verbissenen Muts‹, weitaus mehr der Linienführung der kommunistischen Historiographie gefolgt als der der chinesischen Nationalisten. Da, wie schon angedeutet, der eigentliche Wert des Buches – über den spannend zu lesenden, glänzend geschriebenen Bericht über die Ereignisse des Marsches hinaus – in der hier gebotenen Möglichkeit des Erfassens der Selbstdeutung der kommunistischen Führung der Volksrepublik China und des von ihr in die Massen getragenen (stilisierten) Geschichtsbildes liegt, ist dies, sofern der Leser sich dieser Perspektive bewußt bleibt, durchaus von Vorteil; denn dieses – Bild vom ›Langen Marsch‹ – und kaum das nur Spezialisten erregende Ringen um die faktische Richtigkeit möglichst vieler Einzelheiten und um die treffendste Interpretation kleinerer und größerer Ereigniszusammenhänge mit allen möglichen Modifizierungen und Differenzierungen – ist nun einmal in eminentem Maße geschichtswirksam – in den ideologischen Fernwirkungen bis in die politische Gegenwart der ›Dritten Welt‹, aber auch der Industrienationen des Westens hinein.

Eine Einschränkung, die zugleich die Problematik jeder noch so sehr um die Ermittlung der Wahrheit bemühten Berichterstattung auf der Grundlage – unvermeidlich – überwiegend kommunistischen Quellenmaterials beleuchtet, muß allerdings getroffen werden: Als Wilson sein Buch 1971 in Großbritannien und den USA veröffentlichte, war Lin Piao in der Volksrepublik China noch der gefeierte Stellvertreter und designierte Nachfolger Maos, und dementsprechend wurde seine Rolle während des ›Großen Marsches‹ hervorgehoben. Angesichts der gegebenen ›Quellen‹-Situation spiegelt sich zwangsläufig diese Akzentsetzung in abgeschwächter Form auch in dem Bericht des Autors. Wenige Monate später, nach einem angeblichen Putschversuch gegen Mao und einem mysteriösen tödlichen Flugzeugunglück, wurde Lin Piao – wie in kommunistischen Regimen üblich – zur ›Unperson‹, und zweifellos wurde und wird nun in China in Auswirkung dieser folgenreichen politischen Veränderung auch die geschichtliche Rolle Lin Piaos auf dem ›Langen Marsch‹ anders bewertet als zuvor, sofern er überhaupt noch Erwähnung findet. Da jedoch der Verfasser in seinem Buch bewußt nicht zu damals aktuellen politischen Vorgängen Stellung nahm, da sie noch im Flusse waren, ist die Gefahr des schnellen ›Veraltens‹ seines Berichts – unbeschadet der durch den Fall Lin Piao erhellten grundsätzlichen Problematik – nicht gegeben, behält das Buch – aufs Ganze gesehen – somit seinen hohen Informationswert und vor allem seinen Rang als Vermittler der historisch-politischen Selbstdeutung der Volksrepublik China.

Der ›Lange Marsch‹ stellt in dieser Perspektive die entscheidende Voraussetzung für den Sieg über die Nationalisten im Bürgerkrieg 1948/49 nach der gemeinsam geleisteten, jedoch – dieser Selbstdeutung zufolge – ohne die Kampfkraft der Kommunisten aussichtslos gewesenen Abwehr der japanischen Gefahr in den Jahren 1937–1945 und für den eigenwilligen Weg des kommunistischen China seither dar. Wilson hebt mit Recht die existentiellen Erfahrungen hervor, die Maos Bewegung auf dem ›Langen Marsch‹ auf Dauer geprägt haben: der Wille zur Einheit und Geschlossenheit, zu Disziplin und Geheimhaltung, ein spezifisches ›Guerilla-Ethos‹, das ›Mißtrauen gegenüber der Großstadt als moderne Institution und das städtische Leben als eine korrumpierende und demoralisierende Kraft‹, die ›mißtrauische Haltung gegen die Sowjetunion und ihre grimmige Unabhängigkeit von der Bevormundung durch Moskau‹ und der fanatische Glaube an die eigene Kraft und die Unzerstörbarkeit der Bewegung, wenn sie nur Mao folgt.

Nachdem sich die nationalistische Bewegung unter Tschiang Kai-schek unfähig erwiesen hatte, China auf die Modernisierung vorzubereiten, wurde – wie Wilson formuliert – der ›Prozeß, durch den… 800 Millionen Chinesen in das zwanzigste Jahrhundert geführt wurden und sich mit den erweiterten Horizonten auseinandersetzen, die die industriellen und wissenschaftlichen Revolutionen in Europa der Welt gebracht haben‹, von Maos Kommunisten eingeleitet und gesteuert. Dabei bot der Marxismus-Leninismus nicht nur ›ein Rezept für die Modernisierung Chinas, sondern (auch für) eine heroische Rolle für China in dem großen neuen Drama der Weltgeschichte‹. Er korrespondierte zudem mit wichtigen Elementen der konfuzianischen Tradition: ›Die Rechtfertigung des autoritären Regierungssystems und der organisatorischen Disziplin im Namen einer höheren Moral war in der chinesischen Zivilisation wohlbekannt.‹

Mao selbst bezeichnete schon zwei Monate nach der Ankunft des Rests seiner Männer und Frauen in Schensi am 27. Dezember 1935 den ›Langen Marsch‹ enthusiastisch als ›ein Manifest, ein Agitationskorps und eine Sämaschine‹: Er habe ›viele Saaten in elf Provinzen gepflanzt, die sprossen, Blätter entwickeln, Blüten, die zu Blumen werden, Frucht tragen und in der Zukunft eine Ernte einbringen werden‹. Realität und Mythos sind somit früh, schon beim Ursprung des kommunistischen China, unlösbar ineinander verwoben worden. Von beidem liefert dem Leser das in seiner Art großartige Buch Wilsons eine lebendige Vorstellung.

Köln, den 1. Februar 1974   Andreas Hillgruber

Dank und Anerkennung

Dank und Anerkennung muß vor allem Edgar Snow und Jerome Ch'en, den beiden Pionieren der Rekonstruktion des Langen Marsches, gezollt werden. Ich bin stolz, daß ich die beiden meine Freunde nennen darf; sie haben mir bei der Abfassung dieses Buches sehr geholfen.

Großen Dank schulde ich auch vielen Freunden, die mir bei der Übersetzung aus dem Chinesischen und bei der Suche nach Dokumenten und anderen Quellen halfen; besonders Frank Allen, Robert Tung, Lee Yip Lim, Dieter Heinzig, Smarlo Ma, Olof von Randow, M. H. Su und Kayser Sung. Trygve Lötveit war so freundlich, mir Einblick in das Manuskript seiner Arbeit über den Kiangsi-Sowjet vor der Veröffentlichung des Buches zu gewähren. Und Huang Chen-hsia gestattete mir großzügig die Lektüre eines Vorauskapitels des Buches ›Communist China's High Command‹ von ihm selbst und William Whitson. Bill Brugger und David Wilson gaben ebenfalls wertvolle Hinweise auf Quellenmaterial.

Mein Dank gilt auch den Bibliotheken der School of Oriental and African Studies in London, des Union Research Institute, dem US-Generalkonsulat in Hongkong und der Universität Singapore für die mir gewährte Unterstützung.

Schließlich möchte ich meine Anerkennung Juminah binte Kamis dafür aussprechen, daß sie das Manuskript getippt hat, und Malcolm Gabriel und Francis Kee, daß sie die Karten entworfen haben.

Für die Erlaubnis, gedrucktes Material zu zitieren, ist Dank abzustatten an *The China Quarterly* für Howard L. Boormans *Mao Tsetung* (London Nr. 16) und Jerome Ch'ens *Resolutions of the Tsunji-Conference* (London Nr. 40); der *Monthly Review Press* für Agnes Smedleys *The Great Road*; der *Oxford University Press* für Jerome Ch'ens *Mao and the Chinese Revolution*; Mr. Edgar Snow für *Red Star over China* und *The Battle for Asia*; Mrs. Helen Foster Snow für *Red Dust: Autobiographies of Chinese Communists*; George Weidenfeld & Nicholson Ltd. und McGraw Hill Company für Samuel B. Griffiths *The Chinese People's Liberation Army*.

Dick Wilson

Ein Wort über chinesische Namen

Einen chinesischen Namen in einer anderen Sprache zu schreiben, ist eine sehr umstrittene Angelegenheit, da die chinesische Schrift ideographisch und nicht phonetisch ist – die Schrift drückt nur die Bedeutung, nicht aber den Laut aus. Die Übertragung ins Englische ist daher eine Frage der Wahl, welche lateinische Buchstaben am besten den Klang eines Namens vermitteln, wie er von einem Bewohner Pekings ausgesprochen würde.*

Im Westen werden vier Hauptsysteme der Übersetzung angewendet: das Wade-Giles (am verbreitetsten in der angelsächsischen Gelehrtenwelt), das *pingjin* (das die chinesische Regierung selbst 1958 als ihr Romanisierungs-Standardsystem übernommen hat); das EFEO (Ecole Française de l'Extrême Orient) und das Lessing (das deutsche System).

So wird der Name des chinesischen Ministerpräsidenten Tschou En-lai (alle chinesischen Namen setzen natürlich den Familiennamen an die erste und die Vornamen – mit Bindestrich verbunden – an die zweite Stelle) in Pekings fremdsprachlichen Veröffentlichungen Zhou buchstabiert, in London Chou, in Paris Tcheou und in Berlin Tschou (nicht Dschou! [d. Ü.]). Mao Tse-tungs Vorname lautet dementsprechend Ze-dong, Tse Tung, Tsé-toung und Tse-tung. Die Provinz, die Angelsachsen als Kiangsi kennen, nimmt in modernen chinesischen Fremdsprachenveröffentlichungen (und beispielsweise in Nagels ausgezeichnetem *Guide to China*) die Form Jiang Ti an.

Die Wade-Giles und EFEO-Systeme weisen die weitere Feinheit auf, daß sie Apostrophe verwenden, um den Klang eines weichen Konsonanten anzudeuten. Der Laut p wird als p' wiedergegeben, der Laut b durch p.

---

* Das ist verschieden davon, wie er von einem Kantonesen oder Szetschuanesen ausgesprochen wird. So ist Tschiang Tschung-tscheng für den Westen als Tschiang Kai-schek unsterblich geworden, weil die Zeichen seines Namens so klingen, wenn sie von einem Bewohner Kantons laut gelesen werden, das in den Jahren Hauptquartier der Kuomintang-Bewegung war, als Tschiang zum ersten Mal berühmt wurde. Normalerweise übernehmen Ausländer den Klang chinesischer Namen so, wie sie in Peking ausgesprochen werden, dem Zentrum der Kuojo – oder Mandarin – genannten Sprache, die fast in ganz Nordchina und Teilen Mittelchinas vorherrscht und die die Chinesen zu ihrer Nationalsprache machen wollen.

So wird P'eng als Pung, Peng aber als Bung ausgesprochen. Ähnliche Regeln gelten für K'ang und Kang, T'eng und Teng. Akzente werden ebenfalls verwendet. Ch'en bei Wade-Giles ist in *pingjin* Qen, Ts'ön in EFEO und Tjön bei Lessing (in allen vier Systemen wird der Namen identisch als Tschun ausgesprochen).

Für den Angelsachsen auf der Straße sind die Apostrophe und Akzente bedeutungslos, und ihre konsequente Anwendung im Wade-Giles-System schafft eine scholastische Schranke für das Verstehen und die Übereinstimmung.

In Zeitungen, Zeitschriften, Atlanten, Enzyklopädien und Sachbüchern kommen sie daher gewöhnlich in Wegfall.

Ein angelsächsischer Autor, der eine große Leserschaft erreichen will, gerät so in ein Dilemma. Die Pedanterie von Wade-Giles und das völlig Fremdartige des *pingjing* lassen beide ungeeignet erscheinen; der beste Kompromiß scheint daher Wade-Giles ohne die ›Verzierungen‹ durch Akzente und Apostrophe zu sein. So werden neunundneunzig Prozent der Leser dieses Buches, die die chinesische Sprache nicht formal studierten, die wohlbekannten Namen in ihren Zeitungen und Zeitschriften gelesen haben; das scheint daher der beste Weg zu sein, ihnen eine Geschichte darzubieten, ohne sie aus der Fassung zu bringen. Bei den Gelehrten entschuldige ich mich dafür. Einen Akzent oder Apostroph habe ich nur beibehalten, wenn der Mann ihn selbst benützt, falls er seinen Namen englisch schreibt – und so positiv darum ersucht, ihn so kennenzulernen.

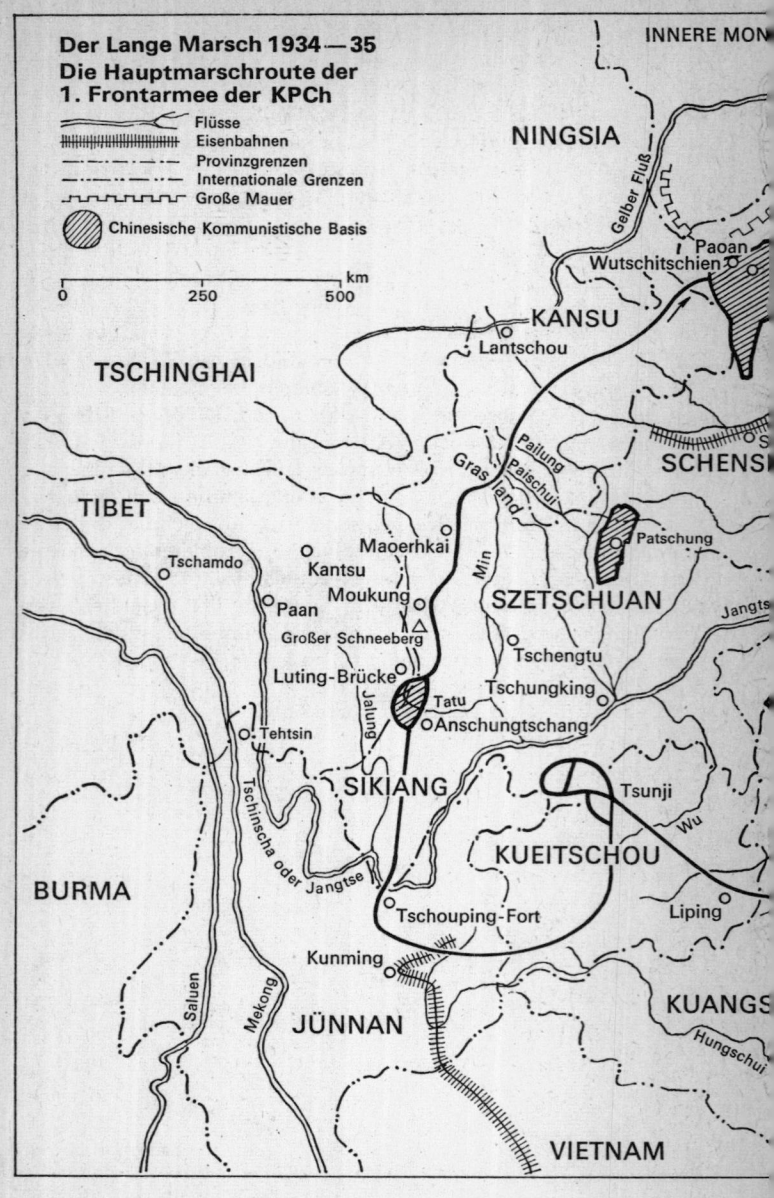

Der Lange Marsch 1934 — 35
Die Hauptmarschroute der
1. Frontarmee der KPCh

━━━━━ Flüsse
▨▨▨▨▨ Eisenbahnen
— · — · — Provinzgrenzen
— ·· — ·· — Internationale Grenzen
⊐⊓⊐⊓⊐ Große Mauer
◨ Chinesische Kommunistische Basis

0 ————— 250 ————— 500 km

INNERE MON

NINGSIA

Gelber Fluß

Paoan
Wutschitschien

KANSU
Lantschou

TSCHINGHAI

Pailung
Paischui

Grasland

Min

SCHENSI

TIBET

Maoerhkai
Kantsu
Tschamdo
Moukung
Paan
Großer Schneeberg
Luting-Brücke

SZETSCHUAN

Patschung

Jangts

Tschengtu

Tschungking

Tatu
Anschungtschang

Jalung

Tehtsin

SIKIANG

Tsunji

Wu

KUEITSCHOU

Tschinscha oder Jangtse

BURMA

Tschouping-Fort

Liping

Kunming

Saluen

Mekong

JÜNNAN

KUANGS

Hungschui

VIETNAM

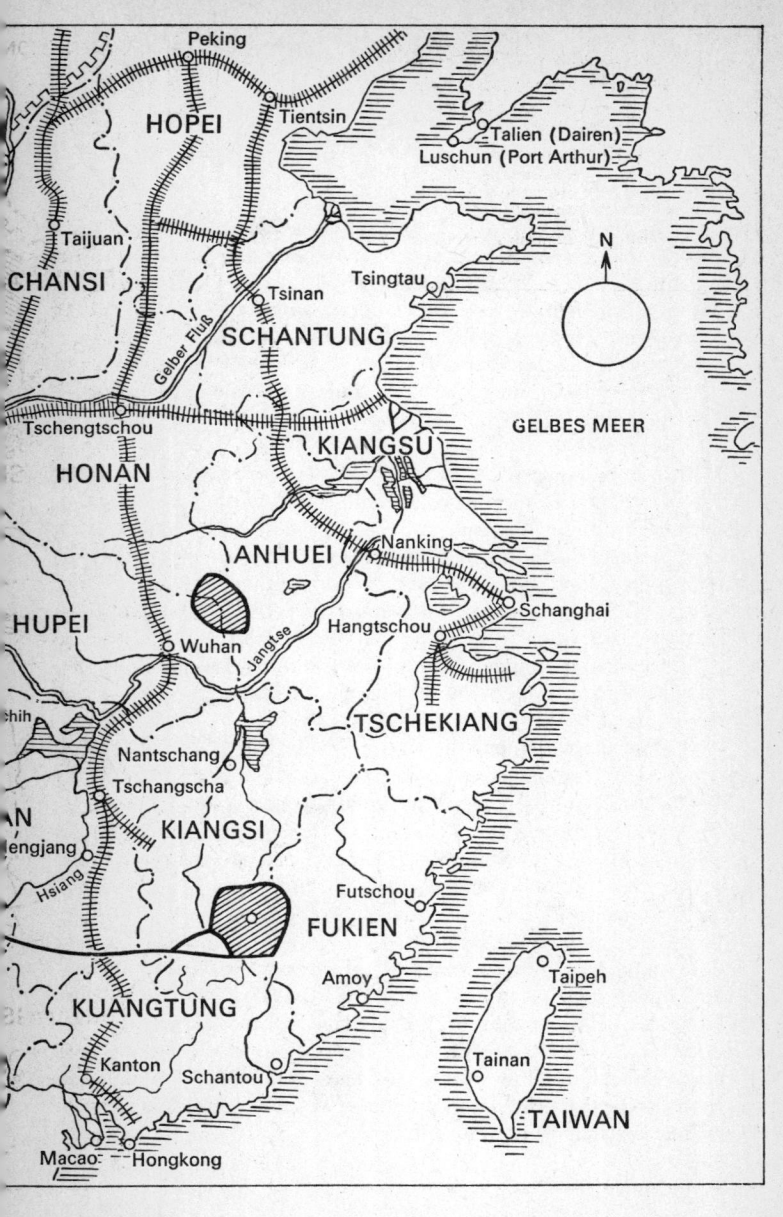

Einführung

Am 16. Oktober 1934 brachen 100 000 chinesische Kommunisten, Männer und Frauen, zu dem außergewöhnlichsten Marsch in der Geschichte der Menschheit auf. Sie gaben ihre Sowjetbasis in der Provinz Kiangsi im mittleren Süden auf (sie war so groß wie Belgien), durchbrachen den Würgegriff ihrer Feinde, der nationalistischen oder Kuomintang-Streitkräfte Tschiang Kai-scheks, und begannen einen Fußmarsch, der ein ganzes Jahr dauern und sie auf Umwegen über 6000 Meilen (rd. 10 000 Kilometer) bis ans andere Ende von China führen sollte.

Die Führer begannen den Langen Marsch unter sich zerfallen und demoralisiert. Die Räumung von Kiangsi konnte man nur als eine Niederlage ansehen, die zum großen Teil den Fehlern oder der schlechten Lagebeurteilung der Führer der Chinesischen Kommunistischen Partei und ihrer russischen und anderen europäischen marxistischen Berater zuzuschreiben war. Die Nöte des Marsches ließen diese Zwietracht verschwinden; während des Marsches stieg Mao Tse-tung zu dem mächtigsten Führer auf, in eine Position, die er, wenn sie ihm auch nicht immer freie Hand ließ, doch nachher nie wieder völlig verlor.

Der Lange Marsch führte die Kommunisten durch elf Provinzen, über tosende Flüsse und schneebedeckte Bergketten, durch Sümpfe und Wälder. Sie mußten gegen nationalistische Armeen kämpfen, wie gegen die Truppen der Provinzial-Kriegsherren, gegen lokale Banditen und feindliche Stämme. An einer Stelle, wo es kein Wasser gab, blieben sie nur am Leben, indem sie ihren eigenen Urin tranken. Kurze Zeit nach Beginn ihrer Odyssee legte der Zusammenbruch anderer verstreuter sowjetischer Basen Mao und seinen Kameraden auf dem Langen Marsch die Last der Verantwortung für das Überleben des Kommunismus auf die Schultern. Als Maos Männer in dem undurchdringlichen Inneren Westchinas nahe der tibetischen Grenze verschwanden, waren viele Beobachter der Ansicht, daß Tschiang Kai-schek seinen Bürgerkrieg gewonnen habe und daß der Kommunismus in China – und möglicherweise in ganz Asien – entscheidend geschlagen worden sei.

Als aber die zerlumpten Reste von Maos Horde Ende Oktober 1935 sich Jenan, im Schatten der Großen Mauer, in Nordchina näherten, hatten die Gezeiten ganz unerwartet gewechselt. Maos Führerschaft – gestützt auf die Disziplin und die Hingabe, die die Strapazen des Langen Marsches geschmiedet hatten – verwandelte die kommunistische Bewegung in die treibende Kraft, der es vierzehn Jahre später gelang, das ganze Land zu übernehmen und die Nationalisten ins Meer zu werfen. Der Lange Marsch änderte sich in seinem Charakter von einem verzweifelten Rückzug in das Präludium zum Sieg.

Dieses außergewöhnliche Epos ist eine der großen Geschichten des zwanzigsten Jahrhunderts geworden. Edgar Snow, der amerikanische Journalist, war einer der ersten, die Maos Hauptquartier nach Abschluß des Langen Marsches erreichten; in seinem Buch ›Roter Stern über China‹ übermittelte er einer erstaunten Welt einige der Details. ›Abenteuer, Erkundung, Entdeckung, menschlicher Mut und menschliche Feigheit, Ekstase und Triumph, Leiden, Opfer und Treue und durch das alles wie eine Flamme, eine ungetrübte Glut, eine nie sterbende Hoffnung und ein erstaunlicher revolutionärer Optimismus dieser Tausende von jungen Menschen, die eine Niederlage durch Menschen, Natur, durch Gott oder Tod einfach nicht hinnehmen wollten – all das und noch mehr schien in der Geschichte einer Odyssee verkörpert zu sein, die in modernen Zeiten ihresgleichen nicht kannte.‹[1]

Das war die Reaktion des ersten Außenseiters, dem man die Geschichte erzählte. Snow war nur der erste, der die Ehrfurcht und die Bewunderung für eine Welt aufzeichnete, die angenommen hatte, solche Leistungen gehörten der Vergangenheit an. Feldmarschall Lord Montgomery nannte den Langen Marsch ›eine erstaunliche Leistung der Ausdauer‹.[2] Simone de Beauvoir schrieb die Geschichte des modernen China mit dem Titel ›Der Lange Marsch‹; er ist in allen Kontinenten zum Abbild der immer noch bestehenden Möglichkeiten menschlicher Ausdauer und Entschlossenheit geworden.

General Samuel B. Griffith, der amerikanische Militärhistoriker, beschrieb ihn als eine ›noch majestätischere Leistung als den Rückzug der 10 000 Griechen aus Persien zum Schwarzen Meer, vier Jahrhunderte vor Christus‹; die chinesischen Kommunisten prüften und bestätigten wiederholt die Fähigkeit des Menschen, sich unbeschreiblichen Strapazen zu unterziehen, jede Herausforderung zu überwinden, die ihnen eine zur Vernichtung entschlossene Natur in den Weg warf, über Feinde, die genauso entschlossen waren, sie zu vernichten und schließlich ihr Ziel zu erreichen. Auf gleiche Art ertrugen Griechen und Chinesen sengende Hitze und schneidende Kälte, Durst und Hunger. Ähnlich den Griechen kletterten sie über schneebedeckte Berge, aßen Wurzeln, schliefen im Schnee, marschierten und kämpften und marschierten weiter. Auf gleiche Weise schlichteten sie innere Zwistigkeiten, die sie zu zermürben drohten. Und auf gleiche Weise hielten sie durch und blieben am Leben.[3] Maos Chinesen marschierten aber 6000 Meilen gegenüber den 2000 der Griechen Xenophons, sie marschierten ein Jahr und nicht bloß vier Monate; sie waren zehnmal so zahlreich wie die Griechen und ihr Überleben hatte ungleich größere historische Bedeutung als das der Gefährten Xenophons.

In China selbst ist Tschang-Tscheng oder der Marsch der 25 000 Li* ein Teil vom Mythos des modernen chinesischen Nationalismus und Kommunismus geworden. Die offiziellen Aufzeichnungen berichten, daß das I. Armeekorps, die Vorhut der Ersten Frontarmee, 18 088 Li und nicht 25 000 zurücklegte, aber diese zweite Zahl ist fest in dem Mythos verwurzelt. Und 18 088 Li sind immer noch so weit wie von New York nach San Francisco und wieder zurück.

›Die Rote Armee fürchtet die Plagen des Langen Marsches nicht und mißachtet die tausend Gebirge und Flüsse.‹[4]

Das schrieb Mao Tse-tung in einem Gedicht, das er während des Langen Marsches verfaßte. Eine der Hauptsorgen der politischen Führung in Peking ist heute das Bemühen, den Geist und den Ernst dieser, der schönsten Stunden der chinesischen Kommunisten wenigstens zum Teil wieder zu schaffen. Der Lange Marsch sicherte das Überleben und daher auch den schließlichen Sieg der Kommunistischen Partei Chinas in dem Kampf, der fast dreißig Jahre lang zwischen der Linken und der Rechten um das Privileg tobte, den Drachenthron in Peking zu besetzen und den schicksalhaften Prozeß der Modernisierung dieser alten Nation zu leiten. Er stellte auch sicher, daß die kommunistischen Herrscher Chinas in den 1950er, 1960er und 1970er Jahren durch diese Erfahrung tief beeinflußt wurden.

Ihre mißtrauische Haltung gegen die Sowjetunion und ihre grimmige Unabhängigkeit von der Bevormundung durch Moskau; ihr Mißtrauen gegen die Großstadt als moderne Institution und das städtische Leben als eine korrumpierende und demoralisierende

---

* Ein Li entspricht fast genau einem Drittel einer Meile (= 0,576 km).

Kraft; die Einheit, Disziplin und Geheimhaltung, die die Angelegenheiten ihrer Partei und die Unternehmungen der Regierung so lange charakterisierten, ihr Idealismus und ihre Schlichtheit, die Tatsache, daß sie den Guerilla-Ethos den Werten des Technokraten vorzogen, die lange Aszendenz Mao Tse-tungs über die Kommunistische Partei Chinas wie über viele Sektoren der kommunistischen Weltbewegung als Ganzes – all das hat entweder seine Wurzeln in dem Langen Marsch – oder wurde während jener zwölf Monate so herauskristallisiert und verfeinert, daß ihm der Stempel des Langen Marsches unauslöschlich aufgedrückt wurde.

General Griffith schreibt in seinem Buch über die Chinesische Volksbefreiungsarmee: ›Der Lange Marsch prägte der Partei und der Roten Armee sein unzerstörbares Zeichen auf. Die Erfahrung der unglaublichen überstandenen Prüfungen und der überwundenen Gefahren festigte die Positionen der Führer, die alles mitgemacht hatten. Seit jenen Tagen, in denen jeder Mann immer wieder äußersten Prüfungen der einen oder der anderen Form ins Auge sah, haben die ‚Langen Marschierer‘ bis in die jüngste Zeit die Spitzenpositionen in der Hierarchie der Partei und ihrer Armee praktisch monopolisiert. Aus dieser Prüfung stieg eine Gruppe bewährter Führer auf, mit der festen Überzeugung von ihrer Fähigkeit, das Schicksal ihrer Partei und ihres Landes gestalten zu können. Aus ihr entstand auch eine mit reicher Erfahrung versehene, gut geschulte Armee, überzeugt von dem Recht ihrer Sache und ausgestattet mit einer dynamischen Doktrin des Guerilla- und des Bewegungskriegs.‹[5]

In einem gewissen Sinn stellte der Machtkampf, der in Peking zu den Zeiten der Großen Proletarischen Kulturrevolution 1966–69 ausbrach, einen Konflikt wegen der fortdauernden Relevanz der Erfahrungen des Langen Marsches für die Regierung Chinas in den 1960er und 1970er Jahren dar.

Es ist merkwürdig, daß ein in seinem Heroismus so aufrüttelndes und für die Weltgeschichte so entscheidendes Geschehen bei Schriftstellern wie Gelehrten so wenig Beachtung fand. In Edgar Snows *Roter Stern über China* sehen viele immer noch das maßgebliche Werk über den Langen Marsch, obwohl es jetzt vierunddreißig Jahre alt ist und nur einen seiner zwölf Teile dem Langen Marsch selbst widmet. Auf jeden Fall fußte das Buch völlig darauf, was eine Gruppe von Teilnehmern Snow zu der damaligen Zeit erzählen *wollte*. Seit dieser Zeit wurde eine Anzahl anderer Zeugnisse aufgezeichnet, besonders von Teilnehmern des Langen Marsches, die später die kommunistische Bewegung verließen; außerdem wurden Dokumente veröffentlicht, auch andere Einzelheiten kamen ans Licht, die es ermöglichen, einen umfassenderen Bericht zusammenzustellen.

Die Aufzeichnungen der Kommunisten selbst sind fragmentarisch. Ihr ›Historiker‹ des Langen Marsches, Hsu Meng-tschiu, erzählte der englischen Korrespondentin Nym Wales später: ›Wir haben im Grasland und bei der Überquerung von Flüssen fast alle unsere Dokumente verloren. Viele Träger ertranken, durch die Aktenbehälter behindert. Viele Dokumente, die nicht befördert werden konnten, haben wir auch verbrannt. Jetzt haben wir kaum mehr historische Aufzeichnungen.‹[6] Die Dokumente, die blieben, waren in Gefahr, wegen der politischen Spannungen innerhalb der Partei und der kommunistischen Weltbewegung ›verarztet‹ oder unterdrückt zu werden.

Die Resolutionen der äußerst wichtigen Politbüro-Konferenz in Tsunji, etwa in der Mitte des Langen Marsches, wurden erst veröffentlicht, als sie fünfunddreißig Jahre später von einem nichtkommunistischen Historiker in einer frühen und bald überarbeiteten chinesischen Version der Ausgewählten Werke des Vorsitzenden Mao ›wiederentdeckt‹ wurden.[7]

Viel Gewicht wurde daher auf das Gedächtnis der Beteiligten gelegt, und das ist nur allzu menschlich. General Peng Teh-huai erklärte einmal Robert Payne, einem weiteren aus der kleinen Gruppe westlicher Besucher in Jenan nach dem Langen Marsch, daß in einem der Kuomintang-Einkreisungsfeldzüge in Kueitschou ein gewisser defensiver Durchbruch geplant gewesen sei, als er plötzlich innehielt. Er hatte sich geirrt: Die Schlacht, die er beschrieb, war eine völlig andere, die sich mehrere hundert Kilometer entfernt in Szetschuan zugetragen hatte. ›Es gab so viele Schlachten‹, sagte er nachdenklich. ›In der Rückschau scheint es eine einzige riesige Schlacht gewesen zu sein, die immer weiterdauerte.‹[8]

Payne stellte fest, daß diese Erfahrung allgemein war. ›So‹, schrieb er, ›war es bei allen Befehlshabern; sie erinnerten sich an kleine Details und vergaßen die entscheidenden Ereignisse; am meisten erinnerten sie sich an die Sümpfe und den Schnee, an die seltsame Landschaft im Grenzgebiet von Tibet, wo Lin Piao beinahe umgekommen wäre und Mao erkrankte…‹ Als Mao selbst einmal von einem seiner früheren Lehrer gefragt wurde, was das merkwürdigste Erlebnis gewesen sei, auf das sie während des Marschs gestoßen waren, erwiderte er nach einem Augenblick des Nachdenkens: ›Ich glaube, es waren die Fische. Wir kamen in Gegenden, wo vorher so wenig Menschen gewesen waren, daß einem die Fische in die Hände sprangen, wenn man in einen Fluß watete.‹[9]

Gelehrte wurden oft an der Sammlung und Bewertung von Material über den Langen Marsch gehindert, und zwar wegen der Schwierigkeiten der Materie und der kontroversen Art des verfügbaren Materials. Wie ein amerikanischer Autor es sehr treffend ausdrückte, ist die ganze Periode in der Geschichte des chinesischen Kommunismus ›das Entzücken des Journalisten und der Alptraum des Gelehrten‹.[10] Seit 1935 fand von seiten der chinesischen Kommunisten ein allmählicher Prozeß ›des Aufräumens‹ statt.

Ihr Interesse lag darin, den Langen Marsch als ein völlig erfolgreiches Resultat makelloser Entscheidungen auf seiten der gegenwärtigen Führung zu schildern. Jene Begebenheiten, welche die Führung in ein anderes als ein völlig heroisches Licht gerückt hätten, wurden systematisch aus den offiziellen Geschichten und Berichten weggelassen. Das Material, das von den Nationalisten gesammelt wurde und das in Taiwan und jetzt durch Mikrofilme in amerikanischen Forschungsinstituten und anderswo zur Verfügung steht, wird andererseits von einem entgegengesetzten Vorurteil beeinträchtigt: es neigt dazu, jeden Kommunisten als brutale Bestie und jeden Nationalisten als Heiligen zu zeichnen.

Ein gründliches Studium dieser wie jeder anderen Phase der modernen chinesischen Geschichte erfordert volle Vertrautheit mit der chinesischen Sprache, der chinesischen Tradition und der chinesischen Geschichte. Die chinesischen Gelehrten selbst sind in dieser Hinsicht offensichtlich am besten ausgerüstet; sie haben jedoch gezögert, über den Langen Marsch zu schreiben, weil es unmöglich ist, ihn wahrheitsgemäß zu behandeln, ohne der offiziellen Propaganda, dem Mythos sowohl der Kommunisten wie der Nationalisten Schaden zu tun. Der chinesische Historiker, der bereit ist, beide Regimes zu verletzen, ist aber tatsächlich ein weißer Rabe, und sogar jene Chinesen, die sich im Westen niedergelassen haben, haben es bisher vorgezogen, weniger kontroverse Themen zu behandeln. Jerome Ch'en, der berühmte Historiker der Universität Leeds, ist eine hervorragende Ausnahme, alle, die sich mit dem Langen Marsch beschäftigen, schulden ihm größten Dank.

Wenn die Kommunisten 1934 tatsächlich von den nationalistischen Armeen besiegt worden wären, welchen Unterschied hätte das für die japanische Besetzung Chinas und die Entfaltung der japanischen militärischen Operationen bedeutet, die zuerst nach Pearl

Harbour und schließlich nach Hiroshima führten? Das Überleben des Kommunismus als Resultat des Langen Marsches stellte sicher, daß der Bürgerkrieg in China ein weiteres Jahrzehnt andauerte und China angesichts des japanischen Feindes spaltete. Und doch erwiesen sich die Kommunisten während der Perioden, in denen sie mit den Nationalisten gegen die japanische Aggression zusammenwirkten, als die zäheren Widerstandskämpfer. Wer kann sage, was geschehen wäre?

Vielleicht wären die Japaner davon abgeschreckt worden, die Schwäche Chinas als gegeben hinzunehmen. Möglicherweise hätte ihr Ehrgeiz, der nach Pearl Harbour führte, zu einem früheren Zeitpunkt gebremst werden können. Amerika hätte sich vielleicht nie derart in Asien engagiert, wie es geschah, um den japanischen Imperialismus zu besiegen. Vielleicht hätte es in den frühen 1940er Jahren keinen Krieg im Pazifik und später gegen Korea – und keinen Vietnamkrieg gegeben.

China hätte unter nationalistischer Führung als Macht in Asien und in der Welt emporsteigen können – vergleichbar vielleicht mit dem Indien Nehrus. Tschiang Kai-schek wäre den Russen nie so nahegestanden wie die chinesischen Kommunisten in den 1950er Jahren, noch hätte er ihnen aber auch eine so besessene Feindschaft gezeigt wie Mao Tse-tung während der 1960er Jahre. Der asiatische Schauplatz wäre heute wohl sehr verändert, wenn diese wenigen Tausend Soldaten, die durch die Öden Tibets stampften, ihr Epos nicht überlebt hätten. Ohne den modernen chinesischen Kommunismus wäre auch die Geschichte des Weltkommunismus völlig anders verlaufen. Die russische Führung im Weltmarxismus wäre für eine viel längere Periode unangefochten geblieben und der Zusammenbruch des monolithischen Kommunismus verzögert worden. All diese Fragen gehören zu den quälenden ›Wenns‹ der Geschichte. Spekulationen in dieser Richtung sind immer subjektiv und können in die Irre führen. Über *eine* Sache gibt es jedoch keinen Zweifel. Die Nationalistische, die Kuomintang-Partei besaß am Ende keine Überzeugungskraft als Bewegung, die fähig gewesen wäre, China auf die Modernisierung vorzubereiten. Tschiang selbst ist ein äußerst fähiger Mann, aber er war nicht fähig – ungeachtet seines späteren Erfolgs unter den unendlich weniger herausfordernden Bedingungen von Taiwan –, seinen Stellvertretern und Anhängern die Disziplin und den Idealismus einzupflanzen, die eine Revolution eben braucht und die die Kommunisten unter Mao Tse-tung erlangten.

In den 1930er Jahren schien die ganze chinesische Welt an der

Schwelle einer Katastrophe zu stehen. China mit seiner tausendjäh-rigen Kultur, die für lange Perioden der Geschichte anderen Zivili-sationen in Europa und im Mittelmeerraum meßbar voraus gewesen war, das aber unglücklicherweise eine Periode des Niedergangs und des Zusammenbruchs mitmachte, als es mit der dynamischen Kraft des modernen europäischen Imperialismus zusammenprallte, hatte den ersten ernstlichen Schritt zur Modernisierung unternommen, als es 1912 das kaiserliche System der Mandschus stürzte. Die Kuomin-tang, zuerst unter Sun Jat-sen und später unter Tschiang, erwies sich als unfähig, die politischen Kräfte zu kontrollieren, die durch die Er-richtung der chinesischen Republik entfesselt wurden. Provinz-Kriegsherren regierten ungehindert und außerhalb der Kontrolle der Zentralregierung. Eine Politik der sozialen und wirtschaftlichen Re-form konnte durch die nationalistische Regierung nicht umfassend oder voll durchgeführt werden, China war unter Tschiang noch ein Opfer fremder Interventionen und ausländischen Einflusses.

In den späten 1960er Jahren fand auch Mao heraus, daß die politi-schen Kräfte, die in China entfesselt worden waren, über die Kon-trolle einer einzigen politischen Autorität in Peking hinausgingen. Aber mindestens während der ersten zwei Jahrzehnte kommunisti-scher Herrschaft in China wurde eine Anzahl grundsätzlicher Schritte auf dem Weg zu einer modernen Gesellschaft getan. Ein Gefühl des nationalen Stolzes und der Selbstachtung wurde geschaf-fen, ein Selbstvertrauen gegenüber dem Ausländer und dem Aus-land; die Ungleichheiten und Schwächen der Herrschaft der abwe-senden Landeigentümer wurden beseitigt, ein Teil von der grundsätzlichen Infrastruktur für die industrielle und wirtschaftliche Entwicklung wurde aufgebaut, Reformen im Bildungswesen, im Ge-sundheitsdienst und in den Familienbeziehungen wurden unwider-stehlich in Gang gesetzt.

China könnte von nun an allmählich in kleinere politische Einhei-ten zerbrechen, die nach Größe und Bevölkerungszahl mit den Staa-ten in Europa vergleichbar wären, der Prozeß, durch den jedoch 800 Millionen Chinesen in das zwanzigste Jahrhundert geführt wurden und sich mit den erweiterten Horizonten auseinandersetzten, die die industriellen und wissenschaftlichen Revolutionen in Europa der Welt gebracht haben, würde unwiderruflich andauern.

Der Lange Marsch ist der Inbegriff des neuen Geistes, den die Kommunisten für eine Weile in das zeitgenössische chinesische Le-ben trugen und der, wie sie hoffen, an zukünftige Generationen von Chinesen weitergegeben wird.

Wir wollen aber keinen Fehler machen: Der Marsch kann nicht zu einem Sieg weißgetüncht werden – noch kann sein offizielles Image, wie es die Kommunistische Partei zeichnet, akzeptiert werden. Glück und – beabsichtigte oder unbeabsichtigte – Hilfe von außen spielten bei dem letztlichen Erfolg der chinesischen Kommunisten eine genauso große Rolle wie ihre eigene Strategie auf dem Marsch. Was immer aber seine Folgen waren und welche Verwendung Propagandisten auch in Zukunft von ihm machen werden: der Lange Marsch bleibt eine unvergleichliche Geschichte verbissenen Muts und der Entschlossenheit. Edgar Snow[11] sagt, ›daß Hannibals Zug über die Alpen daneben wie ein Ferienausflug aussehe‹ – und was auch die politische Meilenstrecke sein wird, die die Erben des Langen Marsches daraus machen werden: die reine Bravour der kollektiven wie der individuellen Leistungen dieser großen Armee 1934–35 müssen den Respekt und die Bewunderung jeder Generation und in jedem Winkel der Erde erwecken.

TEIL 1

DER KONTEXT

1 Die Tradition der Bauernerhebung

Die Zentralfigur der chinesischen Geschichte, ja sogar der chinesischen Politik von heute, ist der Bauer, der schätzungsweise immer noch mehr als achtzig Prozent der Bevölkerung ausmacht. In dem rhythmischen Ablauf der mehrtausendjährigen chinesischen Geschichte haben Bauernrevolten regelmäßig eine führende Rolle gespielt, und der Lange Marsch muß in erster Linie als der Wendepunkt der jüngsten und überwältigendsten – wenn auch nicht unbedingt der letzten – Bauernrebellion angesehen werden, die die chinesische Geschichte verändert hat.

Einer Periode des Wohlstands unter einem starken und tatkräftigen Herrscher folgte gewöhnlich eine der wirtschaftlichen Rezession und der Hofintrigen unter schwächeren Regenten. Dann kam eine Periode der Anarchie, während der das Land zwischen sich bekämpfenden Parteien aufgeteilt wurde oder sogar ausländischen Invasionen oder Volksaufständen offen lag. Schließlich gelangte wieder ein neuer Führer an die Macht, manchmal ein General oder ein Gelehrter, der die Ordnung wiederherstellte, seine persönliche Autorität durchsetzte und eine neue Dynastie gründete. Der ganze Vorgang wiederholte sich dann.

Dieser ›Zyklus von Kathay‹ rollte über einem unendlich weiten, relativ unentwickelten Land mit einer vorwiegend bäuerlichen Bevölkerung ab. Selbst unter guten Bedingungen war die zentrale Lenkung einer Gesellschaft schwierig, die, sowohl der Fläche wie der Bevölkerung nach, größer war als ganz Europa. Wenn sich der Verwaltungsstandard verschlechterte, wurde die Beherrschung Chinas als einzige Einheit praktisch unmöglich.

Die Ursachen der Unzufriedenheit des Volkes und der Unruhe bei den Bauern waren gewöhnlich die drückenden Forderungen der Steuereinnehmer, der erzwungene Militär-, der Frondienst oder die Zwangsarbeit, die die meisten Kaiser schließlich ihren Untertanen auferlegten. Die erste dieser Bauernerhebungen, die bekannt wurde, war die der ›Roten Augenbrauen‹, die im Jahre 18 n. Chr. G. in der Provinz Schantung begann. Nachdem der Kaiser Wang Mang den Thron usurpierte, hatte er eine Anzahl radikaler Reformen eingeführt, die, oberflächlich gesehen, die Unterstützung des Volks erhielten. Wegen seiner Land- und anderer Reformen wurde Wang Mang als der ›erste Sozialist Chinas‹ bekannt. Tatsächlich sollten diese Maßnahmen aber eher dazu dienen, die Macht der Adeligen zu zügeln, als das Los der Bauern zu verbessern. Einige Reformen wurden nie durchgeführt, andere nicht ausreichend. Als dann die wachsenden Kosten der Kriege gegen die ›Barbaren‹ an den Grenzen Chinas es nicht nur nötig machten, die Reformen zu suspendieren, sondern sogar die Wirtschaft vernichteten, zogen die sogenannten ›Roten Augenbrauen‹ gegen den Kaiser ins Feld.

Horden von Revolutionären, die sich die Augenbrauen zum Zeichen der Empörung rot bemalt hatten, marschierten auf die Hauptstadt zu, unterwegs töteten sie Landeigentümer und Regierungsbeamte. Viele Soldaten des Kaisers, die zur Niederwerfung der Rebellen ausgesandt worden waren, schlossen sich ihnen an. Schließlich übernahm ein Prinz der Herrscherfamilie, die Wang Mang abgesetzt hatte, wieder die Kontrolle und bereitete dem Chaos im Jahre 25 ein Ende.

Viele Einzelzüge der Revolte der ›Roten Augenbrauen‹ wiederholten sich in späteren Revolutionen. Die wirtschaftlichen Beschwerden im Volk, der Landhunger der Bauern, die widersprüchliche Rolle der Armee (die oft starke bäuerliche und regionale Sympathien genoß), ja sogar das unterscheidende ›Abzeichen‹ – sie alle hatten später in der kommunistischen Revolution unseres Jahrhunderts ihr Gegenstück.

Die nächste Volkserhebung war die der ›Gelben Turbane‹, die 184 n. Chr. G. ausbrach und den Zusammenbruch der östlichen Han-Dynastie herbeiführte. Sie fügte dem Ablauf einen neuen Zug hinzu, nämlich das Bekennen der Revolutionsführer zu einer besonderen Religion oder zu philosophischen Glaubenssätzen; in diesem Fall handelt es sich um eine volkstümliche Version der chinesischen Philosophie des Taoismus. Diese Revolte dauerte zwanzig Jahre und endete mit der Teilung Chinas in drei getrennte Königreiche.

China wurde später unter der Sui-Dynastie im Jahre 584 wieder vereinigt, ihr folgte wiederum die Tang-Dynastie, die ein neues Landgesetz mit dem Ziel einführte, das Ackerland gleichmäßig zu verteilen und die Bauern vor dem Verlust ihres Eigentums zu schützen. Der immerwährende Zyklus rollte aber weiter, und die Unzufriedenheit erreichte nach einer katastrophalen Hungersnot in der Provinz Tschekiang im Jahre 860 ihren Höhepunkt. In diesem Fall konnten der Bauer und der Gelehrte, die die Rebellion gemeinsam führten, keinen Sieg erringen. Es folgte eine Periode der Anarchie und Unordnung, bis die Sung-Dynastie im Jahre 960 an die Macht gelangte, die im Jahre 1280 von der mongolischen Eroberung abgelöst wurde. Die Mongolen wiederum wurden durch einen Bauern gestürzt, der zuerst Mönch und dann der erste Kaiser einer neuen, der Ming-Dynastie, wurde.

Dieser Begründer der Ming-Dynastie – Tschu Juan-tschang – begann seine Herrschaft mit einer revolutionären Gesetzgebung: der Neuverteilung des Landes und der Erstellung neuer Landregister. Die Gesetze wurden jedoch immer schlechter befolgt, die ursprünglich asketische Strenge von Tschus Hofhaltung wich allmählich einer Neubelebung der kaiserlichen Pracht; Palastintrige und Parteiengezänk traten in den Vordergrund, und auswärtige Kriege erschöpften – zusammen mit der Notwendigkeit, die Küsten gegen die japanischen Piraten zu verteidigen – den Staatsschatz.

Bauernaufstände beeinträchtigten die letzten Jahre der Ming-Dynastie, zusammen mit den Invasionen der Mandschus im Norden Chinas und den Tätigkeiten von Geheimgesellschaften. Diese waren schon immer für das chinesische Leben charakteristisch gewesen, in Zeiten wirtschaftlicher Schwierigkeiten und politischer Unterdrückung spielten sie oft eine bedeutsame Rolle. Doch die Bauernführer, oft von Gelehrten unterstützt, die am Hof keine hohen Stellungen hatten erlangen können, fanden es schwierig, sich zu etablieren und ein dauerhaftes Staatssystem aufzubauen. 1644 eroberten die Mandschus Peking, und der Zyklus begann von neuem.

Die Mandschu- oder Tsching-Dynastie war in ihren Anfängen eine der brillantesten in der langen Geschichte Chinas: Unter Kaiser Tschien Lung, Ende des achtzehnten Jahrhunderts, wurde China zu einem der Glanzpunkte der Welt und war im Europa Voltaires und Diderots Gegenstand von Neid und Bewunderung. Allmählich machte der Zwang, Feldzüge gegen die Mongolen, Tibeter und andere ›Barbaren‹ aus Zentralasien zu führen, sowie die Extravaganzen des Hofs es nötig, die Bauern ›auszupressen‹. Die Bevölkerungszahl stieg in dieser Zeit stark an, ohne daß die Produktion vermehrt worden wäre. Im achtzehnten und frühen neunzehnten Jahrhundert kam es zu mehreren Aufständen, an einigen waren Geheimgesellschaften wie ›Der Weiße Lotos‹ oder die ›Gesellschaft des Himmelsgesetzes‹ beteiligt. Der ernsteste war zweifellos der Taiping-Aufstand. Der Führer der Taiping- oder ›Großer Friede‹-Rebellion war ein erfolgloser Gelehrter, der aus einer armen Bauernfamilie in der Provinz Kuangtung stammte und in seinen frühen Jahren unter den Einfluß christlicher Missionare geraten war. In den 1840er Jahren gründete er eine neue religiöse Bewegung, die auf dem Ideal des ›Himmlischen Königreichs‹ fußte; sie lieferte die Ideologie für die Rebellion.

Die Taipings waren in mancher Hinsicht ihrer Zeit voraus. In dem Gebiet, in dem sie regierten, teilten sie das Land gleichmäßig auf, sie praktizierten in einem gewissen Ausmaß die kommunale Verteilung von Lebensmitteln und Kleidung, widersetzten sich dem Opium, dem Weintrinken und dem Rauchen von Tabak sowie der uralten Sitte, die Füße der Frauen zusammenzuschnüren. Statt dessen predigten sie das neue Evangelium der Frauenemanzipation und das Recht einer Witwe auf Wiederverheiratung. Die Taipings kündigten alle Bande an Heim und Besitz und bauten auf dem Land eine starke Gefolgschaft auf, wie die Kommunisten ein Jahrhundert später, ließen sie die großen Zentren des städtischen Widerstands ›links liegen‹. ›Das Land der Erde muß durch die Menschen der Erde gemeinsam bestellt werden‹, heißt es in einem der Taiping-Texte. ›Wenn wir hier Mangel haben, muß das Volk dorthin und umgekehrt, so daß die Fülle an einem Ort den Hunger an einem andern lindern kann. Die ganze Welt muß sich des Glücks freuen, das Gott der Himmlische Vater gibt; Land, Nahrung, Kleidung und Geld müssen verwaltet und gebraucht werden, damit es nirgends Ungleichheit gibt und es niemand an Nahrung und Ware mangelt.‹[1]

Zu einem Zeitpunkt beherrschten die Taipings einen großen Teil von Südchina; 1853 machten sie Nanking zu ihrer Hauptstadt; ihnen fehlten aber ausgebildete Verwaltungsbeamte, sie brachten keine systematische Organisation des flachen Landes zuwege, das sie regierten. Des weiteren stießen sie durch ihren fanatischen Glauben, ihre rauhen Manieren und ihre Anhängerschaft an eine ausländische Religion viele gebildete Chinesen ab. Ihre wachsende Arroganz und ihr Glaube an eine göttliche Mission entfremdeten sie auch den Westmächten, die sich damals in Schanghai, Kanton und anderen Vertragshäfen festgesetzt hatten. Obwohl viele aus dem Westen anfänglich die Taiping-Bewegung begünstigt hatten, weil sie Zeichen einer moderneren Auffassung vom Leben aufwies, kamen sie schließlich der kaiserlichen Regierung zu Hilfe und unterstützten sie bei der Niederwerfung der Rebellion. Ein gewisser Captain Charles Gordon von den *Royal Pioneers* spielte eine wichtige Rolle bei der endgültigen Niederlage der Taiping-Truppen.[2]

Auf eine fast unglaubliche Art waren die Taipings Vorläufer der Kommunisten, die ein Jahrhundert später kamen. Sie standen vor den gleichen Dilemmas. 1852 hätten die Taipings von Wuhan aus nach Norden marschieren können, um den Mandschu-Kaiser zu entthronen; statt dessen ließen sich die Generäle durch die üppige Stadt Nanking verlocken und verloren ihre strategische Chance. In Nanking mußte sich der gewöhnliche Mann einer spartanischen Disziplin unterziehen, die Führer selbst aber ließen sich in Sänften tragen, hielten sich Konkubinen und folgten anderen Extravaganzen. Schließlich gerieten sie in internen Streit und machten so den kaiserlichen Gegenangriff möglich. Alle diese Fehler vermieden die Kommunisten während und nach dem Langen Marsch; Mao und seine Genossen blieben sich immer der Lehren der Geschichte bewußt.

Viele Jahrzehnte später erinnerte sich Tschu Teh, der kommunistische General, dessen Taktik das Überleben der Kommunisten während der Feldzüge des Langen Marsches sicherstellte, daran, wie er als Junge den Erzählungen eines ›alten Webers‹, eines wandernden Handwerkers, gelauscht hatte, der in der Taiping-Armee gekämpft hatte.[3] Als Tschus Rote Armee im Verlauf des Langen Marsches die Schluchten des Tatu-Flusses an den Grenzen von Tibet erreichte, fand sie einige der Taiping-Speere und verwendete sie bei den folgenden Kämpfen des Langen Marsches. Einige Regeln der militärischen Disziplin, wegen derer die kommunistische Armee in den 1930er Jahren berühmt wurde, waren dem Taiping-Modell entlehnt. Selbst der Name der Kommunistischen Partei – Kung Tschan-tang ›Teile-den-Wohlstand-Partei‹ – ist ein bewußtes Echo des Taiping-Schlagworts ›Der Wohlstand muß geteilt werden‹.

Schließlich führte der Boxer-Aufstand in den letzten Jahren des neunzehnten Jahrhunderts, wenn auch unbewußt, zum Todesurteil der letzten Tsching-Dynastie, die schließlich den republikanischen Revolutionären 1911–12 erlag. Die Boxer-Revolte hatte keine ideologischen Grundlagen, sie brach 1898 in der Provinz Schantung als eine Geheimbewegung aus, deren Mitglieder das Boxen und Fechten mit Schwertern übten.

Die Rebellion spiegelte die unglücklichen Zustände in dieser Region Chinas wider, die durch die Auswirkungen des erzwungenen Handels Chinas mit dem Westen und einige der schlimmsten Überschwemmungen und Hungersnöte in der Geschichte des Landes verschärft wurden.

Die Boxer begannen als mandschu- und fremdenfeindliche Bewegung; der berühmten Kaiserinwitwe Tsu Hsi gelang es jedoch, die antikaiserlichen Kräfte der Rebellion abzustumpfen, die daraufhin ausschließlich nationalistisch und fremdenfeindlich wurde. Seinen Gipfel erreichte der Aufstand in der berühmten Belagerung der ausländischen Gesandtschaften in Peking im Jahre 1900, einer Blockade, die nur durch eine starke internationale Streitmacht, die aus Europa entsandt wurde, aufgehoben werden konnte. (Führer war der deutsche Feldmarschall Graf Waldersee. A. d. Ü.)

Der Boxer-Aufstand schlug fehl, die Boxer waren jedoch die wahren Gründer des modernen chinesischen Nationalismus. Ihre Rebellion hatte einen dauernden Einfluß auf die chinesische Meinungsbildung, sie stärkte gewaltig die Position der radikalen revolutionären Gruppen unter Sun Jat-sen, dem Gründer der Nationalistischen Partei der Kuomintang. Der Boxer-Aufstand war das unmittelbare Vorspiel für die Revolution von 1911–12, die die Mandschu-Dynastie stürzte.[4]

Diese kurze Überschau über die chinesische Geschichte erhellt, was Jerome Ch'en, der nichtkommunistische Biograph Mao Tsetungs, ›das traditionelle Schema des Bauernaufstands‹ nennt, eines lang hingezogenen militärischen Kampfs von einem oder mehreren Basisräumen aus und mit den armen Bauern als den hauptsächlichen Unterstützern.[5] Mao und viele seiner Kollegen in der kommunistischen Führung während des Langen Marsches waren tief von den Heroen früherer Bauernkriege beeinflußt.[6]

In seinen Werken und Reden bezieht sich Mao oft auf sie, beispielsweise auf Li Kuei, der gegen Ende der nördlichen Sung-Dynastie einen Bauernaufstand führte, dessen Taten in dem berühmten chinesischen Roman ›Der Wasserrand‹ beschrieben wurde (übersetzt durch Pearl S. Buck unter dem Titel ›All Men Are Brothers‹, Alle Menschen sind Brüder)[7], einem der wenigen Bücher, die Mao während des Langen Marsches mit sich trug und las.

Um die Zeit, als die Kommunisten um die Vorherrschaft kämpften, war die Lage des chinesischen Bauern genauso schlecht, wie sie das während vieler der früheren Revolutionen gewesen war. Die Durchschnittsgröße des chinesischen Bauernhofs betrug etwa 3,3

Acres (1 Acre = 4047 m²), aus denen ein erwachsener Bauer vielleicht 65 Jüan (oder 16 US-$) im Jahr erarbeiten konnte. Davon steckte der Landbesitzer gewöhnlich die Hälfte ein, der Rest reichte kaum für den Lebensunterhalt des Pächters und seiner Familie. Er war gezwungen, von Geldverleihern zu borgen, um über die schlechte Jahreszeit wegzukommen, und mußte dafür 30 Prozent oder mehr Zinsen im Jahr bezahlen.[8]

In den 1920er Jahren nahm die Fläche des bebauten Landes dauernd ab, genauso wie die Zahl der durch die Besitzer bebauten Felder, 1918 schätzte man, daß etwa 30 Prozent der Landbevölkerung Pächter waren, ein Jahrzehnt später war dieser Prozentsatz aber auf die Hälfte angestiegen. R. H. Tawney, der berühmte britische Wirtschaftswissenschaftler, schloß in seinem Buch ›Land and Labour in China‹[9], daß in der Provinz Hunan volle achtzig Prozent der ländlichen Bevölkerung Pächter waren und daß ihr Anteil in den Provinzen Kuangtung und Fukien zwei Drittel betrug. Ähnliche Ziffern finden sich in der 1934 veröffentlichten Übersicht des Völkerbunds.[10] Diese armen Pächterbauern wurden, wie in den vergangenen Jahrhunderten, durch Steuererpressungen sowohl von seiten der Zentralregierung wie durch die regionalen oder provinziellen Kriegsherren sowie durch den Frondienst gepeinigt.

Die Zustände waren wahrlich für eine neue Phase des Zyklus reif geworden und die Fähigkeiten, die Beschwerden der Bauern zu mobilisieren und auszunützen, erwiesen sich als der rettende Faktor in der chinesischen kommunistischen Strategie. Mao Tse-tung erklärte: ›Der Kampf der Bauern um Land ist der Grundzug des antiimperialistischen und antifeudalen Kampfs in China ... Die chinesische bürgerlich-demokratische Revolution ist im wesentlichen eine Bauernrevolution ... die Hauptaufgabe des chinesischen Proletariats in der bürgerlich-demokratischen Revolution ist folglich, dem Kampf der Bauern Führer zu geben.‹[11]

Mao beging daher das, was Benjamin Schwartz, der Pionier der amerikanischen Geschichtsschreibung des chinesischen Kommunismus, ›eine tatsächliche Ketzerei‹ nannte, ›die in der Theorie nie verdeutlicht wurde‹.[12] Maos Hauptbeitrag zu der kommunistischen Theorie war in seiner berühmten Theorie der Dialektik enthalten, die behauptet, daß in halb-feudalen, halb-kolonialen Ländern, wie China, eine leninistische Partei erfolgreich eine Revolution durchführen und marxistisch bleiben könnte, ohne sich auf das Proletariat zu stützen.[13] Jerome Ch'en hat Maos militärische Strategie beschrieben; den wesentlichen Bestandteil der Formel, die den Langen

Marsch von einer Flucht zu einer Vorbereitung des Sieges umwandelte, bezeichnete er als ›eine Vereinigung... des Marxismus-Leninismus mit dem traditionellen chinesischen Schema von Bauernrevolten‹.[14]

2 Die Kuomintang

Als im Jahre 1912 die Mandschu-Dynastie gestürzt und in China zum ersten Mal die Republik ausgerufen wurde, war die politische Organisation, die am ehesten bereit schien, dem uralten Staat eine neue Regierung zu geben, die Kuomintang – was wörtlich die ›Volkspartei‹ bedeutet – gewöhnlich aber als die ›Nationalistische Partei‹ in westliche Sprachen übersetzt wird. Die Kuomintang wurde zuerst die führende Partei, die – verschieden von den diversen persönlichen Faktionen und militärischen Cliquen, die ebenfalls an dem Drama beteiligt waren – die politische Richtung Chinas im zwanzigsten Jahrhundert bestimmte. Erst nach dem Langen Marsch und dem Krieg mit Japan Ende der 1930er und Anfang der 1940er Jahre ersetzten die Kommunisten allmählich die Kuomintang als die mächtigste politische Organisation im Land; die Kuomintang war während des größten Teils ihrer Geschichte der Hauptfeind der Kommunisten. Der nahezu erfolgreiche Vorstoß der Kuomintang zur Vernichtung der kommunistischen Machtbasen in dem chinesischen Bauernland führte 1934 zu dem Langen Marsch.

Die Ursprünge der Kuomintang reichen auf das Jahr 1894 zurück, als ein erfolgreicher siebenundzwanzigjähriger Arzt namens Sun Jat-sen seine Praxis aufgab und eine Laufbahn als Berufspolitiker begann. Mit wenigen Verwandten und Freunden bildete er die *Hsingtschunghui* oder ›Gesellschaft zur Erneuerung Chinas‹, die auf den Sturz der kraftlosen Mandschus abzielte. Sun, ein kantonesischer Intellektueller ungewöhnlicher Prägung, hatte in Kanton und Hongkong bei amerikanischen und britischen Professoren Medizin studiert; er war sich sehr wohl der weitreichenden Veränderungen bewußt, die eingeleitet werden müßten, damit China die Gleichstellung mit den Westmächten wiedererlangen und gegenüber den Wissenschaften und dem sozialen Fortschritt des Westens aufholen könnte. Seine Gruppe wurde durch chinesische Kaufleute in Übersee, in Hongkong, Malaya und anderen Teilen Südostasiens finanziert, die ebenfalls von der Kluft zwischen den vordringenden westlichen Imperialisten und dem schwachen rückgratlosen China der Mandschuherrschaft beeindruckt waren.

Sun predigte die berühmten Drei Prinzipien – das des *Nationalismus*, der die engen provinziellen und clanhaften Treuebindungen der Chinesen überwinden sollte, der *Demokratie*, welche die Selbstregierung, die auf den Dörfern vorherrschte, in das nationale Leben tragen, und schließlich das der *wirtschaftlichen Entwicklung*, das den materiellen Standard des gemeinen Manns heben sollte. Persönlich unbestechlich, starb Sun als armer und enttäuschter Mann; er war weit mehr für die Revolution als für die administrativen Aufgaben des nationalen Wiederaufbaus begabt. ›Seine Stärke‹, schrieb ein mit der republikanischen Revolution vertrauter amerikanischer Historiker, ›war die des Bilderstürmers und nicht die des konstruktiven Staatsmanns.‹[1] Idealistisch und ungestüm, überschätzte Sun die Anziehungskraft der Revolution auf das Volk, er versagte dabei, für seine Organisation eine wirkliche Machtbasis aufzubauen.

Seine Gruppe versuchte wiederholt, aber erfolglos, einen Staatsstreich gegen den Kaiser durchzuführen, so daß Sun schließlich gezwungen war, das Land zu verlassen und Europa einen Besuch abzustatten. Während des Boxer-Aufstands versuchten seine Anhänger einen Angriff auf die Regierung in der Provinz Kuangtung, der aber zu früh erfolgte. 1905 wurde die Gruppe in Tokio als die ›Tungmenghui‹ oder ›Bündnisgesellschaft‹ neu organisiert, sie zog viele Chinesen an, die damals in Japan Militärwissenschaften studierten (einer von ihnen war Tschiang Kai-schek). Als die Revolution von 1911–12 ausbrach, war Sun in Amerika; er konnte China erst erreichen, als sie schon zwei Monate alt war. Seine Gruppe, die jetzt ›Koming tang‹ oder ›Revolutionäre Partei‹ genannt wurde, stand in der vordersten Linie des Kampfs, und Sun wurde zum provisorischen Präsidenten der neuen Rebellenregierung gewählt. Es gab aber noch viele andere Gruppen und Persönlichkeiten, die sich dem Banner des Kampfs gegen die Mandschus anschlossen und die Sun Jat-sen oder seinen Freunden nichts schuldeten. Zu ihnen gehörte der ehemalige Befehlshaber der kaiserlichen Armee Juan Schih-kai, ein Aristokrat aus dem Norden, der bei der kaiserlichen Mandschufamilie in Ungnade gefallen war und der offen von der Notwendigkeit einer ›eingeschränkten Monarchie‹ und anderen Reformen sprach. Sun benannte seine Partei in *Kuomintang* um, da die Revolution vollendet und die nationale Einheit jetzt die erste Priorität war; um unter den mandschufeindlichen Kräften eine Einheitsfront zu ermöglichen, trat er die Präsidentschaft freiwillig an Juan ab.

Juan hatte jedoch die Absicht, das Bündnis zu beherrschen, und die verschiedenen Reformer stellten fest, daß sie sehr verschiedene Vorstellungen hinsichtlich der Art hegten, wie die chinesischen Affären geleitet werden sollten. Die Spannung flammte auf, als Juan sich entschloß, sich selbst zum Kaiser auszurufen; er wurde jedoch bald von starken Rivalen aus dem Norden gestürzt. 1917 befand sich Peking in der Kontrolle einer Schar von Kriegsherren aus dem Norden, die mit Japan verbündet waren und von dort finanziert wurden, während Sun Jat-sen als Generalissimus des Südens in Kanton saß. Sun erwies sich im Süden jedoch nicht erfolgreicher als in der gesamten Nation. Er konnte die Generäle im Süden nicht überreden, seine Weisungen zu befolgen, und 1921 ergriff einer von ihnen in der Provinz Kuangtung die Macht. Sun mußte auf einer anderen Seite Hilfe suchen, bei Kriegsherren aus dem Norden wie bei auswärtigen Mächten.

Zu diesem Zeitpunkt hätte sich eine echte Freundeshand von außen die chinesische Dankbarkeit erringen können. Die chinesischen Intellektuellen mißtrauten aber immer noch den meisten Fremdmächten. Obwohl die junge chinesische Republik 1917 Deutschland den Krieg erklärt hatte, schickten sich die Siegermächte in Versailles an, die ehemaligen deutschen Konzessionen in der Provinz Schantung Japan zu übertragen, statt sie China zurückzugeben; das war eine offenkundige Verletzung der berühmten Vierzehn Punkte Präsident Wilsons, deren fünfter erklärt hatte, daß die Wünsche des Volkes bei der gerechten und fairen Regelung der kolonialen Ansprüche, die sich aus dem Ersten Weltkrieg ergaben, genauso entscheidend sein sollten wie die Interessen der Regierung. Dann folgte die Zurückweisung des asiatischen Verbündeten des Westens, Japans, das um die Erklärung einer universellen Rassengleichheit in den Satzungen des Völkerbundes ersucht hatte. Dieser zweimalige Verrat des Wilsonschen Idealismus ließ die Popularität des Westens in China erlöschen.

Im Gegensatz dazu versprach das neue russische Regime ein sympathischeres Image. Die russischen Kommunisten, die sich selbst im Aufruhr gegen das westliche kapitalistische Establishment befanden, hatten versprochen, neu über die ›ungleichen Verträge‹ zu verhandeln, die die Zaren China ›auferlegt‹ hatten, sie waren auch die erste europäische Regierung, die auf chinesischem Boden Privilegien und Sonderkonzessionen erhielt. Außerdem ließ Lenins radikales Programm in den Köpfen Sun Jat-sens und anderer Möchte-gern-Reformer, die eine dramatische Veränderung in China anstrebten, eine verwandte Saite anklingen. Lenin hatte Sun Jat-sens Programm bereits 1912 gelobt, und 1921 besuchte Woitinsky, der die Kommunistische Internationale repräsentierte, Sun in Schanghai.

Diese Annäherung erwies sich als fruchtbar, und 1922, als der Kriegsherr Tschen Tschiung-ming die Kuomintang aus Kanton vertrieb, war die neugegründete Chinesische Kommunistische Partei (KPCh) als Schützling der Russen zu einem Bündnis mit Sun bereit. Einige Monate später unterzeichnete Adolf Joffe, ein weiterer Abgesandter der Komintern, eine gemeinsame Erklärung mit Sun, in der man unter anderem übereinkam, daß der Kommunismus und die Sowjets für China nicht wirklich geeignet seien und daß man über die alten Territorialverträge aus dem neunzehnten Jahrhundert verhandeln könne. Sun wiederholte wahrscheinlich die Worte eines der Abgesandten der Komintern, als er bei der Rechtfertigung seiner ›sowjetischen Flitterwochen‹ gegenüber seinem eigenen rechten Flügel bemerkte, ›daß die erfahrenen Führer der Sowjetunion daran interessiert sind, mit *unserer* Partei und nicht mit den unerfahrenen Studenten der Kommunistischen Partei zusammenzuarbeiten‹.[2]

Sun begann jetzt damit, seine Partei und seine Armee nach sowjetischen Grundsätzen zu reorganisieren. Tschiang Kai-schek, einer seiner jungen Offiziere, wurde zu militärischen Studien nach Moskau geschickt. Die Russen ihrerseits entsandten Michail Markowitsch Grusenberg, der als Borodin bekannt war, um Sun zu Hause zu helfen.

Der Erste Kongreß der Kuomintang im Januar 1924 legte die Drei Prinzipien neu aus, sie schlossen die gleiche Verteilung des Landbesitzes, die staatliche Kontrolle über die Industrie und verschiedene soziale Reformen ein. Später in diesem Jahr bauten Borodin und Wassili Blücher (bekannt als Galen) die Kuomintang-Whampoa-Militärakademie auf, wo Suns Armee von nun an ausgebildet wurde.

Symbolisch für diese Periode, die nun als die ›Erste vereinigte Front zwischen den chinesischen Kommunisten und der Kuomintang‹ bekannt wurde, war die wohlbekannte Tatsache, daß Tschiang Kai-schek ihr Kommandeur und Tschou En-lai Chef ihrer politischen Abteilung war. Viele Generäle, die auf beiden Seiten so erbittert während des Langen Marsches und später gegeneinander kämpften, waren Absolventen dieser seltsamen Institution.

Sun starb jedoch 1925 als enttäuschter Mann, und innerhalb der Kuomintang begann ein erbittertes Ringen um seine Nachfolge.

Ohne Sun fanden es die Rechts- und Linksgerichteten unter seinen Anhängern immer schwieriger, miteinander auszukommen. Borodin selbst sah sich in einem besonders schwierigen Dilemma, da er sowohl die militärische Stärke wie das linksgerichtete Potential dieser unhandlichen Organisation beibehalten wollte. Anfang 1926 unterstützte er eine Faktion, die Tschiang Kai-schek einschloß und die sich mit etwas Gewerkschaftsunterstützung und der Hilfe der Whampoa-Kadetten Kantons bemächtigte.

Wenige Wochen später schlug Tschiang Kai-schek in Borodins Abwesenheit wieder – und dieses Mal auf eigene Faust – zu. Er übernahm den persönlichen Befehl über Kanton, er löste einen Teil der Linksorientierten, die ihm vor wenigen Wochen die Leiter hinaufgeholfen hatten, auf und entließ sie. Die Position der Kommunisten in der Kuomintang war stark geschwächt, und doch kam Borodin zurück und akzeptierte diesen Coup, er hoffte immer noch, daß Tschiang auf die richtige Seite gelenkt werden könne, wenn das wirklich nötig wurde. Immerhin sprach Tschiang weiterhin die Sprache der Weltrevolution und verwendete die kommunistische Phraseologie.

Unter diesem energischen Führer debattierte die Kuomintang erneut den lange gehegten Wunschtraum, nach Norden zu marschieren, die provinziellen Kriegsherren zu besiegen und China unter einer republikanischen Zentralregierung wieder zu vereinigen. Die Russen ermutigten dieses Projekt, wie auch einige chinesische Kommunisten. Louis Fischer beschrieb den emotionellen Hintergrund für diese Expedition sehr richtig, als er schrieb, ›es war so, als ob zwei Ströme in der republikanischen chinesischen Politik, ein linker und ein rechter, zueinander sagten: ›Meine Herren, wir wissen, daß wir gegeneinander kämpfen müssen. Wir brauchen aber ein viel größeres Schlachtfeld. Verschieben wir also den Tag der Abrechnung und gehen wir inzwischen auf ein gemeinsames Ziel los.‹‹[3] So marschierten die ideologischen Rivalen gegen den gemeinsamen Feind, den regionalen Kriegsherrn ohne besondere Ideologie.

Die Expedition nach Norden im Jahre 1926 resultierte in der Eroberung von Wuhan und einer Anzahl weiterer Städte in Zentralchina. Die Kommunisten erhielten dadurch neue Möglichkeiten für eine Organisation und Beeinflussung der Massen, die sie in vollem Maß ausnützten. Tschiang gewann jedoch ein gewaltiges Prestige, das ihm in seiner Beziehung zur Komintern mehr Stärke verlieh. Er verlor wenig Zeit dabei, seine ehemaligen linken Verbündeten abzusetzen, die ihm zur Macht verholfen hatten, an deren Patriotismus er jedoch zweifelte und deren Radikalismus ihm mißfiel. Ende März drang er auf einem Kanonenboot in Schanghai ein, und am 12. April vernichteten seine Leute systematisch die kommunistische Organisation in der Stadt. Es war das Jahr, in dem er zum Christentum übertrat und seine Stellung in der chinesischen Öffentlichkeit durch seine Heirat mit Mayling Sung, der schönen Tochter aus einer der reichsten Familien Chinas, festigte.

Die systematische Niedermetzelung der Kommunisten und ihrer Sympathisanten in Schanghai etablierte Tschiang definitiv als den starken Mann der Kuomintang. 1887 geboren, und damit sechs Jahre älter als Mao Tse-tung, war Tschiang Tschung-tschen (Kai-schek ist die kantonesische Form der höflichen Namensnennung) ein Mann der Tat, dessen persönliche Integrität unbestritten, dessen Menschenkenntnis jedoch schlecht war.[4] Er schuf eine Gruppe von Gehilfen, von denen allzu viele korrupte, nicht kompetente Speichellecker waren. Am Vorabend seiner endgültigen Vertreibung vom chinesischen Festland wurden die privaten chinesischen Bargeld-Depots in amerikanischen Banken zuverlässig auf 2 000 000 000 US-$[5] geschätzt! Aber das kam später. Zu der Zeit des langen Marsches war Tschiang in den Augen vieler Chinesen, wie auch Ausländer, noch ein Held. Nur wenige hätten gedacht, daß er in Mao Tsetung einen ebenbürtigen Gegner finden und daß sich der Kommunismus als stärker erweisen würde als das demokratische Republikanertum der Kuomintang.

3 Die Chinesische Kommunistische Partei (KPCh)

Der Marxismus machte anfänglich auf die chinesischen Intellektuellen nur wenig Eindruck. Erst 1917 bewies Lenin jedoch, daß diese besondere Philosophie als Planmuster für die Art von Revolution dienen konnte, die die Japaner mit der Meji-Restauration bereits 1868 durchgeführt hatten und nach der sich die chinesischen reformistischen Kreise so verzweifelt sehnten. Das war nicht völlig überraschend, da Karl Marx erwartet hatte, daß der Kapitalismus an seiner entwickeltsten Spitze im industrialisierten Westen zerbrechen würde und nur wenig für die ›rückständigen Länder‹ Asiens bedeutete. ›Der vorleninistische Marxismus‹, bemerkte Professor Benjamin Schwartz aus Harvard, ›hatte keine Botschaft, die für die

Situation relevant war, in der sich die chinesische Intelligenz befand.‹[1]

Zwei führende Pekinger Intellektuelle waren aber durch die Oktoberrevolution in Rußland stark beeindruckt. Tschen Tu-hsiu, der ein radikales Reformprogramm auf die Zwillingssäulen ›Demokratie und Wissenschaft‹ gestützt hatte, und Li Ta-tschao, der eine Wiedererweckung der chinesischen Zivilisation durch einen mystischen Akt der nationalen Identifikation mit dem neuen, vom Westen eingeleiteten Gang der Weltgeschichte gesucht hatte, waren 1918 bis 19 gründlich von der Revolution von 1911–12 in China enttäuscht.

Die Kuomintang hatte dabei versagt, die Herausforderung der jungen Republik zu erfüllen. ›Das falsche Schild ›Chinesische Republik‹‹, beklagte sich Tschen, ›hängt nun schon seit acht Jahren, verkauft wird aber immer noch die alte Medizin.‹ Die Bolschewiki boten eine dramatischere und kraftvollere Version des westlichen Modells, dem Tschen und Li unbestimmt zu folgen suchten. Li gründete 1918 an der Pekinger Universität eine Gesellschaft zum Studium des Marxismus, er akzeptierte den Messianismus der Russischen Revolution, aber noch nicht ihre doktrinäre Basis. Die Enthüllung des offenen Rassismus des Westens auf der Versailler Friedenskonferenz, welche die als ›Bewegung des 4. Mai‹ bekanntgewordenen chinesischen Studentendemonstrationen auslöste, steigerte die Anziehungskraft des Marxismus-Leninismus, besonders als Lenin seine Theorie des Imperialismus entwickelte und versprach, die asiatischen Territorien zurückzugeben, welche die Zaren in mehr als zwei Jahrhunderten russischer Ausdehnung an sich gerissen hatten. Der Begriff der Rückständigkeit Asiens als eines Produktes des internationalen Finanzkapitals, das von reichen europäischen und amerikanischen Korporationen geführt wurde, war in diesem Augenblick für die Intelligenz in Peking und Schanghai geradezu maßgeschneidert. Der Marxismus-Leninismus bot nicht nur ein Rezept für die Modernisierung Chinas, sondern – und das war vielleicht noch wichtiger – eine heroische Rolle für China in dem großen neuen Drama der Weltgeschichte.

Tatsächlich kann man behaupten, daß der Marxismus, anders als der Anarchismus, Fabianismus und einige der anderen westlichen Philosophien, mit denen die chinesischen Intellektuellen dieser Periode flirteten, mit wichtigen Elementen der alten konfuzianischen Tradition korrespondierte und so für Männer akzeptabel war, die zwar gegen gewisse Manifestationen dieser Tradition rebellierten, aber letzten Endes doch Produkte eben dieser Tradition waren. Die Annahme zum Beispiel, daß die Staatsmacht in den richtigen Händen zu der guten Gesellschaft führen könne, brauchte in China keine eigene Einführung.

Die Rechtfertigung des autoritären Regierungssystems und der organisatorischen Disziplin im Namen einer höheren Moral war in der chinesischen Zivilisation wohlbekannt.

1920 wurden in Peking und Schanghai Arbeitergruppen gebildet[2], die nicht nur Marxisten, sondern auch Rebellen vieler anderer Schattierungen umfaßten, und die Kommunistische Internationale entsandte Gregori Woitinsky als ihren Vertreter nach China – den ersten einer ganzen Reihe westlicher und indischer Kommunisten, deren Rolle in der verwickelten Geschichte der Bewegung in China noch umstritten ist. Aktivistengruppen wurden in Kanton, Tschangscha (unter Mao Tse-tung) und anderen Städten gebildet, einige der chinesischen Studenten im Ausland, in Frankreich und Japan, schlossen sich örtlichen marxistischen Organisationen an. Ein Kreis dieser Studenten in Paris, dem Tschou En-lai, Li Li-san, Tschen Ji und Teng Hsiao-ping angehörten, gründete Anfang 1921 eine Kommunistische Partei Jungchina.

Alle diese Aktivitäten wurden bei dem Gründungkongreß der Chinesischen Kommunistischen Partei im Juli 1921 in Schanghai sozusagen unter einen Hut gebracht. Zwölf Delegierte, darunter Tschang Kuo-tao und Mao Tse-tung (aber nicht Tschen Tu-hsiu oder Li Ta-tschao, genausowenig wie Tschou En-lai oder Li Li-san, die beide in Paris waren, oder Liu Schao-tschi, der sich damals in Moskau aufhielt), trafen sich in einer Mädchenschule in der französischen Konzession der Stadt; als die Aufmerksamkeit der Polizei auf sie fiel, übersiedelten sie auf ein Boot in den Gewässern des Niehpu-Sees. Sie repräsentierten siebenundfünfzig chinesische Marxisten, die in sechs über das Land verstreuten Gruppen organisiert waren, sowie eine in Japan.[3] In der neuen Organisation wurde Tschen Tu-hsiu, obwohl er nicht am Kongreß teilnahm, zum Generalsekretär der Partei und zum Vorsitzenden des Zentralkomitees ernannt.

Die Chinesische Kommunistische Partei war jedoch nur dem Namen nach eine Partei. Sie besaß keine Massenorganisation, und ihre Gründer waren mit der Schultafel und dem Vorlesungssaal vertrauter als mit Fabrikhallen oder improvisierten Rednertribünen. Vom Standpunkt Moskaus aus müssen sie als eine Wette auf sehr lange Sicht erschienen sein, und die russischen Kommunisten fanden in

Sun Jat-sens Kuomintang, der echten Erbin des antimonarchischen revolutionären Nationalismus Chinas, hinter der neun Jahre Geschichte standen und die sich wenigstens einer Armee und eines Parteiapparats rühmen konnte, einen wahrscheinlicheren Makler für die erhoffte Ehe zwischen China und dem Kommunismus.

Die Botschaft aus Moskau war in den 1920er Jahren für die chinesischen Genossen nur schwer zu akzeptieren. Karl Radek drückte es auf einem Kominternkongreß in der Antwort an einen chinesischen Delegierten so aus: »Als uns ein chinesischer Genosse hier sagte: ›Wir haben in China tiefe Wurzeln geschlagen‹, mußte ich ihm antworten: ›Verehrter Genosse, es ist gut, wenn man bei Beginn der Arbeit auf die eigene Kraft vertraut. Trotzdem muß man die Dinge so sehen, wie sie sind.‹ Die Genossen, die in Kanton und Schanghai arbeiten, haben darin versagt, sich mit den arbeitenden Massen zu verbünden... Viele unserer Genossen da draußen versperrten sich in ihren Studien und studierten Marx und Lenin, wie sie einst Konfuzius studiert hatten... Genossen, ihr müßt verstehen, daß weder die Frage des Sozialismus noch der Sowjetrepublik jetzt auf der Tagesordnung stehen... Die unmittelbaren Aufgaben sind: 1. die junge Arbeiter-Klasse zu organisieren, 2. ihre Beziehungen mit den revolutionären bürgerlichen Elementen zu regeln, um den Kampf gegen den europäischen und asiatischen Imperialismus zu organisieren.«[4]

So begann der Kampf, der bis auf den heutigen Tag andauern sollte: der Kampf zwischen den Interessen des Weltkommunismus, wie sie von Moskau, und den Interessen der chinesischen Revolution, wie sie von China aus gesehen wurden. Lenins Drängen, der Kuomintang den Hof zu machen, um den Griff des Westens an den rückständigen Gebieten Asiens zu lockern, hatte die junge KPCh fast gespalten, für deren Mehrzahl von Mitgliedern die Kuomintang der Inbegriff des Schlechtesten in Chinas beginnender Bourgeois- und Kapitalistenklasse war.

Im Sommer 1922 schlug Maring, der holländische Kominternagent der chinesischen Partei, eine formelle Allianz oder Vereinigte Front mit der Kuomintang mit dem Ziel vor, sie in eine proletarische Bewegung umzuwandeln. Sun hatte in seinen Gesprächen mit Komintern-Emissären darauf bestanden, daß die chinesischen Kommunisten in seiner eigenen Partei absorbiert werden sollten, und die Russen waren bereit, diesen Preis zu bezahlen. Indem Maring mit dem großen russischen Stock fuchtelte, setzte er sich bei dem zögernden Zentralkomitee der KPCh durch. Einer der chinesischen kommunistischen Chronisten drückte es aber so aus: ›Während das Zentralkomitee der Partei den Auftrag der Internationale respektierte, hatten die meisten Genossen nur eine demokratische revolutionäre Einheitsfront gebilligt und hegten Zweifel, in die Kuomintang einzutreten.‹[5] Tschen Tu-hsiu und seine Kollegen hielten ihren vorgeschlagenen ›Verbündeten‹ für zu eng nationalistisch, zu sehr auf die militärische Kraft gestützt und allzu geneigt, mit den reaktionären Elementen in ihren eigenen Reihen zu verhandeln. Der schließliche, etwas unsichere Kompromiß bestand darin, daß sich die Kommunisten als Individuen in die Kuomintang einschreiben ließen, während die Kommunistische Partei jedoch ihre separate Existenz beibehielt.

Diese sogenannte ›erste vereinigte Front‹ zwischen den rivalisierenden Gruppen, die um die Macht in China kämpften, dauerte vier Jahre. Sie war dauernden Spannungen und Provokationen von beiden Seiten her unterworfen, besonders von der äußersten Rechten der Kuomintang und der äußersten Linken der Kommunisten. Es gab auch einige Faktoren, die den Kompromiß stützten. Die blutige Unterdrückung einer ehemals mächtigen Eisenbahnarbeitergewerkschaft durch einen Kriegsherrn des Nordens im Jahr 1923 bedeutete einen Schock für die Kommunisten, von denen einige das Gefühl hatten, der Kreml könne mit seiner Auffassung von der geringen Stärke des chinesischen Proletariats recht gehabt haben. Die Kuomintang war zu dieser Zeit eine ziemlich lockere Organisation, und die Mitgliedschaft stellte an die Kommunisten keine zu harten Forderungen. Die linksgerichteten Entwicklungen in der Kuomintang in den Jahren 1924 bis 1925, die Whampoa-Akademie, die Entsendung von Offizieren zur Ausbildung nach Moskau, die radikalere Auslegung der Drei Prinzipien – waren das Werk Borodins, nicht Tschens oder der anderen chinesischen Genossen. Sie bewiesen, daß die Allianz vom Standpunkt der letzteren nicht völlig fruchtlos war. Des weiteren konnte die Chinesische Kommunistische Partei ihr Ziel verfolgen, sich unter dem Schirm der Kuomintang weiter zu organisieren, und sie behielt auch die Kontrolle über diese Organisation, nachdem die vereinigte Front zusammenbrach.

Nach Tschiangs Schanghai-Massaker im April 1927 klammerten sich die Kommunisten für eine Weile an den linken Flügel der Kuomintang, der als Folge davon schließlich von Tschiangs Partei absplitterte. Binnen dreier Monate brach aber selbst dieser überlebende Teil der vereinigten Front zusammen. Die Frage der

Landverteilung bildete ein fatales Hindernis. Tschen Tu-hsiu wurde der Sündenbock für das Versagen der vereinigten Front, und die Führung der KPCh ging auf Tschu Tschiu-pai, einen buchgelehrten Mann, über, der nichts von Tschens Prestige oder politischem Anhang besaß. Der Erste Bürgerkrieg von 1927–1935 brach aus.

Für den Rest des Jahres 1927 kämpften die chinesischen Kommunisten energisch, aber erfolglos um eine revolutionäre Welle, die sie an die Macht tragen und sie, in Schwartz' Worten, befähigen würde, ›die eiserne Mauer der proletarischen Gleichgültigkeit niederzureißen‹.[6] Mit der Billigung der Komintern übernahm die neue Führung ein ›Putschisten‹-Programm mit Aufständen in Stadt und Land. Die Partei wollte sich endlich aufmachen, die Kuomintang zu bekämpfen, die Agrarreform zu proklamieren, das Volk gegen die Bedrükkung aufzurütteln und die Reaktionäre aus den Städten zu vertreiben.

Mao Tse-tung und andere, die regionalen Anhang besaßen, erhielten die Weisung, die ›Herbsternte-Rebellion‹ zu organisieren, zu einer Zeit, in der die Bauern besonders feindlich gegen die Eintreibungen waren, die Grundbesitzer, Geldverleiher und Steuereinnehmer traditionellerweise vornahmen. In Nantschang war ein Militäraufstand geplant, die Roten Armeen unter Ho Lung, Jeh Ting und anderen kommunistischen Guerillaführern sollten im Triumph nach Kanton marschieren und eine neue Revolutionsregierung einsetzen.[7]

Es kam aber anders. Das städtische Proletariat war durch den ›Weißen Terror‹ der Kuomintang gegen Arbeiterorganisationen, Kommunisten und deren Anhänger zutiefst entmutigt worden. Die extravaganten Hoffnungen auf Erfolg, die der Kreml in den Tagen der Vereinigten Front geweckt hatte, gefolgt von Säuberungen durch die Kuomintang in Schanghai und anderswo zu Beginn des Jahres 1927, hatten das politische Interesse der chinesischen Fabrikarbeiter an der Sache des Kommunismus schnell sinken lassen.

Nantschang wurde, allerdings nur für wenige Tage, von der Roten Armee erobert, die Elite der kommunistischen Streitkräfte wurde jedoch auf dem Marsch nach Kanton vernichtet. Nach der entscheidenden Niederlage bei Schantou floh Ho Lung nach Schanghai, Tschou En-lai mußte mit dem Boot nach Hongkong flüchten (von wo er, malariakrank, nach Moskau ging), während Tschu Teh die Reste der revolutionären Armee im nördlichen Kuangtung sammelte. Maos Bauern gelang es nicht, Tschangscha, die Provinzhauptstadt von Hunan, zu nehmen, weil ihnen die militärische Erfahrung und die Unterstützung des Volkes fehlten. Mao selbst wurde gefangen[8] und mußte sich durch Bestechung freikaufen, ehe er wieder Kontakt mit seinen Leuten aufnehmen und sie in die entlegenen und fast unzugänglichen Berge von Tschingkantschan an der Grenze von Hunan und Kiangsi führen konnte, wo sie ihre Wunden leckten; Tschu Teh stieß dort später zu ihm.

In der Zwischenzeit brauchte Stalin für seinen eigenen (XV.) Parteikongreß in Moskau dringend einen Sieg in China; seine Komintern-Emissäre, der Georgier Besso Lominadse und der Deutsche Heinz Neumann, erhielten den Auftrag, einen Aufstand in Kanton zu organisieren. Das wurde am 11. Dezember 1927 erreicht, und drei Tage lang hatte Stalin seine Kantoner Kommune. Dann eroberten aber Kuomintang-Truppen, von britischen Kanonenbooten aus Hongkong unterstützt, die Stadt zurück, und die chinesischen Kommunisten gerieten in nahezu totale Unordnung.[9] Trotzky nannte die Putschistenpolitik von 1927 eine ›Irrsinnstat‹. ›Ende 1927‹, schrieb er, ›versuchte Stalins Faktion, erschreckt durch die Folgen ihrer eigenen Fehler, mit einem einzigen Streich auszugleichen, was sie in einer Anzahl von Jahren versäumt hatte. Deshalb wurde die Kantonrevolte organisiert. Die Führer arbeiteten weiter unter der Annahme, daß die Revolution noch im Wachsen sei, in Wirklichkeit war die revolutionäre Welle bereits durch eine Abwärtsbewegung ersetzt worden. Der Heroismus der Frontlinienarbeiter in Kanton konnte die Katastrophe nicht verhindern, die durch den abenteuerlichen Geist ihrer Führer verursacht wurde. Die Kantonrevolte wurde in Blut ertränkt. Die Zweite Chinesische Revolution war definitiv zerschlagen… Anfang 1928, als sich die chinesische Revolution auf einem Tiefpunkt befand, proklamierte die Neunte Sitzung des Exekutiv-Komitees der Kommunistischen Internationale einen Kurs in Richtung auf einen bewaffneten Aufstand in China. Das Resultat dieses Irrsinns war eine weitere Niederlage der Arbeiter, die Liquidierung der besten Revolutionäre, die Zersetzung der Partei und die Demoralisierung in den Reihen der Arbeiter.‹[10]

Gegen Ende 1927 autorisierte die Komintern den Aufbau von Sowjetgebieten in China*; eine der ersten war die Hailufeng-Sowjetrepublik, die im November durch Peng Pai in Kuangtung gebildet wurde, den berühmten Bauernorganisator im Süden. Aber selbst sie brach im März 1928 wieder zusammen, obwohl sie durch die Ver-

---

* Ein Sowjet war natürlich ein Territorium, das von Vertretern der KPCh verwaltet und regiert wurde.

teilung von Land und die Verbrennung der Besitztitel die Unterstützung der Bevölkerung gewonnen hatte.[11] Um diese Zeit war Tschu Tschiu-pai in der chinesischen Parteiführung abgesetzt und wegen seiner Irrtümer getadelt worden (er zog sich unter dem Namen Strachow nach Moskau zurück). Li Li-san erhob jetzt Anspruch auf die höchste Position, er wurde dabei entschieden von Tschou En-lai unterstützt. Mao war, weil ihm der Herbsternten-Aufstand mißlungen war, bereits aus dem Politbüro ausgestoßen worden.

Die Kommunistische Partei Chinas traf sich im Sommer 1928 in Moskau, um das Debakel zu erörtern. Die Meinung der Führung war ziemlich gleich geteilt zwischen denen, die, wie Tschang Kuo-tao, der Ansicht waren, die Niederlage des vergangenen Jahres mahne zur Vorsicht und zu innerer Konsolidierung, und den Optimisten, die glaubten, daß, wenn sie auch den Kamm der Woge verpaßt hätten, doch bereits wieder eine neue Woge in Sicht sei, auf der sie wegen der Erfahrungen mit der letzten um so sicherer fortschreiten könnten. Dieser Standpunkt, der von Li Li-san und Tschou En-lai höchst beredt vertreten wurde, schien trotz der russischen Zurückhaltung die Oberhand zu gewinnen.

Die neue Planung sollte Sowjetgebiete ermutigen und einen ›einleitenden Sieg in einer oder in mehreren Provinzen suchen‹. Die Tätigkeit Maos und Tschu Tehs in Tschingkantschan erhielt so eine gewisse Rückendeckung durch die Partei. Die unsicheren Nester des Widerstands, die die beiden zusammen mit Ho Lung und anderen Guerilla-Generalen im Inneren des Südens geschaffen hatten, waren letzten Endes die einzigen positiven Leistungen der kommunistischen Bewegung zu dieser Zeit, und es war politisch kaum klug, diese Männer in Ungnade zu belassen.

Li Li-san und Tschou En-lai kehrten jedoch 1929 mit dem Entschluß nach China zurück, die städtisch-proletarische Basis aufzubauen, die für den kommunistischen Endsieg notwendig war. Lis Team in dem neuen Politbüro hatte sich seine Sporen in den Arbeiterorganisationen der Großstadt verdient, Mao und seine ungeschliffenen Bauerntruppen konnten für den Augenblick den Tag gerettet haben; der Kreml, die Komintern oder das Zentralkomitee der Chinesischen Kommunistischen Partei hatten jedoch nicht die Absicht, die Führung des chinesischen Kommunismus in so unorthodoxe Hände zu legen.

Die Schwierigkeit lag nur darin, daß das Proletariat nicht mitmachen wollte. Ein Rundschreiben der KPCh lamentierte Ende 1928: ›Unglücklicherweise ... wurden unsere Parteieinheiten in den Großstädten pulverisiert und isoliert. Nirgendwo in China können wir eine solide industrielle Zelle finden.‹[12] Sicher, es gab eine Anzahl von Streiks. Allein in Schanghai waren es 1928 mehr als hundert, aber die meisten wurden durch die ›Gelben Gewerkschaften‹ der Kuomintang geführt, ihre Ziele waren eher bessere Löhne und kürzere Arbeitszeiten als ein Sturz des Kuomintang-Regimes.

Lis Enttäuschung in den Städten steigerte seine Verstimmung über die maoistische Ketzerei, er fuhr gegen die bäuerliche Mentalität derer los, die an der Weisheit zweifelten, alles auf den städtischen Aufstand zu setzen. Die Bauernschaft, so erklärte er rundheraus, ›ist kleinbürgerlich und kann keine richtigen Ideen hinsichtlich des Sozialismus haben...; ihr Konservatismus ist besonders stark..., es fehlen organisatorische Fähigkeiten. Nur eine proletarische Mentalität kann uns auf den richtigen revolutionären Weg führen.[13] Wenn die Partei Maos Standpunkt akzeptiert, daß das flache Land vor den Städten erobert werden muß, werden unsere Haare weiß sein, ehe die Revolution siegreich ist.‹[14]

Die Sowjetgebiete gewannen jedoch während des Jahres 1929 an Kraft und Prestige, ohne daß der Kreml oder seine Kollegen in der chinesischen Partei deswegen etwas tun konnten. Die Streitkräfte Maos und Tschus erweiterten stetig das Gebiet unter ihrer Kontrolle, und die Mao-Tschu-Gruppe erhielt allmählich den Namen ›die Faktion der wirklichen Macht‹. Die große Entfernung Moskaus von dem allen wurde bezeichnend durch die Veröffentlichung eines Nachrufs auf Mao Anfang 1930 unterstrichen, der angeblich der Schwindsucht zum Opfer gefallen war[15], und durch eine Bemerkung Stalins auf dem Russischen Parteikongreß in diesem Sommer: ›Man sagt, daß dort ein Sowjetgebiet geschaffen wurde! (d. h. im Innern Chinas). Ich glaube, daran ist nichts Überraschendes, *wenn es wahr ist*.‹[16]

Die Li Li-san-Führung rief jetzt nach einem Aufstand der ganzen Nation. Lis Traum war es, daß die weltweite Erhebung gegen den imperialistischen Kapitalismus, der damals in den Krämpfen der großen Depression lag, in China, dem schwächsten Glied, beginnen würde. Das Zentralkomitee erklärte im Juni 1930, daß die chinesische Revolution ›der letzte entscheidende Klassenkampf der Welt‹ sein könnte[17], und wies die Rote Armee an, sich unter Maos und Tschus Befehl zu integrieren, ihre ländlichen Basen zu verlassen und eine Anzahl naher Industriestädte, namentlich Wuhan und Tschangscha, anzugreifen. Tschu Teh erklärte nachher, daß er die Strategie für falsch halte. ›Mao und ich... fühlten das, es fehlten uns aber hinreichende Informationen, um den Plan zurückweisen zu können; wir standen mit unseren schlimmen Ahnungen praktisch allein.‹[18]

In dem Gedicht, das Mao verfaßte, gerade ehe seine Truppen gegen Nantschang marschierten, schwang jedoch kein Zweifel mit:

> Im Juni: die unvergleichliche Armee bekämpft
> die Korrupten und Schurken,
> mit Tausendmeilenstricken will sie das Ungetüm fesseln.
> Jenseits des Kan-Flusses
> hat ein Stück Boden sich rot gefärbt,
> dank des Flügels
> unter der Leitung von Huang Kung-Lüeh.
> Millionen Arbeiter, Bauern, alle im Sturmschritt
> wie Matten Kiangsi aufrollend, voran gegen Hunan und
>   Hupei
> und stoßen gerade auf Liang Hu vor.
> Die ermutigende Internationale,
> wie ein Orkan,
> Wirbelt uns vom Himmel entgegen.[19]

Die Roten Armeen verloren jedoch den Tag. Peng Te-huais Fünfter Roter Armee gelang es zwar, Tschangscha zu besetzen, aber nur einige wenige Tage. Seine Handfeuerwaffen waren der schweren Artillerie, den Leichtflugzeugen und Kanonenbooten der Kuomintang nicht gewachsen. Mao und Tschu verwarfen ganz offen die von Li Li-san bezogene Linie, sie riefen ihre Truppen zurück und organisierten sie in Kian in Kiangsi um, fest entschlossen, die ländliche Basis wieder aufzubauen, von der sie, wie sie glaubten, auf lange Sicht die Macht der Kuomintang aushöhlen konnten.

Anfang 1930 mußte Li Li-san den Preis für sein Versagen bezahlen; er wurde durch eine neue Gruppe in den höheren Kreisen der Partei ersetzt, die sogenannte ›Faktion der zurückgekehrten Studenten‹ oder ›Achtundzwanzig Bolschewiki‹: junge Männer, die an der Sun Jat-sen-Universität in Moskau ausgebildet worden waren und 1930 mit ihrem Rektor Pawel Mif nach China zurückkehrten, dem Mann, der bestimmt worden war, die Komintern zu diesem kritischen Zeitpunkt in China zu vertreten. Geführt von Tschen Schao-ju und Tschin Pang-hsien (besser bekannt unter ihren Pseudonymen Wang Ming beziehungsweise Po Ku) machte sich diese Clique russischer Protegés schnell unbeliebt.

›Diese Burschen‹, kommentierte ein enttäuschter Parteiveteran,

›waren alle junge Studenten, die – man braucht das nicht eigens zu betonen – in der Revolution keinerlei Beitrag geleistet hatten. Während wir die Revolution vorantrugen, saugten sie noch an den Brüsten ihrer Mütter. ... Diese Männer, die hinsichtlich ihrer revolutionären Herkunft Kinder waren, schickte man jetzt als Führer der chinesischen Revolution zurück.‹[20] Mao nannte sie grob ›dreijährige Babys‹.[21]

Aber sie waren nicht ganz dumm, und Shanti Swarup, der indische Sinologe, hat behauptet, daß wenigstens einer (Tschang Wen-tien, auch als Lo Fu bekannt) nicht nur ein ansehnlicher Theoretiker war, sondern sogar Mao mit einem Teil seiner intellektuellen Ausstattung für die verwirrende soziale Szene im China der 1930er Jahre versah.[22]

Auf einem Treffen des Zentralkomitees im Januar 1931 bekannten Tschou En-lai und andere Kollegen Li Li-sans niedergeschlagen ihre politischen Irrtümer, und die Achtundzwanzig Bolschewiki wurden durch Mif der Partei untergeschoben. Li war bereits nach Moskau geflohen, wo er ebenfalls widerrief. Die Komintern hatte die chinesische Partei wieder in der Kontrolle, aber nicht als den mächtigsten Arm im sowjetischen Gebiet. Die Parteimoral in Städten und Gewerkschaften war jetzt durch die befremdenden Änderungen in der Politik der Komintern hinsichtlich Chinas gründlich unterminiert; es gab eine gähnende Kluft zwischen russischem Rat und chinesischer Realität, und dazu kam die Aufzwingung der jungen Bolschewiki-Emporkömmlinge als Parteiführer. Die Partei warf die letzte Chance weg, beim städtischen Proletariat eine ansehnliche Anhängerschaft zu behalten. Die Wang Ming-Führung ging, fast selbstmörderisch, daran, sich die Führer der Gewerkschaft in Schanghai weiter zu entfremden, während sie gleichzeitig gegen die ›Rechtsabweichungen‹ Maos zu Feld zog.[23] Das Ergebnis war, daß die Übertragung der Führung der kommunistischen Bewegung in China von dem Parteihauptquartier in Schanghai in entlegene Dörfer des Hinterlands unvermeidlich wurde, wo Mao Tse-tung und Tschu Teh ihre ländlichen Rebellenarmeen heranbildeten.

4 Mao und Tschu, die Befehlshaber des Marsches

Wer waren nun die Zwillingssterne am Guerillafirmament, die einer sterbenden Partei zu Hilfe kamen? Was band sie zu dem berühmten Mao-Tschu-Duo zusammen, das es ermöglichte, Parteirivalen und Kuomintang-Feinde gleicherweise auszumanövrieren – und schließlich die Vorhut der Bewegung durch alle Prüfungen und Strapazen des Langen Marsches zum Endsieg zu führen?

Mao Tse-tung wurde am 26. Dezember 1893 in dem kleinen Dorf Schaoschan in Hunan geboren.[1] Seine Eltern waren arme Bauern, die sich allmählich durch harte Arbeit und kluges Urteil zu einem Punkt emporwerkelten, wo sie Arbeiter einstellen konnten und einen kleinen Handel betrieben. Zuletzt bebauten sie etwa 3 Arces, verkauften das Getreide ihrer Nachbarn an die Kaufleute der Stadt und liehen ihre Ersparnisse weniger glücklichen Nachbarn – natürlich gegen hohe Zinsen.

Mit fünf Jahren begann Mao auf dem Bauernhof zu arbeiten, zwei Jahre später schickte ihn sein Vater jedoch zu einem Lehrer, um ihn im Lesen und Schreiben unterrichten zu lassen. Als ältester Sohn sollte er in der Lage sein, die Abrechnungen der Farm zu führen und Briefe zu schreiben. Der Junge versank in der neuen Welt der Bücher, die sich ihm derart auftat, besonders verschlang er die romantischen historischen Romane, die die chinesischen Gegenstücke von *Robin Hood* und *Hereward the Wake* schilderten – die ›Romanze von den drei Königreichen‹ und der ›Wasserrand‹, voll von heroischen Erzählungen über populäre Banditen, die den verweichlichten und korrupten Hof herausforderten.

Nach fünf Jahren konfuzianischer Klassiker in der Elementarschule seines Dorfs wurde Mao zurückgeholt; er mußte jetzt ganztägig an der erweiterten Buchführung der Farm arbeiten. Er bekam Streit mit seinem strengen Vater, er verschenkte Geld an Bettler und half armen Bauern, die Ernte vor dem Monsunregen einzubringen, wenn seine Hilfe daheim gebraucht worden wäre.

Er sehnte sich jedoch nach seinen Schulbüchern und bestand schließlich darauf, sich zuerst an einer moderneren höheren Elementarschule des Orts einzuschreiben und schließlich mit achtzehn an einer Mittelschule in Tschangscha, der Provinzhauptstadt. Hier kam er zum ersten Mal mit den politischen Strömungen in Berührung und las seine erste Zeitung, eine Veröffentlichung von Sun Jat-sens

Gruppe, die den jungen Mann so begeisterte, daß er einen Artikel (den ersten seiner berühmten Reihe) schrieb, in dem er eine Republik mit Sun als Präsident empfahl; die Zeitung schlug er an der Schulmauer an. Die Antimandschubewegung gewann um diese Zeit an Boden, und die früher subversiven Schriften so reformerischer Intellektueller wie Kang Ju-wei und Liang Tschi-tschao waren die große Mode. Mao begeisterte sich besonders für die Lebensbeschreibungen George Washingtons, Napoleons, Peters des Großen und Abraham Lincolns. Während der Revolution gegen die Mandschus rasierte sich Mao seinen Zopf ab* (ein Akt offenen Trotzes gegen das Regime, das alle erwachsenen Männer zwang, sich dieser Mandschu-Haartracht anzupassen), verließ die Schule und trat in eine der Rebellenarmeen in Hunan ein. Als jedoch die Republik ausgerufen war, setzte er seine Studien in Tschangscha fort: Er verschlang chinesische Übersetzungen von Adam Smith, Darwin, J. S. Mill, Spencer, Montesquieu, Rousseau, Tolstoi und einer Unmenge anderer westlicher Autoren. Friedrich Paulsens ›Ein System der Ethik‹ zwang den zwanzigjährigen Mao in einen besonders starken Bann. Er studierte auch die radikalen Zeitungen, die von den Intellektuellen in Schanghai und Peking herausgegeben wurden, einschließlich der Tschen Tu-hsius und anderer, die sich schließlich dem Kommunismus zuwandten. Über alles, was er las, machte er umfangreiche Notizen. Er sagte sich, für ihn sei eine Bibliothek das gleiche wie ein Gemüsegarten für einen Ochsen. ›Zu dieser Zeit‹, erzählte er später Edgar Snow, ›war mein Geist eine eigenartige Mischung von Ideen des Liberalismus, eines demokratischen Reformismus und eines utopischen Sozialismus. Ich hatte etwas unbestimmte Passionen hinsichtlich der ›Demokratie des neunzehnten Jahrhunderts‹, Utopianismus und altmodischen Liberalismus, und ich war ganz entschieden Antimilitarist und Antiimperialist.‹[2]

1918 ging Mao nach Peking, um die Studenten organisieren zu helfen, die nach dem ›Arbeit-und-Studium‹-Plan nach Frankreich gingen. Einer seiner früheren Lehrer aus Tschangscha, der dort lehrte, beschaffte ihm eine bescheidene Anstellung als Bibliotheksassistent an der Universität in Peking. Mao mußte die Listen der Bibliotheksbenützer führen und die Zeitungen aushängen und austauschen, die die Studenten verlangten. Sein Gehalt betrug acht Jüan

---

* Er bewies besondere Rücksichtslosigkeit, aber auch Sinn für Gleichheit, als er die Zöpfe oder Zöpfchen von zehn anderen Studenten abschnitt, die gelobt hatten, es ihm nachzutun, dann aber Angst bekommen hatten.

– etwa 2 US-$ – im Monat; er teilte sein winziges Schlafzimmer mit sieben anderen Studenten aus Hunan. ›Ich mußte die Leute links und rechts von mir warnen, wenn ich mich umdrehen wollte.‹[3] Es war Handarbeit, aber der Bibliothekar war Li Ta-tschao, der vielleicht mehr als ein anderer dafür tat, den Marxismus in China einzuführen. Als Mao in Peking eintraf, begeisterte sich Li an der Oktoberrevolution in Rußland. Maos Versuche, sich mit den intellektuellen Größen von Peking in den Bereichen der Bibliothek zu unterhalten, wurden oft zurückgewiesen. (Hu Schieh, einer der Berühmtesten unter ihnen, weigerte sich, mit ihm auch nur zu sprechen, als er erfuhr, daß der junge Mann lediglich Bibliotheksassistent war.) Mao schloß sich jedoch Lis ›Marxistischer Studiengruppe‹ an und wurde auch Schüler Tschen Tu-hsius, des anderen Pioniers des chinesischen Marxismus. Zu dieser Zeit trat Tschen noch für eine parlamentarische Demokratie ein, und Lis Marxismus war mehr eine Begeisterung als eine verstehende Überzeugung.

Im folgenden Jahr kehrte Mao nach Tschangscha zurück und organisierte einen Studentenstreik während der 4.-Mai-Bewegung, die gegen Versailles protestierte. 1920, nachdem er das Kommunistische Manifest, Kautskys *Klassenkampf* und Kirkups *Geschichte des Sozialismus* (alle in chinesischen Übersetzungen) gelesen hatte, sah er sich sowohl in der Theorie wie in der Praxis als Marxisten an. Im Juli 1921 führte er die Delegation aus Hunan zum Gründungskongreß der Chinesischen Kommunistischen Partei. Einige Monate später heiratete er die Tochter seines alten Lehrers, um die er schon in Peking gefreit hatte.

Maos Gefühl des Nationalismus, seine Sorge um die Wiederherstellung der Selbstachtung Chinas, entstand schon sehr früh in seiner Laufbahn. Bei einem Fußballspiel zwischen seiner eigenen Schule und einer rivalisierenden Institution amerikanischen Ursprungs (Die ›Yale in China‹-Vorbereitungsschule) feuerte er seine Partei mit dem Ruf an: ›Schlagt die Sklaven der Fremden!‹[4] 1923 schrieb er in einem Artikel sarkastisch: ›Wenn einer unserer fremden Herren furzt, ist es ein liebliches Parfum.‹[5]

In der ersten Periode der Zusammenarbeit zwischen der Kuomintang und der KPCh spielte er eine beachtliche Rolle, und zwar so sehr, daß ihn seine Kollegen kritisierten, er sei den Kuomintang-Interessen hörig.[6] Tatsächlich wäre es fairer, wenn man sagen würde, daß er den Wert der Kuomintang für Chinas nationalen Wiederaufstieg früher erkannte als Stalin, die Komintern und die meisten ihrer chinesischen Protegés – genauso wie er früher als erster erkannt hatte, wann die Zeit gekommen war, mit der Kuomintang zu brechen.[7] Er kehrte wieder nach Hunan zurück, um die Schmähung zu vermeiden, er sei mit ›patriotischen Kaufleuten‹ und anderen bürgerlichen, aber fremdenfeindlichen und antiimperialistischen Elementen der rivalisierenden Organisation allzu befreundet. Damals entdeckte Mao – gegen alle Anzeichen der marxistischen Theorie und der idées fixes seiner intellektuellen Freunde – die latente revolutionäre Dynamik der Bauernschaft. Er stellte fest, daß die Bauern seiner Provinz durch die fremde Unterdrückung der Japaner, Franzosen und Briten in den Vertragshäfen ehrlich aufgerüttelt waren, und stürzte sich in die Aufgabe, Bauerngenossenschaften zu schaffen.

Als Vehikel für seine Arbeit benützte er aber immer noch mehr den Apparat der Kuomintang als den der Kommunistischen Partei, er war Leiter des Bauern-Bewegung-Ausbildungsinstituts. Er unterstützte Tschiang Kai-scheks Expedition nach Norden, und Stuart Schram sieht in diesen Bindungen ›ein gemeinsames Band des Nationalismus‹[8] zwischen zwei Männern, die schließlich so große Rivalen wurden.

Bald darauf, im Jahre 1927, führte Mao seine berühmte Untersuchung über die Bauernbewegung in Hunan durch; der Bericht darüber ist einer seiner Hauptbeiträge für den chinesischen Kommunismus. Die revolutionäre Energie, die er in dem Bauernland von Hunan beobachtete, ließ ihn voraussagen: ›In sehr kurzer Zeit werden sich mehrere Provinzen wie ein Tornado oder ein Sturm erheben – eine Gewalt, die so schnell und kraftvoll ist, daß keine noch so große Macht fähig sein wird, sie zu unterdrücken. Sie werden alle Netze durchbrechen, die sie jetzt noch binden, und weiter auf der Straße zur Befreiung vorstoßen.‹[9]

Benjamin Schwartz sagte von dem Bericht, er sei ›fast völlig bar aller marxistischen Verzierungen‹ und einfach eine unverblümte leidenschaftliche Bitte, daß den Bauernvereinigungen völlige Handlungsfreiheit gewährt werde. Ein anderer amerikanischer Sinologe schließt, daß der Hunan-Report ›als das Werk eines energischen jungen Kommunisten, der noch unbehindert durch ein tiefes Wissen um die marxistische Theorie war, eher doktrinäre Unreife als politische Ketzerei widerspiegele.‹[10] Mao schätzte, daß die Bauern etwa siebzig Prozent zu dem Erfolg der chinesischen Revolution beitrugen, während man den städtischen Arbeitern und dem Militär nicht mehr als dreißig Prozent zubilligen konnte.

Um diese Zeit geriet Mao bei der kommunistischen Parteiführung in Mißkredit. Er wurde wie diejenigen seiner früheren Patrone in der Partei angeschwärzt, die eine in Moskau als Trotzkismus identifizierte Politik vertraten und die später als Ketzer verdammt wurden.[11] Seine Besessenheit für die Bauern beunruhigte die städtischen Intellektuellen, die die Parteidebatten beherrschten. Maos Programm, das Land der Grundbesitzer in Hunan zu konfiszieren, lag sowohl der Komintern wie der KPCh zu weit links von der Linie, und Li Li-san beschuldigte ihn, ›den Provinzialismus und Konservativismus des Bauernbewußtseins zu vertreten‹.

Er war schon einmal aus dem Zentralkomitee der Partei ausgeschlossen worden. Ende 1927 wurde er abermals fortgeschickt und fast ein Jahr in Ungnade belassen. Mao hatte sich inzwischen aber in Tschingkantschan festgesetzt und begann damit, sich die Machtbasis aufzubauen, von der aus er später die Parteiführung herausfordern und selbst die Kontrolle übernehmen konnte.

Die Eigenschaft, die allen auffiel, die mit Mao zusammenkamen, ist seine Ruhe. In jeder Gruppe ist er derjenige, der auf alle Gesten oder dramatischen Haltungen verzichtet, er erzwingt Beachtung durch die verzehrende Kraft, die in ihm zu wohnen scheint. Heute ist sein Aussehen pausbäckig und fast senil. Sein lebenslängliches Kettenrauchen hat seine Finger fleckig gemacht und seine Zähne schwarz gefärbt. Als ihm aber Edgar Snow in Paoan 1936, ein Jahr nach dem Langen Marsch, gegenübertrat, fand er eine ›hagere, fast Lincoln-hafte Gestalt, für einen Chinesen etwa von Mittelgröße, mit einem Schopf dichten, schwarzen, sehr langen Haars, großen, forschenden Augen, einer hochrückigen Nase und vortretenden Backenknochen‹.[12]

Einige Jahre später sah ihn Albert Payne bei einem Spiel, das durch die Rote Armee in Jenan veranstaltet wurde.

›Da war das schwere Löwenhaupt, mit blauschwarzem Haar, sehr breite, muskulöse Schultern, eine hohe schmale Stirn, eine funkelnde Brille, die Hände hatte er auf die Knie gestützt. Man kann mehr über einen Mann sagen, wenn man sieht, wie er ein Drama genießt, als wenn man ihn anderswo beobachtet. Seltsam war, daß er völlig feminin erschien, er spiegelte alle Gesten der Schauspieler wider, stülpte die Lippen vor, wenn sie vor Zorn brüllten, und fuchtelte sanft mit den Armen, wenn die Feuerwerkskörper explodierten; er glühte förmlich in wildester Freude, als die Armeen von Bühnenbauern in schön bestickten Kostümen endlich die Feudalherren in ihren noch schöner bestickten Kostümen stürzten. Es war mittelalterliche Moral, und Mao genoß ihren mittelalterlichen Stil.‹[13]

In seinen äußeren Gewohnheiten ist Mao unordentlich, an seinem Aussehen liegt ihm nichts. Selbst nach 1949 erschien er oft mit herunterhängenden Socken, ausgefransten Ärmeln und ausgebeulten Hosen. Mit einer großartigen Achtlosigkeit zog er einmal seine Hose aus, um sich während einer Unterhaltung zwischen Edgar Snow und Lin Piao bequemer hinzulegen; bei einer anderen Gelegenheit bemerkte Snow, wie er ›geistesabwesend seinen Hosengurt herunterließ und anfing, nach einigen ›Gästen‹ zu suchen‹. Snow kommentierte: ›Seine nonchalanten Gewohnheiten paßten zu seiner vollkommenen Gleichgültigkeit hinsichtlich seines persönlichen Aussehens.‹[14] Selbst als er aus seinem engen Quartier in den Höhlen von Jenan in den kleinen ›Palast der Duftenden Konkubine‹ am Ufer des Pekinger Nordsees übersiedelte, behielt er seine einfachen, fast frugalen Gewohnheiten bei, seine einzige Extravaganz war ein privater Swimming-pool.[15]

Wenn es aber darum ging, seinen Namen für politische Zwecke zu gebrauchen, kannte er keine falsche Bescheidenheit. Der Kult des Vorsitzenden Mao kann auf das Jahr 1942 zurückverfolgt werden, als er endlich seinen Halt an der Partei gefestigt hatte, und 1945 schrieb er tatsächlich einen anonymen Artikel, in dem er seine Mitpatrioten drängte, ›Maos Weg zu folgen‹.[16] Das war das Jahr, in dem die Parteiverfassung den ›Gedanken Mao Tse-tungs‹ als ›für die Führung des gesamten Werkes der Chinesischen Kommunistischen Partei nötig‹ als Heiligtum aufnahm.

Er war immer ein Spätaufsteher und ging spät zu Bett, er zog es vor, nachts zu arbeiten und am Tag zu ruhen. Gunther Stein beschrieb das Ende eines langen Interviews mit den Worten: ›Um 3 Uhr morgens, als ich mich schließlich mit schlechtem Gewissen, schmerzenden Gliedern und brennenden Augen zum Gehen erhob, war er immer noch so frisch, lebhaft und in seinen Worten so systematisch wie am Nachmittag.‹[17]

Sein Leibwächter gab den folgenden Bericht, wie Mao 1938 seinen berühmten Essay ›Über den verlängerten Krieg‹ schrieb. Die ersten beiden Tage schlief er überhaupt nicht, er arbeitete beständig beim Licht von zwei Kerzen und vergaß manchmal seine Mahlzeiten. Das einzige, das er offen zur Erfrischung tat, war, daß er sich gelegentlich mit einem heißen Handtuch das Gesicht wischte. Am fünften Tag war er merklich dünner, und seine Augen waren blutunterlaufen, er ignorierte das Essen aber immer noch und schrieb weiter. Am siebenten Tag war er so in seine Arbeit vertieft, daß er gar nicht bemerkte, wie das Feuer ein Loch in seinen rechten Schuh brannte.

Plötzlich sprang er vor Schmerzen auf, begann zu lachen und sagte: ›Wie ist denn das passiert?‹ Dann trank er etwas Wein und arbeitete weiter. Am folgenden Tag bekam er Kopfschmerzen, verlor den Appetit und konnte nicht mehr schlafen. Der Arzt diagnostizierte Erschöpfung. Mao schuftete aber weiter, bis der Essay am neunten Tag fertig war.[18]

Nie gab es einen weniger bescheidenen Bücherwurm als Mao. Snow berichtete, daß ein Besucher einmal, als er Mao allnächtlich über die Geschichte der KPCh interviewte, einen Stoß neuer philosophischer Bücher mitbrachte. Snow wurde gebeten, die Verabredung zu verschieben, während Mao die Bücher ›in drei oder vier Nächten intensiven Lesens verschlang, wobei er alles andere zu vergessen schien.‹[19]

Maos Gedichte werden weithin bewundert. Jerome Ch'en kommentiert: ›Zweifellos wurde Maos Status als Dichter durch seine Prominenz als politische Figur betont; trotzdem sind seine poetischen Fähigkeiten, wenn sie auch uneben sind, keineswegs gering, sie hätten ihm auch unabhängig von seiner hervorragenden Stellung in der politischen Sphäre einen Platz in der zeitgenössischen chinesischen Literatur gesichert.‹[20]

Seine Ansprüche, ein echter Philosoph zu sein, sind jedoch etwas forciert. Der Hauptton seiner Schriften ist ein starker Glaube an die Kraft des Willens. ›Es gibt nur einen unproduktiven Gedanken‹, erklärte er, ›aber keine unproduktiven Bereiche. Es gibt zwar armselige Methoden, das Land zu bestellen, aber kein armseliges Land. Mit der alleinigen Voraussetzung, daß Menschen ihre subjektiven Fähigkeiten für Aktionen manifestieren, ist es möglich, natürliche Bedingungen zu ändern.‹ Er war Idealist genug, um, wie Schram es ausdrückt, durch ein ›unstillbares Verlangen getrieben zu werden, die zwei im Konflikt befindlichen Imperative der ›bewußten Aktion‹ durch Individuen und fehlerlose soziale Disziplin zu harmonisieren‹[21]; von hier aus kam auch der Widerspruch, der zum Ende seines Regimes bestand und der die Nation in die Krämpfe der Kulturrevolution von 1966–69 verfallen ließ, weil er wollte, daß das Volk seine Lehren freiwillig akzeptierte, ohne selbst bereit zu sein, zuzusehen, wie man Fehler machte, wenn man seine Führung verwarf.

Sein ruhiges Äußeres verbarg die stürmische romantische Seite seiner Persönlichkeit. Er selbst berichtet, ›meine Eltern haben mich, als ich vierzehn war, mit einem Mädchen von zwanzig verheiratet, aber ich habe nie mit ihr gelebt und tat das auch in der Folge nicht. Ich betrachtete sie nicht als meine Frau…‹[22]

1921, als er achtundzwanzig war, heiratete er Jang Kai-hui, die Tochter seines geliebten Ethiklehrers.

Snow sagt, daß ihre Ehe bei den jungen Radikalen in Hunan als ›eine ideale Romanze‹ gefeiert wurde. Sie scheint als Probeehe begonnen zu haben...[23] Jang wurde jedoch von der Kuomintang hingerichtet, als die Roten Armeen Tschangscha 1930 verließen. Ein Vierteljahrhundert später verfaßte Mao sein berühmtestes Liebesgedicht, das der Witwe eines alten Freundes und Mitrevolutionärs gewidmet war, der in den 1930er Jahren im Kampf gegen die Kuomintang gefallen war. Jang, der Name von Maos Frau, bedeutet ›Pappel‹, der Name seines toten Freundes ›Weide‹.

> Meine stolze Pappel ist mir verloren
>   und dir deine Weide
> Pappel und Weide
>   schweben zum höchsten Himmel empor
> Als sie Wu Kang baten
>   was er ihnen wohl gäbe
> Da bot er ihnen
>   Zimtblütenwein.
> Die einsame Göttin,
>   die da haust auf dem Monde
> breitet weit die Ärmel
>   und tanzt für die guten Seelen
>   am grenzenlosen Himmel.
> Plötzlich kam Kunde
>   Daß der Tiger* auf Erden erlag
> und ihre heißen Tränen
>   fallen als Regen zur Erde**[24]   (Dr. Werner)

Bald nach Jangs Tod nahm Mao seine andere Frau, Ho Tsu-tschen.[25] Ho, ein Mädchen, das fast halb so alt war wie er, war sehr energisch, man sagt, daß sie das Kommando übernahm. Doch gebar sie Mao während der neun Jahre, die sie zusammenlebten, fünf Kinder. Nach dem Langen Marsch (auf dem sie Mao trotz ihrer Schwangerschaft begleitete) wurde sie zur ärztlichen Behandlung nach Rußland ge-

---

* Tschiang Kai-schek
** Weil Wu Kang die Unsterblichkeit suchte, deren Geheimnis sich in Händen der Mondgöttin befand, wurde er, der chinesischen Sage nach, dazu verurteilt, den Kassia (Zimtbaum) auf dem Mond zu fällen, der aber wieder ganz wurde, sobald die Axt ihr Werk getan hatte. Die Sage ähnelt der griechischen Sage von Sisyphus.

schickt, und Mao verliebte sich in Tschiang Tsching, damals bekannt als Lan Ping (›Blauer Apfel‹), einen verführerischen Schanghaier Filmstar, deren Sympathien für die Linken sie nach Jenan gebracht hatte. Maos Kollegen und Bewunderer waren schockiert, daß er die getreue Kämpferin Ho im Stich ließ, er bestand jedoch darauf, sich von ihr scheiden zu lassen. Man sagt, daß das Zentralkomitee der KPCh der neuen Ehe nur unter der Bedingung grollend seine Zustimmung gab, daß Tschiang Tsching die Öffentlichkeit mied und ihren Platz in Maos Haushalt einnahm – anders als ihre Vorgängerin und die Frauen anderer Politbüromitglieder, die in verschiedenen Parteiorganisationen Positionen und öffentliche Verantwortungen übernahmen.[26]

Das war ein Grund zur Klage, als Tschiang Tsching während der Großen Proletarischen Kulturrevolution 1966 kurze Zeit als politische Figur in eigenem Recht in Erscheinung trat – und ihre Verstimmung gegen die verriet, die sie in den Jenantagen zu dreißig Jahren Isolierung und unerwünschter Abgeschlossenheit verdammt hatten.

Mao war schon sehr früh durch den Status der Ungleichheit der Frauen in China betroffen worden. Mit sechsundzwanzig schrieb er, tief bewegt durch den Selbstmord eines jungen Mädchens, das durch seine Eltern zu einer Heirat wider Willen gezwungen worden war, binnen vierzehn Tagen neun Artikel, er schmähte die Beschneidung der individuellen Freiheit, die durch alte Traditionen aufgezwungen wurde und pries ›die große Welle der Freiheit zu lieben‹.[27]

Maos Gesamtpersönlichkeit ist seinen Biographen entgangen. Edgar Snow hat die kurze Autobiographie wiedergegeben, wie sie ihm 1936 erzählt wurde; heute wissen wir jedoch, daß diese in einer Anzahl von Punkten verzerrt wurde, um Maos unmittelbaren Zwekken in der damaligen Zeit zu dienen.[28] In der Folge haben zwei Gelehrte versucht, die Geschichte zusammenzustückeln. Stuart Schrams *Mao Tse Tung* ist der umfassendste Bericht. Jerome Ch'ens *Mao and The Chinese Revolution** beruht, obwohl es schon 1949 endet, auf festeren Grundlagen. Irgendwie entgeht aber das Gesamtbild des Mannes seinen Biographen, nur gelegentliche Einblicke dringen durch. Über seine Unentbehrlichkeit für den kommunistischen Sieg in China besteht jedoch kein Zweifel. ›Niemand sonst‹, sagte Robert Payne, ›besaß die besonderen Talente wie er: die Ge-

---

* Ergänzt durch seinen *Mao* in der Reihe ›Great Lives Observed‹. Robert Paynes Mao Tse-tung ist zwar lesbarer als die anderen Werke, aber nicht mit Dokumenten belegt und nicht unbedingt zuverlässig.

duld, den Weitblick, die erstaunliche Fähigkeit, aus seinen Fehlern gründlich zu lernen, die Kenntnis der Militärwissenschaft und die Fähigkeit, in allgemeinen energischen Umrissen zu denken... Er war nicht bloß eine politische Figur; er war ein Romanautor, dessen Roman plötzlich wahr geworden war, oder ein Dichter, aus dessen Worten plötzlich Menschen wurden.‹[29]

Jerome Ch'en schließt: ›Unter diesem gelehrten, resoluten, erfahrenen, rücksichtslosen und sensiblen Mann erreichte die KPCh Einheit, Kraft und schließlich den vollständigen Sieg. Niemand sonst in der ganzen kommunistischen Bewegung in China kann einen größeren Anteil an dem Verdienst ihres Erfolges beanspruchen.‹ Nach Howard L. Boormanns Worten war Mao vor allem der ›kulturelle Bändiger des Kommunismus in China‹.[30]

Doch hätte Mao Tse-tung seine Jahre in der Wildnis nie überleben noch seinen Willen einer geteilten, richtungslosen Partei nie aufzwingen können, wenn er nicht die Hilfe seines berühmten Kollegen Tschu Teh besessen hätte. Als sich Tschu Teh Mao in den Bergen von Tschingkantschan anschloß, erkannten sie, daß sie einander ergänzten; sie bildeten eine Partnerschaft, die anscheinend den Langen Marsch bis in die Tage überdauerte, als der Machtkampf der KPCh für gegeben hingenommen werden konnte. Man muß ›anscheinend‹ sagen, weil es die ganze Zeit über Hinweise auf Spannungen zwischen den zwei Männern gibt. Eine derartige Spannung ist jedoch in jeder engen Beziehung normal, und die Zusammenarbeit war wichtiger als die Reibungen.

Wie Mao stammte Tschu Teh aus einer armen Bauernfamilie. Er wurde am 12. Dezember 1886 in der Provinz Szetschuan in Südchina geboren.[31] Sein Name bedeutet ›Rote Tugend‹. Seine Kindheit und seine Jugend verbrachte er ähnlich wie Mao damit, daß er sich allmählich und schmerzlich von der traditionellen Form seiner Familie trennte und sich einigen Reformgruppen anschloß, die die Grundlagen für die republikanische Revolution von 1911–12 schufen. 1909 trat er in die Jünnan-Militärakademie ein, wo er, wieder wie Mao, mit Begeisterung die Lebensbedingungen großer Männer wie George Washington, die liberalen politischen Gedanken des Westens und die Traktate Kang Ju-weis, des chinesischen Reformers, las. Er schloß sich der geheimen republikanischen Organisation Tungmenhui an, einer intellektuellen und politischen Version der Ko Lao Hui, der über die ganze Nation verbreiteten Geheimgesellschaft, der er in der Folge ebenfalls beitrat, indem er in einem isolierten Tempel in den Hügeln einen mit Blut besiegelten Eid ablegte.

In der Jünnan-Militärakademie führte der junge Tschu eine Bewegung zur Abschaffung der Todesstrafe. 1911–12 war er in die Kämpfe verwickelt, die in seiner Provinz wegen des Sturzes der Mandschu-Dynastie und der Errichtung der Republik ausgetragen wurden; kompliziert wurden sie noch durch die ehrgeizigen Absichten der lokalen Kriegsherren. 1915 hörte er zum ersten Mal von Tschen Tu-hsiu und seiner ›Neue-Welle‹-Bewegung für Massenerziehung, Demokratie und Wissenschaften an der Pekinger Universität und fühlte sich sehr stark angezogen. Bald wurde er jedoch durch den lokalen Kriegsherrn zum Garnisonskommandeur der Stadt Lutschou ernannt, und hier sank er wieder in den feudalistischen Lebensstil zurück, er kostete seine Macht aus und benützte sie, um seine Verwandten zu protegieren.

Zwei seiner Brüder, die er überredet hatte, ebenfalls Soldaten zu werden, fielen im Kampf, und seine altmodischen Eltern, die das Leben eines Soldaten verachteten, waren zutiefst schockiert. Das war die Zeit, in der Tschu, wie viele andere Chinesen seiner Generation, die Gefangene ihrer Situation waren, damit begann, Opium zu rauchen. Er fühlte sich für den Tod seiner jüngeren Brüder direkt verantwortlich und gab sich sogar zeitweise die Schuld für den darauf folgenden Tod seines Vaters.

1922 wurde Tschu durch seine Feinde zur Flucht gezwungen und mußte mit Hilfe seiner Kontakte zu den Geheimgesellschaften über den Fluß des ›Goldenen Sands‹ und den Tatu-Fluß in seine Heimatprovinz Szetschuan fliehen. Das war die gleiche Strecke, auf der er dreizehn Jahre später die kommunistischen Armeen führen sollte. Mit Robert S. Elegants Worten war es ›eine Ein-Akt-Probe für den Langen Marsch‹. (China's Red Leaders, London Bodley Head, 1952, S. 76.) Seiner Autobiographie zufolge, die er Agnes Smedley erzählte, rauchte er zu diesem Zeitpunkt seine letzte Pfeife Opium und begann mit einer einheimischen Kräuterkur, die ihm Schlaflosigkeit verursachte. Hier sah er auch zum letzten Mal seine Frau und seinen Sohn, die mehrere Jahre später von Kriegsherren ermordet wurden.

Er blieb nämlich nicht in Szetschuan, sondern fuhr auf einem Jangtse-Dampfer nach Schanghai, ein sehr verwirrter junger Mann. Smedley beschreibt seine Tätigkeit zu diesem Zeitpunkt als das ›Tasten eines Manns, der einmal ein armer Bauer gewesen, der Macht und Ansehen und wenigstens einige Fleischtöpfe des Lebens genossen hatte‹.[32] Edgar Snow erzählte man, daß er auf einem britischen Dampfer einen ganzen Monat lang den Jangtse hinuntergefahren sei und daß an Bord kein Opium zur Verfügung gestanden habe; seine Heilung von der Sucht war äußerst langwierig und schmerzlich.[33]

Bei der Ankunft in Schanghai nahm er eine Rikscha, fuhr in das Französische Hospital und bat die Ärzte, ihn von seiner Schlaflosigkeit zu kurieren. Er blieb eine Woche, während der er jede Zeitung las, die er in die Hände bekam; dann entschloß er sich, der Kommunistischen Partei beizutreten.

In Schanghai war Tschu entsetzt über das Elend der armen Industriearbeiter, er traf sich mit einigen der Führer der neuen Bewegung. Sun Jat-sen bat ihn, nach Jünnan zurückzugehen und dort seine Armee für die republikanische Sache zu reorganisieren; er weigerte sich jedoch, weil er ein Bündnis mit den Kriegsherren für eine Kurzschlußhandlung hielt. Er sagte, er wolle lieber ins Ausland gehen und mehr über den Kommunismus lernen, der in Rußland so erfolgreich gewesen war. Tschen Tu-hsiu, der Generalsekretär der Kommunistischen Partei, wies ihn jedoch zurück, er erinnerte ihn daran, daß die Mitgliedschaft in der KPCh viele Studien und deren praktische Anwendung erfordere. ›Einer meiner Füße blieb in der alten Ordnung, und der andere konnte in der neuen keinen Platz finden‹, beklagte sich Tschu.[34]

Im September reiste er auf dem französischen Dampfer ›Algier‹ nach Singapore, Indien, Afrika und Marseilles und schloß sich den chinesischen Studenten an, die in Paris und anderen Städten des Westens nach den Geheimnissen der Modernisierung forschten. Er wurde ein beliebtes Mitglied in dieser Gruppe, obwohl er mit 36 alt genug war, der Vater einiger ihrer Mitglieder zu sein. Als eine seiner ersten Handlungen fuhr er nach Berlin, wo er Tschou En-lai traf, der ihm endlich den Eintritt in die Kommunistische Partei ermöglichte – aber geheim, so daß er noch einen Platz in der Kuomintang-Organisation einnehmen konnte, wenn er nach China zurückkehrte. Tschu ›verschlang‹ Berlin so systematisch wie die anderen europäischen Städte, die er aufsuchte, er hörte Beethoven, besuchte die Oper und streifte durch Fabriken, Paläste und Museen.

1924 schrieb er sich an der Fakultät für Politische Wissenschaften der Universität Göttingen ein, sein Deutsch war jedoch sehr schlecht und seine formalen Studien machten keine großen Fortschritte. Im Sommer 1926 wurde er von der deutschen Polizei verhaftet und ausgewiesen; mit drei Koffern voll Bücher, Karten und Notizen reiste er nach Leningrad. Er kehrte nach Schanghai zurück, nahm seine Verbindung zur Kuomintang in Szetschuan wieder auf und las, zum ersten Mal, die Artikel Mao Tse-tungs.

Ende 1926 wurde Tschu Teh zum Kuomintang-Garnisonskommandanten von Nantschang ernannt, und hier bot sich für ihn die Möglichkeit, der Sache des Kommunismus zu dienen. Einige Monate später traf er sich insgeheim mit Tschou En-lai, Li Li-san, Ho Lung und – ihre erste historische Begegnung[35] – mit Mao Tse-tung. Das war die Konferenz, bei der der Nantschang-Aufstand, mit dem bewaffnete Bauern und Arbeiter die Agrarrevolution beginnen sollten, geplant wurde. Tschu als Garnisonskommandant versuchte, die anderen Kuomintang-Offiziere abzulenken, indem er ein Essen und eine Mahjong-Party gab; sie witterten jedoch Unrat und gingen, noch ehe die Party voll in Schwung gekommen war. Der Aufstand mußte daher binnen weniger Stunden durchgeführt werden.

Jetzt übernahm Tschu die Führung der Revolte[36] und führte die Vorhut der Roten Armee nach Kanton, wo die neue Revolutionsregierung ausgerufen werden sollte. Seine Truppen wurden jedoch von denen Tschiang Kai-scheks bei Schantou zerschlagen, und Tschu mußte seine wenigen Überlebenden in den südlichen Teil von Hunan führen. Er überzeugte die zweifelnden Thomasse, die es für politisch klüger hielten, sich aufzulösen. Nur neunhundert Mann blieben bei ihm, aber sie gaben sich den neuen Namen ›Revolutionäre Armee der Arbeiter und Bauern‹, mit Tschu als ihrem Befehlshaber, Tschen Ji als politischen Kommissar und Lin Piao als einem der fünf Abteilungskommandeure.

Binnen weniger Wochen erfuhr Tschu, daß Mao in ähnlicher Unordnung seine wenigen ihm verbliebenen treuen Anhänger im Tschingkangschan, der gebirgigen Region zwischen Hunan und Kuangsi, gesammelt hatte. Im April schloß er sich Mao dort an, und die berühmte Partnerschaft nahm ihren Anfang.

Tschu erkannte in Mao fast augenblicklich den politischen Mentor, nach dem er so lange gesucht hatte, einen Mann mit politischen Ideen und einer Urteilskraft, der er vertrauen und der er für den Rest seines Lebens folgen konnte. Er war der erste der militärischen Führer der kommunistischen Bewegung, der die Notwendigkeit erkannte, die Armee vollständig der politischen Leitung unterzuordnen, so ermutigten und ergänzten sich diese beiden Männer zu einer Zeit, in der jeder von ihnen ohne die Unterstützung des anderen sehr wohl in die gleiche Vergessenheit hätte versinken können wie viele andere unzureichende Führer der KPCh.[37]

Während Mao das politische Genie einbrachte, das die maximale Unterstützung des Volks in dem kommunistischen Gebiet sicherte und dem es gelang, eine Zusammenarbeit der Oberbefehlshaber der

Roten Armee und des Zentralkomitees mit einem Minimum an zerstörenden Reibungen zu erreichen, war es Tschu, der tatsächlich die Schlachten gegen die Kuomintang gewann. Robert Payne drückt es so aus: ›Die Theorie, wie er die Schlachten erzählt, scheint rein Mao zu sein; die Praxis, das Wissen um das Mögliche, die Art, wie die Streitkräfte zur höchsten Wirkung gruppiert werden können, scheint von Tschu Teh selbst zu kommen.‹[38]

Tschu Teh war ein Mann von außerordentlicher Findigkeit. Einmal rettete er nach einer Gefangennahme sein Leben, indem er vorschützte, er sei ein Koch. ›Erschießt mich nicht!‹ rief er. ›Ich bin nur der Koch! Erschießt den Mann nicht, der für euch kochen kann.‹[39] Zu dieser Zeit hatte Tschiang Kai-schek einen Preis von 250 000 $ in Silber auf seinen Kopf ausgesetzt.

Sein rauhes Äußeres tarnte ein tiefes Gefühl der Demut, das Mao oft reizte und das, wie Agnes Smedley vermutete, ›nicht nur seiner armen bäuerlichen Herkunft und seinem bäuerlichen Respekt vor kultivierten und gelehrten Männern zuzuschreiben war, sondern vielleicht auch... einem unbewußten Gefühl der Schuld, das in den Jahren Wurzeln geschlagen hatte, die er als Militarist verbracht hatte‹.[40]

Wie Mao war er mehrmals verheiratet. Seine erste Frau, die Tochter eines progressiven Intellektuellen, starb wenige Jahre nach der Hochzeit. Seine zweite Frau war ebenfalls Tochter eines Gelehrten und seine dritte eine Schriftstellerin, die später von Kuomintang-Offizieren gefoltert und geköpft wurde. Anschließend steckte man ihren Kopf in Tschangscha an eine Stange, um kommunistische Sympathisanten abzuschrecken. Tschus vierte Frau war ein Bauernmädchen, das Tschu auf dem Langen Marsch begleitete und sich einen Namen als eine der zähesten in der kleinen Truppe von Frauen machte, die am Leben blieben.

Als jovialer, schlichter, wenn auch etwas von Schuld gequälter Soldat gehörte Tschu Teh in den späteren Jahren der KPCh nicht zu den glänzenden Sternen.[41] In Jenan stellte man nach dem Langen Marsch fest, daß er eine elegantere Garderobe trug als die meisten kommunistischen Führer; seine Rolle in der Chinesischen Volksrepublik nach 1949 schien die eines alten Helden zu sein, der Zuneigung verdiente, dem man aber keine Verantwortung übertrug. In wohlinformierten Kreisen in Peking sagte man, noch ehe die Kulturrevolution 1966 begann, daß Tschu einen chinesischen Schriftsteller beauftragt habe, seine Biographie zu verfassen und daß Mao, oder Maos Gruppe, sie nicht veröffentlichen ließ: vermutlich weil sie vielleicht darauf hingewiesen hatte, daß nicht jeder Sieg auf dem Langen Marsch und in anderen Momenten des kommunistischen Kampfes ausschließlich dem Genie des Vorsitzenden zuzuschreiben war. Ein Kommentator hat eine Kritik in einem geheimen Armeebulletin über den ›irregeleiteten Einfluß des Kameraden XX‹ mit Tschu Teh in Verbindung gebracht.[42] Etwas von dieser Spannung drang an die Öffentlichkeit, als alle Führer in Kriegs-Posters und Zeitungen der Roten Garde unter kritischen Beschuß genommen wurden. In dieser Zeit hieß es in radikalen Veröffentlichungen, die in China zirkulierten und die Tschu Teh einen ›ehrgeizigen Kriegsherrn‹ nannten, daß sich Tschu gegen Maos Rat bei der wichtigen Tsunji-Konferenz während des Langen Marsches gestellt habe; daß er mit anderen nach der Ankunft in Schensi nach dem Langen Marsch die Roten Armeen sofort zum Kampf gegen Japan führen wollte (in Opposition zu Maos Ansicht, es sei klüger abzuwarten und sich erst zu erholen), und daß er mit Mao bei einer Anzahl anderer Gelegenheiten nicht übereingestimmt habe.[43] Man hat sogar angedeutet, Tschu habe Mao mitten auf dem Langen Marsch absichtlich im Stich gelassen und sei seinen szetschuanesischen Freunden in der Vierten Frontarmee unter Maos Rivalen in der Guerilla-Hierarchie, Tschang Kuo-tao, gefolgt.[44]

Eine mögliche Bestätigung dieser Beschuldigungen könnte man aus der Tatsache herauslesen, daß Tschu Tehs Autobiographie, wie er sie Agnes Smedley erzählte, fast nichts über die Periode von 1931–34 enthält; entweder war Tschu 1937 schweigsam und verwirrt hinsichtlich der richtigen Linie, die er in den komplizierten innerparteilichen Kämpfen einhalten sollte, oder er zog es vor, die Teile seiner Geschichte herunterzuspielen, deren Veröffentlichung politisch unklug gewesen wäre.[45]

Tschen Ji, einer von Tschu Tehs Protegés (und später Chinas aufbrausendster und notorisch indiskretester Außenminister), soll einmal vertraulich gesagt haben, Tschu habe Mao immer wegen der Art gegrollt, wie dieser ihren Guerilla-Feldzug in Hunan im August 1928 geführt habe.[46]

Ein Ereignis bei der Kutien-Konferenz der Roten Armee im Dezember 1929 – Januar 1930 soll das Überlaufen Lin Piaos, eines weiteren Schützlings Tschu Tehs, in der Debatte zwischen den zwei Führern auf Maos Seite gewesen sein.[47] Ein Jahr später soll die Futien-Meuterei in der Roten Armee von Slogans begleitet worden sein, die Tschu Teh und Peng Teh-huai gegen Mao unterstützten.[48] Tschu und Peng waren bei den Leuten wirklich beliebt, während

Mao etwas distanziert war und den Eindruck machte, eingebildet zu sein. Tschu war zweifellos zeitweilig hinsichtlich der Politik verwirrt, vielleicht hatte seine Treue zu der maoistischen Linie mit der Länge der Zeit seit seiner letzten Einweisungssitzung etwas nachgelassen.

Er unterstützte Mao bei der Tsunji-Konferenz im Januar 1935, und Mao lobte ihn wiederholt, daß er sich dem Antrag bei der Ningtu-Konferenz der Roten Armee im August 1932 (auf der Mao als Vorsitzender der Militärkommission abgesetzt wurde), Mao aus der Partei auszuschließen, widersetzt hatte.[49] Die Feinheiten der Beziehung zwischen Mao und Tschu gehören zu den geheimnisvollsten und faszinierendsten Aspekten des Langen Marsches.

Zu dieser Zeit, sechs Jahre vor Beginn des Langen Marsches, erkannte jeder der beiden Männer in dem anderen offensichtlich den Partner, den er brauchte. Tschu hatte endlich einen Intellektuellen gefunden, der aus den verwirrenden Zuständen Chinas in der damaligen Zeit einen Sinn herausfand und der doch auch die Mentalität der Bauern verstehen konnte, eine in der kommunistischen Führung fast einzigartige Kombination. Mao seinerseits fand einen brillanten Militärtaktiker, der die Intelligenz besaß einzusehen, daß das Kämpfen sinnlos war, wenn es nicht mit einem spezifischen und vollerfaßten politischen Ziel verbunden war. Für die nächsten sieben Jahre kämpften die zwei Männer Seite an Seite, wenn auch nicht immer in vollkommener Harmonie, um das Überleben der kommunistischen Idee zu sichern und für den Endsieg der Kommunistischen Partei Chinas.

5   Tschingkantschan und der Kiangsi-Sowjet

Im Oktober 1927 langte Mao Tse-tung mit den entmutigten Resten seiner kommunistischen Streitkräfte an der Grenze der Provinzen Hunan und Kiangsi im Waldgebirge von Tschingkantschan an. Der Herbsternte-Aufstand war fehlgeschlagen, Mao selbst war von der Kuomintang gefangengenommen worden und hatte sich aus der Gefangenschaft freikaufen müssen; die chinesische kommunistische Sache schien – wie viele Beobachter annahmen – mit dem Sturz der kurzlebigen Kanton-Kommune zum Tode verdammt. Und doch sollte der Tschingkangschan zum Wendepunkt der ganzen Geschichte werden.

Denn hier sahen sich die kommunistischen Führer gezwungen,

sich ganz mit der Wirklichkeit der chinesischen Szene – fern von den Feinheiten der marxistischen Theorien – abzufinden. Schon als Mao den Aufstieg in das Bergland begann, mußte er die Regeln der kommunistischen Partei brechen, um am Leben zu bleiben. Er mußte ein Bündnis mit den Banditenhäuptlingen der Gegend, Wang Tso und Juan Wen-tsai, eingehen. Mit nur tausend Mann war es wesentlich, daß er die sechshundert Banditen – ganz zu schweigen von ihren hundertzwanzig Gewehren – auf seiner Seite hatte, und nicht gegen sich.[1]

Er rechtfertigte diese Notwendigkeit, er argumentierte auch, daß diese unorthodoxen Verbündeten zu den ›élements déclassés‹ gehörten (die anderen waren Soldaten, Räuber, Bettler und Prostituierte), die ausgezeichnete Kämpfer der Revolution abgeben konnten, wenn sie nur die richtige Führung erhielten. Außerdem gehörten die Banditen der Ko Lao Hui an, der Geheimgesellschaft, die in der Revolution von 1911–12 eine so wertvolle Rolle gespielt hatte.[2] Das Zentralkomitee (das ihn bereits wegen seines Versagens und seiner Insubordination in Tschangscha ausgeschlossen hatte, obwohl er davon erst im folgenden Frühjahr erfuhr[3]) griff seine romantische Liaison mit den Banditen als offenen Trotz gegen das marxistisch-leninistische Prinzip bitter an.

Im Frühjahr 1928 traf Tschu Tehs Armee von 900 Mann mit Tschen Ji und Lin Piao im Tschingkantschan ein – mit dem Befehl des Zentralkomitees, Maos Irrtümer zu korrigieren und ihn sozusagen zur Raison zu bringen.

Die wiedervereinigten Roten Armeen wurden jedoch sofort von Kuomintang-Truppen angegriffen, schlugen sie aber zurück. Von dem Erfolg beschwingt, hielten die Anführer in Maoping eine Konferenz ab, auf der sie beschlossen, eine neue revolutionäre Basis aufzubauen und ihre Streitkräfte zu einer neuen Vierten Roten Armee mit Tschu als Oberbefehlshaber und Mao als politischem Kommissar zu reorganisieren und zu integrieren. Die neue Armee sollte in Fragen des Soldes und der Rationen egalitär sein und Maos Drei Regeln der Disziplin befolgen (gehorche den Befehlen, nimm nichts von Arbeitern oder Bauern und liefere alles ab, was du von Grundbesitzern und Adeligen nimmst) sowie die Acht zusätzlichen Regeln (Bring die Türen zurück, die du als Bettbrett benützt, gib das Stroh zurück, das du als Bettzeug nimmst, sprich höflich, bezahle fair, das, was du kaufst, gib alles zurück, was du borgst, zahle alles, das du beschädigst, bade nicht vor den Augen von Frauen und durchsuche nicht die Taschen von Gefangenen).[4] Was die Taktik gegen den weit überlegenen und besser bewaffneten Feind anlangte, so wurde sie in den vier Zeilen zusammengefaßt, die das berühmteste Modell der Guerilla-kriegführung von Kuba bis Vietnam, Angola und Bengalen werden sollte:

> Wenn der Feind vorrückt, ziehen wir uns zurück.
> Wenn der Feind hält und lagert, beunruhigen wir ihn.
> Wenn der Feind einer Schlacht auszuweichen sucht, greifen
> wir an.
> Wenn sich der Feind zurückzieht, verfolgen wir ihn.

Die von Mao deutlich erkannte Erfahrung, wie man eine Armee organisieren müsse, war für Tschu und seine Kollegen annehmbar, Mao und Tschu stimmten auch in der Agrarpolitik überein. Alles Land sollte ohne Entschädigung konfisziert und an die armen Bauern verteilt werden, die bewaffnet und ausgebildet werden sollten, um dieses Land zu verteidigen. Die Grundbesitzer sollten gestürzt und hingerichtet werden, dagegen wollte man die sogenannten Mittelklassen, die mittleren und reichen Bauern und die Kleinkaufleute (wie Maos eigener Vater) mit relativer Mäßigung und Zurückhaltung behandeln, um sich wesentliche Sektionen der ländlichen Gemeinschaft nicht völlig zu verfeinden. Die Idee sollte sich etappenweise über den Sowjet ausbreiten.[5] Später im Jahr 1928 billigte das Zentralkomitee der Partei diese Landpolitik, befahl aber, daß der Besitz in der Hand der Regierung des Sowjets bleiben solle. Zu dieser Zeit hatte Mao aber bereits weitere Gedanken entwickelt. In einem Bericht über die Agrarpolitik auf einer zweiten Konferenz in Maoping Ende 1928 erklärte er, daß eine große Kollektivierung produktionsfeindlich sei. ›Die Bauern reagieren nicht gut...‹, wie ein Sowjetoffizieller es ausdrückte. ›Sie forderten eigenes Land, das ihre Familie für sich selbst bestellen konnte...‹[6]

Mao war der Meinung, daß nur das Land der Grundbesitzer konfisziert, dieses Land in den Besitz der Bauern übergeben und später der Verkauf von Land gestattet werden solle. In Schanghai hielt man jedoch das alles für eine unnötige Milde gegenüber den reichen Bauern, die notorisch konservativ und gewinnsüchtig waren. Mao war noch nicht mächtig genug, um Tschu zu einer Herausforderung der Autorität des Zentralkomitees mitzureißen, und so ließ man die ›Idee von den reichen Bauern‹ fallen.

Dem Tschu-Mao-Duumvirat trat nun Peng Teh-huai bei, ebenfalls ein Bauernführer aus Hunan, der mit sechzehn in den frühen

Tagen der Republik in die Armee eingetreten, bei der Nordexpedition 1926 zum Regimentskommandeur aufgestiegen war und in der Folge gegen die Kuomintang rebellierte.* Im November 1928 brachte er die eintausend Überlebenden der Fünften Roten Armee in den Tschingkangschan.[7]

Tschu und Mao fühlten sich jetzt stark genug, nach Kiangsi und Fukien einzubrechen und den Sowjet allmählich zu erweitern, obwohl sie dabei zeitweilig den Tschingkantschan an die Kuomintang verloren. Eine neue zentrale revolutionäre Basis wurde mit dem Zentrum Juikin gebildet, sie umfaßte Teile von Kiangsi, Fukien und Hunan. Andere wurden in der Zwischenzeit in anderen Teilen von China gebildet, die Ho Lungs in Hupei-Hunan, Tschang Kuo-taos in Ojuwan, die Teng Hsiao-pings am Linken Fluß und ein Dutzend weitere. Der Kiangsi-Sowjet von Mao und Tschu war jedoch der größte und erfolgreichste.

Mao erlitt zu dieser Zeit einen gefährlichen Malariaanfall. Einem seiner Soldaten gelang es, durch die feindlichen Linien zu schlüpfen und Chinin aus Schanghai zu bringen (bei einer zweiten ähnlichen Mission wurde der Mann allerdings gefangen und hingerichtet), und Dr. Nelson Fu, der christliche Konvertit von der britischen Baptistenmission, der das Sanitätskorps der Roten Armee führte, konnte Maos Leben retten.[8]

Allmählich baute Mao seine Machtbasis in dem Sowjet auf. Er suchte die Rote Armee von ihren schlechten Elementen zu säubern (denen, die dem Spiel, dem Opiumrauchen und der persönlichen Gewinnsucht verfielen) und ihre Disziplin und ihre Unterordnung in der Partei zu verstärken. Er sah allmählich, daß der beste Weg, China zu erobern, der war, die Sowjetgebiete langsam auszuweiten, indem er sich auf die Guerillakriegführung stützte und die großen Städte bis zuletzt außer acht ließ. Das hing aber davon ab, daß er die Unterstützung der Bauern gewann – und behielt –, und das wiederum bedeutete eine flexiblere und verfeinerte Methode der Landverteilung.

Generäle ziehen es immer vor, große Städte wegen der Plünderungen und der Vorräte zu nehmen, und die offizielle Parteilinie unter Li Li-san, es noch einmal mit einer städtischen Revolution zu ver-

---

* Pengs Familie waren reiche Bauern. Im Alter von neun Jahren wurde er von der Familie zum Tode verurteilt, weil er den Opiumtopf seiner Großmutter vom Herd getreten hatte. Ein Onkel schaltete sich ein, und er mußte statt dessen sein Heim verlassen. Snow beschreibt ihn als ›offen, geradeheraus und ohne Umschweife in Manieren und Sprache, schnell in seinen Bewegungen, voll Lachen und Witz... physisch sehr aktiv, ein ausgezeichneter Reiter und Mann von Ausdauer... ein Nichtraucher und Antialkoholiker‹ (*Roter Stern über China*).

suchen, war sehr attraktiv. Mao blieb in dieser Frage in der Minderheit.[9] Der katastrophale Fehlschlag gegen Tschangscha und Nantschang im September 1930 ließ viele seine Anschauung stärker beachten. Mao hatte die militärische Situation besser begriffen als das Zentralkomitee, er gewann allmählich Unterstützung in der Partei und der Armee.

Er beeilte sich, diesen Vorschlag zu beschleunigen, indem er Ende 1930 eine Meuterei unter seinen Soldaten in Fukien schnell und rücksichtslos niederschlug. Er hatte die Verhaftung von über 4000 Mann befohlen, unter dem Verdacht, einer Kuomintang-Geheimorganisation anzugehören, reiche Bauern zu begünstigen und ganz allgemein seinen Befehlen nicht zu gehorchen. Ein Offizier namens Liu Ti befreite die Soldaten jedoch und stürzte die örtliche Provinzregierung des Sowjets. Etwa hundert von Maos Anhängern wurden getötet, und es heißt, daß Tschu Tehs Frau von den Meuterern gefangen wurde, die Mao als ›Parteikaiser‹[10] beschimpften. Die Niederschlagung der Fukien-Meuterei zementierte Maos Ruf als harter und energischer Führer – und brachte ihn auch in Schwierigkeiten mit dem Politbüro. Im August 1931 wurde er durch Tschou En-lai als Politischer Kommissar der Ersten Frontarmee ersetzt, und im Oktober ersetzte ihn Wang Tschia-hsiang als Direktor der Allgemeinen Politischen Abteilung der Roten Armee. Später lief das Gerücht um, daß Tschen Ji Maos Henker in Fukien gewesen sei und daß Tschens ausschweifender Blutdurst bei der Ausführung des Auftrags das Politbüro veranlaßt hatte, ihn zurückzulassen, als der Lange Marsch begann.[11]

Der Kiangsi-Sowjet erlebte jetzt eine Reihe von fünf Einkreisungsfeldzügen durch die Kuomintang-Truppen. Der erste im Dezember 1930 – Januar 1931 war unwirksam. Die Kommunisten erbeuteten dabei ihre ersten Funkgeräte. Der zweite im Frühjahr 1931 blieb genauso erfolglos, die Roten Armeen machten 20 000 Gefangene und erbeuteten ihre Gewehre. Der dritte wurde im Sommer durch Tschiang Kai-schek persönlich geführt, seine Streitkräfte waren zehnmal so stark wie die Rote Armee. Es war ein Glück für die KPCh, daß die Besetzung der Mandschurei durch die Japaner die Kuomintang veranlaßte, den Feldzug abzublasen. Ende 1931 kapitulierten die zwei Kuomintang-Brigaden vor General Tschu Teh, der dadurch 20 000 Gewehre, mehrere hundert MGs, über einhundert Geschütze und viele Funkgeräte erbeutete. Die Roten Armeen zählten jetzt 200 000 Mann mit 150 000 Gewehren und hatten die Kontrolle über einundzwanzig Verwaltungsbezirke mit einer Bevölkerung von zweieinhalb Millionen Menschen. Maos führende Position bei all dem wurde auf dem Ersten All-China-Sowjetkongreß bestätigt, der im November 1931 in Juikin abgehalten wurde. Die Mao-Tschu-Partnerschaft hatte drei Einkesselungsfeldzüge der Kuomintang zurückgeschlagen, feindliche Agenten aus den Roten Armeen ausgerottet, die Fukien-Rebellen hingerichtet, die Macht der Faktion in dem Raum Kiangsi–Fukien konsolidiert, die Wahl von Delegierten aus diesem Raum in den Kongreß durchgesetzt und die Partei (zu einem Zeitpunkt, als die Mittel der Komintern sehr spärlich waren) mit ihrer Haupteinnahmequelle aus den Steuern des Sowjetgebiets versorgt. Die Führer des Zentralkomitees der KPCh, die nach Juikin (Tschou En-lai schlüpfte, als Geistlicher verkleidet mit langem Bart und in schwarzem Gewand, aus Schanghai)[12] gekommen waren, billigten Mao nicht vollkommen; sie hätten in der Parteiorganisation genügend Macht gehabt, um ihn zu stürzen, wenn sie gewollt hätten. Mao wurde jedoch zum Vorsitzenden des Zentralexekutiv-Komitees der All-China-Sowjetregierung mit dem Sitz in Juikin gewählt. Die Wang Ming-Gruppe kontrollierte immer noch das Politbüro, aber von nun an sprach man von *Mao* Tschu-hsi (Vorsitzender Mao) statt des alten *Mao Wei-juan* (Kommissar Mao). Hsiang Jing und Tschang Kuo-tao waren seine stellvertretenden Vorsitzenden. Die beste Erklärung dafür bietet Trygve Lötveit in einer noch unveröffentlichen Studie: ›Die Parteiführer wollten die Maschine nicht ignorieren, die Mao in dem Zentralen Sowjetgebiet aufgebaut hatte. Als Gruppe besaßen sie Sachkenntnisse in der Handhabung der Theorie Lenins und Stalins, und sie hatten von ihrer Basis in Schanghai auch einige Erfahrung in der Untergrundtätigkeit, sie hatten aber noch kein hinreichendes Zutrauen zu ihrer Fähigkeit, die Verwaltungsaufgaben der neuen Republik zu übernehmen, die unter den unvertrauten Umständen im chinesischen Hinterland zu bewältigen waren. Deshalb wollten sie Mao und seine Anhänger, die in der organisatorischen Arbeit in dem Sowjetraum erfahren waren, nicht ersetzen, sondern von ihnen Gebrauch machen.‹[13]

Tschou En-lai blieb nach dem Kongreß in Juikin und wurde faktisch der neue Einsatzkommandeur der kommunistischen Basis. Zum ersten Mal sah sich Mao einem erfahrenen und hochintelligenten Rivalen in seinem eigenen Bereich gegenüber, und diese Rivalität wurde erst vor dem Langen Marsch behoben. Tschou war ein ganz anderer Mann als seine Kollegen im Politbüro, er selbst bekannte später: ›Ich bin Intellektueller mit einer feudalistischen Vergangenheit. Ich hatte wenig Kontakt mit den Arbeiter-Bauern-Massen, weil ich an dem wirtschaftlichen Prozeß der Produktion nicht teilgenommen hatte. Meine revolutionäre Laufbahn begann im Ausland mit einem sehr begrenzten Wissen, das ich nur aus Büchern gewann.‹

Tschou wurde als Sohn einer Mandarinfamilie in der Provinz Tschekiang geboren. Anders als die übrigen kommunistischen Führer hatte er nie die Gelegenheit, seiner Familie gegenüber Respekt zu zollen, ihre Heiligtümer zu besuchen und mit ihren Mitgliedern Kontakt zu pflegen. Einmal erzählte er in der Öffentlichkeit, daß sich das Grab seiner Mutter im vom Feind besetzten Territorium befinde. ›Wie sehr ich wünschte, nur einmal dorthin gehen zu können, um das Unkraut von ihrem Grab zu jäten, das mindeste, was ein verlorener Sohn, der sein Leben der Revolution und seinem Land gewidmet hat, für seine Mutter tun kann.‹ Bei einer anderen Gelegenheit sagte er bei einer Bankettrede, von Bewegung fast erstickt: ›Es ist jetzt achtunddreißig Jahre her, seit ich meine alte Heimat sah. Die Pappeln vor dem Grab meiner Mutter müssen jetzt sehr hoch geworden sein.‹ Und doch weigerte er sich entschieden, nach 1949 den Schwiegervater seines Bruders, einen reichen und reuelosen Grundbesitzer, vor der Wut der Bauern zu retten.[14]

In der Schule war er bei allem der Anführer, einmal übernahm er sogar mit großem Erfolg bei einer Schulaufführung eine Frauenrolle. Um seine Studien und seine politischen Interessen, die von Anfang an radikal waren, zu verfolgen, ging er nach Japan und Frankreich. In Paris, wo er in Billancourt, nahe der Renault-Fabrik, wohnte, war er der Führer der Studenten (darunter Tschen Ji und Teng Hsiao-ping, die dort 1920–21 die kommunistische Gruppe gründeten). In Berlin organisierte er ebenfalls das kommunistische Jugendkorps, in das er unter anderen auch Tschu Teh einführte. Viele seiner jüngeren Kollegen aus den Tagen in Europa befanden sich jetzt im sowjetischen Gebiet in verantwortungsvollen Postitionen unter Mao.

Tschous Geschick bei der Schlichtung von Faktionsstreitigkeiten zwischen den Studenten in Übersee, sein nie versiegender Charme und seine diplomatischen Fähigkeiten kamen ihm bei seiner folgenden Laufbahn in China gut zustatten. Einer seiner Pariser Kollegen bemerkte später: ›Tschou En-lai ist in der Bemeisterung politischer Theorien ziemlich schwach, aber er kann meine Ideen zusammenfassen und viel besser vortragen, als ich das könnte. Wir verließen uns für die Abfassung all unserer mündlichen und schriftlichen Erklärungen in der Öffentlichkeit auf ihn, weil sie, wenn er sie behandelte, bestimmt von allen Gruppen akzeptiert wurden.‹[15]

Als er 1924 wieder in China war, wurde er zu einem führenden Mitglied der Whampoa-Militärakademie, wo er unter Tschiang Kai-schek diente, Lin Piao unterrichtete und schnell als führende Figur auf dem politischen Schauplatz Chinas akzeptiert wurde – zusammen mit seiner Frau, Teng Jing-tschao, einer Kommunistin, deren politische Fähigkeiten und deren Treue zu Tschou außer Frage standen; sie war eine der Frauen, die den Langen Marsch mitmachten. Ihr einziges Kind war während der Unruhen von 1927 tot geboren worden.[16]

Tschou führte in Schanghai persönlich Arbeiteraufstände, als Tschiang im April 1927 das Kommunistenmassaker befahl. Bald nach seiner Flucht aus der Stadt wurde er in das Zentralkomitee der KPCh und zum Generalsekretär der Partei gewählt. Daraufhin blieb er einer der obersten drei in der Partei während aller ihrer Wechsel und geriet so in den unverdienten Verdacht des Opportunismus. Er war einfach geschickter als andere beim Vorausfühlen politischer Strömungen, dem Abschätzen von Faktionsrealitäten und der Handhabung persönlicher Beziehungen. Seine aristokratischen Manieren, obwohl in tiefer Demut zur Schau gestellt, trugen ihm gelegentlich die Abneigung der Partei ein, seine Ergebenheit für die Sache des Kommunismus stand aber nie in Frage. Von Außenstehenden wurde gesagt, daß er für immer der getreue Stellvertreter sein würde und nie der oberste Führer einer proletarischen Bauernbewegung sein könne.

Und doch wurde er schließlich Ministerpräsident, Außenminister und der Hauptmanager der kommunistischen Regierung und in den Augen der Außenwelt ihr bestbekanntes Mitglied. Gewandt und voll Überzeugungskraft, wurde er für viele Kommunisten wie Nichtkommunisten die Verkörperung des chinesischen Kommunismus, besonders seiner intellektuellen und künstlerischen Anliegen. Sogar noch 1966–70, als viel von diesen frühen Versprechen aufgegeben worden war, brachte er es immer noch fertig, mit der lebensrettenden Hauptströmung der chinesischen Innenpolitik zu schwimmen und von dieser Position aus soviel wie möglich von der nationalen Einheit, der wirtschaftlichen Entwicklung und dem intellektuellen Leben Chinas zu retten. Während der Kulturrevolution bewahrte er die Verwaltungsstruktur des Landes vor dem Zusammenbruch und verhinderte, daß die extreme radikale Faktion der Maoisten die Macht ergriff, er zügelte die übereifrigen Feldzüge der anarchistischen Roten Garden und verhinderte, daß die Armee allzuviel aus dem Chaos profitierte.

Tschou bereitete 1932 in Juikin energisch die nächste Phase der chinesischen kommunistischen Revolution und sein dreijähriges Ringen mit Mao Tse-tung vor, er hatte keine Position in der Regierung des Sowjets, er war aber führendes Mitglied des Zentralexekutivkomitees und dienstältestes im Juikin-Kongreß anwesendes Mitglied des Politbüros, wodurch er Vorrang vor Mao besaß. Unvermeidlich wuchsen die Spannungen zwischen den zwei Männern.

Der unmittelbare Streitpunkt war militärischer Natur. Im Juni 1932 begann die Kuomintang, die sich für den Augenblick von dem Schock über den japanischen Angriff auf die Mandschurei und Schanghai erholt hatte, den vierten Einkreisungsfeldzug mit 150000 Mann unter Ho Jing-tschin und Tschen Tscheng (der später Vizepräsident von Taiwan wurde). Der Feldzug dauerte acht Monate, etwa nach vier Monaten kam es durch stillschweigende Übereinkunft zu einem Waffenstillstand.

Tschou wollte, daß man gegen den Feind einen Stellungskrieg führte und die Basis hielt, obwohl er bereit war, die berühmte Guerilla-›Lock‹-Taktik hinter den feindlichen Linien anzuwenden. Er zog es vor, daß eine stark konzentrierte Armee eine feste Basis verteidigte. Das lief völlig den Prinzipien der Guerillakriegführung zuwider, die von Mao für eine Situation entwickelt worden waren, in der der Feind stärker und besser ausgerüstet war, in der man aber selbst von den Bauern unterstützt wurde. Tschou entschied jedoch, daß die Rote Armee endlich ›volljährig‹ geworden sei und es nicht mehr nötig hatte, durch personalisierte Führung in kleinen Banden von Guerillas gelenkt zu werden, die zuschlugen und davonliefen.[17]

Im August 1932 zwang Tschou in der Ningtu-Konferenz Mao aus dem Militärausschuß des Zentralbüros der Partei für Sowjetgebiete (das in der Parteihierarchie noch über der Regierung des Sowjets stand); einige Monate später, im Mai 1933, übernahm Tschou tatsächlich Maos Position als politischer Chefkommissar der Roten Armeen. Jedenfalls erkrankte Mao wieder und wurde unter Dr. Nelson Fus Obhut für vier Monate ins Krankenhaus gebracht. Die Ningtu-Konferenz stellte zweifellos den Nadir von Maos Glück und Einfluß in Kiangsi dar. Einem Beobachter zufolge, der damals im Sowjetgebiet war, widersetzten sich damals Tschou En-lai, Tschu Teh, Peng Teh-huai, Liu Po-tscheng, Tschen Ji und Jen Pi-schih genauso wie Tschang Wen-tien und die anderen der Achtundzwanzig Bolschewiki Maos Ansichten.[18]

Nach dem Langen Marsch schmähte Mao diese Ansichten als ›die Theorien und Praktiken von Hitzköpfen und Ignoranten‹ und als zu sklavisch von russischen Militärlehrbüchern abhängig. Diejenigen Genossen, die sich energisch dem ›Guerillaismus‹ widersetzten, argumentierten folgendermaßen: Es sei falsch, den Feind ins tiefe Hinterland zu locken, weil wir zu viel Territorium aufgeben müßten. Obwohl Schlachten so gewonnen worden waren, sei die Situation jetzt nicht anders? Mehr noch, war es nicht besser, den Feind zu schlagen, ohne Gebiete aufzugeben? Und war es nicht noch besser, den Feind auf seinem eigenen Gebiet zu schlagen oder an der Grenze zwischen seinem und unserem Gebiet? Die alten Methoden hatten nichts ›Reguläres‹ gehabt und wurden nur durch die Guerillas angewandt. Jetzt sei unser eigener Staat etabliert, und die Rote Armee sei eine reguläre Armee geworden. Unser Kampf gegen Tschiang Kai-schek sei ein Krieg zwischen zwei Staaten geworden, zwischen zwei großen Armeen. Die Geschichte sollte sich nicht wiederholen und alles, was zum Guerillaismus gehörte, sollte völlig verworfen werden. Die neuen Prinzipien waren ›vollständig marxistisch‹, während die alten durch Guerillaeinheiten in den Bergen geschaffen worden seien, und in den Bergen gab es keinen Marxismus. ›Die neuen Prinzipien‹ waren die Antithese der alten. Sie lauteten: ›Stelle einen gegen zehn, stelle zehn gegen hundert, kämpfe tapfer und entschlossen und beute Siege durch scharfe Verfolgung aus.‹ ›Angriff auf allen Fronten.‹ ›Nimm Schlüsselstädte weg‹ und ›schlage mit zwei Fäusten gleichzeitig in zwei Richtungen‹. Wenn der Feind angriff, befaßte man sich so mit ihm: ›Engagiere den Feind außerhalb der Tore.‹ ›Gewinne die Oberhand, indem du zuerst zuschlägst.‹ ›Laß deine Töpfe und Pfannen nicht zerschlagen.‹ ›Gib keinen Zoll des Gebiets auf‹ und ›Teile die Streitkräfte in sechs Marschrouten‹. Der Krieg war die Entscheidungsschlacht zwischen dem Weg der Revolution und dem Weg des Kolonialismus, ein Krieg kurzer, schneller Stöße, ein Blockhauskrieg, Abnützungskrieg, ein ›verlängerter Krieg‹. Da war weiter die Taktik, ein großes Hinterland und ein absolut zentralisiertes Oberkommando zu behalten. Schließlich gab es einen ›Umzug‹ im großen Maßstab. Jedermann, der das nicht akzeptierte, sollte bestraft und als Opportunist gebrandmarkt werden.

›Zweifellos waren diese Theorien und Praktiken alle völlig falsch, sie waren nichts als Subjektivismus. Unter günstigen Umständen manifestierte sich dieser Subjektivismus in kleinbürgerlichem, revolutionärem Fanatismus und Ungestüm, in widrigen Zeiten jedoch, wenn sich die Lage verschlechterte, wandelte er sich in verzweifelte

Tollkühnheit, Erhaltungstrieb und Flucht. Das waren die Theorien von Hitzköpfen und Ignoranten, sie hatten nicht die geringste Würze des Marxismus, sie waren in der Tag antimarxistisch.‹[19] Die Zurückweisung in Ningtu wurde nie vergessen, vierunddreißig Jahre später erinnerte Mao bei einer Tagung der Kulturrevolution daran, daß bei der Ningtu-Konferenz ›Lo Fu mich ausschließen wollte, Tschou En-lai und Tschuh Teh sich aber widersetzten‹.[20]

Die Differenzen reichen aber tiefer als bis zur militärischen Strategie. Mao und Tschu Teh hatten Japan im April 1932 in Namen ihrer Sowjetregierung den Krieg erklärt, und Mao empfahl jetzt angesichts der japanischen Aggression eine Koalition mit der Kuomintang und eine neue ›Vereinigte Front‹. Die KPCh unterstützte jedoch diesen Gedanken nicht. Unter dem Einfluß der Komintern legte sie mehr Gewicht auf den Kapitalismus (den es in China kaum gab) als auf Feudalismus und Imperialismus (die nach Maos Ansicht am wichtigsten waren). Das ZK war städtisch orientiert und romantisierte das Proletariat, während Mao alles auf die Bauern setzte. Der Streit war in Tschou En-lais beißendem Tadel gegen Mao und seine Anhänger gut zusammengefaßt.
›Alle diejenigen, die die Eroberung einer oder mehrerer ganzer Provinzen nicht als unmittelbares, sondern als fernes Ziel betrachten; alle die, die hinsichtlich der Besetzung von großstädtischen Zentren skeptisch sind und das Sowjetregime und die Rote Armee in entlegene Gebiete führen wollen, all diejenigen, die hinsichtlich einer positiven Ausweitung des Kommunismus nach außen – um die roten Armeen ihr volles Potential ausnützen zu lassen – zögern, die es vorziehen, die Hände unserer bewaffneten Genossen mit Aufgaben wie denen der Propaganda in Dörfern und dem Aufbringen von Mitteln für die Armee binden, all diejenigen, die noch in einem vergangenen Stadium verharren, für die eine allmähliche Ausweitung einer militärischen Aktion und eine defensive und konservative Strategie angemessen war und die deshalb nicht bereit sind, schnell im nichtkommunistischen Raum zu handeln und dem Feind einen tödlichen Schlag zu versetzen, all diejenigen, die die dringende Notwendigkeit mißachten, die Aktionen der Roten Armee zu unterstützen und im ganzen Land zu wiederholen, um den Feind abzulenken, begehen einen ernsten Fehler des Rechtsopportunismus.‹[21]
Tatsächlich konnten die Roten Armeen unter Tschou En-lai die Angriffe der Kuomintang-Truppen zurückschlagen, den vierten und vorletzten der Einkreisungsfeldzüge, und Maos Kritik wurde als ver-

alteter Romantizismus ignoriert. Sein Festhalten an den Regeln der Kriegskunst, wie sie in Sun Tzus ›Kunst des Kriegs‹ und anderen chinesischen Klassikern festgelegt worden war, sowie seine Abneigung gegen moderne technische Neuerungen wurden als ›Beharren‹ verspottet, ›einen modernen Chronometer durch eine mittelalterliche Kupferuhr zu ersetzen‹.[22]

Erst im folgenden Jahr, als sich die Euphorie des Erfolgs in der Intensität des letzten Einkreisungsfeldzugs verflüchtigte, kam Maos konsequentes Eintreten für die Guerillataktik bei den Generälen wieder in Gunst. Anfang 1933 erhielt Tschou in Juikin Verstärkung durch viele der übrigen Mitglieder des Politbüros, die in Schanghai nicht mehr sicher bleiben konnten.

Wang Ming selbst zog sich in die UdSSR zurück[23], aber Po Ku übernahm jetzt in Juikin den Befehl, mit dem militärischen Ratgeber der Komintern Otto Braun (einem Deutschen), der als Li Teh bekannt wurde, an seiner Seite. Li Teh war auf einer kleinen Flußdschunke unter einer Matte versteckt von Kanton heraufgeschmuggelt worden.[24]

Das Politbüro befahl eine allgemeine Mobilmachung in dem Sowjetgebiet, eine Verstärkung der Roten Armee auf eine Million Mann, einen neuen Feldzug zur Einnahme von Städten und eine neue Bauernpolitik mit der Hinrichtung von Grundeigentümern, Angriffen auf reiche Bauern und dem Herauspressen höherer Steuern aus dem flachen Land, um die neue Offensive zu finanzieren. Mao erschien das wie ein kollektiver Selbstmord.

Diejenigen, die ihn unterstützten, wurden in dem Vorstoß des ZK gegen den ›ultravorsichtigen Guerillaismus‹ Lo Mings, einer von Maos Leuten, systematisch kritisiert, degradiert und entfernt. Die Säuberung traf Maos eigenen Bruder, seinen Sekretär sowie Maoisten wie Teng Hsiao-ping, Tan Tschen-ling, Teng Tzu-hui, Lu Tingji, Ku Pai, Hsieh Wei-tschun, Hsiao Tsching-juang und Ho Schuscheng[25]. Maos politische Machtbasis war drastisch geschwächt worden. Tschiang Kai-schek änderte aber all diese Pläne, als er im August zurückkehrte, um den Befehl über den Fünften Einkreisungsfeldzug zu übernehmen, der noch besser organisiert und geplant war als seine Vorläufer. Die militärischen Behauptungen Tschou En-lais, Po Kus und Li Tehs wurden in der Defensive statt in den ehrgeizigen Expansionsplänen, die sie angekündigt hatten, auf die Probe gestellt. Von dem Ausgang sollte nicht nur das Schicksal des innerparteilichen Führungskampfes, sondern das der Partei selbst abhängen.

6 Der Entschluß zum Marsch

Die Fünfte Einkreisung, die im August 1933 begann, war eine gewaltige Operation. Tschiang Kai-schek hatte fast eine Million Mann zur Verfügung, unterstützt von einer Luftwaffe von 400 Maschinen und einem ungeheuren Arsenal. Er hatte sich eben von der Wiederaufbaufinanzierungs-Korporation ein Weizendarlehen in Höhe von 50 Millionen $ gesichert und besaß die moralische Unterstützung aller Westmächte. Von Seeckt und von Falkenhausen, seine beiden deutschen Militärberater, hatten eine erbarmungslose allmähliche Abwürgung der kommunistischen Basis geplant. Das Sowjetgebiet wurde einer engen Blockade unterworfen; man wußte, daß der Sowjet verzweifelt knapp an Salz war und hinsichtlich der Kleidung, des Kerosins, der Medikamente und vieler anderer Dinge von dem Handel mit den benachbarten nichtsowjetischen Gebieten abhing.[1] ›Feuermauern‹ aus verbrannter Erde wurden um die Kommunisten errichtet, man baute sich immer verengende Ringe von Betonbunkern, die von den Roten Armeen ›Schildkröten‹ genannt wurden und mit Stacheldraht verbunden waren, um einen Ausbruch zu verhindern. Man baute neue Straßen, um das Gebiet für Tschiangs motorisierte Einheiten zu öffnen. In Juikin beobachtete man voll Furcht all diese Vorbereitungen. Die Guerillataktik ist, wie Tschu Teh später erklärte, ›gegen Betonbunker-Operationen nutzlos‹.[2]

Tschiangs fünfundsiebzig Divisionen rückten in vier Kolonnen vor, und die zwei Armeen bewegten sich monatelang hin und her. Der Zusammenstoß wurde dann aber durch ein Ereignis aufgehalten, das beide Seiten in wahre Orgien von Anschuldigungen stürzen sollte. Die Kuomintangsoldaten der Neunzehnten Marscharmee, die 1932 Schanghai gegen die japanische Invasion verteidigt hatten, waren jetzt in der Provinz Fukien stationiert, wo sie die Ostflanke der Fünften Einkreisung bildeten. Sie waren aber mit Tschiangs Politik unzufrieden, zuerst das Innere Chinas zu befrieden, ehe man sich den Japanern zuwandte, obwohl sie in der Vergangenheit selbst gegen die Kommunisten gekämpft hatten. Im Oktober 1933 rebellierten ihre Generäle gegen die Kuomintang und proklamierten eine ›Volksregierung‹, die sich in gewissem Maß zu einer linksgerichteten Politik bekannte und einen Emissär nach Juikin schickte, um eine Zusammenarbeit gegen Tschiang und die Japaner zu erörtern.

Die Generäle der Neunzehnten Marscharmee waren für ihre japanfeindliche Haltung bekannt, bisher hatten sie aber keinerlei soziale Tendenzen gezeigt. Nach einer Version dieser Geschichte riet

Mao zur Vorsicht hinsichtlich der Antwort auf ihre Annäherung. Tschou trat aber für sofortige Gespräche ein, und so wurden zwei Emissäre nach Futschou entsandt. Am 26. Oktober unterzeichnete man ein ›Vorläufiges Abkommen‹, den beiden gemeinsamen Feinden Widerstand zu leisten. Man vereinbarte, der kommunistischen Sache in Fukien gewisse Zugeständnisse in der Rede- und Versammlungsfreiheit, einem garantierten Streikrecht und so weiter zu machen. Die Fukien-Rebellen zollten dem Programm aber nur Lippendienste, und die Kommunisten gerieten so in ein Dilemma, wie sie vorgehen sollten; sie wollten nicht mit einer Gruppe von Reaktionären zusammenarbeiten, die verzweifelt versuchten, sich durch unaufrichtige Versprechungen zu retten.

In der Zwischenzeit suspendierte Tschiang die Operation an den anderen Fronten und entsandte seine erstklassige 88. Division nach Süden, um die Lücke zu schließen, die die Rebellion an der Grenze zwischen Tschekiang und Fukien aufgerissen hatte. Die Rebellen konnten den überlegenen und mit besseren Transportmitteln ausgerüsteten Hauptstreitkräften der Kuomintang ohne kommunistische Hilfe nicht widerstehen. Tschou En-lai und Po Ku hatten das Gefühl, daß die Roten Armeen den Rebellen zu Hilfe kommen sollten, indem sie die Kuomintang-Truppen anderswo fesselten. Kung Tschu, dem kommunistischen General, der später desertierte, zufolge, wollte Mao zuerst Beweise für die Aufrichtigkeit der Fukien-Rebellen, ehe er ihnen zu Hilfe kam.[3] Er leugnete echte revolutionäre Elemente in der Fukien-Revolte und sagte dem Zweiten Nationalen Sowjetkongreß am 27. Januar 1934 in Juikin, ›das Auftauchen einer Volksrevolutionsregierung (in Fukien) stelle eine neue Methode zur Täuschung des Volkes dar, angewandt durch einen Teil der reaktionären herrschenden Klasse, um ihr Los vor dem Tode zu retten‹.[4] Wie die Entscheidung auch ausfiel – und das blieb dunkel –, falls die kommunistische Hilfe überhaupt erfolgte, kam sie zu spät, um die Neunzehnte Marscharmee zu retten.

Als Edgar Snow 1936 Mao interviewte, sagte ihm dieser, ›wir hätten erfolgreich mit Fukien zusammenarbeiten können, aber infolge des Rats von Li Teh und der Beratergruppe in Schanghai zogen wir uns statt dessen zurück‹.[5]

Einige Hinweise deuten darauf hin, daß Mao den Fukien-Rebellen symphatischer gegenüberstand, während das Politbüro hochmütiger und skeptischer war. Sicherlich war sich Mao des Potentials, antijapanische Gefühle, wenigstens zeitweilig, für die kommunistische Sache einzuspannen, mehr bewußt, und der Fukien-Zwischenfall lieferte dafür ein klassisches Beispiel. Aber das Gleichgewicht der Macht war in Juikin zu diesem Zeitpunkt so delikat in der Schwebe, daß Diskrepanzen zwischen Gedanken und Worten, zwischen privaten und öffentlichen Schriften mit Fug und Recht zu erwarten sind.

Während dieser Kampfpause in dem Fünften Einkreisungsfeldzug im Januar 1934 inszenierten die Kommunisten ihren Zweiten All-China-Sowjetkongreß. Dieses Mal sicherten sich die Achtundzwanzig Bolschewiki unter Po Ku wahrscheinlich eine Mehrheit in dem siebzehnköpfigen Präsidium, das das Zentral-Exekutivkomitee der Sowjetregierung führte und die Macht hatte, seinen Vorsitzenden zu wählen. Der Apparat des Politbüros hatte ein Jahr Zeit gehabt, Maos sorgfältig konstruierte Machtbasis zu infiltrieren und hatte keine Skrupel, grobe stalinistische Terrortaktiken anzuwenden.

Vor 1934 hatte das ZK Maos angebliche exzessive Terrortaktik bei dem Umgang mit der Opposition kritisiert. In der Folge, als sich Po Kus Faktion in Kiangsi selbst konsolidierte, rechtfertigte sie einen sogar noch wilderen Roten Terror, bei dem die Schuld vor der Hinrichtung nicht erst in einem Prozeß erwiesen werden mußte. Wahrscheinlich benützte sie, wie Trygve Lötveit in seiner Studie der Periode[6] schließt, praktisch alles zu Stichen gegen Mao, der in den frühen Jahren des Sowjets seines Bodens wahrscheinlich zu unsicher gewesen war, um auf die Befolgung legaler Gepflogenheiten zu verzichten. 1934 hatte Mao einen juristischen Apparat entwickelt, dem er vertrauen konnte, als aber der neu eingetroffene Po Ku unter jedem Bett einen Kuomintang-Agenten witterte, waren die Positionen umgekehrt. Es wäre eine allzu große Vereinfachung, in diesen Unterschieden des Wegs zur Parteidisziplin lediglich den Kontrast zwischen einem grundsätzlich freundlichen und einem grundsätzlich grausamen Führer zu sehen.

Po Ku und seine Faktion waren weise oder unsicher genug, Mao im Januar 1934 zum Vorsitzenden der Sowjet-Regierung wiederwählen zu lassen. Das bedeutete aber nur wenig. Tschang Wen-tien (Lo Fu), ein weiterer Bolschewik, wurde zum Vorsitzenden des Rats der Volkskommissare bestimmt und wirkte als starker Ministerpräsident gegenüber Maos Strohmannrolle.[7]

Kung Tschu[8] zufolge wurde Mao im August tatsächlich (zum dritten Mal) aus dem ZK ausgestoßen, von den Parteitagungen auf Befehl Moskaus ausgeschlossen und unter eine Art Hausarrest in Jutu gestellt; einer Aussage nach wegen seiner unabhängigen Aktion bei dem Fukien-Zwischenfall, wahrscheinlicher aber wegen Maos Opposition gegen die Politbüro-Linie Po Kus und Tschou En-lais.

Inzwischen nahm der ungeduldige Tschiang den Fünften Einkreisungsfeldzug wieder auf, und dieses Mal lenkte ihn nichts von seinem Ziel ab. Mao und Tschu Teh empfahlen, daß die Rote Armee den immer enger werdenden Einkreisungsring der Kuomintang durchbrechen, sich in kleine Einheiten aufspalten und in den Gebieten im Norden und Osten der feindlichen Linie, wo es keine Betonbunker gab, einen Guerillakrieg führen sollte. Li Teh verwarf diesen Rat und bestand darauf, daß die Basis so verteidigt werden müsse, wie sie angegriffen wurde, durch Schützengräben, Bunker und Stellungskrieg. Außerdem würde das Aufgeben des Sowjetgebiets und seiner Bevölkerung die Glaubwürdigkeit der Kommunisten als rivalisierendes Regime zur Kuomintang zerstören.

Als Edgar Snow später einen der Teilnehmer befragte, wie Li Teh, der nicht Chinesisch sprach und dessen Russisch von dem in Rußland ausgebildeten Po Ku übersetzt werden mußte, seine Taktik durchsetzen konnte, lautete die Antwort: ›Er war sehr zuversichtlich und sehr autoritär. Er hämmerte mit der Faust auf den Tisch. Er sagte Mao und andern, sie verständen nichts von militärischen Dingen; sie sollten auf ihn achten ... Hinter ihm stand das Prestige der Anhänger des Weltkommunismus.‹[9]

Im April 1934 kam der endgültige Beweis, wie irrig die defensive Haltung der Kommunisten war. In der Schlacht bei Kuangtschang, an der Grenze zwischen Fukien und Kiangsi, erlitten sie eine vernichtende Niederlage, sie ließen 4000 Tote auf dem Schlachtfeld und nahmen 20000 Verwundete mit. Die Hauptmacht der Roten Armee war jetzt verkrüppelt, und das Tor nach Juikin, der Sowjethauptstadt, stand den Kuomintang-Truppen weit offen. Die Zahl der Deserteure bei den Kommunisten schwoll immer mehr an, und eine Armeezeitung gab zu, daß die ›Desertation jetzt ein furchtbarerer Feind geworden sei als Tschiang Kai-schek‹. Viele Soldaten begingen Selbstmord, indem sie die Gewehre gegen die Kehle preßten und mit den Zehen abdrückten.[10]

Im Juni waren nur mehr wenige Verwaltungsbezirke in kommunistischer Hand geblieben, und es blieb nichts als die klare Wahl zwischen einem Ausbruch und einem Warten auf die Vernichtung. Eine Rote Gruppe brach im Juli unter Fang Tschi-min (der schrecklich unter Hämorrhoiden litt) und Fu Ju aus, sie vereinten die Siebte und die Zehnte Armee unter dem Namen ›Antijapanische Vormarsch-Abteilung‹. Die Regierung des Sowjets erklärte mit Maos Unterschrift, wenn diese Abteilung Streitkräfte fände, die bereit seien, mit den Kommunisten gegen die japanische Aggression zu kämpfen, würde der Rest der Roten Armee folgen und sich ›mit allen bewaffneten Kräften in China zu einem gemeinsamen Kampf vereinen‹.[11] Die Vorhut marschierte nach dem südlichen Anhuei, erreichte tatsächlich den Jangtse bei Wuhu in der Nähe von Nanking und band derart Kuomintang-Truppen, als die rote Hauptmacht zum Langen Marsch aufbrach. Der Feind drängte sie aber schließlich nach Kiangsi zurück, und Fang wurde gefangengenommen (und später enthauptet, nachdem man ihn an verschiedenen Orten in einem Bambuskäfig ausgestellt hatte). Ein kleiner Teil der Streitmacht überlebte.[12]

Im August marschierte eine weitere große Gruppe von 10 000 Mann, das VI. Armeekorps unter Jen Pi-schih und Wang Tschen und Hsiao Ke, durch die Kuomintang-Linien in das nordöstliche Kueitschou, wo sie sich im Oktober in Nanjaotschieh in der Nähe von Tungjen mit Ho Lungs Dritter Armee vereinigte und eine neue Zweite Frontarmee bildete, die einen Hunan-Hupei-Szetschuan-Kueitschou-Sowjetbasis kontrollierte (und Kuomintang-Streitkräfte in Hunan in den nördlichen Teil dieser Provinz abzog, was es Tschu Tehs Hauptmacht ermöglichte, durch ihre südlichen Distrikte zu marschieren).

Ein dritter Ausbruch war der Tscheng Tsu-huas Fünfundzwanzigster Armee, die durch das Grenzgebiet von Hupei-Hunan-Anhuei nach Schensi marschierte. Später erklärte man alle drei Ausbrüche als Voraus-Ablenkungsmanöver, dazu bestimmt, die Kuomintang von der Fährte der Roten Hauptmacht abzulenken und der wichtigen Ersten Armee (die das I. Armeekorps unter Schu Teh und Mao und das III. Armeekorps unter Peng Teh-huai umfaßte) es gestattete, ihre Vorbereitungen für den Langen Marsch zu vollenden. Im September eroberten die Kuomintang-Truppen Hsingkuo, womit nur sechs rote Verwaltungsbezirke blieben. Mao lag noch malariakrank in Jutu in der Pflege Dr. Nelson Fus – mit einer Temperatur von weit über 40°.[13]

Mitte September deutete eine Erklärung Hsiang Jings, eines Mitglieds des ZK, ein Aufgeben der Basis an[14], und Tschang Wen-tien erklärte die Aussicht in einem Artikel des Parteiorgans ›Rote Fahne‹ vom 1. Oktober. Die Führer waren zögernd zu der Ansicht gelangt, daß ein Ausbruch unvermeidlich sei, obwohl Li Teh und Po Ku darauf bestanden, die Erste Armee solle eher als Einheit marschieren als sich aufzuspalten, wie Mao vorgeschlagen hatte. Tschou En-lai, Po Ku, Li Teh und Mao trafen sich in der Nacht des 2. Oktober 1934 und kamen überein, die Basis zu räumen. Nach den Worten des Hi-

storikers C. P. FitzGeralds war es ein ›entschlossenes, verzweifeltes
Unternehmen, das bestenfalls eine gewisse Hoffnung auf ein Überleben bot und aus dem nur wenige einen Sieg erhoffen konnten‹.[15]

Aber Li Teh* organisierte das Unternehmen, und Maos einziger
Anhänger in dem Revolutionären Militärrat, Tschu Teh, sein Vorsitzender, war am Vorabend des Räumungsbefehls durch Tschou
En-lai ersetzt worden. Mao lag zu diesem Zeitpunkt im Fieber. Die
wahren Machtverhältnisse konnten der Tatsache entnommen werden, daß viele von Maos Anhängern (darunter Tschen Ji, Tan
Tschen-ling, Hsiao Hua und Teng Tzu-hui) zusammen mit anderen
Gegnern der Bolschewikengruppe bei der Nachhut zurückgelassen
wurden. Die Räumung wurde unter größter Geheimhaltung durchgeführt, und Mao kritisierte später den Fehler, daß man den Kommandeuren nicht sagte, was vorging.[16]

Unmittelbares Ziel war es, Ho Lungs Zweite Frontarmee-Basis im
nordwestlichen Hunan zu erreichen. Als Kuomintang-Truppen den
Weg in diese Richtung sperrten, versuchte die Erste Frontarmee,
Kueitschou zu durchqueren, um sich mit Hsu Hsiang-tschiens Truppen im Nordszetschuan zu vereinigen.

Nach der Tsunji-Konferenz im Januar 1935 wurde die unmittelbare Aufgabe als ›die Gründung eines neuen Sowjets in den weiten
Territorien von Tenan, Kueitschou und Szetschuan‹[17] bezeichnet,
und erst als sich erwies, daß Szetschuan zu stark verteidigt wurde,
nahm sich der Marsch die Provinz Schensi in Nordchina zum Ziel.

Als Robert Payne später Mao danach fragte, antwortete der Vorsitzende: ›Wenn Sie meinen, ob wir exakte Pläne hatten, lautet die
Antwort, wir hatten keine. Wir beabsichtigten, aus der Einkreisung
auszubrechen und uns mit anderen Sowjets zu vereinigen. Darüber
hinaus bestand nur der sehr bewußte Wunsch, uns in eine Position
zu bringen, wo wir die Japaner bekämpfen konnten.‹[18] Mao sagte zu
André Malraux 1965: ›Im Norden fanden wir die Möglichkeit eines
Kontakts zu Rußland, die Sicherheit, nicht eingekesselt zu werden.‹[19]

---

* (Hierzu Han Suyin, *The Morning Deluge*, London 1972, S. 313): ›Offenbar das einzige, das Li Teh
(Hua Fu-Otto Braun) von Strategie verstand, war die schnurgerade Linie. Er zeichnete sie und damit
war die Marschrichtung gegeben. Doch eine wichtige Einzelheit hatte man vergessen: Karten. Außer
den von Mao gesammelten Karten gab es keine. Diese Karten gaben keine schnurgeraden Wege an,
wie Li Teh sie für den Marsch vorgesehen hatte. Erschöpft nach monatelangen Kämpfen, Unterernäh-
rung, Salzmangel, Niederlagen waren die Männer der Roten Armee geschwächt. Aber diese unglaublichen Bauern und Arbeiter warfen sich gegen die Linien der Bunker, MG-Nester, Gräben, Befestigungen und Stacheldrahtverhaue, welche die Juichin Basis einschlossen, und durchbrachen sie. Neun
Schlachten wurden gegen die hundert Regimenter der Kuomintang gefochten, 25 000 Rote Soldaten
ließen bei dem Durchbruch ihr Leben.‹

80

Lin Piao (mit Gürtel) und Mao Tse-tung etwa zur Zeit des Langen
Marsches. Lin kommandierte auf dem Marsch das I. Armeekorps,
die Vorhut, und galt in politischen und militärischen Fragen als
Maos führender Schüler. Er wurde schließlich als Maos Nachfolger
als oberster Führer der KPCh benannt. (Kam jedoch 1971 nach
einer angeblichen Revolte bei einem Flugzeugunglück ums Leben.)

Zwei Führer des Langen Marsches, die eine entscheidende Rolle spielten. Tschu Teh (links) war Maos ursprünglicher Partner in dem ländlichen Kiangsi-Sowjet, von dem aus der Marsch seinen Anfang nahm. Er war Oberbefehlshaber aller Truppen auf dem Marsch, bis er sich in den Bergen von Tibet von ihnen trennte, um sich Maos Hauptrivalen, Tschang Kuotao, anzuschließen.

Tschou En-lai (unten) war bei Beginn des Marsches Maos Vorgesetzter, räumte ihm aber auf der Tsunji-Konferenz die politische Führung ein und blieb ihm in der Folge loyal; er wurde schließlich der erste Ministerpräsident des kommunistischen China.

Rechts: Zwei berühmte Generäle, die ihn unterstützten, waren Tschu Teh (links) und Ho Lung, gezeichnet kurz nach dem Marsch.

Die Tsunji-Konferenz des Politbüros der KPCh wurde in diesem Gebäude um die Mitte des Langen Marsches abgehalten. Hier etablierte Mao zum ersten Mal seine Vorherrschaft in der Partei-hierarchie.

Die Zurückeroberung des schmalen Louschan-Passes, außerhalb von Tsunji, war der erste große Sieg der Roten Armee auf dem Langen Marsch und wurde von Mao in einem gleichnamigen Gedicht gefeiert. Das Gelände ist für viele Gefechte typisch, die die Kommunisten während des Marsches durchfochten. Die schlimmste Strecke führte durch das berüchtigte Grasland, zwischen Szetschuan und Kansu

Tatsächlich bestand Mao in der Folge darauf, daß der Lange Marsch seiner Ansicht nach ›völlig unnötig‹[20] gewesen sei, da der Fünfte Einkreisungsversuch bei besserer militärischer Führung hätte zerschlagen und eine neue ländliche Basis in der Nähe von Schanghai aufgebaut werden können. Angesichts der Bedrängnis der stark unterlegenen Kommunisten im Jahre 1934 scheint das mehr eine fromme Hoffnung und eine Selbstrechtfertigung a posteriori als eine realistische Bewertung zu sein.

So packten die stark angeschlagenen Überlebenden der fünf Kuomintang-Offensiven ihre Rucksäcke und beluden ihre Maultiere für einen, wie es schien, schimpflichen Rückzug durch die feindlichen Linien auf eine unbestimmte und anscheinend hoffnungslose Rettung zu. Der vielgepriesene Kiangsi-Sowjet, der Stolz der internationalen kommunistischen Bewegung und die Hoffnung der KPCh, war völlig verschwunden. Würde man so etwas je wieder erleben? Viele, die sich für den schicksalhaften Marsch des Oktober 1934 bereit machten, müssen das für höchst unwahrscheinlich gehalten haben.

TEIL 2

DER MARSCH

7 Alltag auf dem Marsch

Die meisten Verwundeten, die jetzt an die 20 000 zählten, mußten in der Obhut der Dorfbewohner zurückgelassen werden; eine Streitmacht von 6000 volltauglichen Soldaten erhielt den Befehl, als Nachhut in Kiangsi zu bleiben (Oktober 1934). Tschen Ji wurde zum militärischen Befehlshaber ernannt, Hsiang Jing zum politischen Kommissar und Kung Tschu* zum Stabschef dieser Abteilung. Beobachter stellten fest, daß eine große Zahl von Anhängern Maos dieser Gruppe zugeteilt wurden – was vermutlich Po Kus und Tschou En-lais Verärgerung über seine Kritik reflektiert. Viele der Zurückbleibenden wurden gefangen und getötet, darunter auch Maos jüngerer Bruder Mao Tse-tan.

Tschu Teh erklärte später: ›Wir ließen viele unserer fähigsten militärischen, politischen und Massenführer zurück. Einer war Vorsitzender der All-China-Arbeiterföderation, er wurde sieben Monate später von der Kuomintang gefangen und geköpft. Ho Schu-scheng, Justizkommissar, und Tschu Tschiu-pai, früherer Parteisekretär und jetzt Kommissar für Erziehung, blieben ebenfalls zurück, weil Ho Mitte der Sechzig war, während Tschu an Tuberkulose dahinsiechte. Tschu Tschiu-pai war einer der Führer der kulturellen Renaissance und Mitglied des Zentralkomitees der Kuomintang unter Sun Ja-sens Führung gewesen. Ho und Tschu sollten nach Schanghai ge-

---

* Kung war bereits von der neuen Einstellung der KPCh gegen die reichen Bauern und der wachsenden Unterwürfigkeit von Po Kus Führung gegenüber den Diktaten der Komintern enttäuscht. Im Dezember 1934 desertierte er aus der Roten Armee und schrieb seine Memoiren ›Die Rote Armee und ich‹, eine wichtige Quelle für diese Periode.

schmuggelt werden. Acht Monate später wurden sie von der Kuomintang gefangen und zusammen mit einer Anzahl weiblicher Führer in Lungjen enthauptet.

Wir ließen auch etwa 20 000 unserer Verwundeten in Berglazaretten zurück. Nach ihrer Genesung verließen die Männer die Lazarette und meldeten sich zum Dienst. Invaliden erhielten Geld, wurden nach Hause geschickt und bekamen eine Pension von 50 $ im Jahr. Diese Pensionen wurden gezahlt, solange unsere Kameraden in Kiangsi Geld hatten.‹[1]

Nach mehreren Wochen besetzte der Feind das Hauptbasisgebiet, die Nachhut ermöglichte es jedoch der Hauptmacht, aus der Falle der Kuomintang zu entkommen; ihre Reste wurden schließlich 1937 in Tschen Jis Neuer Vierter Armee gesammelt.

Hsiang Jing erzählte 1938 seine Geschichte Edgar Snow: ›Wir entschieden uns, unsere verbleibenden Kräfte zu dezentralisieren, wir teilten sie in kleine Partisanenkommandos von je einigen Hundert Mann auf und verstreuten sie über ein weites Gebiet. In diesen neuen Formationen gaben wir jeden Versuch auf, eine Basis zu verteidigen. Wir beschränkten unsere Aktionen auf schnelle Angriffe auf feindliche Abteilungen, die wir überraschen konnten. Durch diese Methoden konnten wir durchhalten, obwohl unsere materielle Lage bei dem vollständigen Fehlen jeder festen Operationsbasis sehr ernst wurde.

Ende 1936 sahen sich unsere Streitkräfte mit einer verzweifelten Übermacht konfrontiert. Der Feind ließ uns keine Ruhe. Wir hatten mindestens einmal in der Woche ein Scharmützel. Neue Taktiken raubten uns die Möglichkeit, mit Überlegenheit oder auch nur unter gleichen Bedingungen zu kämpfen. Manchmal glaubten wir, unsere Westarmeen seien völlig vernichtet. Nachts wagten wir aus Furcht vor Überraschungsangriffen nicht, in Städten oder Dörfern zu schlafen. Unser Bett mußten wir in den Bergwäldern aufschlagen; fast zwei Jahre lang kleidete ich mich nachts nie aus und schlief sogar in Stiefeln, genauso wie die meisten unserer Leute. Die ganze Zeit trug ich die gleiche Baumwolluniform, die zerlumpt, ausgebleicht und zusammengeflickt war.

Wir hatten nie genug zu essen. Ohne die Hilfe der Bevölkerung wären wir verhungert. Viele unserer kleineren Einheiten, die durch Nankingtruppen abgeschnitten waren, wurden durch Bauern gerettet, die ihre Gewehre versteckten. Die Bauern teilten gerne ihre geringen Reisvorräte mit uns. Einige der Bauernvereinigungen funktionierten insgeheim weiter, sie brachten uns Nachrichten über die

Bewegungen der Feinde und boten uns Zuflucht. Der Gedanke an die Rückkehr der Landherren war den Bauern verhaßt, unsere Niederlage bedeutete für sie die Wiederkehr des Systems der Landherren. Bald begann der Feind damit, unsere Bauern insgesamt zu verhaften, er verbrannte und zerstörte die uns freundlichen Dörfer. Wir verloren jeglichen Kontakt mit der Außenwelt. Wir waren wie Wilde, wir lebten und kämpften dem Instinkt nach. Viele unserer besten Führer wurden getötet oder starben an Krankheiten. Wir hatten keine Medizin, keine Lazarette. Unsere Munition war sehr knapp. Viele unserer Waffen wurden unbrauchbar, wir hatten keine Arsenale und konnten sie nicht reparieren. Wir konnten auch keine Patronen anfertigen und mußten die, die wir hatten, äußerst sparsam verwenden. Manchmal schmuggelten die Bauern etwas Munition für uns herein, aber die Blockade erschwerte das immer mehr.

Manchmal zogen wir uns in unbewohnte Wälder zurück. Wir lernten die kleinen Pfade in Fukien und Kiangsi Zoll für Zoll kennen. Wir kannten jeden Winkel in den Bergen. Wir lernten es, ohne Nahrung vier oder fünf Tage zu fasten. Und doch wurden wir stark und behende wie Wilde. Einige unserer Wachposten lebten praktisch auf den Bäumen. Unsere jungen Leute kamen unglaublich schnell die Berge hinauf und hinunter. Oftmals brachten die Einkesselungsoperationen die Nankingtruppen bis auf wenige Kilometer an unsere Streitkräfte heran. Unsere Kenntnis des Landes und die Hilfe der Bauern ermöglichten es uns jedoch immer wieder, an den richtigen Punkten anzugreifen und durchzubrechen oder dem Feind völlig zu entgehen.

Von dem Sian-Zwischenfall* im Dezember 1936 erfuhren wir sogar erst Wochen, nachdem er stattgefunden hatte. Er änderte unsere Lage nicht im geringsten. Nach Sian konnte Nanking einige seiner

---

* Angetrieben von seiner manischen Wut, die Roten zu vernichten, flog Tschiang im Dezember 1936 nach Sian, wo er am 7. Dezember landete und Quartier bei den Heißen Quellen von Lintung bezog, der historischen Erholungsstätte eines Kaisers der Tang-Zeit. Am 9. Dezember marschierten Tausende von mandschurischen Studenten von Sian aus dorthin und übergaben ihm eine Bittschrift, um Japan zu bekämpfen. Die Leibwache von Tschiang schoß auf sie. Tschang Hsueh-ling eilte herzu: ›Ich übernehme die Verantwortung, eure Bitten dem Generalissimus Tschiang vorzutragen.‹ ... Doch als Tschiang erschien, schimpfte Tschiang Kai-schek ihn aus wie einen dummen Jungen, so wie er selbst es in seinem Tagebuch aufschrieb: ›Ich schalt ihn gehörig aus ... diesen jungen Marschall.‹ Tschiang drohte Yang Hu-tscheng. Darauf wurde die Falle zugemacht. Vor dem Morgengrauen, am 12. Dezember, umzingelte ein Untergebener von Tschang Hsueh-ling Tschiangs Wohnhaus mit Soldaten, tötete seinen Neffen und nahm Tschiang gefangen. Man sagt, daß der Untergebene mit den Kommunisten sympathisierte und daß die ganze Affäre von den Kommunisten herbeigeführt wurde ...

Dies war der berühmte Sian-Zwischenfall, welcher enorme Aufregung in ganz China und im Ausland hervorrief. Die Studenten verlangten eine öffentliche Verurteilung von Tschiang, einige der Offiziere aus der Mandschurei und Soldaten sogar seine sofortige Hinrichtung.

besten Einheiten für die Aufgabe, uns zu vernichten, freimachen. Wir fühlten nur von Ende 1936 bis April 1937 eine kurze Pause in den Angriffen auf uns. In diesem Frühling mobilisierte Nanking dreißig Divisionen für einen endgültigen Vernichtungsfeldzug gegen alle Spuren der Roten Armee in Südostchina. Bei der letzten Offensive kreisten mehr als 250 000 Mann die Wu Ling-Berge in einem Ring ein, dessen Durchmesser zwischen 200 und 300 Li betrug.

Die feindlichen Kräfte verengten den Ring um uns. Der Gegner baute viele neue Straßen, Betonbunker und Befestigungen. Er entvölkerte viele Ortschaften, verbrannte sie und schleppte alle Getreidevorräte weg. In den Bergen brannte er Tausende von Bäumen ab und versuchte, uns in die Falle zu locken. Viele unserer Späher und Kuriere wurden gefangen. Ende 1937 hatten wir noch keine direkten Weisungen von der Roten Hauptarmee und keine Informationen über Tschu Teh und Mao Tse-tung. Einer unserer Kuriere kam aber endlich mit dem vollen Schanghai-Bericht über den Sian-Zwischenfall und von dem Ende des Bürgerkriegs im Nordwesten zurück. Wir gaben sofort ein Manifest an die Regierung und die angreifenden Armeen heraus, wiederholten, daß wir die Vereinigte Front unterstützen würden, und forderten ein Ende des Kriegs. Wir bestätigten unsere Bereitschaft, die kommunistische Erklärung zu unterschreiben, die am 15. März in Jenan herausgegeben worden war.‹[2] Schließlich kam es zu einem Waffenstillstand, aber die Kämpfe flammten ein oder zwei Jahre später wieder auf.

In der Zwischenzeit umfaßte die Hauptmasse der Ersten Frontarmee, die sich am 15. und 16. Oktober bei Jutu versammelt hatte, um die innerste Linie der Kuomintang-Bunker an der Straße Anjuan-Hsinfeng-Kantschou anzugreifen, etwa 85 000 Mann reguläre Soldaten* und 15 000 Beamte der Sowjetregierung und der Partei (Hsu

Mao suchte eine Gelegenheit, Tschiang zu überreden, wenn nicht direkt, dann durch jenen brillantesten und überzeugendsten aller Kommunisten, Tschou En-lai. Diese Gelegenheit ergab sich in der Sian-Affäre. Vier Tage nach Tschiangs Gefangennahme traf Tschou En-lai mit dem Flugzeug von der Roten Basis in Sian ein.
Wahrscheinlich versprach Tschiang mündlich, an der Vereinigten Front mitzuwirken, er würde gerne ›wiederum mit Tschou En-lai zusammenarbeiten‹.
Tschiang wurde am Weihnachtstag befreit und flog nach Nanking zurück ...
Drei Tage nach Tschiangs Befreiung ließ Mao verlauten, er hoffe, Tschiang würde sein Versprechen einhalten ... Tschiang sollte wissen, daß er seine gesicherte Abreise von Sian den Vermittlungen der Kommunistischen Partei verdankt, ebenso wie den Bemühungen der Generäle Tschang und Yang, den Leitern der Sian-Affäre. (Han Suyin, *The Morning Deluge,* London 1972, S. 371.)

* Ein Überläufer schätzte sie später auf nur 70 000 Mann Kampftruppen, 9000 ›arbeitende Staatsangehörige‹ und 5000 konskribierte Zivilisten und Pferdewärter, was insgesamt 84 000 ergibt: *Issues and Studies (Taipei),* Bd. IV, Nr. 4. Januar 1968, S. 39. Li Teh (Otto Braun) sagt 45 000 Soldaten und 15 000 männliche Nichtkombattanten (*Horizont,* Ostberlin Nr. 31. 1969).

Meng-tschiu sagte 120000 bis 130000, diese Zahl muß aber auch Guerillas und Partisanen einschließen). Die Fabriken und das militärische Arsenal wurden ausgeräumt und der größte Teil der Ausrüstung und Maschinen vergraben, der Rest wurde auf Maultiere und Esel verladen. In der Kavalkade beförderte man Nähmaschinen, Druckerpressen und schwere Waffen, Goldbarren, Silberdollar und Tausende von Dokumenten. Mao Tse-min[3], der mittlere der drei Mao-Brüder, befehligte diese Transporteinheit, die das Marschtempo der Kolonne erheblich behinderte. ›Maultiere, Pferde und Gepäck... drängten sich auf den schmalen Pfaden‹, schrieb Liu Potscheng später, ›als Folge konnten wir in einer Nacht nur ein einziges Tal durchqueren und waren sehr müde. Da der Feind Autostraßen benützte und sehr schnell marschierte, konnten wir ihn nicht abschütteln.‹ Die Transportkolonne blieb manchmal zehn Tagesmärsche zurück, bei schwerem Regen brauchte sie manchmal fünf Stunden für eine Meile (1608 Meter).[4]

Man führte Geld für das Sowjetgebiet wie auch Banknoten der Kuomintang-Regierung mit, um den Marsch der Roten Armee durch die armen Gebiete zu bezahlen; mexikanische Silberdollars, die damals als internationale Währung im Fernen Osten immer noch akzeptiert wurden, gehörten auch zu den Mitteln der Marschierer. Einem Bericht zufolge bezahlten die Kommunisten dem Kuangtung-Provinzkommando der Kuomintang 250000 $ in dieser Währung, um unbelästigt ihre Linien passieren zu können. Es gab mindestens einen Fall, als eine andere kommunistische Kolonne mit vier Kuliladungen Silber in der Form von Lösegeld für zwei ausländische Missionare, die man unterwegs gefangennahm, ihre Kasse auffrischte.[5]

Diese beiden Missionare, Alfred Bosshardt und Arnolis Haymann, wurden durch die Truppen Hsiao Kes auf dem Marsch von der Kiangsi-Basis nach Kueitschou, wo sie zu Ho Lungs Armee stießen, gefangen und der Spionage beschuldigt, den Kuomintang-Behörden Informationen über die Bewegungen der Kommunisten gegeben zu haben. Bosshardt, ein junger Schweizer, half Hsiao, eine französische Karte der Provinz zu lesen. Bei einem Fluchtversuch wurde er jedoch durch das Militärgericht zu achtzehn Monaten Haft verurteilt und mußte die Strafe auf dem Marsch abbüßen. ›Ich war in der Marschkolonne‹, erinnerte er sich viel später, ›als eine Meldung von vorne durchgegeben wurde, die besagte: ›Der und der Gefangene kann nicht mehr gehen. Sollen wir ihn freilassen?‹ Dann lief der Befehl nach vorn: ›Nein, er muß getötet werden‹, und dann riefen die

Wachen: ›Laßt mich es tun! Laßt mich es tun!‹ Keinerlei Gefühl –
wie das Schlachten eines Huhns.‹[6] Bosshardt war trotzdem von der
relativen Zurückhaltung und Erfindungsgabe der Kommunisten beeindruckt. Als man Edgar Snow in Schensi ein Jahr später davon erzählte, setzten die Kommunisten voll Stolz hinzu, daß sie Bosshardt,
als er schließlich freigelassen wurde, die Reisekosten nach Kunming,
der nächsten Stadt, gegeben hatten.[7] Bosshardt erwähnte das jedoch
nicht, als er sich dreißig Jahre später in seinem Ruhesitz in Manche-
ster dieses Vorfalls erinnerte.

In dieser und in anderer Hinsicht benahmen sich die Kommunisten – wenigstens in den frühen Stadien des Langen Marsches – wie
eine provisorische Regierung auf Reisen.

›Jeder Mann‹, sagte der Chefingenieur der Artillerie später, ›trug
eine Fünfpfund-Ration Reis und jeder hatte eine Schulterstange, an
der entweder zwei kleine Kästen Munition oder Handgranaten hingen oder große Kerosintrommeln mit unseren wichtigsten Maschi-
nenteilen und Werkzeugen. Jedes Gepäck enthielt eine Steppdecke,
eine gefütterte Winteruniform und drei Paar kräftige Stoffschuhe mit
dicken Stricksohlen und Metallspitzen und -absätzen.

Die Bevölkerung schenkte uns auch Trockengemüse, Pfeffer und
ähnliches. Jeder Mann hatte einen Trinkbecher und in seinen Wik-
kelgamaschen zwei Eßstäbchen sowie Nadel und Faden an der In-
nenseite seiner Mütze. Alle Männer trugen große Sonnen-Regen-
Hüte aus zwei dünnen Schichten Bambus mit einer Einlage aus
Ölpapier dazwischen – viele hatten auch Papierregenschirme in ihrem Gepäck. Jeder Mann trug ein Gewehr... Alle Teilnehmer an
dem Langen Marsch waren gleich gekleidet und ausgerüstet. Alle
waren bewaffnet.‹[8]

Bosshardt erinnerte sich, daß die Soldaten in seiner Marschkolonne keine Lederschuhe hatten, sondern nur Stoffsandalen: Fetzen
zusammengedrehten Stoffs, der mit Schnüren oder Stroh an die bloßen Füße gebunden war. Bei Regen lösten sich diese Sandalen in einem einzigen Tag auf und mußten daher bei jedem Halt neu gefloch-
ten werden. Nach langen Marschstrecken weinten Soldaten vor
Schmerzen. Der einzige Europäer, der den ganzen Marsch mitmachte – Otto Braun oder Li Teh –, brauchte Schuhe, Größe 11
(deutsch 44), und bekam nie neue, die große genug waren.[9]

Die Kranken und einige der Führer konnten reiten, es gab aber
nur sehr wenige Pferde, und die meisten Männer mußten die ganze
Strecke marschieren. Peng Teh-huai, der das I. Korps in der Vorhut
befehligte, ging den größten Teil der Strecke zu Fuß und gab sein

Pferd anderen, die es nötiger hatten; Tschu Teh ritt nach Aussage seiner Frau ›nur die Hälfte des Marschwegs und marschierte die andere‹. Ein Teilnehmer erklärte später: ›Mao mußte reiten, weil er krank war und nur einen Leibwächter hatte.‹ Maos Pferd war übrigens sein schwarzbraunes Lieblingspferd, das Ende 1928 bei Tschangting einem Kuomintang-General abgenommen worden war, der die Schlacht von einer Sänfte aus leitete.[10] Dr. Nelson Fu hatte als einziger und aus offensichtlichen Gründen das Privileg, seine Kräfte zu schonen, indem er in einer Sänfte getragen wurde.[11]

Mao folgte dem Stil, den sein Bursche einige Jahre früher während der Kiangsi-Feldzüge beschrieb: ›Er hatte nur die allereinfachsten Habseligkeiten: zwei Decken aus einer Mischung von Wolle und Baumwolle, ein Laken, zwei gewöhnliche Uniformjacken und Hosen, einen Sweater, einen geflickten Regenschirm, einen Emailletopf, der ihm als Reisschüssel diente, und eine graue Aktenmappe mit neun Fächern. Auf dem Marsch trug er die Aktentasche und den Regenschirm selbst, die übrigen Sachen rollte ich zusammen. Wenn wir lagerten, machte ich sein Bett mit den Decken und dem Laken. Den Rest seiner Habseligkeiten benützte er als Kissen.‹[12]

Für den Langen Marsch gab Mao die Aktentasche auf, er hatte aber einen richtigen Essenträger, einen ›Dreidecker‹, erworben. Bei Marschbeginn war er noch Malaria-Rekonvaleszent; einer seiner Männer beschrieb ihn als ›dünn und abgezehrt‹.[13] Später marschierte er, bis auf eine Rückfallperiode, während der er auf einer Bahre getragen werden mußte. Zusätzlich zu seinem aufmerksamen Ordonnanz-Leibwächter Tschen Tschang-feng, der damals etwa zwanzig Jahre alt war, sorgten ein Krankenpfleger, Fu Tschang, und ein Sekretär, Huang Ju-fang, für sein leibliches Wohl.[14] Tschen kochte bei jedem Halt für ihn Wasser ab.

Zu den Marschierern gehörten fünfunddreißig Frauen, die Gattinnen der höchsten Regierungs- und Parteifunktionäre. Die übrigen Frauen und alle Kinder, darunter auch zwei Maos, mußten zurückgelassen werden. ›Meine neue Frau blieb zurück‹, erklärte Wang Tschen. ›Natürlich wollte sie nicht... aber ich war Politischer Kommissar der Armee, und wenn meine Frau am Langen Marsch teilgenommen hätte, hätten alle anderen Frauen auch mitkommen wollen, und das hätte große Schwierigkeiten verursacht...‹[15] Die Kinder, die für den Marsch zu jung waren, wurden bei Bauernfamilien untergebracht – jede Spur von ihnen ging jedoch verloren. Trotz einer sorgfältigen und langen Suche durch die Volksbefreiungsarmee, als das Gebiet nach fünfzehn Jahren wieder erobert wurde, wurde keines dieser Kinder je wieder aufgefunden. Maos Frau, Ho Tsu-tschen, war mehrere Monate schwanger, als der Marsch begann, bei einem Tiefliegerangriff in Kueitschou wurde sie in den frühen Stadien des Marsches im März verwundet. Sie soll zwanzig Granatsplitter in ihrem Leib gehabt haben, trotzdem blieb sie am Leben und gebar Mao 1937, ehe sie zur ärztlichen Behandlung nach Rußland ging, noch ein Kind.[16] Auch Ho Lungs Frau gebar auf dem Marsch, und der Schweizer Missionar Bosshardt nähte für die Babys Kleider.[17]

Mao äußerte später die Ansicht, daß die Frauen mutiger gewesen seien als die Männer.[18] Alle waren der Auffassung, daß Kang Tsche-king, die Frau Tschu Tehs, das hervorragendste Beispiel bot. Auf dem Marsch trug sie ihre eigenen Waffen und ihren Rucksack, man sagt sogar, daß sie bei ein oder zwei Gelegenheiten einen verwundeten Soldaten auf ihrem Rücken geschleppt habe.[19] Tschu, so erklärte sie, hatte eine Ordonnanz, die sich um sein Essen und seine Kleidung kümmerte, und übrigens ›gefiel ihm die Idee nicht, daß sich die Frauen nur um die häuslichen Angelegenheiten kümmerten‹. Auf dem Marsch hatte sie nicht einmal Zeit, ihre eigenen Kleider zu waschen. ›Ich trug immer drei oder vier Gewehre, um den anderen Mut zu machen.‹ Kang übernahm zum ersten Mal 1934 ein Kommando, als sie im Parteiauftrag ein Dorf besuchte. ›Zufällig‹, erklärte sie nachher, ›stießen wir auf den Gegner und mußten zu den Gewehren greifen und kämpfen. Die 300 Männer dort wählten mich zum zeitweiligen Befehlshaber. Ich war die einzige Frau. Wir kämpften zwei Stunden, dann zog sich der Feind zurück. Ich weiß nicht, ob ich einen tötete oder nicht, ich konnte die Ergebnisse meines Schießens nicht sehen, aber ich bin ein sehr guter Schütze. Ich muß sagen, es war für mich ein glücklicher Tag.‹

Diese unerschrockene Frau bezieht sich in ihrem Bericht auf zwei Befehlshaberinnen auf dem Marsch, sie selbst und die Schwester Ho Lungs, die auf dem Schlachtfeld fiel.[20] Tsai Tschang, die Frau Li Futschuns, und Tang Jing-tschao, die Gattin Tschou En-lais, waren die zwei berühmten Kommunistinnen auf dem Langen Marsch; sie litten auf einem großen Teil des Wegs an Tuberkulose; auch Li Teh, der Deutsche, brachte seine ›chinesische Frau‹ aus Kiangsi mit. Weitere Führer, die Frauen mitnahmen, waren Tschang Wen-tien, Teng Fa, Po Ku, Jeh Tschien-jing und Jang Schang-kuo. Tschang Kuo-taos Vierte Frontarmee rühmte sich eines selbständigen, 2000 Köpfe zählenden Frauenregiments.[21]

Einer feindlichen Aussage zufolge soll Tschou En-lai über Li Tehs Bedürfnisse nach weiblicher Gesellschaft nach seiner Ankunft in

Kiangsi verärgert gewesen sein, und man fügte hinzu, seine enorme Statur sei so gewaltig gewesen, daß ›kleine und dünne Frauen‹ ihn nicht ertragen konnten. Schließlich war ein stämmiges Mädchen namens Hsiao einverstanden, den Deutschen zu heiraten, aber sie desertierte während des Langen Marsches. Der gleichen Quelle zufolge hatte Li Teh einen ungeheuren Appetit; zu einer Mahlzeit wollte er ein halbes Katti (Katti: ostasiatisches Gewicht, etwa ein Pfund. A. d. Ü.) Schweine- oder Rindfleisch, vier Eier, ein halbes Katti Gemüse und etwas Suppe. Er bestand auf Brot statt Reis, so daß das ZK einen Bäcker für ihn finden mußte. Er trank und rauchte sehr viel, man schickte von Kiangsi aus einen Kurier nach Hongkong, um Tabak und Wein bester Qualität für ihn zu besorgen. Er marschierte nie, entweder ritt er oder ließ sich, wenn die Strecke sehr lang war, von vier Trägern auf einer Bahre tragen. Wie verzerrt dieses Porträt aber ist, und wieviel davon – falls es wahr ist – auf dem Langen Marsch Bestand hatte, ist reine Vermutung. Das Bild scheint überzeichnet zu sein.[22]*

Wenn auch die Babys zurückgelassen werden mußten, hatte die Armee doch ihre eigenen ›Kleinkinder‹ oder ›Junge Vorhut‹ von Elf- und Zwölfjährigen. Snow schildert seine Unterhaltung mit einigen dieser ›kleinen roten Teufel‹: einer der Zwölfjährigen, ein kleiner aber stämmig gebauter Bursche, war als ›Kleiner Ball‹ bekannt, weil er, obwohl er wie ein Tigerjunges lief, immer wieder stolperte. Diese Burschen waren die Ordonnanzen, Trompeter, Aufwärter in der Messe, Wasserträger, Krankenpfleger und Meldegänger in der Armee.[23]

Snow, der China gut kannte, beschrieb die Soldaten der Roten Armee, die er ein Jahr nach dem Langen Marsch in Schensi traf, als ›vielleicht die erste bewußt glücklich Gruppe chinesicher Proletarier, die ich gesehen habe‹. Anders als die meisten chinesischen Armeen waren sie nicht sorgfältig nach ihrer provinziellen Herkunft ausgewählt, sondern regional gemischt. ›Ihre verschiedene provinzielle Herkunft sowie ihre Dialekte schienen sie nicht voneinander zu trennen, sondern waren eine Quelle dauernder gutmütiger Neckereien.‹ Sie sangen bei dem geringsten Anlaß und hatten ein umfangreiches Repertoire an Propaganda- und Volksliedern. Auf dem

---

* Otto Braun, alias Li Teh, hat einen eigenen Bericht über den Langen Marsch geschrieben, ›sein Zeugnis‹ ist, da auf der Höhe der antimaoistischen Kampagne in Osteuropa in Ostdeutschland erschienen, politisch suspekt, er ist aber äußerst wertvoll, da Li Teh der einzige Ausländer war, der an dem Marsch teilnahm. Braun ›Von Schanghai bis Jaenen‹. (*Horizont* [Ostberlin] 1969, Nr. 23–32 [wöchentlich]. Siehe Dieter Heinzig in *The China Quarterly*, Nr. 42, April 1970, S. 131).

Langen Marsch gab es jedoch so manchen Augenblick, in dem niemand eine Melodie über die Lippen brachte.[24]

Ein offizieller Bericht schätzt den Anteil der Bauern in der Roten Armee im April 1934 kurz vor dem Marsch auf 68 Prozent, die proletarischen Arbeiter machten dreißig Prozent aus. Die meisten Soldaten waren unter dreiundzwanzig, eine genaue Aufschlüsselung zählt ein Prozent unter 16, 53 Prozent zwischen 16 und 23, 41 Prozent zwischen 24 und 40 und 5 Prozent über 40 auf. Etwa 28 Prozent der Armee waren Mitglieder der KPCh, weitere 17 solche der Jugendliga.[25]

Die Disziplin war ganz ausgezeichnet. Als Snow 1936 mit Angehörigen der Roten Armee in Schensi unterwegs war, berichtete er: ›Wenn wir an wilden Aprikosenbäumen vorbeikamen, verstreuten sich alle sehr schnell, bis jeder seine Taschen gefüllt hatte, jemand brachte mir eine Handvoll mit… Wenn wir aber an privaten Obstgärten vorbeikamen, rührte niemand das Obst an, und das Getreide und das Gemüse, das wir in den Dörfern verzehrten, wurde voll bezahlt.‹[26] Manchmal waren die Regeln der Disziplin verblüffend. In Ho Lungs Kolonne bemerkte der Schweizer Missionar Bosshardt, daß sie, als sie einmal außer sich vor Hunger in einem Hain mit Pomelos (der köstlichen Kreuzung zwischen Grapefruit und Orangen) lagerten, niemand die Früchte anrührte, weil man nicht sicher war, ob sie einem Bauern oder einem Grundbesitzer gehörten. Schließlich kam eine Frau und verkaufte das Obst![27]

Vorschrift war, daß das Eigentum der Reichen, der Grundbesitzer wie der örtlichen Beamten, in den Gebieten, in die die Rote Armee kam, konfisziert werden konnte, aber *nur* auf Anordnung der Konfiskationsabteilung der Finanzkommission und nicht etwa durch einen Kompaniechef oder einen Unteroffizier; nur die dazu bestimmten Offiziere dieser Abteilung waren bevollmächtigt, derartige Beute zu verteilen. Die Marschierer waren gewöhnlich hungrig, dann und wann gab es aber auch ein Festmahl aus Hammeln in Jünnan oder Enten in Kueitschou. ›Als wir große Lagerhäuser mit Salz erbeuteten, stopfte sich jedermann die Taschen voll und aß das Salz wie Zucker.‹[28] Die hinsichtlich der Verpflegung schlimmste Strecke waren die Grasländer von Tschinghai.

Das Rauchen wurde während des Langen Marsches zum Luxus, und besonders Mao vermißte seine Zigaretten. ›Während des Langen Marsches‹, bemerkte Snow, ›führten Mao und Li Teh eine originelle botanische Forschung durch, indem sie verschiedene Arten von Blättern als Tabakersatz testeten.‹ Es gibt einen Bericht über die

Marschierenden, die während des Marsches bei feindlichen Soldaten Opium gegen Zigaretten und Salz eintauschten.[29]

Üblicherweise schlief man, wenn möglich, auf den abnehmbaren Türbrettern des Dorfs, am nächsten Morgen hängte man sie wieder ein. Mao schlief, seiner Ordonnanz zufolge, in einer Hängematte.[30]

Die Märsche waren oft unglaublich anstrengend. Die Soldaten Ho Lungs marschierten einmal siebenundzwanzig Tage hintereinander ohne einen einzigen Rasttag, zweimal marschierten sie die ganze Nacht wie den folgenden und den vorhergehenden Tag mit nur kurzen Rasten. An einem Tag legten sie 80 Kilometer zurück.[31] Bosshardt erinnert sich, daß in Nächten, in denen Fackeln verboten waren, damit man nicht vom Feind gesehen wurde, jeder Soldat in Ho Lungs Armee mit der Hand auf der Schulter seines Vordermanns marschierte.

Dem amtlichen Bericht zufolge hatte die Hauptmasse der Ersten Frontarmee im Durchschnitt ein Gefecht pro Tag, an fünfzehn Tagen kämpfte sie in offenen Schlachten. Insgesamt marschierten sie an 235 Tagen und in 18 Nächten, dazwischen lagen hundert Tage der Ruhe (und manchmal der Kämpfe). Sechsundfünfzig dieser Rasttage wurden aber auf einmal in Nordwestszetschuan gemacht, und wenn man die übrigen 44 auf die fast 10 000 Kilometer lange Strecke verteilt, bedeutet das eine Tagesrast auf je 182 Kilometer.

Die durchschnittliche Tagesleistung betrug, über das ganze Jahr gesehen, 27 Kilometer oder etwa 38, wenn man die acht Wochen Erholungspause in Szetschuan nicht in Rechnung stellt. Kommandant Tso Tschuan erzählte Snow auch, daß man achtzehn Bergketten, von denen fünf mit ewigem Schnee bedeckt waren, vierundzwanzig Flüsse und zwölf Provinzen überquert hatte; die Rote Armee nahm auf dem Marsch zweiundsechzig größere und kleinere Städte und durchbrach die Einkesselungsarmeen von nicht weniger als zehn verschiedenen provinziellen Kriegsherren.[32]

Dr. Nelson Fu (Fu Lien-tschang) bemerkte später: ›Sehr viele unserer Leute haben jetzt vom Langen Marsch Herzbeschwerden, andere haben von den Strapazen nervöse Störungen… Gerade nach dem Langen Marsch hatten wir wegen der schlechten Bedingungen viele Fälle von Geschwürbildung an Füßen und Beinen, Wunden und allgemeiner Anämie. Infolge der Blockade konnte ich bei der Vorbereitung des Marsches nur Medikamente und Ausrüstung im Werte von 1000 Dollars kaufen…. Für eine Büchse Alkohol im Wert von sieben Dollars mußten wir vierzig an die Kaufleute bezahlen, die ihn hereinschmuggelten.‹ Dr. Fu erklärte, daß Malaria und Ruhr in

Kiangsi, Kuangtung und Hunan die Hauptplagen waren; Ruhr; Typhus und Grippe in Szetschuan, Kansu und Schensi; Bergkrankheit, Verdauungsstörungen, Typhus und Trachom in Sikiang sowie als Folge von Jodmangel, Schilddrüsenbeschwerden in Jünnan; Cholera, Gehirnhautentzündung und Syphilis grassierten auch in Schensi, aber ›bisher hatten sich nur zehn unserer Soldaten mit Syphilis angesteckt, da wir in diesen Dingen sehr streng sind. Etwa neunzig Prozent unserer Soldaten sind sexuell völlig unerfahren. Wir haben keine Probleme der Unmoral, da die Männer zu müde und zu beschäftigt sind…‹ Lo Ping-hui, der auf dem Marsch die Nachhut befehligte, wurde nach der Einnahme der Stadt Tientschuan am Tatu-Fluß infolge Ruhr für zwei Stunden bewußtlos, Mao Tse-tung und Tschou En-lai und andere Führer litten zu verschiedenen Zeiten während des Langen Marsches außerordentlich an Malaria, Tuberkulose und anderen Krankheiten.[33]

Als die Gruppe des Generalhauptquartier in Kiangsi verließ, bestand sie aus einem Regiment der Universität der Roten Armee unter Jeh Tschien-jing, dem GHQ mit dem Revolutionären Militärrat und dem ZK der KPCh, der Sowjetregierung, den Funktionären der KPCh, der Jungkommunisten und der Antiimperialistischen Liga sowie der Nachschubabteilung, einschließlich des Arsenals, der Münze, der Drucker mit ihren Pressen, der Schneider mit ihren Nähmaschinen, der Sanitätsabteilung mit den Ärzten, Krankenschwestern und 480 Bahrenträgern.[34] Dem GHQ voran marschierte Lin Piaos I. und Peng Teh-huais III. Armeekorps in der Vorhut, rechts wurde es von dem IX. und links von dem VII. und im Rücken von dem V. Armeekorps geschützt. Kein Wunder, daß die Marschierer nach Snows Worten ›oft eine solide Schlange von 80 Kilometer oder mehr bildeten, die sich über die Hügel ringelte‹.[35]

8 Ausbruch aus dem Kessel

›Gegen 5 Uhr abends (am 16. Oktober 1934)‹, so berichtet Maos Bursche, ›verließen Mao und zwanzig andere Jutu durch das Nordtor und wandten sich dem Fluß zu, der gelbgefärbt dahinbrüllte und schäumte, als ob er die Rote Armee zum Vormarsch aufrufe. Bald ging die Sonne unter, und bitterkalte Windstöße ließen uns erschauern. Der Vorsitzende trug eine graue Tuchuniform, eine achteckige Militärmütze, aber keinen Mantel. Mit riesigen Schritten ging er das Flußufer entlang.‹[1] Der Marsch hatte begonnen.

Die Ablenkungsabteilung, die Leistung der Nachhut und die Geheimhaltung der Operation führte den Nachrichtendienst der Kuomintang geziemend in die Irre; der Feind wurde sich erst vier Wochen später des Umfangs und der Richtung des Durchbruchs bewußt. Ein Zeitungsbericht vom 8. November 1934, der auf Kuomintang-Informationen basierte, bemerkte: ›Die Kommunisten in Kiangsi erweisen sich nach ihrer kürzlichen Niederlage gegen die Regierungstruppen als außerordentlich hartnäckig; es kann einige Monate dauern, bis sie völlig vertrieben sind.‹[2]

Die Sowjetbasis wurde durch die vier Armeen der Generäle Tschiang Ting-wen im Osten, Tschen Tschi-tang im Süden, Ho Tschien im Westen und Kuo Tschu-tung im Norden eingeschlossen.[3] Der Druck erfolgte aus Norden und Osten, und diese beiden Armeen waren es, die die Kommunisten aus ihrer Hochburg drängten. Die Rote Armee rückte zuerst nach Südwesten auf die Linie zu, die von den politisch weniger zuverlässigen Kuangtung-Provinztruppen gehalten wurde, die Kuangtungesen zogen sich von ihr auf ihre eigene Provinz zurück. Fünf Tage später brachen die Kommunisten nach einigen Geplänkeln durch die erste feindliche Verteidigungslinie bei Hsinfeng.

Die Bereitstellungsbewegung in den wenigen Tagen vor dem 16. war so schnell, so ruhig und so unauffällig vor sich gegangen, daß der Feind, der zudem durch heftige Regenfälle und Wolken, die den Mond verbargen, abgelenkt war, völlig überrumpelt wurde. Die Kommunisten marschierten zuerst, um einer Entdeckung zu entgehen, nur bei Nacht.

Bald mußten sie jedoch schneller gehen, um den Feind abzuschütteln, es folgte ein Zweiundsiebzig-Stunden-Marsch, bei dem sich vier Stunden auf dem Weg (mit einem Marschtempo von 5,4 km/Std.) und vier Stunden Rast abwechselten.[4]

Die Kommunisten teilten sich nun in zwei Gruppen, die den Hsinfeng-Fluß mit den Wangmu- beziehungsweise den Kupo-Fähren überquerten. Eine Gruppe stieß dann nach Nordwesten, überquerte den Tschang-Fluß zwischen Nankang und Taju und überschritt die Straße Kantschou-Nanhsiung, um Tschenkuo, nördlich von Jenhua in der Kuangtung-Provinz, am 5. November zu besetzen. Dann durchbrach sie die zweite Bunkerlinie der Kuomintang, die sich von Kueiting nach Jutscheng in den Tschingkantschan-Bergen an der Kiangsi-Hunan-Granze erstreckte, wo Mao und Tschu vor fast sieben Jahren ihre Basis eingerichtet hatten. Sie erreichte Tschengkou und stieg westwärts nach Itschang hinunter. Dabei durchschritt sie die dritte Verteidigungslinie des Feindes längs der Bahnlinie Kanton–Wuhan und traf in Linwu ein. In der Zwischenzeit hatte die zweite kommunistische Gruppe eine mehr südliche Route durch den Norden der Provinz Kuangtung eingeschlagen, um den Gegner zu verwirren. Am 16. November vereinigten sich die beiden Gruppen wieder bei Linwu im südlichen Hunan.[5]

Um einige ihrer Druckerpressen und andere nutzlose Behinderungen leichter, schwärmten die Kommunisten nun in Süd-Hunan bis Tschiaho, Ningjuan und Lanschan aus. Der Feind war verwirrt, er hatte angenommen, daß die Rote Armee nach Norden, nach Tschungjang und Tschangscha vorstoßen würde. Ho Tschien, der feindliche Befehlshaber, schickte daher Truppen unter Liu Tschien-hsu und Hsueh Jueh in das Linglu-Tungang–Gebiet, etwas nördlich der Roten Armee, um sie abzuschneiden. Gegnerische Truppen unter Tschou Jun-tschieh verfolgten sie heimlich im Rükken, sie hofften, die Roten in der Nähe des Hsia-Flusses einzukesseln.

Die Rote Armee teilte sich jedoch abermals in zwei Gruppen, eine marschierte auf einer nördlichen Route nach Westen und eroberte Taohsien, die andere schlug die südliche Route über Tschianghua und Jungming ein, um die Provinztruppen von Kuangsi zu täuschen. Jenseits der Provinzgrenze vereinigten sie sich wieder in Tschuantschou (von Tschuanhsien). Nachdem sie den Verfolgern entgangen waren, überschritten sie die Flüsse Hsiao und dann den Hsiang, der die vierte und letzte Linie der Kuomintang-Blockade ausmachte. Die Rote Armee war aus der Einkreisung ausgebrochen.

›Als wir einmal auf feindlichem Gebiet waren‹, erklärte der Chefingenieur im GHQ Agnes Smedley, ›marschierten wir oft nachts, um Luftangriffen zu entgehen. Nachtmärsche sind wundervoll, wenn der Mond scheint und ein leichter Wind weht. Wenn kein Feind in der Nähe war, sangen ganze Kompanien und andere anworteten ihnen. War die Nacht schwarz und der Feind in weiter Ferne, dann machten wir Fackeln aus Fichtenästen und ausgefranstem Bambus, und dann war es wirklich schön. Wenn wir am Fuß eines Berges waren, konnten wir hinaufschauen und eine lange Lichterkolonne sehen, die sich wie ein feuriger Drache die Bergflanke hinaufschlängelte. Vom Gipfel aus konnten wir in beide Richtungen blicken und Meilen von Fackeln sehen, die sich wie eine feurige Woge vorwärtsbewegten. Ein rosiger Schimmer schwebte über der ganzen Marschroute.

Wenn wir von überlegenen feindlichen Kräften hart bedrängt wurden, marschierten wir bei Tag, und dann behämmerten uns die

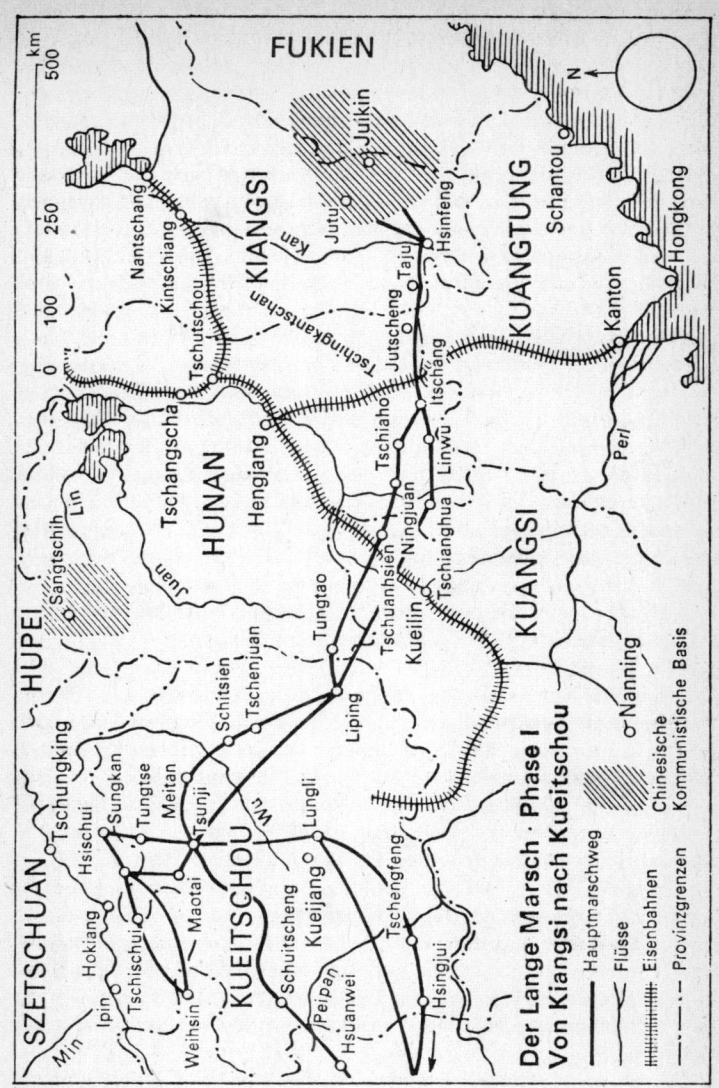

Der Lange Marsch · Phase I
Von Kiangsi nach Kueitschou

Hauptmarschweg
Flüsse
Eisenbahnen
Provinzgrenzen
Chinesische
Kommunistische Basis

feindlichen Bomber. Wir schwärmten aus und warfen uns hin – standen auf, marschierten, schwärmten wieder aus und warfen uns in Deckung – und das Stunde um Stunde. Wir hatten zahlreiche Tote und Verwundete, und unser Sanitätspersonal bekam harte Arbeit. Die Bauern halfen uns immer und erboten sich, unsere Kranken, Verwundeten und Erschöpften aufzunehmen. Jeder Mann, der zurückblieb, bekam Geld, Munition und sein Gewehr; er erhielt den Auftrag, die Bauern in der Partisanenkriegführung zu organisieren und zu führen, sobald er wieder genesen war. Manchmal wurden ein oder zwei Kompanien während des Kampfes von der Hauptmacht abgeschnitten, sie zogen sich aber dann in die Berge zurück und entwickelten Partisanengebiete.‹[6]

Wie bei so vielen Geschehnissen während des Langen Marsches, steckt etwas Geheimnisvolles in dem überraschenden Erfolg der Roten Armee, relativ leicht durch die Kordons feindlicher Truppen zu entkommen. Tschiang Kai-schek und die militärischen Führer der offiziell Kuomintang-freundlichen Provinztruppen von Kuangtung und Kuangsi standen nicht auf allerbestem Fuß, und die Provinztruppen bildeten die schwache Stelle von Tschiangs Falle. Einigen Autoren[7] zufolge gestatteten sie den Kommunisten, unbelästigt durch die Nordwestecke ihres Gebiets zu ziehen, um dort eine Schlacht großen Ausmaßes zu vermeiden, die Tschiangs eigene Armee einschalten wüde und ihm die Möglichkeit gegeben hätte, seine Autorität über die Provinz sicherzustellen.[8]

Eine andere Version lautet: Tschiang Kai-schek habe gehofft, daß die hunanesischen Streitkräfte Hsueh Juehs die Kommunisten nach Kuangsi drängen wollten, wo die Kuangsi-Truppen und die Rote Armee einander vernichten und ihm so die Möglichkeit zum Eingreifen geben würden. Statt dessen zogen sich jedoch die Kuangsi-Truppen, wie früher die von Kuangtung, lediglich vor der Roten Armee zurück und ließen sie den Hsiang-Fluß überschreiten.[9]

Vielleicht wurde die Rote Armee durch die uralte Sehnsucht der nicht Mandarin sprechenden Provinzen des Südens und Südwestens nach Autonomie gerettet – eine Sehnsucht, die keineswegs gemindert war, als sie fünfzehn Jahre später an der Reihe waren, die Kontrolle über Südchina auszuüben. Die Rote Armee kann auch, wie wir gesehen haben, die Pille mit mexikanischen Dollars verzuckert haben.[10]

Es gibt auch widersprüchliche Beweise hinsichtlich der Schwere der Entscheidungsschlacht bei der Überquerung des Hsiang-Flusses, wie Jerome Ch'en kürzlich in einem Artikel festgestellt hat.[11] Liu Po-tscheng schilderte sie als einen Zusammenstoß, der eine Woche dauerte und der Roten Armee die ›Hälfte ihrer Leute‹ kostete. Miu Tschu-huang, der kommunistische Historiker, bezeichnet sie ebenfalls als eine heiße Schlacht, und Hsu Meng-tschiu (wie Liu Potscheng ein Augenzeuge) erzählte Nym Wales, der Kampf habe fünf Tage gedauert. Ch'en erklärt in seinem *Mao and the Chinese Revolution* rundheraus, daß die Schlacht am Hsiang-Fluß ›fast 50 000 Menschenleben gekostet habe‹.[12]

Hsueh Juehs Bericht impliziert, daß der Übergang über den Hsiang nicht schwierig gewesen sei[13], und Anthony Garavente schließt in seiner Studie über diesen Teil des Langen Marsches, daß die Rote Armee Tsunji im Januar 1935 ›zahlenmäßig ziemlich ungeschwächt erreicht habe‹, weil sie größeren Gefechten ausgewichen sei. Als die Maoisten fünf Wochen später bei der Tsunji-Konferenz den Spieß gegen die Führung Li Tehs, Tschou En-lais und Po Kus umdrehten, blieb die Katastrophe am Hsiang-Fluß unerwähnt.

Braun erklärt kategorisch, daß es in der ersten Phase des Marsches keine verheerenden Verluste gegeben habe ›– trotz aller gegenteiligen Behauptungen chinesischer Historiker‹.[14] Wie Jerome Ch'en bemerkt, ist es seltsam, daß man den Verlust von mehr als der Hälfte der Roten Armee bei der damaligen Anklage gegen die Führung nicht für erwähnenswert hielt. Vielleicht wäre es aber von Mao taktlos gewesen, auf den zahlenmäßigen Verlusten herumzureiten, vielleicht hätte er sich auch unnötigerweise einige der beteiligten Generäle entfremdet, wenn er darauf bestanden hätte. Jedenfalls ist es besser, angesichts der widersprüchlichen Aussagen, den Hsiang-Fluß als den Schauplatz der ersten bedeutenden Schlacht des Langen Marsches anzusehen – eine Schlacht, die theoretisch von den Kommunisten gewonnen wurde –, allerdings um einen Preis, den sie nicht noch einmal zahlen konnten. Liu Po-tschengs Erinnerung mag die Verluste bei dieser besonderen Schacht im Unterschied zu denen der gesamten Periode von Jutu im Oktober bis Tsunji im Januar übertrieben haben, es hat dort aber sicherlich Verluste gegeben.

Hier am Hsiang-Fluß kam den kommunistischen Führern auch die Erkenntnis der wahren Natur der Herausforderung, die ihr gestellt wurde. Die Armee mußte in zwei parallelen Kolonnen kämpfen, um die schwer beladenen Nichtkombattanten von Partei und Regierung sicher in dem Korridor zwischen den Kolonnen vorrücken zu lassen. Ein großer Teil der Verluste wurde durch diese Belastung erklärt. Wie es Maos erfolgreiche Resolution auf der folgenden Tsunji-Konferenz ausdrückte, ›waren es die elefantenhaften Kolonnen der Militärkommission und der rückwärtigen Dienste der Armeekorps, die die logistischen und operationellen Schwierigkeiten steigerten und alle Kampfeinheiten zu Deckungseinheiten machten.‹[15]

Und doch hatten die Kommunisten nach allem Blutvergießen der erbitterten Schlacht die andere Seite des Flusses erreicht und waren nach Nordwesten, nach Hunan, gestoßen, allerdings um wieder – entgegen ihren zuversichtlichen Erwartungen – einen fünf- bis sechsfach überlegenen Gegner zwischen sich und ihrem Ziel, Ho Lungs Sowjetgebiet in Sangtschih im nordwestlichen Hunan, anzutreffen. Tschiang Kai-schek hatte ihre Strategie durchschaut und mehrere Divisionen entsandt, um das Gebiet westlich des Flusses zu schützen. Hunanesische Provinzialtruppen waren massiv längs der Linie Hueitung–Tsingschien Suining–Tschenpu aufmarschiert und wehrten den Zutritt in den Norden der Provinz. Die Einkreisung war durchbrochen, aber die Rote Armee war immer noch im Laufen, ohne ein klares Ziel vor sich zu haben.

9 Die Feldzüge in Kueitschou

Die Erste Frontarmee mußte jetzt die Marschrichtung ändern. Statt nach Norden durch Hunan zu dem 400 Kilometer entfernten Sangtschih-Sowjetgebiet zu marschieren, war sie gezwungen, auf die nächste (oder am wenigsten weit entfernte) noch bestehende Basis, die Tschang Kuo-taos im nördlichen Szetschuan zurückzufallen. Liu Po-tscheng, ein General auf dem Langen Marsch, schrieb später die neue Strategie Mao Tse-tung zu. In seinem Bericht erreichte die Schlacht am Hsiang ihren Höhepunkt, ›in diesem kritischen Stadium trat Mao Tse-tung mit einem Plan hervor, der die Rote Armee rettete. Er beabsichtigte, die Versuche zu einer Vereinigung mit der Zweiten und der Sechsten Armeegruppe (in Sangtschih) aufzugeben und die Rote Zentralarmee auf Kueitschou herumzudrehen, wo der Feind schwach war... Mao Tse-tungs Vorschlag gewann die Unterstützung der meisten Genossen... Mao Tse-tungs entschlossene Forderung nach einer Änderung der Politik rettete die noch übrigen 30000 Mann der Roten Armee vor der Vernichtung.‹[1]

Die Szetschuan-Basis lag jenseits von Sangtschih und war doppelt so weit entfernt. Der einzige Weg, sie zu erreichen, war der, die Kuomintang-Truppen in Hunan und Szetschuan zu umgehen und einen

Pfad durch die schwach verteidigte Provinz Kueitschou zu finden und den unteren Jangtse zu überqueren.

Die zerstreute und erschöpfte Rote Armee stieß also nach Nordwesten, um einen großen Bogen zu beginnen, der sie in das Asyl von Patschou, Tschang Kuo-taos neuer Hauptstadt, in den Gebirgen der Szetschuan-Schensi-Grenze bringen sollte. Sie hatten keine Ahnung, daß sich der Bogen zu einem Halbkreis ausweiten würde.

Tschang Kuo-tao und Hsu Hsiang-tschien waren die politischen Kommissare bzw. Militärbefehlshaber der Vierten Frontarmee gewesen, die anfänglich die Truppen des sogenannten Ojuwan-Gebiets* in dem Bergland zwischen Wuhan und Nanking umfaßte.

1931, als das ZK der KPCh Schanghai verlassen mußte, hätte man erwarten können, daß es die Ojuwan-Basis als neuen Stützpunkt wählte, da sie größer und strategisch günstiger in dem Jangtse-Gebiet gelegen war (relativ nahe an Schanghai, Nanking und Wuhan) als der 640 Kilometer weiter im Süden gelegene Kiangsi-Sowjet. Die Ojuwan-Führer waren dem ZK auch loyaler. Gerade aus diesem Grund hielt man es jedoch für nötig, die meisten ›großen Bonzen‹ des Politbüros nach Süden zu schicken, um den immer störrischeren Mao zur Raison zu bringen.

In ihrer besten Zeit, in den ersten Monaten des Jahres 1932, rühmte sich die Ojuwan-Basis einer Armee von 60 000 Mann, eines Postamts, einer Münze, Spinnereien und Bauernkooperativen. Aber gerade ihre Lage, nur wenige Tagesmärsche von dem Industrie- und Verkehrszentrum Wuhan entfernt, setzte sie dauernden militärischen Angriffen und einer Wirtschaftsblockade durch die Kuomintang unter Seeckts Leitung aus. Ende 1932 mußte die Vierte Frontarmee die Basis aufgeben, genauso wie die Erste Frontarmee die Kiangsi-Basis fast zwei Jahre später. Hsu Hai-tung (dem es später zufiel, Mao und die Erste Frontarmee nach dem Langen Marsch in Schensi aufzunehmen) wurde als Befehlshaber der Nachhut zurückgelassen, während die Hauptmasse der Vierten Frontarmee durch das Grenzland von Hupei-Honan nach Westen durch das südliche Schensi in einen hügligen Teil von Ost-Szetschuan marschierte, wo sie im Frühjahr 1933 eine neue Sowjetbasis mit der Hauptstadt Patschou einrichtete.[2]

Sie hatte das Glück, daß sich damals die provinziellen Kriegsherren von Szetschuan eifrig bekämpften und die Bemühungen der Kuomintang, die Verteidigung der Provinz gegen die Rote Armee

---

* Der Name ist eine chinesische Abkürzung für die drei Provinzen, an die das Sowjetgebiet grenzte – Hupei, Honan und Anhuei.

zu verstärken, dadurch geschwächt wurde, daß die Zweite Frontarmee unter Ho Lung von Sangtschih aus Vorstöße in die südöstlichen
Distrikte von Szetschuan unternahm, so daß die Kriegsherren von
Szetschuan auf zwei Fronten bedroht waren. Diese verlockende Situation wollte die Erste Frontarmee nun ausnützen.

Nach der Überquerung des Hsiang-Flusses mußte die Erste
Frontarmee die schwierigen Wege über die Juehtscheng- oder Hsi-
jen-Gebirgskette bewältigen, die örtlich in der Kuangsi-Sprache als
›Alter Berg‹ oder Laoschan bekannt ist. Ein Soldat erinnert sich an
diesen Übergang: ›Unsere bittersten Prüfungen kamen, als wir über
schmale und gefährliche Pfade, durch enge Pässe über schmale
Brücken passieren oder durch eisige Wasserläufe schwimmen mußten. Bei solchen Gelegenheiten wurden unsere Vorhuten langsamer,
die Nachhut machte einen Schritt nach vorn und blieb für zehn stehen. Wir konnten uns nicht nach vorn bewegen und konnten nicht
rasten. Einige Männer schliefen im Stehen ein.

Bei anderen Gelegenheiten marschierten wir durch Unwetter, wo
wilder Wind und Regen unsere Körper peitschten. Unter solchen
Umständen zündeten wir keine Fackeln an, die Pfade waren schlüpfrig und gefährlich. Manchmal legten wir nachts nur einige ›Lis‹ zurück und mußten, völlig durchnäßt, im Freien biwakieren.

Da war der Laoschan (Alter Berg) an der Kuangsi-Grenze, wo wir
einen so steilen Hang hinauf mußten, daß ich die Sohlen meines Vordermanns sehen konnte. Stufen waren in die Bergwand geschlagen,
sie waren so hoch wie die Taille eines Mannes. Politische Funktio-
näre stiegen die Kolonne hinauf und hinunter, sie ermutigten unsere
sich vorwärts kämpfenden Männer und halfen Kranken und Verwundeten... Dann kam die Nachricht die Linie entlang, daß unsere
Vorhut vor einer nackten Klippe stand und daß man die Pferde nicht
hinaufbrächte. Nach einer Weile kam der Befehl zu schlafen, wo wir
waren, und bei Tagesanbruch weiterzuklettern.

Der Pfad war an keiner Stelle breiter als einen halben Meter,
selbst wenn es jemand gelang, sich hinzulegen, konnte er sich nicht
umdrehen, ohne den Berghang hinunterzurollen. Überall ragten
zackige große Felsen auf, selbst der Pfad war mit scharfen Steinen
bedeckt. Da es sonst nichts zu tun gab, faltete ich meine Decke zusammen, legte sie unter mich und versuchte, mich auf dem Pfad ein-
zurollen. Irgendwann während der Nacht weckte mich die Kälte. Ich
wickelte die Decke um mich und versuchte, mich zu einem kleinen
Ball zusammenzurollen, aber ich konnte immer noch nicht einschla-
fen. Ich lag und beobachtete die funkelnden Sterne am Himmel. Sie

sahen wie Jadesteine auf einem schwarzen Vorhang aus. Die dunklen Gipfel, die rings um mich aufragten, wirkten wie drohende Riesen. Wir schienen am Grund eines Brunnens zu liegen.

Den Pfad hinauf und hinunter sah ich viele kleine Feuer. Männer hatten sie angezündet, die ebenfalls durch die Kälte geweckt worden waren. Sie saßen herum und sprachen leise. Abgesehen von ihren Stimmen war die Stille so groß, daß ich glaubte sie hören zu können. Manchmal war sie nah und manchmal fern, manchmal laut und manchmal leise, wie Frühlingsseidenraupen, die Maulbeerblätter fressen. Ich lauschte gespannt, es klang wie eine Gebirgsquelle, dann wie das ferne Rauschen des Ozeans...

Am nächsten Morgen erreichte meine Gruppe die Felswand, die uns letzte Nacht aufgehalten hatte. Es war der Leikungjai (Donnergott-Felsen), eine solide Felsklippe, die in einem Winkel von fast neunzig Grad in den Himmel ragte. Man hatte Steinstufen, die nicht breiter als dreißig Zentimeter waren, in die Wand geschlagen, so mußten wir hinauf, ohne uns festhalten zu können. Pferde mit gebrochenen Beinen lagen am Fuß der Klippe.

Unsere Sanitätseinheiten litten am meisten, weil die Verwundeten und Kranken die Bahren verlassen und entweder hinaufkriechen oder geschoben, geschleppt oder getragen werden mußten. Die Genossinnen vom Sanitätskorps trösteten unaufhörlich die Männer in ihrer Obhut und halfen ihnen... Der ›Alte Berg‹ war das schwierigste Gebirge, das wir bisher erklettert hatten.‹[3]

Nach der Ersteigung des Laoschan, des ›Alten Bergs‹, begann die tapfere Erste Armee nun mit der Durchquerung der Provinz Kueitschou in nordwestlicher Richtung auf Szetschuan zu, dabei kämpfte sie gegen Truppen der Kriegsherren von Kueitschou. Tungtao wurde genommen und die Kueitschou-Grenze Mitte Dezember überschritten. Am 14. Dezember nahm sie Liping im westlichen Hunan und hielt dort, während die Führer des Politbüros konferierten. Über diese hastige Tagung, als die wachsende Spannung zwischen der Po Ku-Führung und den Maoisten vermutlich vorherrschte, bei der Mao aber einen De-facto-Sitz im ZK zurückgewonnen haben mochte, wurde nur wenig geschrieben.

Man beschloß, nach Tsunji, der nördlichsten und der letzten Stadt von Kueitschou, weiterzumarschieren, ehe man in das berühmte rote Becken, die ›Reisschüssel von Szetschuan‹ hinabstieg. Eine militärische Instruktion von Lin Piao und Nieh Jung-tschen vom I. Armeekorps erklärte um diese Zeit, ›daß es die gegenwärtige Strategie der Armee ist, zuerst in das nördliche Kueitschou vorzurücken, dann

Tsunji und Tungtse durch Überraschung zu nehmen, die Massen zu organisieren und die neue Basis zum Widerstand gegen die Japaner zu verwenden‹.[4]

Um die gefährliche Armee Hsueh Juehs von der Fährte abzuschütteln, machte eine rote Kolonne einen Scheinangriff auf Kueijang, die Hauptstadt der Provinz, und Hsueh Jueh eilte pflichtschuldig nach Westen, um die Stadt zu entsetzen, während die Kommunisten in nördlicher Richtung vorgingen und die schwachen Provinztruppen von Kueitschou unter Hou Tschi-tan vor sich herschoben. Sie überquerten den Tschingschui-Fluß und erreichten den Raum von Tschenjuan-Schitsien; es sah so aus, als ob sie von hier aus nach Nordwesten auf die Fähren über den Wu-Fluß vorstoßen würden. Später sollte Mao Tse-tung fragen, warum man die Gelegenheit, in das nordwestliche Hunan vorzustoßen, verstreichen ließ.[5]

Lo Ping-hui, der die Nachhut befehligte, beschreibt, wie eine große feindliche Streitmacht in diesen Kueitschou-Feldzügen von der Fährte abgeschüttelt werden konnte. ›Wenn wir von drei Seiten eingeschlossen waren, machten wir einen Frontalangriff und ließen eine kleine heldenhafte Truppe zurück, während sich unsere Haupttruppenmacht schnell zurückzog und in den Rücken des Feindes gelangte; als sich die weißen (feindlichen) Linien dann schlossen, hatten sie nichts in der Falle außer einem kleinen Trupp, und sie standen da und starrten einander töricht an. Natürlich erforderte das von der kleinen roten Truppe, die die Stellung hielt, den größen Opfermut...‹ Als sie ein anderes Mal in Kueitschou stark in der Minderzahl waren schickte dieser General eine Kompanie auf zwei auffällige Berggipfel und befahl ihnen, im Kreis zu marschieren und sich so zu zeigen, als ob sie eine große Abteilung seien. So lenkte er den Feind ab, während drei andere rote Kompanien den Gegner im Rücken angriffen. ›Wir hielten die Stellung zwei Tage lang‹, erinnert sich Lo, ›lang genug, um unsere Hauptmacht anderswo zu retten – und die törichten Kuomintang-Offiziere sandten Meldungen, die wir abfingen und die besagten, daß sie die Rote Hauptarmee eingekesselt hätten! Der Berg war dicht bewaldet. Da alle meine Männer im Freien blieben, um sich sehen zu lassen, glaubten die Aufklärungsflieger, wir seien zu zahlreich, als daß wir uns unter Bäumen verstecken könnten... Der ganze Feldzug war‹, so fügte er hinzu, ›wie wenn ein Affe in einer schmalen Gasse mit einer Kuh spielt.‹[6]

Bei dem Weitermarsch nach Westen kam man in das Wumeng-Gebirge, eine große, von Schluchten durchzogene Niederung, die sich aus der Provinz Jünnan westlich Kueitschou in das südliche

Szetschuan erstreckt. Das bedeutete jedoch das Überschreiten des größten Flusses von Kueitschou, des Wu. Als die Vorhuten der Roten Armee am Silvestertag sein rechtes Ufer erreichten, fanden sie, einem Bericht zufolge, einen etwa 225 Meter breiten Fluß, mit vielen überfluteten Felsen, der sich mit einer Geschwindigkeit von 1½ bis 2 Meter pro Sekunde dahinwälzte.[7] Auf beiden Seiten war er von Klippen überhangen, so daß man von der Flußmitte aus die Sonne nie sehen konnte. Es gab eine Fährstelle, der man sich auf beiden Seiten auf einem gewundenen fünf Kilometer langen Pfad näherte – doch hatten die drei feindlichen Regimenter, die den Flußübergang deckten, die zwei Fährboote auf ihrer Seite versenkt. Längs des Nordwestufers hatten sie auch Gräben ausgehoben und Befestigungen gebaut. Die Kuomintang-Truppen, die die Rote Armee verfolgten, waren nur 32 Kilometer rückwärts.

Die 2. Division des I. Armeekorps versuchte, den Fluß noch in der gleichen Nacht zu forcieren. Ihre Pioniere bauten hastig ›Hundertfüßler‹-Flöße aus Bambus sowie eine Brücke, die hinübergezogen werden sollte, wenn der Übergang genommen war.

Eine kleine Abteilung guter Schwimmer* wurde aus den Reihen des 4. Regiments der 2. Division ausgesucht – einem Bericht zufolge zehn, nach anderen achtzehn, zwanzig oder fünfundzwanzig –, die bei Einbruch der Nacht hinüberschwimmen und das Warnsystem des Feindes zerstören sollten.

Bis auf die Hüften nackt und mit Mauserpistolen bewaffnet, sprangen sie ins Wasser, sobald es dunkel wurde. Starkes Artilleriefeuer deckte erfolgreich ihren Übergang, die Strömung war aber zu stark, als daß sie die Seile für die Brücke hätten hinüberziehen können. Statt dessen sollte ein Bambusfloß die Taue hinüberbringen, es wurde aber mitten im Fluß durch feindliches Feuer versenkt. Die Schwimmer, deren Anwesenheit auf dem anderen Ufer jetzt sinnlos gewesen wäre, kehrten zurück, einer starb an Kälte und Erschöpfung.

Am nächsten Tag bauten die Kommunisten fieberhaft weitere Doppeldecker-Flöße für einen zweiten Übersetzversuch in der folgenden Nacht. Nach Einbruch der Dunkelheit starteten zwei Floßladungen mit der Weisung, ihre Ankunft auf der anderen Seite mit ihren elektrischen Taschenlampen zu signalisieren. Das erste Floß wurde fast 1200 Meter flußabwärts getrieben, ehe es wieder an das eigene Ufer gelangte. Das zweite, das mit Hauptmann Mao Tschen-

---

* Lo Ping-hui, der Befehlshaber der Nachhut, stellte fest, daß die ›meisten Soldaten der Roten Armee nicht schwimmen können, da sie aus Inlandgebieten sind.‹ (Wales, *Red Dust*, S. 128)

hua und vier Soldaten, bewaffnet mit einem MG und zwei Karabinern, besetzt war, gab weder ein Signal noch kehrte es zurück. Ein drittes Floß mußte der wilden Strömung wegen umkehren.

Nach diesem zweiten Rückschlag beschloß der kommunistische Befehlshaber den Übergang bei Tag, wobei die Flöße erfolgreich durch die Strömung gestakt werden konnten.

Bald nach Anbruch der Dämmerung wurden leichtbewaffnete Flöße unter Artillerieschutz gestartet. Als sie noch etwa 45 Meter zurückzulegen hatten, hörten sie MG-Feuer auf der anderen Seite, das aber auf den Feind gerichtet war. Es war die Gruppe Hauptmann Mao Tschen-huas, die auf der anderen Seite gelandet war und das Ufer erklettert hatte. Über ihren Köpfen hörten sie Maschinengeräusche, sie befanden sich am Fuß der feindlichen Stellung. Da sie sich durch ihre Taschenlampen nicht verraten wollten, zündeten sie ein Streichholz als Signal für ihre Kameraden am Südostufer an, natürlich wurde es aber nicht gesehen. Sie blieben also an Ort und Stelle; als sie im ersten Tageslicht die roten Flöße kommen sahen, überraschten sie die Kuomintang mit MG-Feuer, das die letzte Strecke des Übersetzens wirkungsvoll deckte.

Genau in diesem Augenblick trafen feindliche Verstärkungen ein, während weitere Floßladungen voll Kommunisten in den Kampf eingriffen. Ein Gegenangriff der Kuomintang das steile Ufer hinunter hatte beinah Erfolg, als er durch unerwartetes Flankenfeuer abgelenkt wurde. Die rote Abteilung hatte eine fast senkrechte Klippe gerade links der Fähre erklettert und konnte den Feind gerade im kritischen Augenblick aus dem Gleichgewicht bringen. Die Kuomintang flohen, der Rest der Ersten Frontarmee setzte auf ›Fellbooten‹, die die Angehörigen des Miaostamms in diesem Gebiet benützten, sowie auf Bambusflößen über den Wu. Nun war es möglich, auf Tsunji vorzurücken und Pläne für den Übergang über den gewaltigen Jangtse selbst zu machen.

Da das 4. Regiment den Übergang erzwungen hatte, erhielt das 6. Regiment unter Oberst Tschu Schui-tschiu und dem Politischen Kommissar Wang Tschi-tscheng von Liu Ja-lou (dem Politischen Kommissar der 2. Division) die Weisung, nach Tsunji zu marschieren und die Stadt im Sturm zu nehmen.[8] Tschu und Wang studierten die Karte und machten ihre Pläne im Sattel. Die Kueitschou-Provinztruppen in Tsunji zählten 3000 Mann gegenüber den 1000 des 6. Regiments. In schwerem Regen nahmen die Kommunisten ein ganzes feindliches Bataillon durch einen Zangenangriff auf ein Dorf, 16 Kilometer außerhalb von Tsunji, gefangen. Niemand entkam, um die

Stadt zu warnen. Das ermöglichte es, die Stadt durch eine Kriegslist zu nehmen, die so alt war wie die Hügel, auf denen sie stand.

›Wie die Dinge lagen‹, schrieb Kommissar Wang nachher*, ›hackten wir dem Feind in Tsunji die Fühler ab, oder besser gesagt, wir verwandelten sie in unsere eigenen Fühler. Unter den Gefangenen suchten wir einen Kompanie-, einen Zugführer und etwa ein Dutzend Soldaten aus armen Familien aus und befragten sie ausführlich über die Verteidigungsstellungen des Gegners in Tsunji.

Ich begann damit, sie nach ihren Namen, ihrem Geburtsort und ihren Familien zu befragen. Sie waren fast ehrfürchtig, als sie einer nach dem anderen aufstanden, sie standen stramm, schlugen die Hacken zusammen und beantworteten meine Fragen mit dem größten Respekt. Der Kompanieführer mußte sein ehemaliges Selbstbewußtsein völlig verloren haben, denn er stotterte, als er sprach, und wagte es nicht einmal, mir ins Gesicht zu sehen.

Da ich sah, daß sie noch verängstigt und mißtrauisch waren, erklärte ich ihnen unsere Politik gegenüber Kriegsgefangenen. Ich sagte ihnen, daß unsere Rote Armee den Arbeitern und Bauern gehöre und daß es unser Ziel war, die Kriegsherren und Grundbesitzer zu stürzen, so daß die Armen ein besseres Leben führen könnten. Da mir klar wurde, wie wenig sie wußten, erklärte ich weiter, daß es zwischen Reichen und Armen keine wirkliche Gleichheit gebe, weshalb wir die Kriegsherren und Grundbesitzer stürzen wollten. Schließlich sagte ich: »Jetzt überlegt es euch – und sagt mir dann: ›Wozu seid ihr Soldaten geworden! Wer hatte den Nutzen?‹«

Das muß ihnen eingeleuchtet haben, denn einige wischten sich die Augen, andere ließen stumm die Köpfe hängen. Einer von ihnen sagte: »Wir sind arm, wir meldeten uns, weil wir sonst verhungert wären.« Zwei andere nahmen ihre Militärmützen mit dem Kuomintang-Abzeichen ab, warfen sie zu Boden, trampelten darauf herum

---

* Das ist die erste einer Anzahl von Quellen in diesem Buch, in der längere Augenzeugenberichte aus Büchern oder Artikeln, die im kommunistischen China erschienen sind, trotz ihrer merklichen propagandistischen Auswertung zitiert werden. Da alternative Schilderungen aus erster Hand nicht vorhanden sind, wäre der einzige andere Weg für den Historiker der, solches Material völlig wegzulassen oder es in eigenen Worten zusammenzufassen (was noch irreführender sein könnte). Gewöhnlich habe ich das direkte Zitat vorgezogen, weil ich glaube, daß die propagandistischen Zusätze bei der Erzählung so offenkundig sind, daß kein scharfsinniger Leser sie übersehen könnte, und das echtes Heldentum von falschem so leicht zu unterscheiden ist, daß es der Leser selbst beurteilen kann. Diese Passagen vermitteln auch etwas von dem politischen oder ideologischen Klima, in dem die Rote Armee arbeitete, das noch stärker auf das einwirkte, was über solche Ereignisse der jüngeren Geschichte im maoistischen China geschrieben werden mag oder nicht. Ich denke nicht, daß jede Einzelheit solcher Berichte wörtlich genommen werden kann, sondern daß sie, kritisch betrachtet, ein impressionistisches Bild davon vermitteln können, was der Lange Marsch wirklich war.

und riefen zornig: »Wir sind getäuscht worden! Wir wollen nicht für die Kriegsherren und Grundbesitzer sterben.«

Als ich erkannte, daß sie die Dinge allmählich im rechten Licht sahen, sagte ich ihnen, daß wir noch am gleichen Tag Tsunji angreifen und jeden reichlich belohnen würden, der uns die feindlichen Stellungen in der Stadt in allen Einzelheiten erklärte. Das ließ den feindlichen Kompanieführer sofort aufspringen. »Herr, wir sind von der Roten Armee so gut behandelt worden, wir bitten um eine Gelegenheit, helfen zu können.«

Dann beschrieb er die feindlichen Befestigungen in Tsunji in allen Einzelheiten und zeichnete dazu eine Karte. Er nannte uns auch die genau Stärke der Garnison.

»Kann ich Ihren Worten trauen?« fragte ich ihn mit einem drohenden Blick auf die anderen Gefangenen.

»Jedes Wort!« sagte der Kompanieführer kriecherisch. »Wenn ich nur ein einziges falsches Wort gesagt habe, können Sie mir auf der Stelle den Kopf abschlagen.« Die anderen Gefangenen, die jetzt erwacht zu sein schienen, nickten, um die Worte ihres Kompanieführers zu bestätigen.

Nach dem Verhör gaben wir jedem von ihnen drei Silberdollars. Zu dieser Zeit hatten wir es ziemlich schwer und nicht viel Geld zu erübrigen. Wir behandelten unsere Kriegsgefangenen aber immer nach Billigkeit. Sie umklammerten ihre Silberdollars und konnten ihre Dankbarkeit kaum verbergen. »Unsere Offiziere«, sagten sie, »erzählten uns, ihr seid alle entsetzliche rotnasige, blauäugige Geschöpfe[9], die sich Orgien des Mordens und des Brennens hingäben. Sie ängstigten uns, indem sie sagten, wenn wir in eure Hände fielen, würdet ihr uns die Augäpfel ausdrücken und uns den Bauch aufschlitzen; wir hätten nie gedacht, daß ihr so nette Menschen seid. Ihr habt uns ja das Leben gerettet.«

Ich hatte plötzlich einen Einfall: Warum sollten wir uns nicht, nachdem wir alles über den Feind in Tsunji wußten und auch, daß niemand aus dem Dorf entkommen war, als feindliche Truppen verkleiden, die Gefangenen benützen, um die Besatzung zu täuschen und so einen leichten Sieg zu erringen? Ich sprach mit dem Regimentskommandeur und er stimmte mir sofort zu...

Die Hauptdarsteller in der Farce waren Kamerad Teng Pao-tang, der Kommandeur des I. Bataillons, die Männer der 3. Kompanie, der Aufklärungszug und die etwa 30 Regimentstrompeter. Sie sollten sich als feindliche Truppen verkleiden. Die Gefangenen, mit denen ich gesprochen hatte, sollten sie als Führer begleiten. Der Rest des

Regiments sollte folgen und einen umfassenden Angriff durchführen, falls unser Plan fehlschlug.

Gegen 21 Uhr brachen wir in strömendem Regen auf. Es war pechfinster und der Weg sehr schlüpfrig, wir stolperten herum, wurden immer mehr mit Schlamm bedeckt und sahen schließlich mehr wie Tonfiguren als wie Menschen aus. Unsere neuen Strohschuhe blieben im Schlamm stecken, wir konnten sie nicht für Geld oder gute Worte wieder herausbekommen. Wir trennten uns ungern von ihnen, aber wir hätten unseren Vormarsch aufgehalten, wenn wir darauf bestanden hätten, sie wieder zu holen, und so mußten wir sie zurücklassen, so lieb sie uns waren, die wir bei der Überquerung so vieler Berge und Flüsse getragen hatten. Wir stampften barfuß weiter, und das war bei all den Steinen, den Pfützen und dem Geröll wahrlich kein Spaß.

Nach mehr als zweistündigem Eilmarsch hörte der starke Regen endlich auf, nur gelegentlich tröpfelte es noch. Bald sahen wir durch die Dunkelheit vor uns ein Licht. Unsere Gefangenen flüsterten uns zu, daß wir uns der Stadt näherten und daß das Licht die Lampe an einem der Wachtürme sei. Sofort schlugen wir Lärm und rannten auf die Stadtmauer zu, wir benahmen uns so, als ob wir Hals über Kopf vor einem hitzig vefolgenden Feind flöhen.

»Wer da?« rief eine zornige Stimme von dem Torturm; wir hörten, wie eine Gewehrschloß klickte.

»Freunde! Eure eigenen Leute!« antworteten unsere Gefangenen ruhig in dem örtlichen Dialekt.

»Welche Einheit?« Dieses Mal gab der gefangene Kompanieführer die mit uns vereinbarte Antwort.

»Das Bataillon, das in den Vororten stationiert ist«, winselte er. »Heute haben uns die Kommunisten umzingelt. Wir haben den Ort verloren – der Bataillonskommandeur ist gefallen. Wir sind die 1. Kompanie. Ich befehlige, was von uns übrig ist. Die Banditen sind hinter uns her. Macht auf! Laßt uns ein!«

»Wie heißt euer Bataillonskommandeur?« fragte jemand.

Der Kompanieführer antwortete ohne das leiseste Stocken. Einen Augenblick trat Stille ein, offensichtlich waren die feindlichen Soldaten auf dem Wachturm auf das alles nicht vorbereitet. Wir konnten hören, wie sie miteinander murmelten. natürlich ließen wir ihnen nicht die Zeit, die Lage sorgfältig zu überdenken, deshalb inszenierten wir einen neuen ,Angriff'. Wir begannen zu brüllen und schrien aus Leibeskräften. »Kommt schon, macht auf! Kommt schon, macht auf! Die Banditen können jede Minute hier sein!«

»Hört auf zu schreien!« rief jemand herunter. Offensichtlich war das ein Offizier, an seiner Stimme hörten wir, daß er noch darüber verärgert war, geweckt worden zu sein.

Wir mußten also dem Befehl des Offiziers ›gehorchen‹ und stellten das Schreien ein. Plötzlich erfaßten uns Strahlen von Tschenlampen von dem Wachturm – man überprüfte uns also nochmals. Die Taschenlampen konnten ihnen natürlich nicht sagen, wer wir wirklich waren. Soweit die Soldaten auf dem Wachturm sehen konnten, waren wir wirklich ›ihre eigenen Leute‹ mit Kuomintang-Militärmützen, also sagten sie: »Schön, wartet einen Aubenblick – macht kein Theater. Wir öffnen!«

Wir konnten kaum das Lachen unterdrücken. Schweigend pflanzten wir die Bajonette auf, hielten die Gewehre schußbereit und warteten, daß sie das Tor öffneten, um ihre ›eigenen Leute‹ willkommen zu heißen. Zuerst hörten wir, wie die Riegel des Stadttors zurückgezogen wurden und dann das Knarren des hohen, dicken Tors, das geöffnet wurde. Verängstigt fragte ein feindlicher Soldat einen unserer Späher: »Sind die kommunistischen Banditen schon über Wukiang? Sie sind ziemlich schnell, nicht wahr?«

»Das sind sie«, erwiderte der Späher. »Und jetzt sind sie in Tsunji! Hör zu! Wir sind die Rote Armee der Arbeiter und Bauern Chinas!«

Damit richteten unsere Männer die Gewehre auf die Köpfe der zwei feindlichen Soldaten. Sofort gaben sie die Waffen her, jammerten und sanken wie zwei Rollen Nudeln zu Boden.

Ohne einen Schuß abzufeuern, brachen unsere Männer wie eine Flut durch die Bresche, sie durchschnitten die Telegraphendrähte und setzten die feindlichen Soldaten in dem Wachturm außer Gefecht. Die dreißig Trompeter bliesen das Angriffssignal, und unsere Truppen brachen wie der Blitz in die Stadt ein. Binnen kurzem brodelte alles, das Trompetengeschmetter vermischte sich mit dem Knattern der MGs und dem Knallen der Gewehre und peitschte alle auf. Überall hörten wir das Rufen unserer tapferen Soldaten und das Gejammer der Feinde, die zu entkommen suchten. Den größten Teil der Besatzung nahmen wir gefangen, viele waren eben aus den Betten gestürzt und hatten nicht mehr die Zeit gehabt, etwas anzuziehen. Nur wenige konnten durch das Nordtor entkommen. Das war ein Anblick, wie sie um das nackte Leben rannten, und alles, was ihnen gehörte, zurückließen!«[10]

So wurde Tsunji aus den Händen des berüchtigten Kriegsherrn von Kueitschou, Hou Tschi-tan, ›befreit‹, und die Rote Armee ging zur Offensive über. Drei getrennte Gruppen – Tschang Kuo-tao im

Norden, Mao und Tschu im Süden und dazwischen Ho Lung – drohten jetzt, die Provinz Szetschuan einzuschließen. Für kurze Zeit, und zum erstenmal seit vielen Jahren, kämpften die Kommunisten auf der äußeren Linie und hatten die Initiative ergriffen. Sie konnten sich eine kurze Kampfpause gönnen, und Mao war jetzt bereit, nach der Parteiführung zu greifen.

10 Reifliche Überlegungen in Tsunji

Als die Kommunisten Anfang Januar 1935[1] Tsunji erobert hatten, konnten sich die Führer der Partei und der Roten Armee endlich zu einer Betrachtung ihres Dilemmas zusammensetzen, ohne vom Feind bedrängt zu werden. Tschu Teh erinnerte sich, daß er die Aussicht hatte, am 15. Januar zu einer Massenversammlung zum Gedenken an Karl Liebknecht und Rosa Luxemburg zu sprechen.[2] Die Erste Frontarmee verbrachte ganze zwölf Tage in der Stadt[3], sie rastete, rekrutierte – und brachte Anklagen vor.

Eine erweiterte Tagung des Politbüros des ZK der Partei trat sofort zusammen. Po Ku hatte die feindselige Strömung vermutlich erkannt und behauptete, eine weitere Sitzung so bald nach Liping sei unnötig.[4]

Wie sich bald herausstellte, sollte es die wichtigste Tagung des Politbüros in der gesamten Parteigeschichte werden, denn sie veränderte die Parteipolitik dramatisch und baute die Führung zugunsten Mao Tse-tungs um, des Mannes, der von nun an ihre dominierende Persönlichkeit blieb und der sie fünfzehn Jahre später an die Macht führte.

Die am 8. Januar 1935 angenommenen Tsunji-Resolutionen stellen das wichtigste Dokument dar, das während des Langen Marsches produziert wurde, daher ist es notwendig, auf ihre wesentlichen Teile ausführlich einzugehen. Der volle Text erschien erstmalig in der chinesischen Version von Maos ›Ausgewählten Werken‹, die 1948 in dem Tschin-Tschi-Luju-antijapanischen Basisgebiet veröffentlicht wurde, wo eine militärische kommunistische Verwaltung vom Sowjettyp durch eine Gruppe von Offizieren geführt wurde, die damals Mao offensichtlich loyal waren – besonders Peng Teh-huai, Liu Po-tscheng, Teng Hsiao-ping und Po I-po.[5]

Diese Ausgabe hatte jedoch offensichtlich keine weite Verbreitung gefunden, nur ein Exemplar ist außerhalb Chinas bekanntgeworden oder wurde innerhalb China von einem ausländischen Gelehrten beachtet. Das Dokument wurde in allen anderen Ausgaben von Maos *Ausgewählten Werken* weggelassen.

1957 erschien es wieder in Manuskriptform in Band 3 von Tschung-kuo Koming-schih Tsan Kao Tsu-liao (Hinweismaterial zur Geschichte der chinesischen Revolution), einer Kompilation von Historikern der Chinesischen Volksuniversität in Peking, obwohl das zu der Zeit kein ausländischer Gelehrter bemerkte. Eine Zusammenfassung der Resolutionen wurde jedoch in der chinesischen Originalausgabe von Ho Kan-tschihs Buch *History of the Modern Chinese Revolution* 1957 veröffentlicht.

Die englische Ausgabe von Hos amtlicher Dokumentation, die drei Jahre später veröffentlicht wurde, ließ sogar diese verdichtete Version der Tsunji-Resolution weg, und die Welt mußte bis 1969 warten, ehe das Geheimnis aufgeklärt wurde. In diesem Jahr veröffentlichte Dr. Jerome Ch'en in *The China Quarterly* in London eine vollständige Übersetzung der Resolutionen, auf das Universitätsmanuskript gestützt, zu dem er – auf welche Weise, verriet er nicht – Zugang erhalten hatte.

Das sind die Hemmungen und Erregungen über erfolgreiche Entdeckungen, die den Pfad des zeitgenössischen Sinologen kennzeichnen.

Die Resolutionen, die auf der Tsunji-Konferenz des Politbüros am 8. Januar 1935 angenommen wurden, führen den Titel ›Zusammenfassung des Feldzugs gegen den Straf-Einkreisungsvorstoß des Feindes‹. Sie beginnen kompromißlos mit der Feststellung: ›Nachdem die erweiterte Konferenz des Politbüros den Überblick des Genossen XX über die fünfte Einkreisung und des Genossen XXX ergänzenden Bericht gehört hat, hält sie des Genossen XX Überblick grundsätzlich für unrichtig.‹

Dr. Ch'en vermutet, daß Genosse XX Po Ku, der damalige oberste Parteiführer, bei der Eröffnung der Konferenz derjenige ist, der als Vorsitzender der Militärkommission zweifellos der Konferenz als erster einen allgemeinen Bericht vorlegen würde. Mit weniger Sicherheit deutet Dr. Ch'en an, daß es Genosse XXX Wang Tschia-hsiang gewesen sein könnte, ein Stellvertretender Vorsitzender der Militärkommission, das Argument des Historikers Tschi-hsi Hu, daß es sich um Tschou En-lai handelt, ist jedoch überzeugender.[6]

Die Vierzehn Resolutionen, die in Tsunji dem Politbüro durch Mao Tse-tung aufgezwungen wurden, sind in *The China Quarterly* vollständig abgedruck. Hier mag es genügen, sie kurz zusammenzufassen und einige der interessanteren Passagen zu zitieren. Sie befassen sich hauptsächlich damit, die bis dahin vom Politbüro unter der Führung Po Kus und der Militärkommission, besonders von dem Deutschen Li Teh, verfolgte Politik zu verdammen.

Angesichts des Fünften Einkreisungsfeldzugs durch die Kuomintang wird Po Ku des Defaitismus beschuldigt, der Unterschätzung der roten Moral wie der Überschätzung der Stärke des Gegners. Die maoistische Version hinsichtlich des strategischen Dilemmas der Roten Armee lautet: ›Im gegenwärtigen Stadium des chinesischen Bürgerkriegs muß unsere strategische Linie, solange wir noch nicht die Unterstützung des städtischen Proletariats und der Meutereien weißer Armee-Einheiten haben, solange die Rote Armee noch sehr klein ist, solange unsere Sowjets nur einen winzigen Teil Chinas darstellen, solange wir noch keine Flugzeuge, Artillerie und andere komplizierte Waffen haben, solange wir noch auf der inneren Linie kämpfen und solange uns der Feind angreift und einschließt – diejenige entscheidender Defensivschlachten sein… Wir dürfen uns in keiner Entscheidungsschlacht engagieren, bei der wir nicht mit dem Sieg rechnen, weil wir die Schwächen des Feindes weder entdeckt noch selbst herbeigeführt haben. Wir sollten unsere ›zweiten Streitkräfte‹, z. B. Guerilla-Einheiten, bewaffnete Massen, unabhängige Bataillone und Regimenter und einen Teil der Hauptkräfte der Roten Armee verwenden, um den Feind zu verwirren oder zu ködern. Wir müssen den Feind mit beweglicher Kriegführung aufhalten, während sich unsere Hauptstreitkräfte in eine geeignete Entfernung zurückziehen beziehungsweise in die Flanken oder den Rücken des Feindes vorrücken. Sie sollten insgeheim bereitgestellt werden, einen geeigneten Augenblick abzuwarten, um über den Feind herzufallen. Da die Rote Armee auf der inneren Linie kämpft, können ihre Rückzüge und ihr Verstecken den Feind erschöpfen und ihn dazu bringen, daß er sich sicher fühlt und sich entspannt. Dadurch kann er verleitet werden, Fehler zu machen und seine Schwächen aufzudecken.

Wir sollten warten, bis er eine geeignete Strecke vorgegangen ist, ehe wir ihn umzingeln und vernichten – das heißt, den Feind tief in unser Gebiet vordringen zu lassen. Um des Endsiegs willen dürfen wir uns nicht weigern, Teile des Sowjetgebiets aufzugeben und sogar zeitweilig unsere Hauptstreitkräfte aus dem Sowjet zurückzuziehen.‹

Das berühmte Schlagwort Po Kus ›Kein Zoll des Sowjetgebiets darf verlorengehen‹ war ›ein politisch richtiger Slogan‹, ihn aber mechanisch auf militärische Operationen anzuwenden, war ein ›totaler Fehler‹. Die Politik Po Kus der ›reinen Verteidigung‹ hatte vorgesehen, die kommunistischen Streitkräfte so zu verteilen, daß sie Angriffen aus allen Richtungen widerstehen konnten, was bedeutete, daß sie nicht stark genug waren, um irgendwo Widerstand zu leisten, und daß sie es dem Feind ermöglichten, die Roten Einheiten nacheinander zu vernichten. Die maoistischen Resolutionen zitierten die verlorenen Schlachten von Hsunkou, Tuantsin, Tschienning und Wenfeng als Beispiele für diesen Fehler.

Ein weiterer Fehler war die Vernachlässigung der mobilen Kriegführung, der Kriegführung also, in der die Rote Armee besonders erfahren war (und Mao war vorsichtig genug, zur Unterstützung seiner Ansicht Komintern-Telegramme zu dieser und zu anderen Fragen zu zitieren). Die eben erwähnten Schlachten hatten, genauso wie die von Tschiangtschuntien und Hufang, Möglichkeiten für diese Art von Taktik geboten, ebenso wie die Meuterei der Neunzehnten Marscharmee in Fukien. Die Furcht vor dem Bunkersystem der Kuomintang und die Theorie der ›kurzen schnellen Stöße‹, die ›Genosse Hua Fu‹ empfohlen hatte, waren die Ursache, daß man diese Chance verstreichen ließ.

Das ist die erste Anspielung auf den Genossen Hua Fu, den Dr. Jerome Ch'en als Tschou En-lai identifiziert; zwei andere Historiker, Warren Kuo und Tschi-hsi Hu, aber halten es für plausibler, daß es eher Li Teh (oder Otto Braun), der Deutsche ist. Artikel von Hua Fu, die die ›kurzen schnellen Stöße‹ (tuan-tsu tu-chi) so empfahlen, erschienen bereits im April 1934 in der Kiangsi-Presse, mit der Bemerkung, daß sich der Gegner nicht mehr weit aus seiner Bunkerlinie herauslocken lasse und daß man neue Wege finden müsse, um ihn zu einer beweglicheren Kriegführung zu zwingen. Tschen Jun (Kuo Warrens Berichterstatter) identifiziert Hua Fu einwandfrei als Li Teh, und man sagt, die Artikel verrieten, daß sie aus einer fremden Sprache (d. h. dem Deutschen) übersetzt wurden.

Die bisherige Führung wurde in Tsunji zur Rechenschaft gezogen, weil sie die Perspektive für die Revolution in China verloren habe. ›Man muß sich klar werden‹, erklärt Resolution 9, ›daß der Bürgerkrieg in China kein kurzer, sondern ein verlängerter Krieg ist.‹ Wenn alles gut ging, wie bei den ersten vier Einkreisungsfeldzügen und selbst im Fünften bis zur Schacht von Kuangtschang, sollte die Rote Armee zur Offensive übergehen. Als aber die Dinge schlecht liefen, wie in den späteren Stadien des Fünften Einkreisungsfeldzugs, ›können wir uns zeitweilig zurückziehen, um unsere Stärke zu erhalten‹. Eine angemessene Ausbildung wie auch die nötige Ruhe für die Rote Armee wurden ebenfalls vernachlässigt, die Verluste an Menschen hätten auf ein Minimum beschränkt bleiben sollen. ›Wir müssen erkennen, daß wir unseren Sowjet nur erhalten können, wenn wir unser Menschenmaterial erhalten. Ohne eine starke Rote Armee vermöchte der Sowjet nicht zu existieren. Mit einer starken Roten Armee können die zeitweilig verlorenen Sowjetgebiete am Ende zurückgewonnen werden. Des weiteren können neue Sowjetgebiete nur erobert werden, indem wir uns auf die Rote Armee stützen.‹

Eine der kontroversesten Anklagen, die auf der Tsunji-Konferenz gegen die Po Ku-Führung vorgebracht wurden, war natürlich die der falschen Behandlung der Meuterei der Neunzehnten Marscharmee in Fukien, die Mao Tse-tung jetzt als die wichtigste aller Fragen beschrieb, Spaltungen in den Reihen des Feindes während des Fünften Einkesselungsfeldzugs auszunützen. Po Ku und seine Kollegen wurden verurteilt, weil sie den Waffenstillstand nicht benützt hatten, der mit den Fukien-Rebellen geschlossen worden war, und daß sie das ›mit leeren fragwürdigen Worten‹ gerechtfertigt hätten. Eine ›goldene Gelegenheit‹ war vertan – obwohl der Beweis, daß Mao und seine Gruppe das damals erkannt hatten, wie bereits erwähnt, sehr zweifelhaft ist.

Ehe die Fünfte Einkreisung die ersten Anzeichen eines Erfolgs zeigte, hätten die Kommunisten, der Resolution 11 in Tsunji zufolge, schnell ihren Rückzug planen sollen, besser schon im Mai als im August. Dieses Hinausschieben führte zu Verwirrung und zu unnötigen Verlusten, als die Räumung der Basis schließlich durchgeführt wurde. Besonders Otto Braun wurde kritisiert: ›Des Genossen Hua Fus Ansicht nach war unser Ausbruch aus der Einkesselung im wesentlichen eine panische Flucht, eine Art Hausräumung und keine entschlossene Kampfoperation.‹ Parteiarbeiter und Beamte waren ungenügend unterrichtet, was zum Niedergang der Moral führte. Mao argumentierte, wenn bessere militärische Entscheidungen getroffen worden wären, hätte man die Fünfte Einkreisung zerschlagen, ein Basisgebiet in Hunan einrichten und die Stärke der Roten Armee erhalten können. Man weiß wirklich nicht, was man für übertriebener ansehen soll, die angeblichen Fehler Po Kus und Li Tehs oder die extremen Behauptungen Mao Tse-tungs.

Zwei spezifische Beispiele für die militärische Starrheit wurden in dieser Resolution erwähnt: daß die Rote Armee, als sie die Hunan-Kueitschou-Grenze erreichte, routinemäßig den Befehl erhielt, zu den Gebieten in der Kontrolle des II. und des VI. Armeekorps vorzurücken, sowie die weiteren Tatsache, daß sie nach dem Eintreffen am Wu-Fluß den Befehl bekam, kleine Gruppen von Kueitschou-Provinztruppen und Banditen zu vernichten, statt zum Gegenangriff gegen die verfolgenden Truppen Tschiang Kai-scheks an der Szetschuan-Kueitschou-Grenze anzutreten.

All diese Fehler wurden mit ›Rechtsopportunismus‹ bezeichnet und die, die sie begingen, wegen diktatorischer Neigungen getadelt. Li Teh, unter seinem Pseudonym Hua Fu, ›monopolisierte die gesamte Arbeit der Militärkommission‹ und macht so ihre kollektive Führung zum Gespött, abweichende Ansichten wurden nicht beachtet oder unterdrückt. Die Parteiführer in ihrer Gesamtheit hatten zuviel Energie auf die Rekrutierung und das Nachschubwesen verwendet und Po Ku, Tschou En-lai und Li Teh in der Strategie und der Taktik allzu freie Hand gelassen. Po Ku selbst hatte verständlicherweise die Hauptlast der maoistischen Beschuldigungen zu tragen. Er wurde besonders genannt, weil er es unterlassen habe, Tschous ›irrigen Weg der Kriegführung‹ zu korrigieren, weil er seine eigenen Fehler nicht zugegeben und weil er sich geweigert habe, die Kritik der ›überwältigenden Mehrheit der Konferenz des erweiterten Politbüros‹ hinzunehmen; Tschou En-lai trimmte seine Segel nach dem neuen Wind, nicht aber Po Ku.

Der nächste Schritt war nun, all diese Fehler zu korrigieren, ›eine neue Sowjetbasis in den weiten Gebieten von Jünnan, Kueitschou und Szetschuan zu gründen, unsere verlorenen Sowjets zurückzuerobern‹ und zum schließlichen nationalen Triumph voranzutreiben. Der Verlust des zentralen Sowjets ›war ein bloßer Rückschlag in der sowjetischen revolutionären Bewegung als Ganzes‹. Der letzte Absatz der Tsunji-Resolution spricht für sich selbst, indem er die bittere Enttäuschung zusammenfaßt, die viele der Langen Marschierer empfunden haben müssen, sosehr er die tapfere Haltung anerkennt, zu der allein Mao in der Situation fähig zu sein schien.

›Die erweiterte Konferenz des Politbüros weist darauf hin, daß die Fehler der militärischen Parteiführung in der Vergangenheit nur ein teilweiser Fehler in der Generallinie der Partei waren, der jedoch nicht genügte, Pessimismus oder Verzweiflung zu verursachen. Die Partei hat ihre eigenen Fehler tapfer bloßgestellt. Sie hat sich durch sie erzogen und durch sie gelernt, wie sie den Revolutionskrieg wirksamer zum Erfolg führen kann. Nach der Bloßstellung der Fehler wird die Partei, statt dadurch geschwächt zu sein, tatsächlich stärker werden.‹

11   Die Umbildung des Politbüros

Die Geschichte, wie Mao Tse-tung, der den Kiangsi-Sowjet in halber
Ungnade verlassen hatte, die Mehrzahl seiner Kollegen überzeugte,
seinem Entschließungsentwurf in Tsunji zuzustimmen, bleibt einer
der faszinierendsten und kontroversesten Aspekte des Langen Marsches. In den Aufzeichnungen und der Erinnerung der Teilnehmer
gibt es wenig, das Licht auf die augenscheinliche Kehrtwendung in
den Treuebindungen wirft; die ganze Angelegenheit muß so rekon-
struiert werden, als ob sie der Prähistorie angehöre.

Das Politbüro war natürlich nicht in seiner Gesamtheit in Tsunji
anwesend. Wang Ming, dem Titel nach sein Führer, weilte in Moskau, Hsiang Jing war bei der Nachhut in Kiangsi zurückgeblieben
und Liu Schao-tschi war fast sicher in die ›weißen‹ Gebiete gegangen,
um dort den Widerstand gegen die Kuomintang zu organisieren.
Hans Heinrich Wetzel, dem ehemaligen deutschen Kommunisten,
zufolge, brach Liu am Vorabend des Marsches mit einem falschen
Paß, der ihn als Tschao Kang-mang, Geschichtsprofessor aus
Jünnan, identifizierte, nach Schanghai auf.[1] Wenn man die Mit-
gliedsliste des Politbüros für diese Zeit, so wie sie von dem japanischen Gelehrten Hatano Kenichi zusammengetragen wurde, akzeptiert[2], blieben damit in Tsunji nur acht Mitglieder, und zwar: Tschang
Wen-tien, Tschou En-lai, Tschu Teh, Liang Po-tai, Mao Tse-tung,
Po Ku, Wang Tschia-hsiang und Wu Liang-ping; eine Mehrzahl dieser acht zählte sich wahrscheinlich zu den Achtundzwanzig Bolschewiki oder der ›Internationalen Faktion‹, die Wang Ming und der
Komintern treu ergeben waren, nämlich Tschang, Liang, Po Ku,
Wang Tschia-hsiang und Wu.[3] Des weiteren hatten Tschou En-lai
und Tschu Teh in der Periode unmittelbar vor der Tsunji-Konferenz
die Internationale Faktion unterstützt. Strenggenommen vertrat
Mao Tse-tung demnach die einzige abweichende Stimme im Politbüro. Die Konferenz war jedoch nicht auf die acht beschränkt. In
dem klassischen, nach Lenin modellierten Muster der Kommunistischen Parteien handelte es sich um eine ›erweitere Konferenz‹, die
den wenigen zur Verfügung stehenden Quellen zufolge mindestens
achtzehn oder neunzehn Teilnehmer umfaßte – möglicherweise sogar fünfunddreißig bis vierzig.[4] Die zusätzlichen Teilnehmer waren
die höheren Führer der verschiedenen Truppenteile der Roten Armee. Letzten Endes steckten die Kommunisten mitten in einer aus-
gedehnten militärischen Operation, und militärische Angelegenheiten waren auf der Tagesordnung der Konferenz die beherrschende

Frage. Was war also natürlicher, als die einzuladen, die die militärische Lage und die Moral von Offizieren und Mannschaften am besten kannten?

Zu den führenden Militärs auf der Konferenz gehörten sicherlich Liu Po-tscheng, Lin Piao, Nieh Jung-tschen, Peng Teh-huai, Jang Schang-kuo, Jeg Tschien-jing und Li Teh, der Deutsche. Dr. Jerome Ch'en hat argumentiert, daß es fragwürdig sei, ob man einen Ausländer teilnehmen ließ. Es gab aber Präzedenzfälle, daß Repräsentanten der Komintern aus Europa an Tagungen der KPCh auf hoher Ebene teilnahmen, beginnend mit dem Holländer Maring am Ersten Gründungskongreß. Eine Veröffentlichung der Roten Garde aus dem Jahr 1967 verurteilte einen gewissen Wo Hsiu-tschuan unter anderem, auf der Tsunji-Konferenz als Li Tehs Dolmetscher fungiert zu haben, wo er eine Rede hielt und einen Bericht lieferte, und jetzt hat Otto Braun selbst die Teilnahme beansprucht. (Man fragt sich übrigens, ob Tschu Teh in der Lage war, sich auf einer einfachen Ebene mit Otto Braun in dessen Muttersprache zu unterhalten.[5])

Andere, die vermutlich teilnahmen, waren Teng Hsiao-ping[6] (ein Mitglied des ZK und Herausgeber von *Hung-hsing* oder *Roter Stern*, der Veröffentlichung der Roten Armee), Teng Fa (der Chef der Politischen Sicherheit), Teng Tai-juan (ein ehemaliger Politischer Kommissar des III. Armeekorps), Tschen Jun[7], Ho Ke-tschuan (alias Kai Feng, Politischer Kommissar des VIII. Armeekorps)[8], Lo Mai (alias Li Wei-han), Li Fu-tschun, Wang Schou-tao und Tung Pi-wu. Wenn Liu Schao-tschi bei den Marschierern in Tsunji gewesen wäre, hätte er zweifellos teilgenommen. Er fehlte aber fast sicher. Eine Quelle besagt, daß Kiang Po-tai vor Tsunji in die ›weißen‹ Gebiete gesandt worden sei und daß Wang Tschia-hsiang der Debatte wegen seiner schweren Bauchverletzung fernblieb (er hat den ganzen Marsch mit zahlreichen Granatsplittern im Körper mitgemacht; wenn er aber die 10 000 Kilometer des Marsches überstehen konnte, hätte er sich vielleicht auch zur Abstimmung in den Konferenzraum tragen lassen können).[9]

Mao trug also den Sieg davon, aber nur dadurch, daß er die Generäle in die Tagung brachte. Seine Mehrheit in Tsunji wäre ohne die Unterstützung der höheren Sprecher der Armee unmöglich gewesen: Lin Piao, Nieh Jung-tschen und Peng Teh-huai. Dem gleichen Schema folgte man 1965/66, als Mao abermals die Armee rief, um seine Rivalen in der Partei zu besiegen. 1935 bestand aber wenigstens die Berechtigung, daß das unmittelbare Problem, mit dem sich die Partei konfrontiert sah, militärischer Natur war – nämlich wie man Tschiang Kai-scheks überlegenen Streitkräften entkommen könne.

Die Tatsache, daß Maos Sieg in Tsunji eher militärischer als politischer Natur war, ist angesichts der allgemeinen Annahme äußerst wichtig, daß Maos Führung in der Partei bei dieser Gelegenheit fest etabliert wurde. Wie Dr. Jerome Ch'en bemerkte, wurden Maos *Ausgewählte Werke* in Jenan im Schensi-Sowjetgebiet, wo die KPCh nach dem Langen Marsch ihr Hauptquartier hatte, nicht vor 1948 veröffentlicht, während Ausgaben des Buches früher in anderen von der Roten Armee kontrollierten Gebieten verbreitet wurden.[10] Das würde sicher andeuten, daß Mao in militärischen Parteikreisen mehr Unterstützung hatte als in zivilen (diese Kreise überschnitten sich natürlich in einem gewissen Ausmaß, die Unterscheidung zwischen ihnen ist nichtsdestoweniger eine politische Realität). Ch'en geht sogar so weit, daß er bezweifelt, ob Mao die Parteiführung in Tsunji überhaupt erlangte; er zitiert japanische kommunistische Quellen für die Ansicht, daß er bei der Konferenz nur die militärische Macht erhielt.[11]

Zur Unterstützung dieses Arguments wirft Ch'en drei Fragen auf: 1. ›Es ist nicht klar, ob die achtzehn Teilnehmer an der Konferenz die Mehrheit darstellten, die erforderlich war, um legitim einen neuen Vorsitzenden des Politbüros zu wählen.‹ Ch'en weist auch darauf hin, daß Mao nicht zum Vorsitzenden des ZK gewählt worden sein konnte, weil dieser Posten erst auf dem Siebenten Parteikongreß 1945 geschaffen wurde. Auf jeden Fall hatte das Politbüro nicht die Vollmacht, einen neuen ZK Vorsitzenden zu wählen, da es selbst von dem viel größeren Zentralkomitee gewählt wurde. Ch'en meint also, daß Mao höchstens zum Vorsitzenden des Politbüros ernannt worden sein könnte (und Heinzig meint: des ›Ständigen Komitees des Politbüros und nicht des Politbüros selbst). In der Zwangslage des Langen Marsches hielt man die Feinheiten der Parteisatzung zweifellos für flexibler als bei anderen Gelegenheiten in der Geschichte der KPCh. Soweit bekannt ist, hat jedoch bisher niemand die Legitimität der Konferenz in Tsunji oder ihrer Entscheidungen angezweifelt. Es scheint daher eine rein akademische Frage zu sein, über die Legalität der Vorgänge zu diskutieren, zum mindesten deshalb, weil weitere Informationen aus dem Parteiarchiv fehlen. Snow vertritt die Ansicht, daß Maos formelle Wahl zum Vorsitz sowohl im Politbüro wie im Zentralkomitee im August 1937 in Lotschuan erfolgte und impliziert, daß die Tsunji-Konferenz die Autorität etwas formlos vom Generalsekretär auf Mao als Vorsitzenden der (aufgelösten)

Sowjetregierung und des Revolutionären Militärrats übertrug. Andere nehmen jedoch an, daß Lotschuan eine Konferenz des Politbüros und nicht des ZK und daß der Posten eines Vorsitzenden des ZK zu diesem Zeitpunkt noch unbekannt war.[12]

2. ›Tschang Kuo-taos Trotz gegen Mao auf den Konferenzen des Politbüros von Lianghokou und Maoerhkai könnte implizieren, daß Mao nicht die Autorität hatte, Tschang zu zwingen.‹ Ch'en zitiert auch Tschangs Erklärung Wang Tschien-min gegenüber[13], daß Mao in Tsunji nur Führer der Regierung, nicht aber der Partei wurde. Wenn das den Vorsitzenden der Sowjetregierung bedeutet, so hatte Mao den Posten schon seit 1931 inne, obwohl es begreiflich ist, daß er ihn gerade vor Beginn des Langen Marsches verlor. Die Konferenz, über die wir sprechen, war aber eine des Politbüros und nicht der Sowjetregierung, die auf dem Marsch erloschen war. Da Tschang nach der Tsunji-Konferenz der Hauptparteirivale Maos wurde, scheint es unklug, sich in dieser besonderen Frage auf seine Ansichten zu stützen. Sein Trotz in Maoerhkai – nachdem sich die zwei Roten Armeen vereinigt hatten – wird besser mit politischen als legalen Gründen erklärt.

3. ›Die Parteimaschine zeigt auch vor und nach der Rektifikations-Kampagne von 1942–1944 Meinungsverschiedenheiten mit Mao.‹ Das ist der gewichtigste von Ch'ens drei Vorbehalten hinsichtlich Tsunjis. Das mag aber lediglich bestätigen, daß der Aufstieg Maos bei dieser Gelegenheit das Ergebnis eines hastigen zweitägigen ›Flickens‹ von Streitigkeiten in der Hitze der Verfolgung durch die Kuomintang und dem Vorwiegen rein militärischer Erwägungen gewesen ist. Was war natürlicher, als daß die Parteimaschine mit der Bestätigung der neuen Führung wartete, bis die militärische Krise vorbei und die fehlenden Politbüromitglieder wieder anwesend waren? Und in Jenan mußte Mao seinen wirklichen Kampf beginnen, um den zeitweiligen Vorteil zu konsolidieren, den er in Tsunji über seine Rivalen davongetragen hatte. In der polemischen Sprache einer Sendung von Radio Moskau hieß es 1968: ›Mao Tse-tung wurde in Tsunji lediglich ein Mitglied der zentralen Führung, nahm aber keinen höchsten Posten in der Partei ein, erst lange nachher gelang es ihm, die führende Position zu usurpieren...‹[14]

Wie gewann Mao dann in Tsunji die militärische Unterstützung für seine – zeitweilige oder dauernde – Kandidatur als Parteiführer? Die zwei stärksten Gruppen in den Anfangsstadien des Langen Marsches waren die Internationalen und die Whampoa-Kadetten-Faktion. Beide waren jedoch durch den Zwang, die Kiangsi-Basis verlassen zu müssen, durch die schweren Verluste auf dem Marsch und die Ungewißheit hinsichtlich des Ziels der sich zurückziehenden Roten Armee ziemlich demoralisiert. Die Internationalen erfreuten sich zweier Vorteile: Sie hatten die Unterstützung der internationalen kommunistischen Bewegung (die für einen Chinesen der damaligen Zeit, der sich der materiellen und technologischen Überlegenheit Europas über China bewußt war, sehr schwerwiegend gewesen sein muß), und sie waren in der marxistischen theoretischen Analyse erfahren.

Auf dem Marsch, wo ausländische Freunde nicht helfen konnten und wo das Trügerische ihres Rats nur allzu offenkundig wurde, war es Mao möglich, dieses Prestige zu untergraben und die Internationalen als bloße Nachahmer zu verhöhnen, die einem falschen ausländischen Stern folgten, statt den Chinas zu suchen. Außerdem verbesserte sich Maos marxistische Theorie seit seinen peinlichen früheren Versuchen Ende der 1920er Jahre. Als sich die Situation 1934 laufend verschlechterte, konnte Mao Parteikreisen vielleicht die Vorstellung insinuieren, daß die in Rußland geschulten Kameraden in der Theorie auch nicht durch besondere Logik glänzten.

Was jedoch am wichtigsten war – die Internationalen litten unter einem entscheidenden Nachteil: Sie hatten praktisch keine militärische Erfahrung. Po Ku gestand Edgar Snow, daß er vor seiner Ankunft als geschäftsführender Parteiführer Ende 1932 im Kiangsi-Sowjet an keinem einzigen Gefecht teilgenommen hatte.[15] Die Internationalen waren insgesamt im Feld weniger erfahren. Po Ku war fünfzehn Jahre jünger als Mao, in Tsunji war er siebenundzwanzig gegenüber Maos zweiundvierzig und war anscheinend weniger fähig, die Aura des Versagens zu überwinden, die sich unvermeidlicherweise Ende 1934 um seine Gruppe zusammenzog. Je weiter sich die Kommunisten in das agrarische Landesinnere zurückzogen, desto mehr entfernten sich die ›verstädterten‹ Internationalen von ihrem Element.

All das setzte den Zusammenhalt der Internationalen als einer bewußten Untergruppe in der Parteiführung voraus. Da die Art von permanentem Klatsch fehlte, der jede Wendung in der westlichen Politik begleitet, tendieren Kommentatoren der chinesischen kommunistischen Angelegenheiten dazu, sich auf gemeinsame Erfahrungen und einen gemeinsamen Hintergrund als Zeichen einer politischen Zusammenarbeit zu stützen; dabei vergessen sie, daß die Faktoren zwar oft eine Allianz zwischen zwei oder mehr Politikern *erklären,* diese aber nur selten oder für lange Zeit *diktieren.*

Als Pawel Mif seine chinesischen Studenten 1930 heimgeleitete und sie in die vorderste Linie der chinesischen Parteiführung schob, hielten sie natürlich zusammen und stützten sich gegenseitig. Aber noch keine Gruppe in der chinesischen Politik hat je das Geheimnis der Immunität gegen den Faktionalismus entdeckt, sie alle haben sich am Ende in kleinste Einheiten aufgespalten. Es besteht keinerlei Grund für die Annahme, daß jeder einzelne der achtundzwanzig Bolschewiki, bloß weil sie die gemeinsame Erfahrung der Ausbildung in Rußland teilten, Wang Ming und Po Ku während des Jahrzehnts, in dem Mao mit diesen Rivalen kämpfte, die Treue wahrten. Trennende persönliche, regionale und intellektuelle Faktoren waren ebenfalls am Werk, und es könnte sehr wohl sein, daß die Solidarität der Internationalen übertrieben wurde.

Wu Liang-ping stand beispielsweise 1936 Mao hinreichend nahe, daß er (wenn nötig) als sein Dolmetscher bei Edgar Snow fungierte, und er erzählte Snow – ob nun wahrheitsgemäß oder nicht –, daß er seit dem Kiangsi-Sowjet ein Anhänger Maos sei.[16]

Und Tschang Wen-tien führte augenscheinlich eine eigene kleine Gruppe innerhalb der Internationalen, die Mao bei gewissen Fragen, besonders in der Landverteilung während der Kiangsi-Periode, unterstützt hat.[17] Tatsächlich gab es eine Ansicht, daß Po Ku bereits vor dem Langen Marsch an Macht verlor und daß Tschang auf der Fünften Plenarsitzung des ZK im Januar 1934 ›Kompromiß-Generalsekretär‹ geworden war.[18]

Ein indischer Sinologe[19] schreibt, das politische Überleben Maos im Jahre 1933 sei der teilweisen Unterstützung Tschangs zuzuschreiben, den Mao später dafür lobte, ›daß er in Tsunji eine wichtige Rolle gespielt habe‹.[20]

Die gleiche Feststellung kann sogar noch beweiskräftiger hinsichtlich der zweiten Gruppe in der Parteiführung, der sogenannten Whampoa-Kadetten, gemacht werden, die gewöhnlich um Tschou En-lai gravitierten, der einmal Politischer Direktor der Militärakademie Whampoa gewesen war. Tschen Tu-hsiu, der Parteiführer-Veteran, bezog sich einmal beißend auf die ›Tschou En-lai-Clique in den Sowjetgebieten‹.[21]. Jeh Tschien-jing, Hsiao Tsching-kuan, Pan Tsu-li, La Ta, Tschen Keng, Hsu Hsi-tschen und Tschou I-tschun sind alle als Anhänger dieser Gruppe genannt worden.[22] Das berühmteste Produkt der Whampoa-Akademie, Lin Piao, hatte sich bereits lange vor dem Langen Marsch mit Mao verbündet – und diese Gruppe besaß weniger, das sie zusammenhielt, als die Internationalen.

Es ist gefährlich, Analogien über derartige kulturelle Grenzen hinweg zu machen, sicher würde man jedoch die Gültigkeit von Bindungen innerhalb der republikanischen Partei in den USA auf der Basis bezweifeln, ob die Individuen aus Oxford zurückgekehrte Rhodes-Stipendiaten waren oder die verschiedenen Anlagen der Universität von Kalifornien geziert hatten. Moskau und Whampoa waren für den chinesischen Kommunisten wichtigere ›almae matres‹, weil eine Erfahrung dort bindender, gefährlicher und verdächtiger war; sie war jedoch immer noch nur eine von vielen Erfahrungen und keineswegs so entscheidend und so dauerhaft, als uns einige Sinologen glauben lassen wollen.

Welche Loyalität Whampoa aber in jedem Fall Tschou En-lai (in seinen frühen Jahren) aufgeprägt haben mag, seine offensichtliche Unterlegenheit als militärischer Führer gegenüber Tschu Teh, muß die Solidarität in dieser Gruppe in den Jahren 1931–34 zerstört haben. Tschou spielte in Tsunji eine zweideutige Rolle, wie so oft in Augenblicken der Krise in seinem eigenen Leben und in der dramatischen Geschichte der Partei.

Maos eigene Anhängerschaft war weit weniger eindrucksvoll als die Po Kus oder Tschous. Eine Gruppe von ihnen, einschließlich seines Bruders Mao Tse-min, Hsieh Tschu-tsai, Hau Te-li, Li Fu-tschun, Tsai Tschang und Lin Po-tschu, waren relativ kleinere Figuren aus den Provinzfaktionen der Partei von Hunan.[23] Ein anderer Informant führt Teng Hsiao-ping, Ku Pai und Hsieh Wei-tschun als Führer einer ›Kiangsi-Faktion‹ auf, die Mao günstig gesinnt war[24], während Lin Piao und Tan Tschen-ling seit den Tagen von Tsching-kantschan vertraute Mitstreiter Maos gewesen waren. Die Männer, die während der Lo-Ming-Kampagne in Kiangsi ›gesäubert‹ worden waren, konnte man vermutlich auch zu den Mao-Anhängern rechnen; zu ihnen gehörten Teng Tzu-hui, Ho Schu-scheng und Lu Ting-ji.[25] Einige davon waren jedoch bei der Nachhut in Kiangsi geblieben. Tschu Tehs Stellung war komplizierter. Er hatte eng mit Mao zusammengearbeitet, mehr als jeder andere in der Roten Armee, als jedoch die ›großen Kanonen‹ des ZK in Kiangsi auftauchten, hatte er sich schnell umgestellt und in so wichtigen Konferenzen wie der von Ningtu gegen Mao gestimmt.

Diese Gruppe gravitierte zu einem großen Ausmaß um Persönlichkeiten wie Po Ku, Tschou En-lai und Mao Tse-tung. Der charismatische Aspekt ihrer Operation war wahrscheinlich das wichtigste Einzelelement in der Gleichung, die in Tsunji aufgestellt wurde.

Viele höhere Kader- und Armeeoffiziere blieben jedoch abgesondert und diesen Faktionen relativ nicht verpflichtet. Da war beispielsweise eine Anzahl älterer Offiziere, die nicht Whampoa, sondern andere Akademien absolviert hatten und die in steigendem Maß von der Führung der Internationalen auf dem Schlachtfeld und von dem Rat Li Tehs, des ›ausländischen Experten‹ der Internationalen, enttäuscht waren. Fast sicher faßte das Tschu Tehs Haltung zusammen, als die Rote Armee Tsunji erreicht hatte; wahrscheinlich wurde sie von Kommandeuren wie Peng Teh-huai, Liu Po-tscheng, Lo Jung-huan, Lo Ping-hui, Tan Tschen und Teng Tai-juan geteilt. Li Teh berichtet uns nun, daß sowohl Peng wie Liu hinsichtlich Maos Führung in Tsunji neutral geblieben seien.[26]

Vielleicht waren diese Männer keine fanatischen Anhänger der miteinander rivalisierenden ideologischen Vorstellungen, die von Po Ku oder Mao gepredigt wurden. Sie waren in erster Linie Soldaten, nicht völlig apolitisch, weil schließlich jeder kommunistische Kommandeur ein gewisses Minimum an politischer Motivierung für seine Teilnahme an der Bewegung der Roten Armee besaß, aber trotzdem eher an der Aktualität der sozialen Ungerechtigkeit als an philosophischen Theorien interessiert. Wahrscheinlich unterstützten sie Mao, weil er ihnen in den Monaten der Prüfung, die bevorstanden, mehr militärischen Realismus versprach und nicht, weil sie sich zu seinen politischen Ansichten bekehrt hatten oder von denen Po Kus oder Tschou En-lais enttäuscht waren.

Liu Po-tscheng beispielsweise, der Szetschuanese, der auf dem Marsch ein Auge verlor und sich den Spitznamen Liu Tu-jen (totäugiger Liu) erwarb, war der erste chinesische kommunistische General, der gründlich in Moskau ausgebildet worden war, wo er drei Jahre auf der Akademie der Roten Armee zugebracht hatte. Er hatte Tschu Teh bei dem Nantschang-Aufstand geholfen und verdankte jeden Schritt seiner Karriere Tschou En-lai; wahrscheinlich fühlte er sich auch irgendwie mit anderen in Rußland geschulten Führern verbunden, mit anderen Worten mit den Achtundzwanzig Bolschewiki. Als der kühne Taktiker in Tschu Tehs militärischem Stab war sein militärisches Ansehen vermutlich so hoch wie das Lin Piaos oder Peng Teh-huais, und doch war seine politische Haltung bei Parteidebatten wahrscheinlich neutral. Das Gleichgewicht der Macht bei den Kommunisten auf dem Langen Marsch war bei Beginn ihres Epos vermutlich viel delikater, als frühe Beobachter bemerkt hatten, vielleicht waren gar nicht so viele individuelle Änderungen in der Stimmabgabe bei den höheren 30 oder 40 Führern notwendig gewesen, um den Ausschlag zugunsten Maos zu geben.

Gleicherweise war seine neue Macht nach Tsunji nicht so total oder so solide, wie viele angenommen haben. Snow drückt die Sache präzise aus: ›Mao hatte jetzt das Mandat der Roten Armee und der Partei, sie auf dem *Langen Marsch* zu führen.‹ Ein deutscher Sinologe fügt hinzu: ›Nach Tsunji nützte Mao die kritische militärische Situation aus, die seine Gegner dazu brachte, mit ihm zusammenzuarbeiten, und versuchte, sie auf seine Seite zu ziehen.‹[27]

Wenn eine makrohistorische Methode nötig wäre, um diese allzu unangemessene mikrohistorische Rekonstruktion der Umbildung des Politbüros in Tsunji auszufüllen, wären für die meisten Beobachter dieser Periode drei Verallgemeinerungen akzeptabel. Erstens bedeutete Maos Beförderung nach vierzehn Jahren fremder Leitung der KPCh den Aufstieg der einheimischen chinesischen Kommunisten, derer, die zu Hause geblieben oder durch ihre Besuche in Übersee relativ unberührt waren, und die den Kommunismus in erster Linie mehr als eine Lösung dringender chinesischer Probleme als die eines führenden Streiters in der Welt der Philosophie sahen. Wie Jerome Ch'en es ausdrückt, war Maos Triumph in Tsunji ›ein Sieg des ländlichen Sowjets über das städtische Parteizentrum, ein Sieg des Mannes, der sein Leben bei den Bauern und den unteren Klassen der Gesellschaft verbracht hatte, über die, die in westlichen und östlichen Doktrinen wohlerfahren waren‹.[28] Vor allem konnte er die allgemeine Erbitterung über die dickschädelige autoritäre Art des Deutschen Li Teh ausnützen. Indem Mao Tschou En-lai nicht namentlich kritisierte, ermöglichte er es seinem früheren Vorgesetzten, sich von Li Teh zu lösen; ein chinesischer Gelehrter bemerkt, ›daß ein stillschweigendes Einverständnis zwischen Mao und Tschou in Tsunji durchaus plausibel ist‹.[28]

Zweitens verdankte Mao seinen Erfolg seiner taktvolleren Behandlung der Kommandeure der Roten Armee und dem teilnahmsvolleren Verständnis für ihre Probleme. Die Deserteure seit dem Aufbruch aus Kiangsi waren Tschous neue Rekruten, und nicht die Veteranen aus Maos Armee.

Und schließlich bot Mao den Führungsstil, den die chinesischen Kommunisten 1935 brauchten, einen Stil, der die Emotionen genauso ansprach wie den Intellekt, der die wenigen Elemente der Hoffnung in einer sonst düsteren Zukunftsaussicht identifizieren und überhöhen konnte. Wie Churchill nach Dünkirchen war Mao ein guter Mann an der Spitze der Kolonne, wenn die Lage wirklich hoffnungsvoll erschien. Wie Churchill kannte er das Geheimnis, die tiefsten Instinkte seiner Landsleute anzusprechen und ihren Willen wachzurütteln, zu widerstehen, auszuhalten und gegen eine Übermacht anzugehen. Wie Churchill führte er seine Männer zum Siege und wurde nachher – in dem anderen Stil der chinesischen Politik – aber genauso schmerzlich zurückgewiesen, weil seine Vorstellungen darüber, sein Land im Frieden zu führen, keine Mehrheit für sich gewinnen konnten.

Einen Einblick in Maos Führungsstil gewährt Edgar Snow, der nach seinem zweiten Besuch in dem kommunistischen Hauptquartier in Schensi sagte: ›Maos politische Intelligenz erklärt seine Führung der Kommunistischen Partei nicht, aber die echte Zuneigung der Männer der Armee sowie der ländlichen Bevölkerung. Beim Reden hat er eine Art, auch ein höchst kompliziertes Thema so darzubieten, daß es sogar der Ungebildetste verstehen kann. Er steckt voll vertrauter Idiome und Beispiele, er spricht nie über die Köpfe seiner Zuhörer weg, aber auch nie von oben herab. Zwischen ihm und den Menschen besteht ein wirklicher Wechselstrom der Vertrautheit, er scheint immer im Kontakt zu stehen.

Mao spricht selten lange, ohne eine witzige Bemerkung oder ein Epigramm einzuflechten, er scheint seine Führung zu behalten, indem er alle Argumente gewinnt. Er ist sehr belesen und in der Debatte ein vollendeter Dialektiker. Er hat eine sehr interessante Taktik. Er macht selten Frontalangriffe gegen seine Opposition. Er führt hier einen Schlag und dort einen, er umgeht die Sache seiner Gegner, er zerbricht ihre Verteidigungslinien Stück um Stück – bis er sie schließlich völlig überwältigt hat und sie zuletzt unter einer witzigen Bemerkung oder einem logischen Streich auseinanderfallen. Er hat die Menschen und ihr Lachen gern und fühlt sich in jeder Gruppe heimisch. Ich erinnere mich, wie er einmal lachte, bis ihm die Tränen kamen, als ihm jemand eine Komödie beschrieb, die er in Schanghai gesehen hatte. Es war ein amerikanischer Film – Charlie Chaplin in ‚Moderne Zeiten‘.‹[29] Die einzige Andeutung einer Tagesordnung auf der Tsunji-Konferenz stammt von Hsiao San (auch bekannt als Emil Hsiao oder Emi Siao), dem Kindheitsfreund Maos.[30] Obwohl er nicht daran teilnahm, ist sein Bericht vermutlich aus offiziellen Parteiquellen abgeleitet oder stammt von Mao selbst; man darf ihn also mit Interesse, aber auch mit Zurückhaltung zur Kenntnis nehmen. Hsiao sagt, Mao habe zuerst über die politischen wie die militärischen Fehler des Politbüros in den vorangegangenen Monaten gesprochen. Tschu Teh sprach als nächster, er kritisierte sowohl das Politbüro wie Li Teh, obwohl viele Quellen Peng Teh-huai als den Hauptkritiker der militärischen Taktik nannten. Po Ku verteidigte seine Position, er gab einen Überblick über die revolutionäre Bewegung seit 1931 und betonte das Versagen der KPCh, die Bedeutung des Aufbaus einer antiimperialistischen Einheitsfront zu erkennen. Wie Dr. Jerome Ch'en es ausdrückt, ›muß das als eine verschleierte Kritik der Beschränktheit von Maos Bauernbewegung erschienen sein‹.[31]

Tschou En-lai war nach Hsiaos Bericht der vierte Redner, er sprach offen über die politischen Irrtümer des Politbüros sowie seine eigenen. Hsiao sagt, Tschou habe tatsächlich beantragt, daß man Mao die Führung der Roten Armee übertrage, während er sich aus der Militärkommission zurückziehen wolle. Durch diesen Antrag hatten Po Ku, Tschang Wen-tien und die anderen Internationalen keine andere Wahl, als Tschous Vorschlag zuzustimmen.

Das Resultat war, daß Mao anstelle Tschous zum Vorsitzenden des Revolutionären Militärrats gewählt und daß der Rat reorganisiert wurde. Jeh Tschien-jing, Tschous Kollege und Anhänger, wurde als Stabschef durch Liu Po-tscheng ersetzt, Teng Fa, Chef der Sicherheitspolizei, wurde aus dem Rat ausgeschlossen und nicht ersetzt. Li Tehs Exekutivvollmachten, militärische Operationen zu leiten, wurden annulliert und durch den Rat übernommen, Tschu Teh als Oberbefehlshaber und Wang Tschia-hsiang als Politischer Kommissar dienten weiterhin im Rat, dessen Mitglied auch Tschou blieb.[32]

Die Führung der Ersten Frontarmee setzte sich nun wie folgt zusammen:

Oberbefehlshaber Tschu Teh
Stabschef Liu Po-tscheng

I. Armeekorps
Befehlshaber Lin Piao
Politischer Kommissar Nieh Jung-tschen
Stabschef Tso Tschuan

III. Armeekorps
Befehlshaber Peng Teh-huai
Politischer Kommissar Jang Schang-kuo

V. Armeekorps
Befehlshaber Tung Tscheng-tang

IX. Armeekorps
Befehlshaber Lo Ping-hui

Das Politbüro wurde ähnlich umgebildet. Mao wurde Vorsitzender (ein Posten, den es vorher nicht gab), Po Ku wurde als Generalsekretär durch Tschang Wen-tien ersetzt. Es ist durchaus möglich, daß Tschang diesen Posten schon seit Anfang 1934 innehatte und daß Po Kus einflußreiche Stellung innerhalb der Internationalen schon während des ganzen Jahres sich geschwächt hatte.[33] Swarup, der indische Historiker dieser Periode, behauptete sogar, daß die Formel, durch die Tschou En-lai und Tschang Wen-tien Po Ku zugunsten Maos und der Parteiharmonie in dem Sowjetgebiet ersetzten, im Prinzip schon vor dem Marsch verwirklicht wurde, so daß Tsunji ›nicht mehr als ein Akt der Registrierung einer Entwicklung war, die allmählich in eine Realität umgewandelt wurde‹.[34]

Tschang war einer der führenden Achtundzwanzig Bolschewiki, und nichts deutet darauf hin, daß er in Tsunji zum Maoisten bekehrt wurde. Mao erinnerte sich später, daß es Tschang Wen-tien gewesen war, der ihn bei der Ningtu-Konferenz im August 1932 aus der Partei ausschließen wollte, als Mao den Tiefpunkt seiner Laufbahn erreicht hatte. Mao gab aber weiter zu, daß Tschang auf der Tsunji-Konferenz ›eine nützliche Rolle‹ gespielt habe und daß es ›damals ohne sie (d. h. ohne die Achtundzwanzig Bolschewiki) unmöglich geworden war. Aber Lo Fu (Tschangs Pseudonym) war hartnäckig.‹[35]

Wahrscheinlich versuchten die Internationalen, ihre Verluste in Tsunji als geringfügig darzustellen, und zwar in der Hoffnung auf ein Wiederkehren, wenn einmal die militärische Krise vorbei war und der russische Einfluß wieder zur Geltung kam. Po Ku war von Natur hartnäckig und als nomineller Führer der Internationalen mußte er wohl weitermachen.

Die andern mochten aber sehr wohl zu dem Schluß gekommen sein, daß ihre beste Antwort auf die Generalrevolte und Maos Herausforderung in Tsunji die war, einfach abzuwarten. Rue deutet an, daß ›einige Mitglieder der ehemaligen herrschenden Clique überzeugt wurden. Mindestens waren sie bereit, Mao und Tschu eine Chance zu geben, es mit ihrer Führung zu versuchen – vielleicht in der geheimen Hoffnung, daß sie versagen würden‹.[36]

Die in Tsunji anstehenden Fragen und die Argumente sind aus der Zusammenfassung und den Auszügen aus den erfolgreichen Resolutionen Maos im vorhergehenden Kapitel evident. Die Resolutionen übertreiben natürlich die Position Po Kus, Li Tehs und Tschou En-lais, die den Guerillakampf nie vollständig zugunsten eines Stellungskriegs aufgegeben hatten, die aber in einem gewissen Ausmaß durch die Fünfte Einkreisung in diesen gezwungen worden waren.

So hatte Tschou 1935 geschrieben: ›Natürlich mußten wir in der Hauptsache bewegliche Operationen durchführen. Wir erleben heutzutage jedoch oft, daß sich Begegnungsgefechte und bewegliche Operationen schnell zu Stellungskämpfen entwickeln.‹[37]

Die Kuomintang-Bunker hatten die Kommunisten notwendigerweise in einem gewissen Maß zu Stellungskämpfen gezwungen. Außerdem brachte die Entsendung von Partisanen zum Kampf hinter den feindlichen Linien eigene Gefahren mit sich, wie das Überlaufen einer solchen Abteilung unter Kung Ho-tschung im Juli 1934 illustriert hatte.[38] Po Ku bemerkte dazu: Wenn sie nicht unter fester proletarischer Führung stehen, sind Guerilla-Aktionen unvermeidlicherweise unkoordiniert und schlecht organisiert… und führen zu der Tendenz, unterschiedslos zu morden und zu brennen.[39]

Auf ähnliche Weise ist die Kritik der Maoisten an Po Kus Versagen, die Fukien-Meuterei der Neunzehnten Marscharmee auszunützen, überzogen. Es ist sehr zweifelhaft, ob Mao die Angelegenheit angesichts der politischen Forderungen der Fukien-Regierung nach einer Einheitsfront zwischen Kuomintang und den Kommunisten zum Kampf gegen Japan hätte besser handhaben können. Auf jeden Fall gibt es, wie wir gesehen haben, Beweise dafür, daß Mao selbst zu der damaligen Zeit starke Vorbehalte hatte, ob es ratsam sei, mit den Fukien-Rebellen Geschäfte zu machen.

Daher hat es den Anschein, daß die Internationalen aus den maoistischen Resolutionen selbst reichlich Argumente fanden, ihre Vergangenheit zu verteidigen und die ihrer Gegner zu durchlöchern. Die allgemeine Stimmung war jedoch entschieden gegen sie, und die Kommunisten zogen es vor, ihr Schicksal wenigstens zeitweilig in die Hände des einen Mannes zu legen, der immer noch so aussah, als ob er wenigstens etwas daraus retten konnte, was immer mehr wie eine verhängnisvolle Expedition aussah.

Wie ein amerikanischer Historiker geschrieben hat, ist Tsunji in der Rückschau tatsächlich ›der Punkt, wo der Massenflucht der Roten Armee Einhalt geboten wurde und der Lange Marsch begann: als Tschu Tehs glänzende militärische Führung und Mao Tse-tungs politischer Scharfsinn sich vereinigten, um eine Niederlage in den Sieg zu verwandeln‹.[40]

12   Scheinangriff auf Jünnan

Nach der Tsunji-Konferenz änderte sich der militärische Charakter des Langen Marsches. Erstens einmal hatten sich die Reihen der 100 000 Mann, die aus Kiangsi aufbrachen, um die Hälfte gelichtet. Edgar Snow sagte man 1936 in Paoan, daß sich die Zahl der Marschierer ›zu der Zeit – Mitte Dezember –, als sie die Grenze der Provinz Kueitschou erreichten, um etwa ein Drittel reduziert hätte, und Tschou En-lai steuerte die weitere Schätzung bei, daß 45 000 der 90 000 Kombattanten, die Kiangsi verlassen hatten, zu der Zeit, als die Rote Armee den Tschinscha-Fluß oder Jangtse am 1. Mai 1935 nach Szetschuan überquerten, ›verloren‹ gewesen seien.‹[1]

Eine andere Schätzung der Zahl der Marschierer, als sie in Tsunji einrückten, beläuft sich auf nur 30 000.[2] In Tsunji benützte man die Gelegenheit, um mehrere Tausend Soldaten – vielleicht 20 000 – zu rekrutieren, in der Hauptsache Kueitschounesen, Szetschuanesen und Jünnanesen.[3] Maos Ziel war es jetzt offensichtlich, nach Szetschuan zu stoßen und in Zusammenarbeit mit der Vierten Frontarmee, die sich unter Tschang Kuo-tao und Hsu Hsiang-tschien bereits im Norden dieser Provinz festgesetzt hatte, ein neues Sowjetgebiet einzurichten.

Seine Resolution in Tsunji hatte es als die unmittelbar nächste Aufgabe vorgesehen, eine neue Basis in dem Gebiet Szetschuan–Kueitschou–Jünnan aufzubauen.

Für eine derartige Strategie gab es vernünftige Gründe. Diese drei Provinzen lagen außerhalb der direkten Kontrolle der Kuomintang-Regierung in Nanking, und so konnte sich der erbittertste und hartnäckigste Feind der Kommunisten, Tschiang Kai-schek, nicht so wirksam mit ihnen befassen, wie er das beispielsweise in Kiangsi tun konnte. Wang Tschia-lieh regierte als der faktisch unabhängige Kriegsherr von Kueitschou, während nicht weniger als sieben Kriegsherren, jeder mit einem eigenen Gebiet und einem eigenen Anhang, Szetschuan unter sich aufteilten. Liu Wen-hui, den die Kuomintang ursprünglich unterstützte, als er die Tschengtu-Hälfte des ›Roten Beckens‹ kontrollierte, war noch von einer gewissen Bedeutung; der stärkste Kriegsherr in Szetschuan war jedoch der Provinzgouverneur Liu Hsiang, dessen Truppen längs des Jangtseflusses von Tschungking, der Hauptstadt, bis Wahsien im Nordosten fest verschanzt waren.

Der Bürgerkrieg hatte in Szetschuan seit der Revolution von 1911 nie aufgehört; ein Autor führt in den zwei Jahrzehnten, die dieser

Revolution folgten, 478 militärische Treffen auf.[4] Unter so unstabilen Bedingungen, wo die Bevölkerung zu hoch besteuert und durch die rivalisierenden Armeen bedrückt wurde, konnten die Kommunisten mit größtmöglicher Wirksamkeit operieren. Die Chancen, daß die verschiedenen Kriegsherren ihre Differenzen zugunsten einer entschlossenen militärischen Kampagne gegen die Rote Armee fallen ließen, waren sehr gering.

Die Basis der Vierten Frontarmee im Norden hatte im Januar 1935 ihre maximale Bereitschaft erreicht, etwa 80000 – vielleicht sogar 100000 Mann – hielten einen Perimeter, der sich an der südlichen Flanke von Paoning am Tschialing-Fluß bis Suiting am Tschu erstreckte. In der Zwischenzeit benützte die kommunistische Zweite Frontarmee unter Ho Lung und Hsiao Ke, mit der Basis in Sangtschih in der Nordwestspitze der Provinz Hunan und einem anderen Stück Bergland im nordwestlichen Kueitschou (ironischerweise nur 240 Kilometer von Tsunji entfernt, aber durch starke Feindkräfte davon getrennt) den Korridor des Jiu Schui und seiner Nebenflüsse in Szetschuan und Hupei als ›Ho Lung-Pfad‹ zwischen den beiden Bollwerken. Ho Lung koordinierte seine Bewegungen nicht mit denen der Vierten Frontarmee, aber seine Anwesenheit in der Südostspitze von Szetschuan und seine gelegentlichen Vorstöße in die Gebiete des Tangtang und des Wu-Flusses verstärkten die kommunistische Bedrohung von Szetschuan.

Die Aussichten in Szetschuan übertrafen deutlich die in Schensi, wo Liu Tschih-tan und Kao Kang zu dieser Zeit über weniger als 10000 rote Soldaten verfügten, wo die ›Opposition‹ in der Gestalt des Kuomintang-freundlichen Jang Hu-tschang den größten Teil der Provinz effektiv kontrollierte und wo die materiellen Hilfsquellen des flachen Landes so armselig waren. Hsu Teh-li erzählte Edgar Snow 1936, daß Nordschensi ›kulturell einer der finstersten Plätze der Erde‹ sei, seine Bevölkerung sei in der Tat ›sehr rückständig‹. Tschou En-lai sagte dazu weiter, ›daß die Leute in Kiangsi und Fukien Bündel mitbrachten, wenn sie zur Roten Armee stießen; hier (in Schensi) brauchten sie nicht einmal Eßstäbchen, sie sind völlig mittellos‹.[5]

Im Kontrast dazu war Szetschuan reich an Lebensmitteln und Mineralien. Zweifellos traten die zwei Szetschuanesen an der Spitze der Roten Armee, Tschu Teh und Liu Po-tscheng, für die Wahl Szetschuans als nächste kommunistische Basis ein.

Maos Hauptproblem war jedoch das Überschreiten des stark verteidigten Jangtse. ›Das Schicksal der Nation‹, erklärte Tschiang

Kai-schek zu diesem Zeitpunkt, ›sowie das der Partei (der Kuomin-tang) hängt davon ab, die Roten südlich des Jangtse einzuschließen.‹ Entschlossen, sowohl die Kommunisten zu vernichten wie die Kontrolle über die störrischen südwestlichen Provinzen zu gewinnen, hatte Tschiang bereits gehandelt, um die Disziplin der Truppen der Kriegsherren in Szetschuan zu festigen. Im letzten August (1934) hatte er Liu Hsiang überredet, 200 militärische Berater der Kuomintang zusammen mit einer Finanzhilfe von Nanking zu akzeptieren.

Am 12. Januar 1935, während die Rote Armee noch in Tsunji war, traf der Kuomintang-General Ho Kuo-kuang mit einer Gruppe höherer Offiziere in Tschungking ein, um dieses Abkommen in' die Tat umzusetzen. Bald begannen sie mit ihren Maßnahmen, um die Organisation und die Kampfkraft der Provinzarmee von Szetschuan zu festigen.

In der Zwischenzeit schlugen Kuomintang-Truppen aus der Provinz Schensi unter dem Befehl des Generals Hu Tsung-nan gegen die Vierte Frontarmee Tschang Kuo-taos und Hsu Hsiang-tschiens im nördlichen Szetschuan los. Etwa Mitte Januar mußte Hsu seine Operation an seiner Südfront einstellen, um seinen Rücken zu sichern. So waren die szetschuanesischen Provinztruppen unter der Führung von Berufsoffizieren der Kuomintang dafür frei geworden, ein ernstes Hindernis für Maos Pläne, eine Überquerung des Jangtse in den südlichen Distrikten von Szetschuan auszuführen.

Der erste Vorstoß der Ersten Frontarmee erfolgte bei Hokiang, wo der Jangtse einen Bogen nach Süden macht, der ihn auf bloße 15 Kilometer an die Grenze von Kueitschou heranführt. Während sich die Hauptmasse der Kommunisten in Tsunji erholte, rückte eine Vorausabteilung der Roten Armee von dieser Stadt nach Norden, um den Louschan-Paß (Louschankuan) und Tsungtsu zu nehmen. An der Grenze von Kueitschou und Szetschuan brachten sie den Provinztruppen von Szetschuan bei Sungkan eine Niederlage bei. Tschu Li-fus[6] Bericht zufolge errichtete die Rote Armee, die auf dem flachen Land zwischen Tsunji, Meitan und Suijang (mit anderen Worten in dem Raum nördlich und westlich von Tsunji) versammelt war, Befestigungen, um ihren Verfolgern zu widerstehen, so als ob eine mehr oder weniger dauernde Besetzung dieses Gebiets geplant sei.

Die Privinzarmeen von Kueitschou unter Wang Tschia-lieh und Ja Kuo-tsai drängten nach Norden auf Tsunji zu, um die Roten zu züchtigen und zu vertreiben. Hsueh Jueh und Liu Tschuien-hsu hatten den Jangtse an der Spitze der Armee von Hunan in der Verfolgung überschritten, die Provinzarmee von Szetschuan rückte von Ki-kiang und Tschengting vor und teilte sich jetzt, um gegen Szunan, Fengtschuan und Tungtsu loszuschlagen; und sogar die Provinztruppen von Kuangsi rückten zu dem Fangstoß heran, sie hatten Kueiting, etwa 160 Kilometer südlich von Tsunji erreicht.[7] Die Falle zog sich zusammen.

Wie aber schon früher beim Fünften Einkreisungsfeldzug des vergangenen Jahrs in Kiangsi, war ein Sektor des Einschließungsrings schwach. In diesem Fall waren es die szetschuanesischen Provinztruppen an der westlichen Flanke der kommunistischen Stellung. In der Nacht des 16. Januar inszenierten die Arbeiter im Arsenal in Tschischui, der Kueitschou-Grenzstadt am Fluß des gleichen Namens, der 48 Kilometer weiter unterhalb bei Hokiang in den mächtigen Jangtse mündet, eine Revolte. Mit Hilfe einiger der ärmeren Einwohner griffen sie die Militärposten an. Als Folge davon gaben die Soldaten der Provinzarmee von Kueitschou, für die die Vorsicht der bessere Teil der Tapferkeit war, die Stadt auf. Als die Vorhut der Roten Armee, die von Sungkan, Wenschui und Taschui anmarschiert kam, Tschischui erreichte, wurden sie von Arbeitern und örtlichen Radikalen mit Fahnenschwenken willkommen geheißen.[8]

Andere kommunistische Einheiten hatten in der Zwischenzeit Jenhuai und Maotai besetzt und waren sogar in die szetschuanesischen Grenzgebiete nahe Kulin und Jungming eingedrungen. Maotai ist der Ort, wo der berühmte Reiswein dieses Namens produziert wird; Chinesen in der ganzen Welt toasten ihren Freunden mit Maotai-Wein zu, genauso wie Briten nach schottischem Whisky und Franzosen nach Champagner rufen. Die Destillerie in Maotai beherbergte nicht weniger als hundert große irdene Gefäße, die je zwanzig ›piculs‹ (Pikul: ostasiatisches Handelsgewicht – mehr als 60 kg. A. d. Ü.) Wein fassen und alle bis an den Rand gefüllt sind. Die Geschichte, die bei den Langen Marschierern zur Legende wurde, lautete, daß die ersten kommunistischen Soldaten, die die Destillerie betraten, die weiße Flüssigkeit in den Gefäßen für ein Bad hielten und sofort ihre müden, zerschundenen Füße in den Wein tauchten. Einem Bericht zufolge war Li Teh, der Deutsche, einer der ersten, die von dem ›Fund‹ hörten; ›er und seine Kollegen betranken sich stark an dem Wein, der wegen seiner Stärke und seines hohen Alkoholgehalts berühmt ist‹. ›Als die letzte Einheit durch Maotai gekommen war‹, sagt dieser Chronist, ›war kein Tropfen dieses ›Fußwassers‹ mehr übrig.‹[9]

Am 26. Januar überquerte die Erste Frontarmee den Tschischui-

Fluß in die Provinz Szetschuan. Liu Hsiang, der Herr von Szetschuan, der jetzt durch die Kuomintang-Offiziere gestärkt wurde, entsandte zwei Brigaden seiner Armee unter Tschang An-ping und Fan Schih-tschieh, um die Roten bei Tschischui und Jungming zurückzuschlagen. Eine andere Gruppe erhielt Befehl, die Verteidigung längs der Ufer des Jangtse zu verstärken, um den Raum um Wanji, Kikiang an der Südseite des Stroms zu halten. Einige der Einheiten unterhalb des Flusses wurden zurückgezogen, um die strategisch wichtige Kunji-Brücke zu sichern. In der Zwischenzeit verließen die wohlhabenden Familien in Kikiang und die bekannten kommunistenfeindlichen Führer in Tschungking heimlich die Stadt für den Fall, daß die Kommunisten ihren Vorstoß nach Norden fortsetzen konnten. Maos Truppen schwärmten tatsächlich in die kleine Tasche von Szetschuan, die im Bogen des Tschischui-Flusses liegt, sie besetzten sogar Weihsin (oder Tsahsi) an der Jünnangrenze.[10] Die Zugänge zum Jangtse waren jedoch zu stark verteidigt, und so kehrten sie unerwarteterweise wieder um, überquerten Anfang Februar den Tschischui und eroberten nach einer letzten erfolgreichen Schlacht mit Wang Tschia-liehs Kueitschou-Armee den Louschan-Paß zurück. Am 17. Februar nahmen sie Tsunji zum zweiten Mal. Bei dem fruchtlosen Versuch, den Jangtse zu überqueren, hatten sie fünf Wochen verloren. Sie schlugen auch zwei Divisionen der Kuangsi-Provinzarmee unter Wu Tschi-wei in der Nähe von Tsunji; die Reste flohen, von Peng Teh-huais III. und Lin Piaos I. Armeekorps in die Zange genommen, über den Wu in Sicherheit.

Tsai Schun-li, Politischer Kommissar des 142. Regiments, beschrieb diese Schlacht: Genosse Mao Tse-tung befahl die Einkesselung des Feindes in einem hundert Quadratkilometer großen Bergland. Unsere Kämpfer brachen im Nahkampf in die Reihen der Feinde ein und machten sie mit Breitschwertern und Handgranaten nieder. In dem Handgemenge in Panik geraten, floh der Feind nach Süden. Die meisten wurden niedergemacht. Der Rest trampelte übereinander, viele wurden verwundet oder getötet. Eine kleine Anzahl floh über den Wutschiang-Fluß und zerstörte hastig die Pontonbrücke; sie ließen dabei etwa 1000 ihrer eigenen Leute auf dem Nordufer zurück, wo sie von der Roten Armee gefangen wurden. Zwanzig Regimenter waren vernichtet. Das war der erste große Sieg auf dem Langen Marsch.[11] Die Kommunisten stellten so die Kontrolle über den nördlich-zentralen Teil von Kueitschou wieder her und gewannen einen weiteren Aufschub vor feindlichen Angriffen. Mao feierte in der Hochstimmung über die Tsunji-Konferenz die

Tapferkeit der Roten Armee bei der Zurückeroberung des Louschan-Passes in einem Gedicht dieses Namens.

> Westwind, schneidend
> Hoch am Himmel Wildgansruf, frostiger Frühmond
> Frostiger Frühmond:
> Von Pferden der Hufschlag klirrend,
> Trompetenschall, der verschluckt wird,
> Heldenpaß, töricht zu sagen, er sei von Eisen
> Heute noch Schritt gefaßt, den Kamm überwunden
> Den Kamm überwunden
> Azurne Berge wie Meere
> Erlöschende Sonne wie Bluten[12]
>
> (Übersetzung Joachim Schickel)

Aber sogleich folgte ein weiterer bitterer Schlag für Maos Hoffnungen. Hsu Hsiang-tschiens Vierter Frontarmee gelang es, die
Schensi-Kuomintang-Truppen, die aus dem Norden angriffen, zurückzuschlagen, sie stieß aber sofort auf härteren Widerstand der
szetschuanesischen Truppen unter den neuen Offizieren aus Nanking. Sie gab daher ihre Basis in der Gabelung der Flüsse Tschialing
und Tschu im nördlichen Szetschuan auf und marschierte in die weniger gastliche aber sichere Wildnis der Gebirge, die nach Tibet
führten. Nachdem die Vierte Frontarmee unterwegs ziemlich leicht
mit der Armee des lokalen Kriegsherrn, Tien Tsung-jan, fertigge-
worden war, erreichte sie Sungpan im fernen Norden der Provinz.
Hier war sie natürlich Maos Männern bei der Überquerung des
Jangtse von keinerlei Nutzen.

Als die Nachricht von den primitiven Funkgeräten der Kommunisten aufgefangen wurde, muß sie eine schwere Enttäuschung verursacht haben. Die Flucht der Vierten Armee ermöglichte es Liu
Hsiang, alle seine Kräfte an die Grenze von Kueitschou zu dirigieren,
und die hunanesischen Truppen unter Hsueh Jueh, der jetzt als der
entschlossenste Verfolger der Langen Marschierer bekannt war,
gruppierten sich zu einem neuen Angriff um. Tschang Kuo-tao, der
Politische Kommissar der Vierten Frontarmee, wurde in Maos Buch
von nun an als der ›Flüchtende‹ bezeichnet.

Im März drang die Erste Armee ein zweites Mal in Szetschuan ein;
sie überschritt den Tschischui zum dritten Mal. Das hatte den Zweck,
die Kuomintang zu verleiten, wieder Truppen an den Jangtse in
Szetschuan zu schicken. Die Roten machten jedoch kehrt, über-

schritten den Tschischui zum vierten und letzten Mal und traten einen Gewaltmarsch nach Süden an.[13] Am 31. März 1935 überquerte die Rote Armee den Wu zum letzten Mal, drei Monate nach dem schicksalhaften Übergang, und marschierte auf Kueijang, die Hauptstadt von Kueitschou zu. Welche Absichten hatten Mao und Tschu Teh jetzt? Dachten sie an ein Sowjetgebiet in Jünnan, wo der Kuomintang-Widerstand unbedeutend sein würde? Beabsichtigten sie, weiter flußabwärts wieder gegen den Jangtse vorzurücken, dort wo er im Chinesischen einen neuen Namen Tschinscha – Fluß des Goldsands – führt? Oder wollten sie nach Kuangsi oder gar nach Kuangtung marschieren und ihr Glück dort versuchen?

Niemand auf der Kuomintang-Seite konnte das voraussehen. Selbst viele der Kommunisten in Reih und Glied konnten hier nur raten. Der Tschinscha war ein furchtbares Hindernis, er fiel von einer Meereshöhe von 2460 Meter in Paan oder Batang an der Grenze zwischen Szetschuan und Tibet auf weniger als 270 Meter in Jipin ab, wo er in das Rote Becken mündet und zum Jangtse wird. Von seinem Anfang bis zum Ende, von den Quellwassern in Tschinghao bis Jipin, fällt der Tschinscha um etwa 3,2 Meter pro Kilometer. Seine Strömung ist reißend und die Schiffahrt gefährlich. Bis Kiaokia hinauf verkehren viele Fähren, darüber hinaus gibt es aber nur wenige Fährstellen, und keine von ihnen hat mehr als zehn oder zwölf Boote. Für eine Streitmacht von der Größe der Ersten Armee hätte ein solcher Flußübergang viele Tage erfordert und eine Katastrophe durch einen überlegenen Gegner herausgefordert. Oberhalb von Lungtschieh (oder Yungjen), der großen Fährstation am Zusammenfluß des Yalung und des Tschinscha, die seit Jahrtausenden der Übergangspunkt für Händler und Reisende gewesen war, kann man die Überquerung nur in den ›Fellbooten‹ der lokalen Stämme wagen. Die Strömung hätte ein hölzernes Boot in Stücke zerschmettert, noch ehe es auch nur die Hälfte der Strecke zurückgelegt hätte. Ein Übergang der Roten Armee hätte irgendwo zwischen Kiaokia und Lungtschieh erfolgen müssen, und die Kuomintang hatten reichlich Zeit gehabt, sich auf ein Dutzend oder mehr Fährstellen zu konzentrieren und sie unpassierbar zu machen.[14]

Anfang April stießen die Kommunisten nach Süden, um Kueijang einzuschließen. Auf einer der Straßen erbeuteten sie ein Auto mit wertvollen Militärkarten der Provinz Jünnan – und eben das mag die Frage entschieden haben. Tschiang Kai-schek flog nach Kueijang, um persönlich die Verteidigung der Stadt zu übernehmen. Einige Einheiten der Roten Armee machten Scheinangriffe auf Wengan und Huangping im Osten von Kueijang. Mao schickte eine Abteilung, um Lungli, gerade jenseits der Hauptstadt, einzuschließen, und Tschiang entsandte Jünnan-Truppen zum Entsatz. Nachdem Jünnan so ungedeckt war, änderte die Rote Armee plötzlich wieder die Richtung und marschierte nach Südwesten nach Jünnan, unbelästigt durch die feindlichen Streitkräfte, die anderswo verteilt waren.

Während dieses Feldzugs sprachen Presseberichte vom Tod Tschu Tehs. Agnes Smedley zeigte ihm später einen der Artikel. Er lautete: ›Es wird jetzt bekannt, daß Tschu Teh während der Schlacht am Tschutouschan (Schweinskopfberg) im Raum Tsatsu gefallen ist. Tschu Teh führte seine Kolonne in dem Versuch, Kueijang zu erreichen... Seine Leiche wurde nicht eingesargt... Sie wurde in rote Seide gehüllt und wird von seinen nächsten Gefolgsleuten getragen. Tschu war schwer verwundet worden, ehe er den Tod fand... Seine engen Anhänger in der Roten Armee opfern in dichten Abständen vor der in Seide gehüllten Leiche, wenn immer sie auf ihrer Flucht ums Leben eine kurze Rast machen können... Es wird jetzt bestätigt, daß die Rote Armee aus nicht mehr als 10 000 Kämpfern besteht.‹

Agnes Smedley berichtet: ›Ein verächtliches Lächeln spielte um Tschus Lippen, als er den Bericht las, der übrigens etwa der zehnte war, der seinen Tod meldete.‹[15]

Tschu näherte sich jetzt seiner Heimat. ›In einer Kuomintang-Zeitung‹, berichtet Agnes Smedley, ›fand General Tschu einen Artikel über seine zweite Frau Ju-tschen und seinen Sohn. Kuomintang-Militär war über das Heim seiner Frau in Nanhsi hergefallen und hatte alles zerstört. Tschu Tehs Sohn, ein neunzehnjähriger Student, war, wie der Artikel lakonisch berichtete, entkommen, wurde jedoch ›gehetzt‹. General Tschu wartete in der Hoffnung, daß sich sein Sohn zu der Roten Armee durchschlagen würde. Er hörte jedoch nie wieder von seiner Frau und seinem Sohn. Er hegte keinerlei Zweifel, daß sie durch die Kuomintang getötet worden waren.‹[16]

Die Kommunisten zogen durch Huischui, Tschangschun und Tsejun und überquerten den Peipan-Fluß auf einer von ihren Pionieren erbauten Brücke nach Tschengfeng, Anlung und Hingji. Hier drangen sie nach Überschreitung des Pan-Flusses in Jünnan ein und teilten sich in zwei Marschsäulen. Beide Kolonnen drehten wieder nach Norden, oder besser gesagt nach Nordwesten, ein. Die Hauptkolonne marschierte nach Malung, Tschanji, Suntien und Sungming, sie schien Kunming, die Provinzhauptstadt, als ihr nächstes Ziel anzusehen. Die zweite Kolonne marschierte jedoch auf den Tschinscha in der allgemeinen Richtung von Kiaokia zu, unterwegs nahmen sie Hsuanwei und Hueitse.

Wieder machten die Kommunisten ein erfolgreiches Verschleierungsmanöver, dieses Mal nach der Jünnan-Hauptstadt Kunming (oder Jünnanfu), die die Aufmerksamkeit des Gegners vom wirklichen Ziel ablenkte. Tschu Teh berichtete das Agnes Smedley so:

›Im April hatten sich feindliche Armeen im nördlichen, östlichen und südlichen Kueitschou versammelt. Auch die Jünnan-Armee war nach Süden eingerückt und ließ die westliche Route nach Jünnan offen. Da die Rote Armee so starke Feindkräfte nicht abschütteln konnte, stieß sie am 1. Mai plötzlich durch Nordjünnan über gebirgiges Gelände nach Westen, das General Tschu aus der Vergangenheit wohl bekannt war. Um die Armee über den Fluß des Goldsands zu bringen, der längs der Jünnan-Szetschuan-Grenze dahinrauschte, ehe feindliche Bomber sie entdecken konnten, wurde Lin Piao mit einer Division zu einem Scheinangriff gegen die Provinzhauptstadt Jünnanfu entsandt und zog die feindlichen Armeen und Bomber hinter sich her...

Unterwegs nach Jünnan erbeutete Lin Piaos Division eine feindliche Karawane mit militärischem und medizinischem Nachschub nach Kueitschou. Als seine Division in Sichtweite der Tore von Jünnanfu kam, zogen Tschiang Kai-schek und seine Frau, die mit anderen Kuomintang-Persönlichkeiten von Kueitschou hergeflogen waren, hastig wieder ab.‹[17]

Während Lin Piao auf dem Weg nach Kunming, wo der Kriegsherr Lung Jun (Drachenwolke) sich verzweifelt auf einen Angriff vorbereitete und von wo aus Tschiang und seine Frau nach Snows Schilderung ›hastig mit der französischen Bahn in Richtung Indochina abfuhren‹[18], führte Liu Po-tscheng, der Stabschef, die Vorhuten über Juanmou direkt zum Tschinscha. Es stand auf des Messers Schneide, ob die 45 000 Mann zählenden Kommunisten über den Fluß kommen würden. Als die Kuomintang erkannten, daß der Vorstoß auf Kunming lediglich ein Ablenkungsmanöver gewesen und daß die Hauptmasse der Kommunisten nach Nordwesten zum Tschinscha gezogen war, empfanden ihre Führer eine gewisse Erleichterung. Es schien offenkundig, daß die Rote Armee auf Lengkai (oder Lungtschieh), eine der wenigen schiffbaren Strecken des Flusses, abzielte. Das Drama der nächsten paar Tage schildert am besten Edgar Snow:

›Der Jangtse strömt tief und reißend zwischen gewaltigen

Schluchten durch das wilde Gebirgsland von Jünnan. Hohe Gipfel erheben sich stellenweise aus Talschluchten von anderthalb Kilometer, und steile Felswände steigen auf beiden Seiten fast senkrecht auf. Die wenigen Übergangsstellen waren schon lange von Regierungstruppen besetzt. Tschiang war sehr zufrieden. Er befahl nun, alle Boote auf das Nordufer zu ziehen und zu verbrennen. Dann setzte er seine eigenen Truppen und die Lung Huns zu einer Umfassungsbewegung gegen die Rote Armee in Marsch; er hoffte, sie an den Ufern des historischen und so tückischen Stroms für immer zu erledigen.

Anscheinend ohne etwas von ihrem drohenden Schicksal zu ahnen, marschierte die Rote Armee weiterhin schnell in drei Kolonnen auf Lengkai zu. Die Boote waren dort verbrannt. Nanking-Aufklärungsflugzeuge meldeten, daß eine rote Vorhut damit begann, eine Bambusbrücke zu bauen. Tschiang wurde noch zuversichtlicher, denn der Brückenbau erforderte sicher Wochen.

Eines Abends änderte ein Rotes Bataillon jedoch ganz unauffällig die Richtung. In einem phänomenalen Gewaltmarsch legte es in einer Nacht und einem Tag 136 Kilometer zurück und stieg am Spätnachmittag zu der einzig möglichen Fährstelle in der Umgebung bei Tschouping-Fort hinunter. In erbeutete Nanking-Uniformen gekleidet, marschierte das Bataillon im Abendzwielicht, ohne aufzufallen, in die Stadt ein und entwaffnete ruhig die Garnison.‹[19]

Liu Po-tscheng, der Stabschef, selbst erklärt das Geschehen so: ›Tschiang Kai-scheks Maschinen überflogen täglich den Raum und versuchten, unsere Bewegungen festzustellen. Es war ein Rennen gegen die Zeit. Die Rote Armee, die bei Nacht marschierte, näherte sich dem Tschinscha auf drei Routen: die Erste Armeegruppe sollte die Lungtschieh-Fähre erobern, die Dritte Armeegruppe die Hungmen-Fähre, das Kaderregiment die Tschiaotsche-Fähre, während die Fünfte Armeegruppe die anderen Einheiten als Nachhut deckte.

Das Kaderregiment stahl sich über den Tschinscha, griff den Feind überraschend an und vernichtete einen ganzen Zug. Das Regiment besetzte sofort die beiden Endpunkte der Fähre und erbeutete sieben Fährboote. Die Hauptmasse des Regiments marschierte eilig auf das dreißig Li (etwa 18 Kilometer) entfernte Plateau zu, es durchquerte das klaffende Tal auf dem Nordufer und schlug die feindlichen Verstärkungen aus Szetschuan in die Flucht. Der Fluß war an der Hungmen-Fähre sehr reißend und an der Lungtschieh-Fähre, wo feindliche Tiefflieger den Übergang stören konnten, sehr breit. Deshalb marschierten die Erste und die Dritte Armeegruppe zur Tschiaotsche-Fähre um unter dem Feuerschutz einer Division der Fünften Armeegruppe über den Fluß zu setzen.

Drei Tage später erreichten etwa sechs Regimenter der 13. ›Todesmut‹-Division des Gegners in der Verfolgung der Roten Armee die Tschiaotsche-Fähre. Sie wurden jedoch in einem Überraschungsangriff durch die Fünfte Armeegruppe zurückgeschlagen und gezwungen, sich in völliger Verwirrung längs des Tschinscha zurückzuziehen. Tschiang Kai-schek entdeckte die Änderung der Taktik der Roten Armee und berief eine Tagung nach Kueijang ein, auf der unsere Taktik studiert und Pläne gemacht wurden, um uns zu überlisten, sowie um seine Streitkräfte vor einer Vernichtung durch die Rote Armee zu retten.

Der Feind entschied sich für eine Taktik der ›langen Verfolgung und des gut geplanten Angriffs‹. Fern von ihrem Heimatboden und durch die Ereignisse wie gelähmt, wagte es die 13. Kuomintang-Division nicht, aktiv vorzugehen, sondern grub sich in Tuanschieh ein. Mit Hilfe der sieben dem Feind abgenommenen Fährboote setzte unsere Armee in neun Tagen und neun Nächten bei der Tschiaotsche-Fähre über den Tschinscha. Als am zehnten Tag große feindliche Verstärkungen eintrafen, war die Rote Armee bereits weit voraus, und alle Fährboote waren zerstört.

So löste sich die Rote Armee von mehreren Hunderttausend Mann Kuomintang-Soldaten, die sie hitzig verfolgten oder versuchten, sie abzufangen oder einzukesseln.‹[20]

13 Der Fluß des Goldenen Sands

Lassen wir Hauptmann Hsiao Jung-tang, der die 5. Kompanie des II. Bataillons des Roten Kaderregiments befehligte, die Geschichte der Eroberung der Tschouping-Fort-Fähre erzählen:

›Von den drei Kolonnen, die (von Kueitschou nach Jünnan) nach Westen vorrückten, war unser Rotes Kaderregiment die mittlere; ihre Aufgabe war es, die Partei- und Regierungsführer zu schützen. Das Kaderregiment bestand aus zwei Infanteriebataillonen und einem Sonderlehrbataillon sowie einer höheren Kadergruppe. Die Angehörigen des Regiments waren – mit Ausnahme derer der höheren Kadergruppe – alles Offiziere im Rang von Kompanie- oder Zugführern – kräftige junge Männer mit reichlichen Kampferfahrungen. Ich führte die 5. Kompanie von 1932 an, bis wir am Ende des Langen Marsches Nordschensi erreichten.

Jünnan war im April heiß genug, daß die Leute in Schweiß gebadet waren. Selbst wenn man nur einen Waffenrock trug, schwitzte man ausgiebig. Auf den nassen Reisfeldern nickte die junge Saat im Wind, wie um uns willkommen zu heißen. Die Hügel zu beiden Seiten waren dicht bewaldet und mit Gras und Blumen bedeckt. Bienen summten zwischen den honigschweren Blüten, und Schmetterlinge flatterten von Blume zu Blume.

Die Frühlingslandschaft war bezaubernd. Uns war es jedoch nicht bestimmt, uns daran zu freuen. Wir konnten nicht zögern, denn hunderttausend Mann Kuomintang-Soldaten waren hinter uns her.

Eines Nachts biwakierten wir in einem Dorf. Um Mitternacht machte ich meine Runde. Als ich an dem Haus vorbeikam, in dem die Regierungs- und Parteiführer untergebracht waren, sah ich drinnen den Schein einer Lampe. Wer von unseren Führern war zu dieser Nachtzeit noch nicht im Bett? Ich wechselte ein Wort mit den Posten, als ein Mann aus dem Raum kam. Als ich näher trat, erkannte ich den Genossen Tschou En-lai. In der Dunkelheit nahm ich Haltung an. »Stellvertretender Vorsitzender, Sie sind noch nicht schlafengegangen?« fragte ich.

»Nein. Ah, Sie sind's? Haben Sie Ihre Runde schon beendet. Kommen Sie herein und plaudern wir.«

Das Haus, früher das Eigentum eines Grundbesitzers, war von besserer Qualität. In dem Raum, in dem der Stellvertretende Vorsitzende wohnte, befanden sich auch eine Handvoll merkwürdig aussehende Stühle und ein dazu passender Tisch. Auf dem Tisch sah ich eine Öllampe und Schreibmaterial sowie ein Papierpaket. An der Wand hing eine große Karte. Der Stellvertretende Vorsitzende studierte im voraus die Marschroute. In dem schwachen Licht der Öllampe erschien sein Gesicht gelb und schmal, seine Augen strahlten nicht so wie sonst. Als wir saßen, fragte er: »Wieviel Mann hat Ihre 5. Kompanie?«

»Wir hatten während der Schlacht bei Tsunji und Tutscheng einige Verluste. Wir sind jetzt noch einhundertzwanzig«, erwiderte ich.

Er fragte weiter nach der Verfassung unserer Kompanie während des Marsches, nach Waffen und Ausrüstung sowie nach der Moral in Reih und Glied. Ich antwortete auf jede seiner Fragen.

Der Stellvertretende Vorsitzende dachte einige Augenblicke nach, dann sagte er lächelnd:

»Ihre Kompanie hat in Tsunji und Tutscheng gut gekämpft. Sie müssen diesen Ruhm in der Zukunft wahren.«

Er öffnete das Paket Biskuits auf dem Tisch und lud mich zum Essen ein. Es war seine Mitternachtsration, die seine Ordonnanz vorbereitet hatte.

»Sie essen besser selbst, Stellvertretender Vorsitzender. Ich habe beim Abendmahl zuviel gegessen und bin ganz satt.«

Er schob mir das Paket zu und drängte mich zu essen. Ich nahm also ein halbes Stück und kaute, während ich auf die nächste Frage wartete. Er stellte aber keine mehr. Schließlich sagte er: »Schön. Es ist schon ziemlich spät. Gehen Sie schlafen.«

Als ich das Zimmer des Stellvertretenden Vorsitzenden verließ, fühlte ich mich verdutzt. Der Stellvertretende Vorsitzende hatte sich nach der Kompanie in allen Einzelheiten erkundigt. Bedeutete das eine allgemeine Überprüfung oder suchte er eine besondere Kompanie, der er eine spezielle Mission anvertrauen wollte? Mein Herz hämmerte schnell. Ich bedauerte, daß ich nicht so kühn gewesen war, um eine Information zu bitten.

Am nächsten Tag marschierte die Truppe nicht. Die Männer benützten die Gelegenheit, sich zu säubern oder sich mit Rationen zu versehen. Einige enthülsten Reis, andere flickten ihre Uniformen, reinigten ihre Gewehre oder schliffen ihre Bajonette. Ich und andere saßen unter dem überhängenden Dach des Hauses, wir flochten Strohsandalen und hörten dem Geplauder zu.

»Der Feind ist hart hinter uns her, aber wir bleiben. Ist das nicht seltsam?«

»Was ist daran so seltsam? Entweder wir warten, bis der Feind herankommt und kämpft, oder wir bereiten uns auf eine wichtige Mission vor.«

»Welche wichtige Mission? Der Marsch auf Kunming oder die Überquerung des Goldsandflusses?« fragte jemand.

Die Frage ließ sie verstummen. Alle sahen mich an.

»Wer weiß? Die führenden Genossen haben keine Richtung genannt«, erwiderte ich.

Am Nachmittag waren die Vorbereitungen fast beendet. Die Uniformen waren gewaschen und geflickt, die Proviantbeutel gefüllt, Gewehre und Bajonette glänzten. Die Männer fragten mich unaufhörlich, warum wir nicht aufbrächen. Ich war selbst beunruhigt, und die Fragen machten mich noch rastloser. Ich ging, um Neuigkeiten zu sammeln.

Das Dorf war mit mehr als 200 Haushalten ziemlich groß. Jetzt war es still und friedlich, die Häuser und Hecken waren von grünen Reisfeldern umgeben. Die Leute lebten keineswegs schlecht, viel besser als die in Kueitschou. Ihrer Tracht nach zu schließen, lebten hier viele Angehörige von Minderheiten. Aus jeder Familie waren die jungen Leute jedoch geflohen, nur die Alten und Kinder waren geblieben. Zweifellos hatten die Kuomintang alle Arten von Lügengerüchten verbreitet; sie machten das immer so, wenn sie besiegt worden waren.

Vor einer verlassenen Volksschule hob ich aus einem Haufen Papierfetzen, die im Wind hin- und hertrieben, eine Karte von Jünnan auf. Wir hatten uns hinsichtlich der Richtung auf die Führung und ihre Weisungen verlassen. Jetzt würde eine, wenn auch noch so einfache Karte helfen. Nun war mir klar, daß wir den Goldsandfluß überschreiten mußten, wenn wir nach Norden wollten, um den Japanern Widerstand zu leisten. Der Goldsandfluß, den der Feind eifersüchtig bewachen würde, konfrontierte uns mit einem weiteren Hindernis. Wenn wir ihn in voller Stärke überschreiten wollten, stand eine grimmige Schlacht bevor.

Auf dem Rückweg kam ich an dem Haus vorbei, in dem die Partei- und Regierungsführer wohnten. Menschen eilten hinaus und hinein. Anscheinend fand eine Besprechung statt. Obwohl ich einige der Leute kannte, hielt ich es nicht für angemessen, Fragen zu stellen. Ich ging zu den anderen Kompanien, sie waren aber genauso verdutzt wie ich. Es hatte den Anschein, als ob eine neue wichtige Frage aufgetaucht sei.

Am Vormittag des dritten Tages sagte man, daß der verfolgende Feind herandränge und mit der Umzingelung beginne. Immer noch kam kein Befehl zum Handeln. Jedermann fühlte sich in wachsendem Maß beunruhigt. Mittags sah ich dann den Regimentsmelder auf die Kompaniegefechtsstelle zukommen.

»Ruft uns der Regimentskommandeur?« fragte ich hastig.

»Wieso wissen Sie das?« fragte der Melder zurück.

Ich wußte sofort, daß es wahr war. Außer mir vor Freude lief ich zum Regimentsstab und zog den Politischen Ausbilder Li mit.

Das Haus war von Menschen überfüllt. Abgesehen vom Regimentskommandeur Tschen Keng und dem Politischen Kommissar Sung Jen-tschiung waren auch verantwortliche Genossen von der Zentralbehörde anwesend, von denen ich einige kannte. Es roch stark nach getrockneten Tabakblättern. Eine Besprechung war im Gang. Als uns der Regimentskommandeur kommen sah, sagte er: »Die Zentralbehörde hat entschieden, daß wir den Goldsandfluß überschreiten; unser Regiment hat die Aufgabe erhalten, die Fähren zu erobern. Wir wiederum haben beschlossen, das II. Bataillon als Vorausabteilung und die 5. Kompanie als Vorhut vorauszuschicken. Ihr Auftrag lautet: die Fähre um jeden Preis und so schnell wie möglich zu erobern und die nachfolgenden Truppen beim Übergang über den Fluß zu decken. Brechen Sie auf, sobald Sie bereit sind!« Er wies auf einen Kameraden in schwarzer Uniform. »Das ist Genosse Li, er führt die Kampfgruppe, die von der Zentralbehörde geschickt wurde, um Ihnen bei der Erfüllung des Auftrags zu helfen. Er wird die Gesamtleitung übernehmen!«

Wir schüttelten dem Genossen Li die Hand, sprachen kurz mit ihm über die Abmarschzeit und kehrten in den Kompaniegefechtsstand zurück.

Die Truppe wurde alarmiert. Nach einer vollen Mahlzeit marschierten wir auf einem Abkürzungsweg zum Goldsandfluß. Ich und der Stellvertretende Bataillonskommandeur Huo Hai-juan marschierten hinter dem Spitzenzug, der Politische Ausbilder und die Kampfgruppe bildeten die Nachhut. Die Kader waren nach den zwei glänzenden Siegen bei Tsunji und Tutscheng in bester Stimmung. Zwei Tage Ruhe hatten sie erfrischt. Als Vorhut der Avantgarde waren sie hocherfreut und marschierten flott. Obwohl der Pfad rauh und stellenweise nicht zu erkennen war und trotz der sengenden Sonne, die den Schweiß aus allen Poren trieb, marschierten sie ohne Pause ein Dutzend Li. Niemand beklagte sich, kein einziger fiel zurück. Sie marschierten die ganze Nacht. Bei Tagesanbruch marschierten sie nach einer kurzen Rast, während der sie den mitgebrachten kalten Reis hinunterschlangen und einige Schluck Wasser tranken, weiter, sie legten über siebzig Li (über 37 Kilometer) zurück. Nach der Ersteigung eines Berges machte die Truppe eine Pause an einer Stelle, etwa 60 Li vom Goldsandfluß entfernt.

Während der Rast planten Genosse Li und ich die Eroberung der Fähre. Wir beschlossen, zuerst die Posten des Gegners auf dieser Flußseite zu überwältigen und die Boote für einen gewaltsamen Übergang zu erobern; dann wollten wir den Gegner auf der anderen Flußseite außer Gefecht setzen und die Fähre schützen, so daß die folgende Hauptmacht übersetzen konnte.

Bei Sonnenuntergang näherten wir uns dem Flußufer. In der Ferne ragte eine pechschwarze Masse auf; wir konnten die Bäume nicht von dem Berghang unterscheiden. Vor den Bergen lag der Goldsandfluß wie ein langes graues Laken. Zwischen den Bergen und dem Fluß glitzerten Lichtpunkte wie die Augen des Feindes, die uns bespähten. Wer wußte, ob uns der Feind nicht schon entdeckt hatte? Vielleicht erwartete er uns bereits. Das machte nichts, wir würden es auf jeden Fall austragen. Jetzt näherten wir uns dem Ufer. Ich gab nach rückwärts den Befehl durch: »Der Goldene Fluß ist erreicht. Fertigmachen zum Gefecht!«

In der Dunkelheit kam der Führer des 1. Zuges keuchend herangelaufen und meldete die Lage. Man hatte festgestellt, daß der Feind von dem Eindringen der Roten Armee in Jünnan erfahren hatte. In der Sorge, daß wir den Übergang über den Goldsandfluß forcieren könnten, hatte er in den letzten Tagen Truppen postiert, die sich auf dem anderen Ufer in einer Linie von Hunderten von Lis erstreckten. Er hielt alle Fähren unter Kontrolle, beschlagnahmte alle Boote, schickte sie ans andere Ufer und brach alle Verbindungen ab. Er sandte Späher in Zivil über den Fluß, um Informationen zu bekommen, heute waren diese Agenten wahrscheinlich wieder unterwegs, um die Bewohner zu erpressen, dabei hatten sie die Boote, in denen sie herübergekommen waren, am Flußufer warten lassen. Als unsere Späher hinunterkamen, sagte ein Bootsmann, der sie wohl für die Agenten hielt, schläfrig: »Ihr seid also zurück?«

»Das sind wir«, erwiderten unsere Späher, nützten ihre Chance blitzschnell aus, und Bootsleute und Boote waren in unserer Hand.

Als der Zugführer fertig war, eilte ich ans Ufer; nachdem ich vor die eingeschüchterten Bootsleute getreten war, versuchte ich herauszuholen, was sie an Informationen über die Lage am anderen Ufer besaßen. Sie stotterten und ergänzten einander. Die so gewonnene Lage war folgende: Am anderen Ufer lag eine kleine Stadt, in dem dortigen Steueramt waren etwa dreißig Polizisten stationiert. An diesem Morgen war eine Kompanie regulärer Truppen eingetroffen und hatte im rechten Flügel der Stadt Quartier bezogen. In der Mitte der Stadt befand sich am Fluß eine steinerne Mole. Sie wurde immer durch einen Polizisten bewacht; seit die Lage jedoch gespannter geworden war, hatte der Gegner dort einen weiteren Mann postiert. Obwohl der Feind fürchtete, daß die Rote Armee den Fluß überschreiten wollte, hielt er das nicht für die Hauptfährstelle. Er glaubte auch nicht, daß die Rote Armee so bald eintreffen würde. Seine Verteidigung war daher ziemlich nachlässig.

Nachdem ich mich mit dem Stellvertretenden Bataillonskommandeur beraten hatte, beschloß ich, sofort überzusetzen. Der Politische Ausbilder verhörte die Bootsleute und versprach ihnen Belohnungen. Diese Leute waren vom Feind ziemlich rauh behandelt worden.

Als sie jetzt sahen, daß sie etwas gewinnen konnten, waren sie voll Eifer. »Zu Ihren Diensten, Herr! Zu Ihren Diensten!«

Ich befahl dem 1. und 2. Zug, mit mir überzusetzen, den Stellvertretenden Bataillonskommandeur, den Politischen Ausbilder und die Kampfgruppe ließ ich zurück. Der 3. Zug sollte am Flußufer patrouillieren und uns durch sein Feuer unterstützen, wenn beim Übersetzen etwas geschah. Der 3. Zug schwärmte längs des Ufers aus und richtete die Gewehre auf die von Lampen erhellte Stadt. Nachdem ich erklärt hatte, was wir nach der Landung oder dann tun würden, wenn sich ein Notfall ergab, bestieg ich mit den Männern des 1. und 2. Zugs die Boote, die dann vom Ufer ablegten. Die Nacht war windig. Auf dem 300 Meter breiten Fluß wurden die Boote von den schnell dahinschießenden Wellen geschüttelt. Einige Männer halfen den Bootsleuten mit den Rudern. Der Rest drängte sich zusammen und umklammerte die Gewehre, daß sie von dem Gischt nicht naß wurden.

Näher und näher kamen wir an das Ufer heran. Die Umrisse der Stadt wurden jetzt sichtbar und die Lichter heller. Man konnte sehen, wie sich Schatten bewegten. Rufe wurden hörbar. Ein wilder Kampf stand bevor. Mein Herz krampfte sich zusammen. Ich umklammerte meine Mauserpistole und schaute gespannt auf die näher kommende Stadt.

Als das Boot am Ufer war, stieß ich die zwei neben mir sitzenden Männer leicht an, sie sprangen schnell hinaus und eilten mit ihren Gewehren die Steinstufen hinauf.

»He, ihr da, warum kommt ihr so spät zurück?« fragte eine heisere Stimme mit Jünnan-Akzent.

Die zwei antworteten nicht sofort, dann hörten wir einen sagen: »Bewegt euch nicht!«

Sobald ich das hörte, führte ich die andern die Stufen hinauf. Ehe die zwei feindlichen Posten erkannten, was los war, waren sie gefangen. Die Überwältigung der Wache glich sehr der der Bootsleute. Ich befahl dem 1. Zug, die Straße hinauf vorzugehen und die regulären Kuomintang-Truppen anzugreifen, der 2. Zug sollte gegen die Polizei vorgehen. Ich blieb auf der Mole und erwartete die Vollzugsmeldung. Die Boote wurden um Verstärkung zurückgeschickt.

Dem Plan zufolge ließ ich einen Melder Binsen suchen und sie am Flußufer als Signal anzünden, daß der Kompanie der Übergang gelungen sei. Das Feuer leuchtete schnell auf und ließ die Wellen glänzen. Nachdem das Signal gegeben war, hing alles davon ab, wie glatt die Züge arbeiteten. Während ich das noch dachte, peitschten einige

Schüsse durch die Straße, dann noch einige – darauf trat Stille ein. Was bedeutete das? Ich wurde schon unruhig, als die Melder des 1. und des 2. Zuges zurückgelaufen kamen.

Wie es schien, hatte sich die Situation folgendermaßen entwickelt: Als der 1. Zug den feindlichen Kompaniegefechtsstand erreichte, rief der Posten: »Wer da?« »Eure eigenen Leute, die Polizei!« antworteten die Gefangenen wie befohlen. Ehe der Posten weitere Fragen stellen konnte, stürmte die vorderste Gruppe auf ihn zu und packte ihn. Nach einem kurzen Verhör drang der Zug in den Hof ein und stürmte auf die einzelnen Räume zu. Sie traten die Türen auf und schrien: »Her mit den Waffen und ihr bleibt am Leben.«

Die feindlichen Soldaten schauten wie gelähmt auf. Dann hoben sie langsam die Hände und sagten verdutzt: »Wir sind erst heute angekommen. Vielleicht ist es ein Mißverständnis.«

»Nur mit der Ruhe«, antworteten unsere Leute. »Das ist kein Mißverständnis. Wir sind die Rote Armee und holen euch!«

Die feindlichen Soldaten sahen einander immer noch verdutzt an, dann gingen sie inmitten der drohenden Bajonette auf den Hof, um dort anzutreten. Nur der feindliche Kompanieführer und einige Offiziere, die sich in einem besonderen Raum aufhielten, entkamen, nachdem sie einige Schüsse abgefeuert hatten. Da es dunkel und der Weg uns unbekannt war, verfolgten wir sie nicht.

Der 2. Zug machte die gleichen Erfahrungen wie der 1. Die Männer verkleideten sich als Steuerzahler und betraten das Steueramt. Die Polizisten wurden wie Fische in einem Netz gefangen, nicht einmal der Hauptmann entkam.

Jetzt hatten wir freie Bahn. Erregt steckte ich die Mauser wieder in die Pistolentasche und befahl den Meldern, am Ufer als zweites Signal ein Freudenfeuer anzuzünden.

Da die Mole erobert war, ging ich gemächlich auf die Stadt zu. Als ich die Füße auf die mit Platten gepflasterte Straße setzte und die dunkle Masse der Häuser sah, überfiel mich ein Gefühl der Erschöpfung, und ich wäre in dem Augenblick sehr froh gewesen, wenn ich einen Platz zum Essen und zum Schlafen gefunden hätte.

Ich wollte mich eben mit dem Politischen Ausbilder beraten, als der Stellvertretende Bataillonskommandeur des Wegs kam.

»Um die Verteidigung der Fähre zu konsolidieren und unsere Kontrolle auszuweiten«, sagte er, »befiehlt der Regimentskommandeur, daß Sie mit Ihren Leuten fünfzig Li längs des Bergpfads nach Huili vorgehen und dort beobachten.«

Die Soldaten traten rasch auf der Straße an. Alle behaupteten, daß sie die Strecke schaffen würden. Und doch wußte ich, daß sie hungrig waren und keine Unze Kraft mehr hatten. Das war auch kein Wunder, denn sie waren 200 Li ohne wirkliche Rast marschiert und hatten nichts als ein paar Mundvoll kalten Reis und Mehlsuppe gegessen. Zum Abkochen blieb jedoch keine Zeit und es war unwahrscheinlich, daß es in der Nähe ein Eßlokal gab. Wir marschierten weiter. Dann bemerkte ich ein Schild vor einem Laden. Ich ging näher und sah ihn mir an. Es war ein Pastetenbäcker. ›Schön‹, dachte ich, ›Pasteten sind besser als nichts.‹

Wir öffneten die Tür und traten ein. Es war pechfinster. Wir riefen nach dem Besitzer, erhielten aber keine Antwort, wahrscheinlich war er geflohen, als er die Schüsse hörte. Wir zündeten eine Lampe an. Auf den Regalen fanden wir eine Menge Backwaren. Die Männer leckten sich die Lippen, immer wieder hoben sie die Backwaren auf und rochen daran. ›Es gibt keine Alternative‹, dachte ich, ›wir werden das Geschäft selbst machen müssen.‹

Wir sammelten alles Gebäck, alles in allem waren es dreißig ›Kattis‹, und verteilten es unter die Männer, für jeden etwa drei Unzen (Unze = 28,35 g). Einige schoben es in den Mund und verzehrten es in Augenblicken. »Aiya – viel zu wenig. Wir wissen nicht einmal, wie es geschmeckt hat«, beklagten sie sich und wischten sich den Mund.

»Murrt nicht! Wenn wir nicht die Vorhutkompanie gewesen wären, hättet ihr nicht einmal das essen können«, tadelte jemand.

Nach dem ›Mahl‹ schrieb der Zahlmeister einen Zettel aus und legte ein Häufchen von etwa 12 Silberdollars auf die Theke. Dann löschten wir das Licht, schlossen die Tür und setzten den Marsch fort.

Als wir die Stadt verlassen hatten, marschierten wir etwa 17 Li einen steinigen Pfad entlang, der auf eine Schlucht links zuführte. Hier erreichten wir eine verhältnismäßig ebene Stelle und beschlossen zu lagern. Die Männer sammelten Brennholz und holten Wasser. Nachdem die Aufgaben der Zubereitung des Essens und des Abkochens von Wasser verteilt waren, legten sich alle schlafen, sie streckten sich am Boden aus und hielten die Gewehre in den Armen.

Einige Zeit verstrich, ehe ich aus dem Schlaf auffuhr. Ich schlug die Augen auf und sah den Stellvertretenden Bataillonskommandeur vor mir stehen.

»Stehen Sie schnell auf, Kompanieführer Hsiao! Marschieren Sie weiter«, sagte er drängend.

Ich setzte mich überrascht auf. »Ist etwas geschehen?« fragte ich.

Der Stellvertretende Bataillonskommandeur zeigte auf den Schatten eines hohen Bergs in der Ferne. »Marschieren Sie auf dem Weg 40 Li weiter und Sie erreichen den Gipfel des Berges«, sagte er. »Wenn der Feind ihn besetzt, würde er uns von diesem Punkt aus ernstlich bedrohen. Der Befehl des Regimentskommandeurs lautet, daß wir ihn noch vor Morgengrauen besetzen müssen und dann weiter vorstoßen, um die Verteidigung der Fähre zu konsolidieren.«

»Unser Regiment und die Partei- und Regierungsführer sollten binnen einem Tag übergesetzt haben. Warum sollten wir die Verteidigung der Fähre verlängern?« fragte ich zweifelnd.

Der Stellvertretende Bataillonskommandeur lächelte. »Für Sie klingt es ganz einfach, aber die Hauptmacht kommt hierher!«

»Was? Kommen das I. und das III. Armeekorps alle hierher?«

»Richtig!« nickte der Stellvertretende Bataillonskommandeur.

Jetzt war alles klar. Die hastige Besprechung der Führer vor dem Marsch, die Sorgen des Stellvertretenden Vorsitzenden Tschou En-lai und seine Fragen nach der Kompanie, sie alle galten nicht nur den Bewegungen der zentralen Abteilung, sondern der der gesamten Armee. Jetzt war die Fähre glücklicherweise in unserer Hand; vor meinem geistigen Auge sah ich, wie unsere Waffenbrüder den Fluß in einem endlosen Strom überquerten. »Der Weg ist durch das Kaderregiment geöffnet worden«, würden sie zueinander sagen. Der Gedanke erregte mich. Dann fühlte ich auch die schwere Verantwortung der Vorhutkompanie. Ich rief die Zugführer zu mir und befahl ihnen, schnell die Verpflegung auszugeben und zum Abmarsch anzutreten.

Die Männer murrten, als sie aus ihren Träumen gerissen wurden und hörten, daß sie sofort abmarschieren sollten. »Wir haben die Fähre erobert und sind über den Fluß gegangen. Wozu jetzt die Eile?« »Es ist so dunkel. Man kann ja den Weg nicht einmal sehen. Es wäre besser, erst zu marschieren, wenn es hell ist.« »Warum die Eile? Hier ist kein Feind. Es gibt keinen Kampf.« Als ihnen der Politische Ausbilder jedoch klarmachte, wie wichtig die Besetzung des Berggipfels und die Konsolidierung der Fährstelle sei, und ihnen zu verstehen gab, daß sie die Vorhut der ganzen Armee seien, änderte sich ihre Haltung sofort.

»Kommt, die vierzig Li schaffen wir auch noch und kampieren auf dem Gipfel des Berges«, rief eine rauhe Stimme.

Das setzte alle in Bewegung.

»Besetzt den Berggipfel! Deckt den Übergang der Armee!«

»Kämpfen wir uns zum Berggipfel durch, heißen wir den ›älteren Bruder‹ willkommen.«

Dann wurde eilig abgekocht, damit man essen und marschieren konnte. Niemand wollte länger bleiben.

Als der Morgen graute, erreichte die Kompanie rechtzeitig den Berggipfel, obwohl alle todmüde waren. Der Berggipfel war eine verhältnismäßig ebene Fläche. In der Ferne erstreckte sich endlos eine Kette kleiner Hügel, auf diese Hügelmasse zu zog sich mäanderartig der Pfad nach Huili hin. Wir beschlossen, die Hügel zu besetzen, die den Pfad in einiger Entfernung von unserer Stellung flankierten. Die zwei Hügel beherrschten den Pfad von Huili zur Fähre.

Als wir uns dem Hügel näherten, schlug die Vorausgruppe Alarm. Zwanzig Minuten nach einem ersten Scharmützel kam der Feind in Schwärmen. Die Lektion kam rechtzeitig. Hätten wir nachts in der Schlucht gelagert, hätten wir bei einem Angriff hangaufwärts einen hohen Preis bezahlen müssen. Der Feind, der die Lage nicht kannte, wagte keinen Angriff. Wir hielten uns ebenfalls ruhig. So standen wir uns gegenüber. Um 16 Uhr kamen die SMG-Kompanie des Sonderlehrbataillons und die 4. Kompanie heran. An ihrer Spitze marschierten Regimentskommandeur Tschen und Politischer Kommissar Sung. Sie schienen sehr glücklich zu sein. »Ihr seid wirklich großartig«, waren die ersten Worte, die sie an uns richteten. Während ich die Stellung des Feindes meldete, beobachtete ich sie mit den Kommandeuren. Kurz darauf befahl der Regimentskommandeur eine Offizierbesprechung unserer sowie der 4. Kompanie und der SMG-Kompanie, um uns unsere Aufgaben zuzuweisen. Unsere Kompanie sollte den Gegner rechts der Straße von der Hügelhöhe herab angreifen, die 4. den Feind links der Straße ebenfalls von der Hügelhöhe aus, während die SMG-Kompanie unseren Leuten von beiden Hügeln her Feuerschutz geben sollte. Nachdem der Feind besiegt war, sollte er verfolgt werden, bis weitere Befehle erteilt wurden.

Unter dem Befehl des Regimentskommandeurs eröffneten die MGs das Feuer, und die Trompete ertönte. Ich führte den Angriff. Der Feind brach zusammen. Entsetzt liefen seine Soldaten durcheinander und verstreuten sich über Berge und Felder. Wir verfolgten sie etwa zwanzig Li weit. Einige wurden im Kampf getötet, einige stellten sich tot, wieder andere stürzten an den Steilhängen zu Tode.

Als wir den Feind zur Rückseite eines Dorfes verfolgten, brachte ein Meldereiter den Befehl des Regimentskommandeurs: »Verfolgung einstellen! An Ort und Stelle biwakieren und beobachten.« Ich ließ die Truppe auf dem Hang an der Rückseite des Dorfs lagern. Wir waren jetzt völlig erschöpft. Einige Soldaten ließen sich einfach fallen und regten sich nicht mehr, sie verlangten nicht einmal Essen oder Wasser. Andere, die sich gesetzt hatten, brachten nicht einmal mehr die Kraft auf, wieder aufzustehen.

Gerade vor dem Zwielicht begannen die Leute plötzlich zu rufen und den Hügel hinunterzulaufen. Ich schaute auf und sah, wie eine große Zahl Soldaten am Fuß des Hügels vorbeikam. Die Vorhut näherte sich schon dem Dorf, während sich die Marschkolonne endlos nach rückwärts erstreckte. Die Männer hatten den Melder sagen hören, daß das das III. Armeekorps sei; sie vergaßen also ihre Müdigkeit und Verschlafenheit, rannten vor und schrien Grüße. Sie kümmerten sich wenig darum, daß ihre Kameraden sie nicht hören konnten.‹[1]

Maos Leibwächter und Bursche Tschen Tschang-feng berichtet ebenfalls über den Tschinscha-Übergang.

›Ich erinner mich, daß es ein Abend im April 1935 war‹, sagte er, ›als wir den Goldsandfluß erreichten; wir waren die Neunte, Erste, Fünfte und Dritte Armeegruppe der Roten Armee sowie das Kaderregiment, die alle zur Ersten Roten Frontarmee gehörten. Der Stab des ZK befand sich ebenfalls bei uns. Der Goldsandfluß war der erste große Fluß, an den wir nach der Überquerung des Wukiang kamen. Er führte Hochwasser, zornige drachenköpfige Wellen bedrohten uns. Allen Führern machte das Problem des Übersetzens große Sorgen, da wir praktisch keinerlei Wasserfahrzeuge zur Verfügung hatten. Vorsitzender Mao befand sich natürlich in der Mitte dieser Diskussion, die die ganze Nacht andauerte. Ich war sein persönlicher Leibwächter. Gerade vor dem Morgengrauen setzte ich mit ihm über. Wir waren kaum gelandet, als er schon zu General Lin Potscheng (dem Stabschef) eilte, um die nächste Phase des Marsches zu planen. Ich machte mich auf die Suche nach einem zeitweiligen Büro und einer Unterkunft für ihn.

Es sah nicht hoffnungsvoll aus. Das Flußufer bestand lediglich aus kahlen Felsen mit einigen Löchern in den Klippen, die von Feuchtigkeit trieften, sie waren kaum groß genug, um Höhlen genannt zu werden. Ich suchte vergeblich nach Planken oder auch nur nach Stroh für ein Bett. Am Ende mußte ich ein Stück Öltuch ausbreiten und die Decken darauf legen; ich hatte das Gefühl, daß wir dem Vorsitzenden wenigstens etwas zum Hinlegen geben mußten – er hatte die ganze Nacht nicht geruht –, genaugenommen hatte er die letzten paar Tage nicht geschlafen.

Meine nächste Aufgabe war es, seine Dokumente bereitzulegen – Karten und Papiere. Gewöhnlich tat ich das mit seinem Sekretär, Genosse Huang, wann immer wir Lager machten. Wir bauten eine Art Tisch oder Schreibtisch auf. Hier gab es jedoch nichts, das wir auch nur als Behelf benützen konnten, und Genosse Huang war noch auf der anderen Seite des Flusses. Ich wußte nicht, was ich tun sollte. Ich versuchte, die Karte auf einer Seite der Höhle zu befestigen, aber es nützte nichts, sie bestand aus Sand und hielt den Nagel nicht; es gab auch keinen Platz, um die Dokumente auszubreiten. Ich hatte bereits genug Zeit vergeudet; ich erwartete Genosse Mao jede Minute von der Besprechung zurück und hatte nicht einmal einen Tropfen abgekochten Wassers bereit. Ich wußte, daß er es nach allem, was er mitgemacht hatte, brauchen würde. Ich verschob also das Problem der Dokumente und eilte hinaus, um zu sehen, was ich wegen des Wassers tun konnte.

Es war heller Tag, als Vorsitzender Mao zurückkam und nach mir sandte. Als ich zur Höhle kam, sah ich, daß er in Gedanken versunken dort stand. »Sie sind zurück!« sagte ich.

»Mhm... alles bereit?«

»Ich habe getan, was ich kann«, sagte ich und wies auf das Bett. »Es gibt keine Bretter, deshalb habe ich das zurechtgemacht. Wollen Sie sich hinlegen? Das Wasser ist gleich fertig.« Ich drehte mich, um nach dem Wasser zu sehen, aber er rief mich zurück.

»Hast du für mich einen Arbeitsplatz gefunden?«

»Genosse Huang ist noch nicht herübergekommen«, sagte ich ohne zu denken. »Ich habe nichts gefunden, das als Schreibtisch zu benützen wäre. Warum ruhen Sie nicht und nehmen zuerst einen Tropfen Wasser?«

Er machte einen Schritt auf mich zu, als ob er mich nicht gehört habe und sagte sehr ernst, aber gar nicht zornig.

»Die Arbeit ist im Augenblick das Allerwichtigste. Ruhe, Essen und Trinken sind Nebensächlichkeiten. Zwanzig- oder dreißigtausend unserer Leute warten noch auf das Übersetzen. Dreißigtausend Menschenleben sind in Gefahr.«

Ich wußte nicht, was ich sagen sollte, ich sah nur den Vorsitzenden Mao an. Das Herz hämmerte mir gegen die Rippen. Er kam zu mir heran und klopfte mir auf die Schulter. »Geh und such mir ein Brett für die Arbeit, ehe du etwas anderes tust.«

Ich riß mich zusammen und lief davon; indem ich überall suchte, fand ich schließlich ein kleines Brett, das wohl als Tür für einen Höhleneingang gedient haben mochte. Vorsitzender Mao half, es aufzustellen, er verkeilte es, um es festzumachen und legte seine Karten und Dokumente darauf. Dann erinnerte ich mich an das Wasser, es mußte jetzt kochen. Ich wollte es eben holen, als mich Vorsitzender Mao wieder ansprach. »Tschen Tschang-feng.«

»Ja.«

»Komm zurück.«

Ich trat wieder in die Höhle und stieg vorsichtig über den ›Schreibtisch‹ weg.

»Ich werde dich bestrafen müssen, weißt du?« sagte er. Obwohl sein Ton sehr sanft war und seine Augen freundlich blickten, knisterte die Atmosphäre vor Spannung. Ich erkannte, daß ich in meiner Aufgabe versagt hatte, und sah ihn sehr unglücklich an.

»Ich will, daß du bei mir und wach bleibst.«

Ich fühlte, wie ich unsicher lächelte, als ich mich ihm gegenübersetzte. »Richtig«, sagte ich.

Er hatte Telegramme und Dokumente über den ganzen Schreibtisch verstreut. Das Feldtelefon, das das Nachrichtenkorps aufgebaut hatte, läutete unaufhörlich, und er war ganz in seine Arbeit versunken. Mir fiel es schwer, die Tränen zurückzuhalten, als ich erkannte, wie ich seine Zeit mit dem Schreibtisch vergeudet hatte; wenn ich meine Aufgabe verstanden hätte, hätte ich alles längst fertig gehabt. Ich war schrecklich schläfrig und hatte ohnehin die Gewohnheit, neben ihm einzunicken, wenn er arbeitete. Ich wußte, was er damit gemeint hatte, er würde mich bestrafen, indem er mich bat, wachzubleiben, obwohl er es nur im Scherz sagte. Als ich aber sah, wie er mit Leib und Seele arbeitete, ohne das leiseste Anzeichen, schlafen zu wollen, ja, als er mich sogar von Zeit zu Zeit mit einem heiteren Lächeln ansah, fühlte ich mich schrecklich unruhig. Nach einer Weile stand ich auf, holte das Wasser und goß etwas zum Abkühlen aus.

Die Zeit, in der man zwei Mahlzeiten hätte essen können, verstrich, ehe der Vorsitzende Mao aufstand und sich streckte.

»Du bist jetzt mehrere Jahre bei mir«, sagte er. »Wieso verstehst du immer noch nicht, was zuerst kommt? Das erste ist, daß du einen Platz findest, wo gearbeitet werden kann, Nahrung und Ruhe kommen erst nachher. Du mußt wissen, daß die Arbeit unter allen Umständen das Wichtigste ist.« Er hielt eine Minute inne, dann rieb er die Hand über meinen Kopf. »Du mußt etwas schlafen«, sagte er. »Du kannst ja kaum mehr die Augen offenhalten.« ›[2]

Ein weiterer Bericht besagt, daß sich an der Fähre nur ein Boot befunden habe und daß zwei weitere an der zweiunddreißig Kilometer entfernten nächsten Fährstelle erbeutet wurden.

›Mit diesen drei Booten wurden alle Männer und Pferde in neun Tagen und neun Nächten Fährarbeit übergesetzt. Als der Feind entdeckte, was geschehen war, schickte er eilig Truppen zum Fluß – aber die Rote Armee hatte bereits die Boote verbrannt und marschierte nach Norden.‹[3]

Hsu Meng-tschiu zufolge wurde ein feindlicher Melder mit dem Befehl, die Boote zu verbrennen, gefangen, er führte die Kommunisten zu dem einzigen Boot, das an der Fähre geblieben war, während vier weitere Boote später entdeckt wurden.[4]

Tschu Teh berichtete Agnes Smedley, daß Liu Po-Tschengs Vorhuten Tschouping-Fort am 4. Mai erreichten, ›die erstaunte Szetschuan-Garnison entwaffneten, neun große Boote, Waffen, Munition und Lebensmittellager sowie die gesamten Kriegspläne und Befehle Tschiang Kai-scheks erbeuteten‹. Li Tschang-tschuan behauptet, daß sechs kleine Boote, alle beschädigt, für den Übergang erbeutet wurden.[5] Snows Bericht nennt ›sechs große Boote‹, die neun Tage um die Uhr arbeiteten, um die Rote Armee überzusetzen, ohne dabei einen einzigen Mann zu verlieren:

»Als Tschiangs Streitkräfte den Fluß zwei Tage später erreichten, riefen ihnen die Nachhuten ihrer Feinde vom Nordufer aus höhnend zu, sie sollten doch herüberkommen, das Schwimmen sei großartig.

Die Regierungstruppen mußten einen Umweg von mehr als 200 Li zur nächsten Übergangsstelle machen, und die Roten schüttelten sie derart von der Fährte ab. Rasend vor Wut flog der Generalissimus jetzt nach Szetschuan, wo er neue Streitkräfte in den Weg der herankommenden ›Horde‹ in Bewegung setzte. Er hoffte, sie an einem strategisch günstigeren Fluß, dem großen Tatu, abzuschneiden.‹[6]

Lo Ping-huis Nachhut wurde jedoch abgeschnitten, sie setzte weiter flußabwärts via Tungtschuan (oder Hueitse) mittels einer Kriegslist über, so daß sie das Dienstsiegel des örtlichen Magistrats in ihren Besitz brachte und eine Anweisung für die Bootsleute fälschte, hundert Boote für die in feindliche Uniformen verkleideten Kommunisten bereitzustellen.[7]

In der Rückschau auf dieses dramatische Entkommen aus einer weiteren Kuomintangfalle muß man sich wundern, wieso die Kuomintang-Luftwaffe einen so viele Tage erfordernden Übergang ohne Verluste geschehen ließ. Jerome Ch'en, der den Übergang auf den 1.–9. Mai festsetzt, bemerkt, daß ›diese acht Tage und acht Nächte ohne ernstliche Belästigung durch Lung Juns-Truppen andeuten, daß Lung (der Kriegsherr von Jünnan) hinsichtlich der Kommunisten eine neutrale Haltung einnahm und seine Position vielleicht nach 1949 erklären wird.‹[8] Lung revoltierte später gegen Tschiang Kai-schek und wurde Stellvertretender Vorsitzender des Nationalen Verteidigungsrats und Stellvertretender Vorsitzender des Verwaltungskomitees Südwest der Chinesischen Volksrepublik. Der Übergang über den Tschinscha dürfte ein weiterer Fall sein, in dem das Überleben der Roten Armee einer Kombination von kommunistischem kühnem Wagemut auf der einen Seite – und einer zweideutigen Haltung der sogenannten Alliierten der Kuomintang auf der anderen – zuzuschreiben war.

Mao konnte sich jedoch noch nicht beglückwünschen. Ein Blick auf die Karte wird zeigen, wie optimistisch die Vorstellung war, daß die Rote Armee die Kuomintang von den Bergfestungen dieses Teils von Szetschuan aus herausfordern würde, eingeklemmt zwischen drei großen Flüssen, dem Tschinscha (oder Jangtse), dem Min und dem Tatu. Es schien unfaßbar, daß Tschiang diese von der Natur so großzügig ausgestattete Verteidigungslinie nicht hatte halten können. Die Falle von Szetschuan sah noch viel gefährlicher aus als die von Jünnan oder Kueitschou. Konnten sich die Kommunisten als genauso gewiegte Strategen gegen die Natur erweisen, wie sie das gegen die Kuomintang getan hatten?

14   Das Land der Lolos

Ehe die Kommunisten, die 60000–70000 zählten, auch nur versuchen konnten, aus der Falle des Tatu-Min-Jangtse-Tschinscha-Flußsystems zu entkommen, mußten sie eine völlig neue Art von Feind besiegen. Die Gebirge von Sikiang, die sie auf der Straße, auf der einst die Armeen Kublai Khans gezogen waren, Anfang Mai 1935 überqueren mußten, wurden von Nicht-Han, das soll heißen, von nichtchinesischen Stämmen mehr oder weniger primitiver Kultur, bewohnt. Einige waren allen Hans oder Chinesen feindlich, alle aber mißtrauten jedem Fremden. Nur wenige chinesische Armeen hatten das Gebiet je ohne schwere Verluste durchzogen.

Das Gelände selbst bot genug Gefahren. Der schreckliche Feuerberg, wo kein Baum, kein Strauch, ja kein Grashalm wuchsen und wo kein Tropfen Wasser zu finden war, mußte erstiegen werden. Tung Pi-wu, der alte Parteimann mit dem herabhängenden Schnurrbart, tröstete die Teenager in der Kolonne – die ›kleinen Teufel‹ –, indem er ihnen die uralte Legende von dem Affen erzählte, der auf dem Weg nach Indien und der Suche nach buddhistischen Manuskripten den gleichen Berg überquert hatte. Der Berg war so feurig, daß alle Haare an der Sitzfläche des Affen abgesengt wurden – was der Grund ist, warum Affen bis auf den heutigen Tag nackte Hinterteile haben.

»Wenn das wahr ist«, erwiderte einer der ›kleinen Teufel‹ der Roten Armee, »warum ist dann dein langer Schnurrbart nicht abgebrannt?«

Der Alte Tung versuchte aber, ihnen mit der Moral Mut zu machen, daß wenn der Affe den Feuerberg überleben konnte, das ihnen auch möglich sein würde.[1]

Wasser fand man schließlich in den verstreuten Bergdörfern mit ihren terrassierten Reis- und Zuckerrohrfeldern, nahe den Flüssen, denen die Rote Armee nun nach einer kurzen Tagung des Politbüros in Hueili nach Norden zum Tatu folgten. Ihr Marschweg führte über Tehtschang und Sitschang am Anning nach Mienning und Juehsi. Das war jedoch das Land der gefürchteten Lolos, eines der Ji-Stämme. Wie ein Chronist es ausdrückt, mißt das Land der Lolos von Süden nach Norden 110 Lis (etwa 63 Kilometer); niemand weiß jedoch, wie weit es sich von Osten nach Westen erstreckt, weil es noch niemand in dieser Richtung durchquert hatte.[2]

Zeitgenössischen chinesischen Berichten zufolge gab es zwei Arten von Lolos – die ›Schwarzen‹ und die ›Weißen Knochen‹. Die Weißen waren die Sklaven der Schwarzen, die den Adel darstellten. Zu den Weißen gehörten auch einige Nachkommen der Hans oder Chinesen. Während die Weißen gewisse Artikel herstellen und etwas Handel treiben konnten, standen sie ständig unter der Kontrolle der Schwarzen und durften nie Ehen mit ihren schwarzen Herren schließen. Obwohl die Lolos nach chinesischen Maßstäben ›Barbaren‹ waren, waren sie doch gerissen genug, um Fremde auszubeuten. Sie waren auch tapfere Krieger, wie ihr hartnäckiges Ausharren in diesem Teil von Sikiang trotz wiederholter Han-Invasionen bewies. Sie waren das Äquivalent der amerikanischen Indianer in den Sagas der europäischen Kolonisation des amerikanischen Westens.

Die Lolos bauten Getreide an, aber nicht genug für das ganze Jahr, so daß sie in die Täler kommen und die Hans berauben mußten, wenn ihnen die Nahrung ausging. Bewaffnet waren sie mit einigen Mausern und Gewehren – aber auch Messern, Speeren und Äxten, in deren Gebrauch die Männer sehr geschickt waren. Manchmal säumten Stammesangehörige den Pfad der Roten Armee und sahen sie vorbeiziehen; die meisten waren barfuß, einige trugen Hanfschuhe, ihre Tracht war ein befremdliches Sortiment von Kleidungsstücken, die sie den Hans geraubt hatten.

Die Kommunisten nahmen den Minderheiten gegenüber, die verschiedene Teile Chinas bewohnten, eine aufgeklärte Haltung ein, sie betrachteten sie, wenigstens der Theorie nach, als den Chinesen gleichgestellt und als Menschen, die besonders unter der Klassenausbeutung gelitten hatten. Sie hatten bereits früher auf dem Langen Marsch die Stammesgebiete der Miao und der Schan in Kueitschou und Jünnan durchquert, sie hatten sich mit ihnen angefreundet und Rekruten aus ihren Reihen gewonnen. Als sie nach Mienning, einer Stadt der Han-Leute, kamen, fanden sie ein Gefängnis voll angeketteter Lolos; nach ihrer üblichen Praxis ließen sie sie frei. Die Städter waren damit gar nicht einverstanden und erhoben wiederholt Einwände. Die Regierungsbeamten und der Adel der Stadt waren vor der Roten Armee geflohen und kamen in das Lolo-Gebiet, wo sie schlecht behandelt und ausgeraubt wurden. Der Distriktchef wurde von den Lolos getötet und die Frau eines Sektionschefs nackt in die Stadt zurückgeschickt.

Die Kommunisten wollten in die Hsiaohsing-Berge jenseits des Territoriums der Lolos steigen, die ihren Durchzug gewaltsam zu hindern versuchten. Hier hatten die Taiping-Rebellen vor siebzig Jahren am Vorabend ihrer Vernichtung einen Pfad bahnen wollen. Hsu Meng-tschiu erklärt, daß in Tatschou, an der Grenze der chinesischen und der Lolo-Bezirke, die Leute der Stadt davongelaufen waren; die Lolos hatten davon gehört und planten herunterzukommen, um sie zu fangen und all ihre Habe wegzunehmen. ›Die Leute flehten die Rote Armee an, sie gegen die Lolos zu verteidigen. Wir hatten keine Alternative und besiegten die Lolos.‹[3]

Die Roten kamen aber schließlich mit den Lolos zurecht. Hsiao Hua erinnert sich:

›Kurze Zeit, nachdem wir in das Ji-Gebiet gekommen waren, sahen wir Tausende von Menschen auf den Berghängen. Sie schwangen selbstgefertigte Schrotflinten, Speere und Keulen, sie schrien und rannten in den Wäldern herum und versuchten offensichtlich, die Rote Armee aufzuhalten. Wir waren gezwungen, unsere Reihen dichter zu schließen und unseren Marsch sehr vorsichtig fortzusetzen, um gegen einen Überraschungsangriff gewappnet zu sein.

Als wir Kumatsu, einen Ort etwa 30 Li innerhalb des Ji-Gebiets, erreichten, wurde unser Weg durch eine große Zahl Menschen blokkiert, und wir mußten halten. Sie schrien Worte, die wir nicht verstehen konnten, aber ihre Gesten und die erregten Mienen schienen anzudeuten, daß ein bewaffneter Zusammenstoß unvermeidlich war, wenn wir unseren Weitermarsch erzwingen wollten. In diesem Augenblick kamen von rückwärts überraschende Meldungen, die die gespannte Lage noch verschärften. Die Pionierkompanie, die hinter der Hauptmacht marschierte und etwa hundert Meter zurückblieb, war von den Jis angegriffen worden. Unsere Leute waren unbewaffnet, all ihr Brückenbaugerät und ihre sonstige Ausrüstung waren geraubt worden. Die Jis zogen ihnen sogar die Uniformen aus, verletzten sie jedoch nicht. Schließlich wurden die Pioniere gezwungen, das Ji-Gebiet zu verlassen und zum Ausgangspunkt zurückzukehren.

Sobald unsere Vorausabteilung hielt, rückten die Ji-Leute von allen Seiten heran. Wir baten den Dolmetscher, ihnen zu erklären, daß sich die Rote Armee völlig von den Kuomintang-Truppen unterscheide und daß es ihr einziger Zweck sei, auf dem Marsch nach Norden das Ji-Gebiet zu passieren. Sie würden die Jis weder töten noch berauben, ja, nicht einmal eine Nacht in ihrem Gebiet bleiben. Trotz dieser Erklärungen fuchtelten die Jis weiter mit Händen und Waffen und setzten ihre Proteste fort. »Kein Durchzug!« und »Bezahlt uns, wenn ihr durch wollt.« Wir beschlossen, ihnen 500 Silberdollars zu bieten, damit wir friedlich durchziehen könnten. Als sie das Geld sahen, stürzten alle vor, um es zu packen. Nachdem wir mehrere Tausend Dollar verteilt hatten, forderten sie immer noch mehr.

Inmitten dieser Verwirrung sahen wir vor uns an der Mündung des engen Tals eine Staubwolke aufsteigen. Ein schwarzes Maultier kam an der Spitze einer Gruppe Maultiere und Pferde auf uns zugaloppiert. Auf dem Maultier saß ein großer, über 50 Jahre alter Ji. Er war leicht gebräunt und hatte ein Leinencape über den Rücken geworfen. Die lärmende Menge beruhigte sich etwas, als er näher kam. Man sagte mir, daß der Mann der vierte Onkel Hsiao Jeh-tans, des Häuptlings des örtlichen Ji-Stamms, sei.

Als ich diesen Häuptling vor mir hatte, dachte ich, die Zeit sei gekommen, das Problem zu diskutieren und eine geeignete Lösung zu finden. Ich sagte dem Dolmetscher, er solle ihm mitteilen, der Kommandeur der Roten Armee wolle mit ihm sprechen. Der alte Ji, der Onkel von Häuptling Hsiao Jeh-tan, war gern damit einverstanden. Er sprang vom Maultier und winkte der Menge, sie solle sich zerstreuen.

Ich erklärte, daß die Rote Armee für die Bedrückten kämpfe und daß unser Zweck, das Ji-Gebiet zu betreten, lediglich der sei, unse-

ren Marsch nach Norden fortzusetzen, die Leute hier wollten wir
nicht belästigen. Da ich wußte, daß die Jis die Blutsbrüderschaft hoch
in Ehren hielten, sagte ich ihm, Kommandeur Liu Po-tscheng, der
persönlich eine große Armee in einer Expedition nach Norden führe,
komme hier durch und wolle gern der Schwurbruder des Häuptlings
Jis werden. Hsiao Jeh-tans Onkel hörte sich meine Erklärungen für
unser Betreten des Gebiets an und sah ziemlich zweifelnd drein.
Seine Zweifel schwanden jedoch, als er sich die disziplinierten Männer der Roten Armee ansah und keine Anzeichen für ein Morden
oder Plündern entdeckte, wie das von den Regierungstruppen der
Kuomintangs geübt wurde. Beruhigt begann er zu lächeln, als er
dachte, daß der Kommandeur einer großen Armee ein Bündnis mit
dem Ji-Häuptling eingehen wollte, und gab seine Einwilligung.
Beide Parteien glaubten, aus der Allianz Nutzen zu ziehen. Längs der
Marschroute der Roten Armee lebten zwei Ji-Stämme, die Kuchi
und die Lohung, die unaufhörlich gegeneinander Krieg führten. Der
Häuptling des Kuchi-Stamms, Hsiao Jeh-tan, hoffte, sich durch ein
Bündnis mit der Roten Armee Hilfe für die Besiegung des Lohung-
Stamms zu sichern. Wir hatten jedoch lediglich die Absicht, die
Schwierigkeiten auf unserem Marschweg zu glätten. Als Zeichen der
Aufrichtigkeit schenkten wir ihm eine Pistole und mehrere Gewehre,
als Gegengabe überreichte er uns sein Reittier, das schwarze Maul-
tier.

So kamen die Verhandlungen zu einem erfolgreichen Abschluß.
Als ich die Kommandeure Liu Po-tscheng und Nieh Jung-tschen
aufsuchte, machten sie sich eben große Sorgen wegen der Möglichkeit eines Konflikts zwischen der Roten Armee und den Jis. Wenn
die Vorhut kein Abkommen mit den Jis erzielte, wäre es für die
Hauptmacht der Roten Armee unmöglich gewesen, friedlich durch-
zuziehen. Jeder bemühte sich um einen Plan für einen friedlichen
Durchmarsch. Sie waren außer sich vor Freude, als ich von unseren
erfolgreichen Verhandlungen berichtete. Kommandeur Liu Po-
tscheng bestieg sofort sein Pferd und ritt Hsiao Jeh-tan entgegen.
Um der Vereinigung mit dem Brudervolk der Jis willen und um der
Hauptmasse der Roten Armee den friedlichen Durchmarsch zu ermöglichen, war er bereit, beim Abschluß des Bündnisses die führende Rolle zu spielen.

Als Kommandeur Liu Po-tscheng an die Spitze der Kolonne der
Roten Armee geritten kam, traten Hsiao Jeh-tan und andere Häupt-
linge eilig vor, um ihn zu begrüßen. Als ich Kommandeur Liu vor-
stellte, fiel Hsiao Jeh-tan zur Begrüßung auf die Knie. Kommandeur

Liu stieg ab und half Hsiao Jehtan liebenswürdig wieder auf die Füße. Dann wiederholte er den Zweck der Roten Armee beim Betreten des Gebiets der Jis und seine Bereitschaft, Hsiao Jeh-tans Schwurbruder zu werden.

Die Vorbereitungen für die Zeremonie waren höchst einfach. Man beschaffte zwei Schüsseln mit Wasser und einen riesigen, majestätisch aussehenden Hahn. Der Schnabel des Hahns wurde zerbrochen, man spritzte das frische Blut in die Schüsseln, so daß es das Wasser färbte. Die Zeremonie sollte an einem See in dem kleinen Gebirgstal abgehalten werden. In dem völlig klaren Wasser des Sees spiegelten sich die dichten Wälder. Eine Frühlingsbrise kräuselte das Wasser, das leise gegen die Felsen des Ufers plätscherte; es klang wie der Rhythmus eines Preislieds zur Feier des kommenden Ereignisses.

Als alles bereit war, traten Kommandeur Liu, Hsiao Jeh-tan und sein Onkel an das Ufer des Sees. Die drei Männer knieten nieder, vor ihnen waren die Schüsseln mit Wasser und Hühnerblut...

Kommandeur Liu hielt eine der Schüsseln hoch, während er laut seinen Eid rief. »Bei dem Himmel über und der Erde unter mir – schwöre ich, Liu Po-tscheng, daß ich bereit bin, der Schwurbruder Hsiao Jeh-tans zu werden...« Sobald er das gesagt hatte, trank er das blutige Wasser auf einen Zug. Hsiao Jeh-tan und sein Onkel nahmen die andere Schüssel und leerten sie genauso. Die Zeremonie war zu Ende...[4]

Da es schon spät war, konnte die Rote Armee das Gebiet der Jis vor Einbruch der Nacht nicht mehr passieren. Die Führer der Vorhut beschlossen daher, sich 30 Li aus dem Gebiet zurückzuziehen und die Nacht über in Tatschiao, im Gebiet der Han-Leute, zu bleiben. Hsiao Jeh-tan und sein Onkel wurden im Lagerzentrum der Roten Armee als Ehrengäste herzlich willkommen geheißen. Da wir wußten, daß die Jis starke Trinker waren, kauften wir allen Wein in dem nahen Dorf, aber selbst nachdem alle Weinkrüge geleert waren, schienen unsere Gäste nur leicht betrunken.‹[5]

Einem anderen Bericht zufolge unternahm Liu Po-tscheng die Zeremonie der ›drei Kniefälle und der neun Kotaus‹, ehe er eine Audienz bei der Lolo-Kaiserin erreichte, der er dann 200 Gewehre und 1000 Silberdollars für die Erlaubnis gab, das Lololand durchziehen zu dürfen.

Die Rote Armee durfte darauf passieren, aber bei jedem Schritt achtete man darauf, daß sie all ihre Bedürfnisse bei den ›Barbaren‹ mit Münzen und nicht mit Papiergeld erlangten. Hsu Meng-tschiu erzählte Nym Wales später: ›Die Lolos waren hervorragend im Beschlagnahmen, und wir waren wirklich nicht glücklich, als wir jemand fanden, der das besser konnte als wir selbst. Die ganze Truppe wurde mobilisiert, um den Lolos Geschenke zu überreichen, unseren Durchmarsch zu erkaufen, aber diese Leute waren nie zufrieden und nahmen mehr und mehr. Sie schauten in die Taschen unserer Soldaten und zogen ihnen sogar sehr derb die Kleidungsstücke herunter. Tatsächlich schleppten sie alles Tragbare weg, das die Rote Armee erübrigen konnte. Wir konnten unser Leben aber nur retten, indem wir lächelten und alles ertrugen. Wir wollten um jeden Preis mit ihnen freundlich bleiben und mußten äußerst vorsichtig sein.

Sie hatten sehr viele Tabus, wir mußten lernen, was diese waren und sie beachten. Wir betraten nie eines ihrer Häuser. Eines ihrer Tabus war, daß niemand die eisernen Gefäße berührte, in denen sie kochten.‹[6]

Edgar Snow hörte etwas mehr von den Argumenten, die Liu in seiner Konfrontation mit Hsiao Jao-da (oder Hsiao Jeh-tan) brauchte. ›Die Lolos‹, so sagte er, ›widersetzten sich den Kriegsherren Liu Hsiang, Liu Wen-hui und der Kuomintang, genauso wie die Roten. Die Lolos wollten ihre Unabhängigkeit bewahren; die Roten begünstigten die Autonomie aller nationalen Minderheiten in China.

Die Lolos haßten die Chinesen, weil sie von ihnen unterdrückt worden waren, aber für sie gab es ›Weiße‹ Chinesen und ›Rote‹ Chinesen, genauso wie es ›Weiße‹ Lolos und ›Schwarze‹ Lolos gab, und es waren die Weißen Chinesen, die die Lolos immer erschlagen und unterdrückt hatten. Sollten sich nicht die Roten Chinesen und die Schwarzen Lolos gegen ihre gemeinsamen Feinde, die Weißen Chinesen vereinigen? Die Lolos hörten interessiert zu. Listig baten sie um Waffen und Munition, um ihre Freiheit beschützen und den Roten Chinesen beim Kampf gegen die Weißen helfen zu können. Zu ihrem Erstaunen gaben ihnen die Roten beides.

Und so kam es, daß nicht nur ein schneller, sondern auch politisch nützlicher Durchzug zustande kam. Hunderte von Lolos schlossen sich den Roten Chinesen auf dem Marsch zum Tatu zum Kampf gegen den gemeinsamen Feind an. Einige Lolos machten den Marsch bis zu seinem Ende im Nordwesten mit.

Liu Po-tscheng trank das Blut eines frisch geschlachteten Hahns vor dem Oberhäuptling der Lolos, der ebenfalls trank, sie schworen sich auf diese Stammesart Brüderschaft. Durch dieses Gelübde erklärten die Roten, daß – wer immer die Bedingungen des Bündnisses verletzte – so schwach und so feige sei wie ein Huhn.[7]

Einer der drei Lolos oder Jis, die die Roten rekrutierten (er wurde
später Oberst), erzählte seine eigene Geschichte von der Ankunft
der Kommunisten:

›Im März 1934 rebellierten wir Jis und die armen Han-Leute im
Kreis Juehsi gleichzeitig in den drei Bezirken Haitang, Wangtschia-
tang und Paoan, da wir die grausame Herrschaft und die Ausbeutung
der reaktionären Kuomintang-Regierung nicht mehr ertragen konnten. 4000 Mann stark vernichteten wir die drei Kompanien der Vier-
undzwanzigsten Kuomintang-Armee und schlossen die Kreisstadt
drei Tage lang ein. Bald nachdem wir in die Stadt eingedrungen waren, schickte der Feind Verstärkung aus Sitschang. Wir erlitten einen
Rückschlag und mußten uns zurückziehen. Wir bezogen Deckung in
einem Bergwald im Ostteil des Landes. Im April 1935 hörten wir
Gerüchte, daß die Rote Armee komme.

Ein Gerücht besagte, daß die Kuomintang-Truppen auseinander-
liefen und die Landbesitzer und die Reichen in der Stadt ebenfalls
eilig abreisten. Einige sagten, die Rote Armee werde mit der Kuomintang und den Landbesitzern kämpfen und den Armen Gutes tun;
andere schilderten die Rote Armee jedoch als Mörder und Plünde-
rer. Waren sie wirklich Soldaten, die für die Armen gegen die Kuomintang kämpften? Oder betrugen sie sich wie die Kuomintang-
Truppen? Wir konnten es nicht wissen. Schließlich schickten wir drei
Männer als Kundschafter aus. Ihre Berichte bestätigten den Rückzug
der Kuomintang-Truppen, die Abreise der reichen Familien und die
erwartete Ankunft der Roten Armee. Lokale Kuomintang-Beamte
bemühten sich, die Leute zum Abzug zu zwingen, sie sagten, die Rote
Armee und die Kommunisten würden alles in Gemeinbesitz nehmen, das Eigentum, die Frauen, kurz alles, und sie verboten es, Fragen nach der Roten Armee zu stellen. Da sie die wirkliche Lage nicht
erkannten, waren einige Leute schon auf und davon.

Was wußten wir letzten Endes tatsächlich von der Roten Armee?
Man konnte nur vermuten. Etwas wußten wir jedoch: die Rote Armee kämpfte gegen die Kuomintang. Warum sollten diese Bestien
und Mörder sonst in solcher Hast fliehen? Weil dem so war, war es
dann nicht richtig, daß wir der Roten Armee in ihrem Kampf gegen
die Kuomintang halfen? Deshalb verließen wir die Berge und kehrten in die Stadt zurück. Juehsi bot ein Bild des Jammers. Wer sich
der Kuomintang und den Landbesitzern widersetzt hatte, wurde umgebracht. Die Truppen hatten die Bewohner vor ihrer Flucht ausge-
plündert. Viele Häuser waren ein Trümmerhaufen, die Türen standen weit offen. Die verlassenen Straßen waren mit Ziegelscherben,

Brettern, Stroh und Fetzen übersät. Aus Angst vor kommendem Unheil verriegelten die Leute ihre Türen und schlossen die Fenster.

Eines Morgens fragten wir, immer noch auf der Suche nach Information, in einem Geschäft nach der Roten Armee, als wir aus der Ferne Hufschlag hörten. Wir spähten hinaus und sahen fünf Pferde herankommen, auf jedem saß ein kriegerisch aussehender junger Mann in einem schwarzen Uniformrock, einer achteckigen Schirmmütze mit einem roten Stern auf dem Kopf, Strohsandalen an den Füßen, ein Gewehr um die Schulter gehängt und einen Patronengurt um die Taille. Als sie uns sahen, stiegen sie ab.

»Freunde«, sagten sie lächelnd und gingen auf uns zu, »was man euch auch gesagt hat, ihr braucht euch nicht vor uns zu fürchten.«

Wir waren noch unsicher, da wir aber sahen, daß sie freundlich waren, gingen wir ihnen entgegen.

»Fürchtet euch nicht, Landsleute. Wir sind die Rote Armee, die zum Wohl der Minderheiten arbeitet und die reaktionären Kuomintang-Truppen vernichtet.«

»Die Rote Armee«, sagten wir überrascht und umringten sofort die fünf sanft aussehenden Soldaten. Wir faßten uns an der Hand und prüften einander, sie schauten auf unsere Haarknoten und unsere Gewänder und wir auf ihren roten Stern.

»Wir bekamen Nachricht, daß unsere Landsleute und besonders unsere Ji-Brüder (das erste Mal, daß wir einen so liebevollen Gruß hörten) von den Kuomintang-Reaktionären hart bedrückt werden. Wir sind sicher, daß ihr durch die Gerüchte erschreckt seid, die der Feind vor seiner Flucht verbreitete. Hoffentlich setzt ihr euer normales Leben fort. Wir werden einige Tage hier bleiben und garantieren euch, daß ihr keinen Schaden erleiden werdet.«

Lächelnd schüttelten sie uns die Hände, von einer Menge begleitet, die sich bei der Nachricht versammelt hatte, besuchten sie die Familien in der Stadt. Allmählich wurden die Geschäfte in der Stadt wieder geöffnet. Die Nachricht von der Ankunft der Roten Armee flog von Mund zu Mund.

Am Nachmittag rückte die Rote Armee mit klingendem Spiel in die Stadt ein, die Einwohner klatschten und sahen sie neugierig an. Einige Rote Kämpfer trugen Zivil, sie alle sahen aber frisch und kräftig aus, lächelten und winkten den Leuten im Vorbeimarsch zu. Sie betraten keines der Wohnhäuser, sondern marschierten zum Trommelturm weiter, wo sie sich zur Ruhe setzten. Sofort sammelte sich die Menge um sie. Die Roten Kämpfer sprachen mit uns, einige nahmen Kinder auf den Schoß und liebkosten sie. Als immer mehr

Menschen auftauchten und die Soldaten umgaben, stieg ein Kämpfer mit einer Mauserpistole in der Pistolentasche auf die Plattform und wandte sich an die Versammlung.

»Landsleute! Wir sind die Chinesische Rote Armee der Bauern und Soldaten, die durch die KPCh geführt wird. Einst waren wir so wie ihr, arme Leute, die unter der Bedrückung der reaktionären Beamten, Landbesitzer und Kapitalisten litten. Als wir diese Leiden nicht mehr ertragen konnten, schlossen wir uns der Roten Armee an. Wenn wir die Kuomintang-Reaktionäre nicht stürzen und ganz China befreien, wird niemand in Friede und Glück leben können. Jetzt fallen die japanischen Imperialisten in unser Land ein und die Tschiang Kai-schek-Regierung will ihnen keinen Widerstand leisten. Um die Nation zu retten, ziehen wir nach Norden, um gegen die Japaner zu kämpfen. Wir heißen unsere Brüder von allen Nationalitäten willkommen, die sich dem Vaterland verpflichten und der Roten Armee beitreten.«

Die Menge regte sich. Die Begriffe ›Der Armee beitreten!‹ ›Gegen die Reaktionäre kämpfen!‹ und ›Gegen die japanischen Imperialisten kämpfen!‹ waren ihnen neu.

Ich fühlte mich bewegt und in Hochstimmung. Sie waren wirklich gekommen, um gegen die Kuomintang zu kämpfen. Ich war bereit, meinen Namen einzuschreiben; nach einer reiflichen Überlegung beschloß ich jedoch, noch etwas zu warten, ehe ich meine Entscheidung traf.

»Schaut! Die Rote Armee öffnet das Gefängnis! Beeilt euch!« Leute liefen schreiend zu dem Hauptquartier der Kreisregierung. Als ich ankam, war das Gebäude bereits völlig überfüllt. Auf dem Gang und im Hof brannten Feuer, in die die Soldaten, deren Gesichter vom Feuerschein gerötet waren, Bündel reaktionärer Akten warfen. Als wir sie sahen, waren wir sehr glücklich. Immer wieder erklangen Rufe »Lang lebe die Rote Armee!«

Einen riesigen Balken aufnehmend, rückte eine Abteilung stämmiger Burschen der Roten Armee auf das hohe düstere Eisentor des Gefängnisses zu und machte dort halt. Dann befahl einer »Fertig – los!«

›Bang!‹ Der Balken krachte gegen das Tor, das zerbrach und krachend zu Boden fiel.

»Lang lebe die Rote Armee! Lang lebe die Rote Armee!«

Gespannt vor Aufregung zwängte ich mich durch die Menge auf das Gefängnis zu. Drinnen war es schrecklich dunkel. Aus der Dunkelheit kam ein widerlicher Geruch, der einem den Magen umdrehte. Die Roten Kämpfer gingen mit Fackeln und Hämmern unbeirrt hinein – dabei riefen sie:

»Landsleute! Wie habt ihr gelitten! Wir sind die Rote Armee. Wir sind gekommen, um euch zu retten!«

Ich folgte ihnen hinein. Wie herzzerreißend war der Anblick! Dünn wie verwelkte Reben mit langem, unordentlichem Haar lagen sie völlig nackt oder bestenfalls mit einem Fetzen um die Lenden in einer Mischung von Schlamm, Exkrementen und fauligem Wasser. Sie waren aneinandergekettet und an Händen und Füßen gefesselt. Einige waren tot. Die Roten Kämpfer schlugen vorsichtig die Ketten herunter und trugen sie an die frische Luft. Ich und viele andere halfen. Insgesamt brachten wir zweihundert heraus. Es waren die Führer der verschiedenen Stämme von Juehsi, Puhsiungngole, Ahou und Kuotschi. Zum Teil waren sie schon ein Dutzend Jahre im Gefängnis. Zahllose Gefangene waren auf verschiedene Art zu Tode gefoltert worden. Und weshalb das alles? Weil sie die Politik der Kuomintang, ›die Jis gegen die Jis aufzuhetzen‹, nicht befolgt hatten, weil sie es einfach nicht über das Herz brachten, ihre Brüder aus anderen Stämmen zu töten, weil sie nicht, den Befehlen gemäß, junge Mädchen für die Kuomintang-Beamten zur Verfügung stellten oder weil sie die außerordentlich hohen Steuern nicht zahlen konnten. Als Warnung an andere hatten die Kuomintang das sogenannte ›Nachfolgesystem‹ eingerichtet. Wenn ein Häuptling eines gewissen Stammes einer der oben erwähnten ›Übertretungen‹ schuldig befunden wurde, bekam er eine lange Gefängnisstrafe, in die jeder Nachfolger in der Stammführung sowie seine Söhne und Enkel, einbezogen wurden. Tatsächlich bedeutete das so oder so den Tod – im Gefängnis oder später daheim an den Nachwirkungen der Foltern und der Haft. So waren gewisse Stammesgruppen bereits völlig ausgelöscht worden.

Der jämmerliche Anblick der Überlebenden und das schreckliche Bild derer, die gestorben waren, ließen die anwesenden Familienmitglieder jammern und schluchzen, genauso wie die, die teilnehmend herumstanden. Auch ich konnte die Tränen nicht unterdrükken. Die Lebenden und die Familien bedankten sich bei der Roten Armee. Die Angehörigen der Toten baten sie flehentlich, ihre Angehörigen zu rächen. Die Roten Soldaten beruhigten sie mit Tränen in den Augen. »Landsleute, wir werden uns an euer Vertrauen erinnern und die Kuomintang vernichten, um alle zu rächen, die unter ihren blutbefleckten Händen gelitten haben.«

Ich fühlte eine Welle bitteren Unwillens und rief impulsiv: »Ich will mit euch gegen die Kuomintang kämpfen.«

Mein plötzlicher Schrei hatte die düstere Atmosphäre durchbrochen. Einen Augenblick lang sahen mich alle ausdruckslos an. Dann folgten viele meinem Beispiel: »Ich will ebenfalls eintreten und gegen die Kuomintang kämpfen«, lautete der Ruf.

Die Roten Streiter klatschten und sagten, wir könnten uns später eintragen lassen.

Jetzt kamen viele Soldaten mit Medizinkästen, Lebensmitteln, Gewändern und Stoffballen sowie Körben, die mit Silberdollars, Goldbarren und Kupferstücken gefüllt waren. Voll Dankbarkeit sah die Menge zu, als die Rote Armee den Opfern half, die Kleidungsstücke anzulegen, und ihnen Verpflegung gab. Die Kranken erhielten Medizin, einen Stoffballen und je zwölf Silbermünzen.

»Liebe Landsleute!« Das war wieder der Mann mit der Mauserpistole. Er hatte ein breites Gesicht und buschige Augenbrauen. Er war sehr liebenswürdig. Ich hatte ihn von dem Augenblick an, in dem ich ihn sah, ins Herz geschlossen. »All diese Güter wurden den arbeitenden Menschen durch die reaktionären Kuomintang-Beamten und Grundbesitzer abgepreßt, wir verteilen sie jetzt unter euch, damit ihr leben und die Produktion entwickeln könnt. Morgen öffnen wir die Getreidespeicher. Wir hoffen, daß ihr mit Säcken kommt und es denen, die heute nicht hier sind, ebenfalls sagt. Es ist Zeit, daß sich alle freuen.« Leidenschaftliche Schreie folgten dieser Rede. »Dank der Roten Armee! Lang lebe die Rote Armee!«

Später erfuhr ich, daß der Redner der politische Ausbilder Liu Tschih-tschu war. Er führte uns zum Kompaniegefechtsstand, der im Hof eines Reichen untergebracht war. Der politische Ausbilder rief einen mittelgroßen Mann mit kleinen Augen.

»Diese drei Kameraden werden in deine Gruppe kommen«, sagte er und wies auf uns. »Sorge gut für sie, es sind Ji-Kameraden!«

Zu uns sagte er: »Habt keine Angst, es wird wie in eurem eigenen Heim sein.« Er wies auf den kleinäugigen Mann. »Das ist Genosse Ho Hsiang-jung, euer Gruppenführer.« Dann ging er mit den anderen neuen Kameraden weg.

»Genossen, heißt die neuen Genossen willkommen.« Auf die Worte des Gruppenführers kamen sieben oder acht junge Burschen aus dem Hof gestürmt. Man holte Wasser, goß Tee ein und schüttelte sich die Hände. Ein Kamerad kam mit einem Bündel und gab jedem eine Decke (die wir zum besseren Marschieren und Kämpfen abschnitten) sowie ein Paar Strohsandalen. ›Jetzt bin ich ein Roter Streiter, ich werde es den Kuomintang-Banditen besorgen‹, dachte ich bei mir.

Drei Tage später marschierte die Truppe ab. Alle Leute waren anwesend, um uns zu verabschieden; ihre Gewänder flatterten auf allen Feldern und Hügeln. Sie brachten Schweinsköpfe, ganze Schafe, Rindfleisch und Wein und drängten uns, sie anzunehmen. Die Soldaten lehnten wiederholt ab. ›Fehlt unseren verwundeten und kranken Kameraden nicht Fleisch?‹ dachte ich, ›wir sollten annehmen, wenn uns diese Dinge so aufrichtig angeboten wurden.‹ Noch mehr Leute kamen mit Geschenken – besonders weinende alte Männer und Frauen. »Die Rote Armee hat während der paar Tage hier so viel Gutes für uns getan. Und jetzt wollt ihr nicht einmal einen Mundvoll Wein trinken. Das geht doch nicht!«

Die Führung sagte ihnen, daß wir unterwegs zu kämpfen hätten, wenn wir zuviel bei uns trügen, würde uns das nur behindern.

Tatsächlich waren wir nur leicht ausgerüstet. Ich konnte einsehen, warum wir uns auf Kosten unserer Mägen zurückhalten mußten. Die Leute wollten uns aber nicht gehen lassen. Schließlich mußten wir doch einen Schluck Wein trinken, den uns die Leute hinhielten, die den Weg auf beiden Seiten säumten.

Jetzt kamen eine Menge Leute mit Schwertern, Speeren und Stökken und wollten sich uns anschließen. Es dauerte lange, bis die Sache erledigt war. Als Resultat wuchs unsere Zahl um vierhundert kräftige junge Leute an. Die lange Reihe Soldaten schien sich hinter uns ins Endlose zu ziehen.

Zwei Tage später, als wir uns Haitang näherten, hörten wir, daß die Leute dort den flüchtigen Distriktchef der Kuomintang und einige Führer der Kuomintang-Parteiorganisation in Juehsi zusammen mit zwei Kompanien der Sicherheitskräfte abgefangen und umzingelt hätten und jetzt auf uns warteten, damit wir mit ihnen ein Ende machten. Ich hatte noch kein Gewehr erhalten und erinnerte den Gruppenführer daran. Er erwiderte, die Führung fürchte, daß die neuen Kameraden durch die Waffen auf dem Marsch behindert würden, und daß sie daher beschlossen hätte, ihnen die ersten paar Tage keine zu geben. Auf meine wiederholten Bitten erhielt ich jedoch ein im Arsenal von Hanjang hergestelltes, altes Gewehr zusammen mit drei Patronen, von denen eine nicht scharf war.

Wir näherten uns Haitang. Der Gedanke an den kommenden Zusammenstoß mit dem Feind erregte mich, als uns der Gruppenführer rief. Er sagte, da wir neu seien, sollten wir zuerst zusehen, wie die alten Kameraden kämpften. Ich war zornig und sagte: »Ich bin gekommen, um gegen die Kuomintang zu kämpfen und nicht, um beim Kämpfen zuzusehen.«

Der Gruppenführer versuchte mich zu überreden, aber ich blieb hartnäckig; schließlich sagte er: »Genosse Aerhmuhsia, du bist jetzt in der Armee und kein Zivilist mehr. Du solltest den Befehlen gehorchen.« Ich dachte: ›Das ist wahr, ich bin jetzt ein Roter Kämpfer‹ und blieb zurück, ich muß aber gestehen, daß ich nicht mit Freuden gehorchte.

Als wir Haitang erreichten, sahen wir überall unsere Ji-Brüder, die mit allen möglichen Waffen ausgerüstet waren und mit ihren Mänteln Willkommen zuwinkten. Es wurde schnell und wütend geschossen. Der Feind leistete im Schutz von Erdwällen und Befestigungen einen hartnäckigen Widerstand. Gerade rechtzeitig bemerkte ich, wie ein feindlicher Soldat auf unseren Gruppenführer zielte, der eben sein Gewehr durchlud. Ich hob das Gewehr und feuerte. Der Feind fiel tot hinter die Mauer zurück. Durch den Knall hinter sich überrascht, schaute sich der Gruppenführer um und begriff sofort. Ohne ein Wort zu mir zu sagen, stürmte er mit den anderen vor. Der Distriktschef und vier Distrikts-Parteiführer der Kuomintang wurden gefangen. Die zwei Kompanien der Kuomintang-Sicherheitskräfte waren geflohen, wurden aber durch die Ji-Leute zurückgetrieben und umgebracht. Die Bewohner von Haitang waren gezwungen worden, ihre Häuser zu verlassen, die offengeblieben waren; zerbrochene Möbel und Gegenstände aller Art waren überall verstreut.

Als ich gegen einen Haufen Abfall vor einem Haus trat, rollte ein kleiner eleganter Weinbecher heraus. Ich steckte ihn in meinen Beutel, um später Wein zu trinken. Als ich weiterging, begegnete ich dem Gruppenführer, der nach mir suchte. Als wir an einem Weingeschäft vorbeikamen, sahen wir, daß einige Fässer zerbrochen waren und Wein überall auslief, während an einigen Fässern die Deckel fehlten. Der Duft war geradezu betäubend. Ich hob eine zerbrochene Schüssel von der Theke auf, tauchte sie in den Wein und wollte eben trinken, als mich der Gruppenführer anhielt. »Genosse Aerhmuhsia«, sagte er, »du bist ein Roter Kämpfer, du darfst keinen Wein trinken, der einem anderen gehört.« Ich mußte es also aufgeben, sah aber nicht ein, warum. Ich dachte, daß der Gruppenführer sehr stur sei. Der Wein war ohnehin verloren, was schadete es also, wenn ich einen Schluck trank?

Der Gruppenführer hielt eine Besprechung ab. Er sagte uns, was wir bei dem morgigen Marsch beachten sollten. Er legte besonderes Gewicht auf die Beachtung der Nationalitätenpolitik der Partei und auf Massendisziplin.

»Ich muß mich selbst kritisieren«, sagte er und sah zerknirscht drein. »Ich habe in diesen Tagen zu sehr auf das Kämpfen geachtet. Ich habe vergessen, für die neuen Genossen zu sorgen, ihnen zu helfen und sie zu erziehen. Heute, Genosse Aerhmuhsia – – –«

Ich senkte beschämt den Kopf, alle Kameraden sahen mich an.

»Genossen, tadelt ihn nicht. Ich und die alten Genossen haben die Schuld. Wir leisteten ihm nicht genug Hilfe. Er kannte weder die drei Disziplinen noch die »acht zu beachtenden Punkte« sowie die Nationalitätenpolitik der Partei.«

Die alten Kämpfer senkten die Köpfe. Ich erkannte immer noch nichts, das in Unordnung war. Als ich mich unvermittelt bewegte, rollte der Weinbecher aus meiner Tasche.

Alle sahen darauf. »Woher kommt der Becher?« schienen alle zu fragen.

›Was für ein Sturm in einem Teekessel (im Wasserglas)‹, dachte ich. »Ich habe den Becher nur aus einem Schutthaufen aufgehoben. Wenn ich es nicht getan hätte, wäre er sicherlich zerbrochen oder zertreten worden.« Ich sagte geradeheraus, was ich dachte.

»Du hast die Ehre der Roten Armee besudelt«, schrie mich ein rauh aussehender Kamerad an. Andere Kameraden verrieten Bedauern, wieder andere Unwillen.

»Ruhigbleiben, Genossen«, rief der Gruppenführer und dämpfte dadurch ein wenig die gespannte Stimmung. Er wandte sich mir zu und sagte: »Genosse Aerhmuhsia, wir Männer von der Roten Armee sind dem Volk mit ganzem Herzen ergeben, wir nehmen den Leuten nichts. Heute hast du gegen die Regeln unserer Disziplin verstoßen. Obwohl du diesen Becher im Abfall gefunden hast, war er trotzdem das Eigentum der Leute und hätte nicht den Weg in deinen Beutel finden sollen. Sieh zu, daß so etwas nicht wieder passiert. Die Kuomintang-Banditen spezialisieren sich darauf, auf diesen Menschen herumzutrampeln; wir dürfen uns nicht so benehmen wie sie. Bring jetzt den Becher zurück.« Sein Ton war mild und seine kleinen Augen waren sanft auf mich gerichtet.

Als ich ihm zuhörte, kamen mir die Szenen, wie die Kuomintang-Banditen mordeten und brannten und wie die Rote Armee das Gefängnis und die Getreidespeicher öffnete und Getreide an die Jis und die armen Han-Brüder verteilte, wieder in den Sinn. Die Rote Armee nahm den Leuten nicht einmal einen kleinen Becher. Erst jetzt erkannte ich deutlich, was ich getan hatte…‹[8]

Diese offiziellen Erinnerungen spielen die Spannung herunter, die zwischen der Roten Armee und den Stammesangehörigen bestanden. Liu Po-tscheng, der neue Blutsbruder der Kutschis, mußte zugeben, daß die Kommunisten trotz (oder vielleicht wegen) dieses Bündnisses die Mitarbeit der Feinde der Kutschis, der Lohungs, nicht gewinnen konnten. ›Wir hatten einige Schwierigkeiten mit dem Lohungstamm, der unaufhörlich angriff...‹, sagte er mit einer leichten Untertreibung.[9] Als es um ihr eigenes Leben ging, mußten die chinesischen Kommunisten zu dem klassischen Mittel der Imperialisten – divide et impera – Zuflucht nehmen.

15   Die Helden vom Tatu-Fluß

Die Rote Armee stand jetzt vor dem wilden Tatu-Fluß – dem schwierigsten Hindernis in dem ganzen Epos des Langen Marsches. Der Tatu entspringt auf dem eisigen Plateau von Tschinghai und stürzt unter dem Namen Tatschin (oder Takin) nach Süden, wo er sich bei Tanpa mit dem Siaokin vereinigt. Von hier an heißt er Tatu und mündet in den Min (bei Loschan in Szetschuan), der bald darauf in den Jangtse fließt. Die Strömung ist für die Schiffahrt zu schnell und ein Übersetzen äußerst riskant. Das Wasser rauscht wie Donner und schleudert Regenbogennebel von Gischt empor, wenn es gegen die Klippen bricht. Wo die Hauptstraßen den Tatu kreuzen, gibt es gewöhnlich Brücken aus Eisenketten oder Tauen.

Für militärische Niederlagen am Tatu gibt es viele Präzedenzfälle. Die Helden der ›Drei Königreiche‹ und andere Krieger der alten chinesischen Geschichte waren an seinen Ufern gefallen, und in den gleichen Schluchten waren die letzten Reste der Taiping-Rebellenarmee unter Prinz Schih Ta-kai von den Truppen des Mandschukaisers umzingelt und vernichtet worden. Die örtliche Legende behauptet, daß die Seelen der Taiping an dem Hauptübergang von Anschungtschang, dort wo die wilde Strömung ihren Bogen nach Osten auf Loschan zuwendet, in dunklen Nächten nach Rache schreien.

Als die Rote Armee dort eintraf, erzählte General Tschu Teh, der sich bei Lin Piaos Vorhutdivision befand, die Geschichte wieder, die er in seiner Kindheit von dem ›Alten Weber‹ über die Armee Schih Ta-kais gehört hatte.

›Ja‹, so sagte der Alte Weber, ›unsere Armee ging am Tatu zugrunde. Prinz Schihs Soldaten starben zu Tausenden am Tatu und einige auch im Fluß selbst, weil sie verhungerten und den Tod im

Fluß der Kapitulation vor den Tataren vorzogen. Sie hatten keine Verpflegung mehr und aßen alle Pferde und Maultiere... Die Tataren bestachen die wilden Lolos und bewaffneten sie mit ausländischen Gewehren, damit sie Schih von rückwärts angriffen und ihm den Lebensmittelnachschub abschnitten... Sie bauten Stellungen am Tatu, und Schih Ta-kai konnte nicht hinüber, weil wir Taipings nur Bogen und Pfeile hatten... Schihs Soldaten bauten Flöße – 5000 bestiegen sie, sie hielten ihre Lederschilder vor sich und die Speere in ihren Händen... Aber die ausländischen Kanonen donnerten, die Flöße wurden zerstört und der Tatu war mit den Körpern der Toten verstopft.‹[1]

Der Alte Weber schloß seine Geschichte mit den Worten: ›In dunklen Nächten, wenn kein Mond scheint, kann man die Geister unserer Taiping-Toten immer noch an der Tatu-Furt und über der Stadt jammern hören, wo sie niedergemetzelt wurden. Sie werden jammern, bis sie gerächt sind. Dann erst finden ihre Seelen Ruhe.‹

Schih kapitulierte und starb eines grausamen Todes. Der Vizekönig von Szetschuan, Lo Ping-tschang, schreibt in seinen Memoiren: ›Am 13. kam er in das Lager, er führte sein vierjähriges Kind an der Hand und ergab sich mit seinen Befehlshabern und Anhängern. Schih Ta-kai und drei andere wurden am 25. nach Tschengtu geführt und zu Tode zerstückelt...‹[2]

Tschu Teh erzählte später Agnes Smedley, ›das wäre auch mein Schicksal und das anderer Männer der Roten Armee gewesen, wenn wir je vor Tschiang-Kai-schek kapituliert hätten‹. Als die Rote Armee jedoch im Mai 1935 sorgenvoll an der gleichen schicksalshaften Stätte ankam, sprach Tschu Teh solche grimmigen Gedanken zweifellos nicht aus. Statt dessen berichtete Agnes Smedley, daß mitten in der Erzählung ein Soldat kam und sagte: ›Wir haben ein Schwein gekauft und geschlachtet. Ich habe die Leber und andere Stücke für dich geholt. Ich schlage vor, wir halten ein Mahl.‹

›Gut‹, erwiderte Tschu Teh mit Wohlbehagen. ›Ich bin ein guter Koch! Schneide du das Fleisch auf und ich koche!‹

Ein Dutzend Männer folgten ihm in das Haus, in dem er Quartier bezogen hatte, und schnüffelten die Düfte der Schweinedelikatessen, während Tschu die Geschichten der Taipings weiter erzählte. Als das Gericht fertig war und die Männer mit Behagen aßen, wandte sich General Tschu Teh an den Soldaten, der das Fleisch gebracht hatte und sagte mit Wohlbehagen:

›Wenn du irgendwelche Kutteln bekommst, bring sie, und ich koche sie so, daß dir der Mund wässert.‹[3]

171

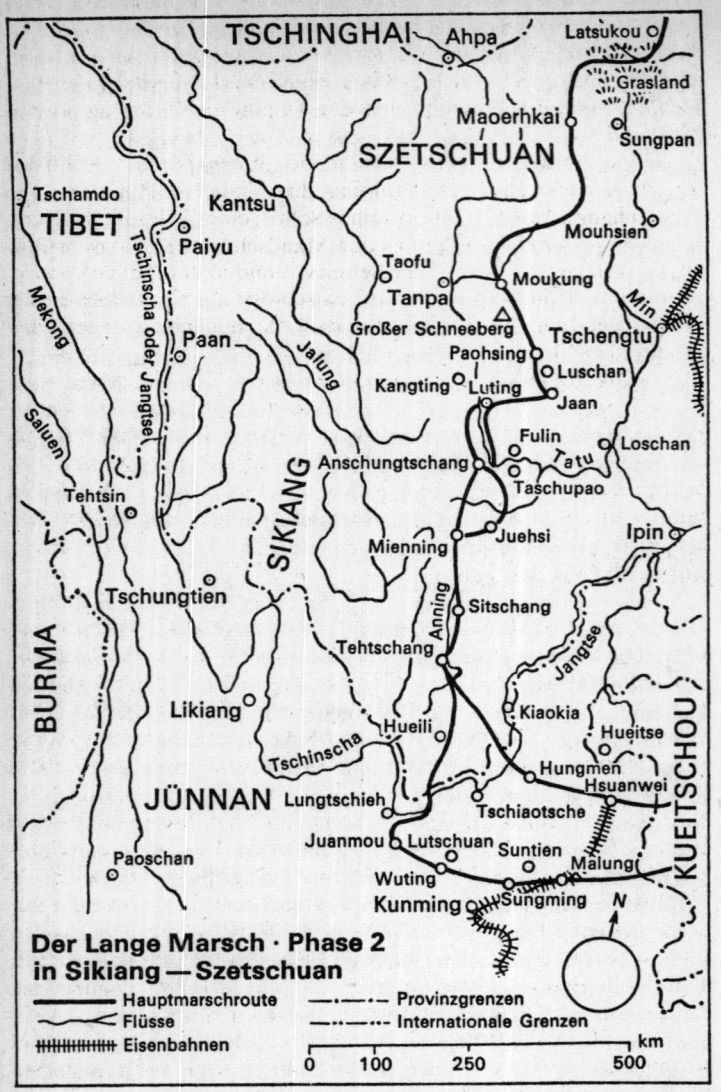

Der Lange Marsch · Phase 2
in Sikiang — Szetschuan

Hauptmarschroute ...... Provinzgrenzen
Flüsse ...... Internationale Grenzen
Eisenbahnen

0   100   250   500 km

Generalissimus Tschiang-Kai-schek wußte in Geschichte ebenfalls gut Bescheid. Er funkte seinen Verbündeten Liu Hsiang und Liu Wen-hui, den Kriegsherren von Szetschuan, genauso wie seinen eigenen Generalen, die die Kuomintang-Verfolger befehligten; er forderte sie auf, die Geschichte der Taipings am Tatu zu wiederholen.

Die Kommunisten vermieden jedoch einen Fehler, den Schih Ta-kai gemacht hatte. Der Taipingführer hatte an den Ufern des Tatu gehalten, um die Geburt seines Sohns, eines Prinzen, zu feiern. Diese Tage der Rast hatten es den Mandschu- oder Tatarenstreitkräften erlaubt, sich auf beiden Seiten vor und hinter ihm zu konzentrieren. Die Rote Armee war fest entschlossen, Prinz Schihs Fehler nicht zu wiederholen, sie kam so schnell wie möglich die engen Täler des Anning-Flusses in Sikiang herauf.

Es gab drei Hauptübergangsstellen über den Tatu, an denen es die Kommunisten versuchen konnten. Eine war die Eisenketten-Hängegebrücke von Luting, wo die historische Hauptstraße aus Süd-Mittelchina nach Lhasa, Kaschmir, Samarkand und Europa den Tatu kreuzt. Das ist der letztmögliche Übergang flußaufwärts. Die Brücke wurde 1701 erbaut, eine Steinplatte an ihrem Ende trägt die Inschrift

Ragende Berge flankieren die Brücke von Luting
Tausend Li wohl steigen sie zu den Wolken empor.

Der nächste Punkt war Anschungtschang – achtzig Kilometer flußabwärts von Luting[4]; dort hatte die Taipings ihr Schicksal ereilt. Schließlich kreuzte noch eine kleinere Straße den Fluß bei Fulin-Taschupao. Das war der normale Weg für Reisende vom Tatu-Fluß oder Tschengtu, die nach Süden über Sikiang an den oberen Tschinscha und nach Jünnan wollten, woher die Rote Armee gekommen war.

Eine Kompanie von Liu Wen-huis szetschuanesischer Armee hatte Fulin auf dem Norderfer des Tatu besetzt. Das Oberkommando der Roten Armee befahl hier einen Scheinangriff, um die Aufmerksamkeit des Gegners abzulenken, während die Hauptmacht die Anschungtschang-Brücke zu nehmen versuchte. Dem Bericht Liu Tschungs zufolge, der die Erkundungsabteilung gegen Fulin befehligte, sagte ihm Liu Po-tscheng am 20. Mai, daß Tso Tschuan und Liu Ja-lou eine Kompanie des V. Armeekorps sowie ein Aufklärungsbataillon über den Hsiaohsiang-Berg durch Lologebiet nach Taschupao gegenüber Fulin führen werden.[5] Ihre Aufgabe war es, zu demonstrieren und den Feind festzunageln, während die Hauptmacht einen weniger auffälligen Weg (den, dem die Taipings gefolgt waren) von Mienning nach Anschungtschang wählte.

Lin Piaos I. Armeekorps stellte, wie üblich, die Vorhut; der beste Augenzeugenbericht ist der Oberst Jang Teh-tschihs, der das 1. Regiment der 1. Division des I. Armeekorps befehligte.

›Durch unsere Aufklärung brachten wir in Erfahrung, daß der Feind drei sogenannte ›Rückgratsregimenter‹ in der Höhe der Luting-Brücke postiert hatte, ein Regiment an dem Ufer gegenüber Anschungtschang, um die Fähre zu verteidigen, und zwei weitere Regimenter 30 Li stromabwärts.

Nachdem wir die Lage analysiert hatten, beschlossen wir, bei Anschungtschang überzusetzen.

Anschungtschang, das am Südufer im Westen des Tatu liegt, war eine kleine Stadt mit etwa hundert Familien. Es wurde durch zwei feindliche Kompanien geschützt. Was die Aufgabe noch schwieriger machte, es gab auf der ganzen Flußstrecke nur ein einziges Boot. Um übersetzen zu können, mußte die Rote Armee zuerst den Gegner auf dem Südufer vernichten, um das Boot in die Hand zu bekommen.

Es war bereits nach 22 Uhr, als wir an einem großen Hang anlangten, nachdem wir vierundzwanzig Stunden im Regen marschiert waren (die Kuomintang-Piloten hatten ihre Spur unter dem dichten Laubwerk des Waldes verloren). Am Hang verstreut standen einige Häuser. Das Gurgeln der Wasser des Tatu war zu hören. Wenn wir in die Richtung von Anschungtschang schauten, konnten wir das Funkeln von Lichtern nördlich des Hügels wie Sterne in einer pechschwarzen Winternacht sehen.

Wir beschlossen, eine Weile zu halten und weitere Befehle abzuwarten. Die Soldaten waren völlig ausgepumpt, nachdem sie in vierundzwanzig Stunden 140 Lis marschiert waren – fast 80 Kilometer an einem Tag –, in diesem Gelände eine außergewöhnliche Leistung. In dem Augenblick, in dem sie hielten, ließen sie sich zu Boden fallen und versanken in tiefen Schlaf. Während die Truppe ruhte, suchte ich bei den Bewohnern der Gegend nach weiteren Informationen.

Aus dem Hauptquartier kam der Befehl: Führt heute nacht einen Überraschungsangriff auf Anschungtschang durch und nehmt das Boot für einen Übergang in voller Stärke!‹

Unglaublicherweise war im Widerspruch zu Tschiang Kai-scheks Befehlen eines der drei Fährboote am Südufer festgemacht. Snow erklärte es so: ›Auf dem gegenüberliegenden Ufer stand nur ein Regiment der Truppen General Liu Wen-huis, des Mitdiktators der Provinz Szetschuan. Andere szetschuanesische Truppen rückten, genauso wie Verstärkungen aus Nanking, gemächlich auf den Tatu zu; das einzelne Regiment muß aber in der Zwischenzeit als ausreichend erschienen sein. Wenn alle Boote am Nordufer vertäut gewesen wären, hätte wohl eine Gruppe genügt. Der Kommandeur des Regiments stammte jedoch aus der Gegend, er kannte das Gelände, das die Roten passieren mußten und wußte auch, wie lange sie zum Fluß brauchen würden. Das würde noch viele Tage in Anspruch nehmen, so etwa könnte er seinen Leuten gesagt haben. Und wie man erfuhr, stammte seine Frau aus An Jen Tschang (oder Anschungtschang); wenn er also seine Verwandten besuchen und mit ihnen feiern wollte, mußte er auf das Südufer übersetzen. So kam es, daß die Roten, als sie die Stadt durch Überraschung nahmen, den Kommandeur und sein Boot erbeuteten[6] und den Weg nach Norden gewannen.‹

Wir folgen Oberst Jangs Bericht weiter:»Ich und der Politische Kommissar des Regiments, Genosse Li Lin, trafen die folgende Entscheidung: Das 1. Bataillon sollte mit mir gehen und Anschungtschang nehmen, das 2. Bataillon unter Kommissar Li sollte an das Ufer gegenüber dem Feind, 15 Li flußabwärts marschieren und einen fingierten Angriff durchführen, um die feindliche Hauptmacht auf sich zu ziehen; das 3. Bataillon sollte an seinem bisherigen Platz bleiben und das Hauptquartier des Kommandos schützen.

Der Entschluß wurde schnell in die Tat umgesetzt. Die erschöpften Soldaten erhoben sich von dem aufgeweichten Boden und marschierten weiter auf Anschungtschang zu.

Die Dunkelheit war inzwischen absolut geworden, es nieselte. Wir legten ein weiteres Dutzend Li zurück und waren jetzt nahe an Anschungtschang. Die drei Kompanien des Bataillons trennten sich und schlugen drei verschiedene Richtungen ein, die wie Dolche gegen den Feind stießen.

Der Feind in Anschungtschang hatte nicht die leiseste Ahnung, daß die Rote Armee so schnell eintreffen würde. Eine Anzahl Offiziere spielte in ihren Quartieren Mahjong.

Die feindlichen Posten entdeckten unsere Vorhut. »Von welcher Einheit?« fragten sie (sie hielten uns für ihre eigenen Leute). Das Brüllen der Kämpfer der Roten Armee kam wie Donner vom dunklen Himmel. »Wir sind die Rote Armee! Her mit den Waffen und ihr werdet geschont.«

›Peng…Peng!‹ Der Feind schoß in Panik – aber zu spät. Aus allen Richtungen eröffneten wir das Feuer. Denen, die Widerstand leisteten, ging es am schlimmsten, einige wurden gefangen, der Rest floh.

Die zwei feindlichen Kompanien brachen in weniger als einer halben Stunde zusammen. Sie hatten uns kaum eine Chance geboten, unsere Kraft zu erproben. Wir nahmen Anschungtschang. Ich war in einem kleinen Raum und sorgte mich wegen des Boots. »Wer da?« hörte ich jemand rufen und dann: »Stehengeblieben! Her mit den Waffen!«

Es waren die feindlichen Soldaten, die das Boot bewachten, sie waren eben vom Fluß gekommen. Da sie die wahre Lage nicht kannten, gaben sie demütig ihre Gewehre ab. Ich befahl einem Melder, den gefangenen feindlichen Gruppenführer schnell zum 1. Bataillon zu bringen, man sollte ihn bei der Aufgabe verwenden, das Boot zu sichern.

Erst nach vielen Mühen gelang es dem 1. Bataillon, das Boot zu erlangen: unsere einzige Hoffnung, unsere Leute über den Fluß zu bringen. Was am wichtigsten war: es gab keinen Bootsmann. Wir waren in jedem Fall auch nicht vorbereitet. Das Übersetzen wurde so auf den folgenden Tag verschoben. In dieser Nacht machte ich kein Auge zu, ich schritt immer wieder durch den kleinen Raum am Ende der Straße von Anschungtschang und zermarterte mir das Gehirn wegen des Problems des Flußübergangs und war bekümmert, weil ein sofortiges Übersetzen nicht gelungen war. Ich öffnete das Fenster, um den Nachtwind hereinzulassen. Abgesehen von einigen gelegentlichen Schüssen war es draußen still. Die schwarzen Wolken waren verschwunden, ein bleicher Mond leuchtete am Himmel. Die Hügel am anderen Ufer waren kaum sichtbar. Wieder und wieder fragte ich mich: ›Wie kommen wir über den breiten stürmischen Fluß?‹

Ich steckte den Kopf zum Fenster hinaus. Die Nacht war endlos. Frage auf Frage tauchte in mir auf. Als ich mich an die Worte des Divisionskommandeurs erinnerte, wurde ich noch besorgter. Aber was hatte es für einen Zweck? Wir konnten nur bis zum Morgen warten. Ich holte tief Atem.

Endlich graute der Morgen. Das Wetter war prächtig, weiße Wolken trieben an dem azurblauen Himmel. Die steilen Klippen auf beiden Seiten des Flusses erschienen abweisender als je; zwischen ihnen kochten und rasten die Wasser. Durch den Feldstecher war alles auf dem anderen Ufer klar zu sehen. Etwa ein Li von der Fähre entfernt lag ein winziger Weiler. Die Häuser standen in Einfriedungen von etwa halber Manneshöhe. Der Fährplatz war von schwarzen Felsen umgeben, in ungleichen Abständen waren Befestigungen errichtet. Die Hauptmasse des feindlichen Bataillons war vielleicht in dem

Weiler versteckt. Offensichtlich hatte der Feind die Absicht, einen Gegenangriff zu machen und die Rote Armee den Fluß hinunterzutreiben, noch ehe sie nach dem Übergang Fuß gefaßt hatte.

›Wie komme ich mit einem verschlagenen Feind zurecht?‹ Ich entschied mich. ›Wer den ersten Schlag führt, wird siegen.‹

Der Batterie Artillerie befahl ich, drei Geschütze und mehrere schwere MGs in vorteilhafte Stellungen zu postieren. Die MG-Schützen sowie die Scharfschützen bezogen in der Deckung des Flußufers Stellung.

Das Feuernetz war aufgebaut, der Übergang blieb aber immer noch ein ernstes Problem.

In der letzten Nacht hatte ich alle Möglichkeiten durchdacht. Ein Durchschwimmen war unmöglich. Der Fluß war 300 Meter breit. Wenn die Kraft eines Mannes versagte, würde er von der Strömung rettungslos davongetrieben. Wir hatten an den Bau einer Brücke gedacht, aber bei einer Stromgeschwindigkeit von 4 m/Sek.[7] wäre schon ein bloßes Eintreiben eines Pfahls schwer gewesen, um so mehr das eines Brückenpfeilers. Die einzige Hoffnung war das Fährboot. Ich befahl also dem Kommandeur des 1. Bataillons, einige Bootsleute zu finden.

Nachdem die Soldaten die umliegenden Täler abgesucht hatten, brachten sie etwa ein Dutzend Bootsleute mit. Sie versprachen, uns hinüberzubringen. Wir hatten aber nur das eine Boot, also konnten nicht alle zugleich hinein. Ich machte den Kommandeur des 1. Bataillons dafür verantwortlich, die Leute auszusuchen, die als erste hinüber sollten. Als die Soldaten erfuhren, daß wir übersetzen wollten, umringten sie den Bataillonskommandeur, alle wollten auf der ersten Fahrt als Vorhut mit.

Eine Stunde war verstrichen, keine Minute durfte weiter gezögert werden. »Was sollen wir tun?« Der Bataillonskommandeur fragte nach meinen Weisungen. Ich sah die Soldaten an – glücklich und besorgt – glücklich, weil sie alle so tapfer schienen, und besorgt, weil es schiefgehen konnte, wenn dieser Zustand anhielt.

»Sie sollten entscheiden, welche Einheit geht«, sagte ich dem Bataillonskommandeur.

Er entschied, ein Dutzend Männer von der 2. Kompanie zu schikken, die sich jetzt außerhalb des Hauses sammelte. Bis auf das Rauschen und Spritzen des Wassers war alles still.

»Hsiung Schang-lin, Tseng Hui-ming, Liu Tschang-fa, Tschang Kepiao...« Die, deren Namen genannt wurden, entspannten sich und sahen befriedigt drein. Sechzehn Mann wurden aufgerufen. Als ich mir die kräftigen Burschen ansah, dachte ich, der Bataillonskommandeur habe gut gewählt. Plötzlich brach ein Kämpfer aus Reih und Glied: »Ich gehe auch! Ich muß gehen!« rief er. Es war der Melder der 2. Kompanie.

Der Bataillonskommandeur sah ihn an. »Geh!« sagte er nach einer Weile. Er war von der Szene bewegt und billigte diese Ausnahme. Der Melder wischte sich die Tränen weg und lief schnell zu der Gruppe.

Die achtzehn Helden (der Bataillonskommandeur nahm selbst teil) waren mit je einem Breitschwert, einer Maschinenpistole, einer Pistole, einem Dutzend Handgranaten und einigen Werkzeugen ausgerüstet. Sie waren in zwei Gruppen eingeteilt. Die Leute, die von Hsiung Schang-lin, dem Chef der 2. Kompanie, geführt wurden, sollten zuerst übersetzen.

Die Wasser des Tatu brausten und donnerten. Ich studierte den Feind auf dem anderen Ufer durch meinen Feldstecher. Der Gegner schien sich sehr still zu verhalten.

Der feierliche Augenblick war gekommen. Hsiung Schang-lin und seine Männer, insgesamt acht, sprangen in das Boot.

»Genossen! Das Leben von hunderttausend Mann der Roten Armee kann von euch abhängen. Geht entschlossen hinüber und vernichtet den Feind!«

Unter lauten Rufen verließ das Boot das Ufer.

Der Feind wurde offensichtlich unruhig und beschoß das Boot.

»Besorgt es ihnen!«

Unsere Artillerie eröffnete das Feuer. Tschao Tschang-tscheng, unser ›Zauber-Richtkanonier‹, drehte sein Geschütz in Position. ›Bang! Bang!‹ Die Befestigungen des Feindes flogen in die Luft. Unsere MGs und Gewehre begannen ebenfalls zu sprechen. Die Scharfschützen, die gespannter waren als ihre Kameraden in dem Boot, schossen fieberhaft, Granaten hagelten auf die feindlichen Befestigungen. MG-Feuer hämmerte das Ufer ab. Die Bootsleute stießen ihre Ruderblätter eifrig ins Wasser.

Das Boot kam voran, es wurde von den tosenden Wassern geschüttelt. Kugeln schlugen ringsum ein und ließen Gischt aufstieben. Alle Augen an unserem Ufer waren auf die mutige Mannschaft gerichtet.

Plötzlich schlug eine Granate neben dem Boot ein und schuf eine Welle, die das Fahrzeug heftig schüttelte.

»Ah, das ist das Ende?« Mein Herz stieg mir in den Hals. Das Boot hob sich mit der Welle, fiel wieder zurück und setzte seinen Weg fort.

Und so ging es weiter, immer näher an das feindliche Ufer heran. Jetzt waren es nur noch fünf oder sechs Meter. Die Soldaten standen sprungbereit am Bug.

Plötzlich rollten eine Handgranate und eine Handmine von dem Hügel herunter, sie explodierten mit lautem Krachen auf halbem Weg und ließen eine weiße Rauchwolke aufsteigen.

Es sah so aus, als ob der Feind angreifen würde. Ich schaute durchs Glas – und wie ich es erwartet hatte, kam der Gegner aus dem Weiler gestürmt. Es waren mindestens 200 Mann gegen unsere paar Leute. Unsere Männer würden, mit dem Fluß im Rücken, gegen eine überwältigende Übermacht kämpfen müssen. Mein Herz krampfte sich zusammen.

»Feuer!« befahl ich den Kanonieren.

Zweimal krachte es betäubend. Die Mörsergranaten, die Tschao Tschang tscheng abgefeuert hatte, explodierten mitten zwischen dem Feind. Die MGs ratterten.

»Los – besorgt es ihnen!«

Schreie erklangen von dem Hang. Der Feind spritzte wirr auseinander, die Soldaten rannten um ihr Leben.

»Feuer! Feuer!« befahl ich.

Wir sandten dem Gegner eine weitere Ladung Metall nach. Unsere Helden, die gelandet waren, sprangen vor und feuerten mit ihren leichten und schweren Waffen. Der Feind zog sich zurück und unsere Leute besetzten die Befestigungen an der Fährstelle. Der Feind war aber immer noch ringsum. Das Boot kam schnell zurück. Die acht anderen, die von dem Bataillonskommandeur geführt wurden, sprangen an Bord.

»Geht so schnell wie möglich vor. Unterstützt die Kameraden, die bereits gelandet sind!« hörte ich den Bataillonskommandeur befehlen. Das Boot legte ab und hielt schnell auf das andere Ufer zu. Der Feind auf dem Hügel, der versuchte, sein gesamtes Feuer auf unseren zweiten Landungstrupp zu konzentrieren, feuerte verzweifelt auf die Flußmitte.

Das kleine Boot schoß durch die Wellen und wich Kugelhagel um Kugelhagel aus. Als es sich dem Ufer näherte, wurde es völlig von den Geschossen der MG-Garben eingehüllt. Ich schaute durchs Glas; ein Soldat hielt sich den Arm.

›Wie geht es ihm?‹ Ich hatte wenig Zeit zum Nachdenken. Das Boot schoß Dutzende von Metern voran. ›Peng!‹ es stieß gegen einen großen Felsen und lief auf Grund.

›Zu schlimm!‹ Ich schaute zum Fluß. Die Bootsleute klammerten sich an den Felsen. Das Wasser spritzte und schäumte unter dem kleinen Fahrzeug, es drohte zu kentern. Wenn es bis zu den Stromschnellen hinuntergefegt wurde, würde es sicherlich zerstört.

Ich war so gespannt, daß mein Herz zu bersten drohte. Vier Bootsleute sprangen aus dem Boot. Sie wateten im Wasser und zogen aus Leibeskräften. Die vier anderen stakten das Boot. Das Boot war frei. Langsam bewegte es sich nach vorn. Kugeln umsausten es. Minute um Minute verstrich, in einer halben Stunde hatte es erst die Hälfte des Wegs zurückgelegt. Eine Stunde verstrich, ehe es das Ufer erreichte. Vor Erleichterung atmete ich tief auf.

Dann folgte ein Artillerieduell zwischen uns und dem Feind auf dem Hügel. Der Feind warf einen Regen von Handminen, dann griff er auf ein Trompetensignal hin an.

Ich befahl den Kanonieren, den Feind niederzuhalten. »Weiterfeuern!«

Granaten und MG-Geschosse regneten auf das jenseitige Ufer. Die Scharfschützen feuerten, sie zielten genau. Schließlich flohen die feindlichen Soldaten.

Die zwei Gruppen der gelandeten Helden vereinigten sich – sie stürmten auf den Feind los, warfen ihre Handgranaten, schossen mit ihren MPs und schwangen ihre Schwerter. Völlig erschüttert lief der Feind verzweifelt auf die Rückseite des Hügels. Unser Landungstrupp hatte das Nordufer völlig unter Kontrolle.

Nach einer Weile kam das Boot an das Südufer zurück. Dieses Mal nahm ich eine Anzahl MG-Schützen mit, um die Verteidigung der eroberten Stellung zu festigen.

Es wurde dunkel. Immer mehr Männer der Roten Armee setzten sich über. Bei der Verfolgung des Feindes erbeuteten wir etwas flußabwärts zwei weitere Boote, die den Übergang beschleunigten. Am folgenden Vormittag war das ganze Regiment am anderen Ufer.‹[8]

Drei Tage und drei Nächte, am 26., 27. und 28. Mai – nach den meisten Berechnungen – arbeiteten die drei Fährboote bei Anschungtschang und beförderten fast eine Division der Roten Armee auf das Nordufer. Der Tatu wurde aber immer reißender und schneller, als das Frühlingstauwetter die Schmelzwasser aus den Tschinghai-Bergen herunterdonnern ließ. Am dritten Tag brauchte man volle vier Stunden, um eine Bootsladung (bis zu achtzig Mann) von einem Ufer zum anderen zu schaffen. Bei diesem Tempo hätte die Rote Armee Wochen gebraucht, um alle ihre Leute, Tiere und Vorräte hinüberzuschaffen.

Die Kuomintang-Luftwaffe hatte den Übergang entdeckt und

bombardierte bereits die Fährstelle. Feindliche Truppen eilten aus Südosten und andere aus Norden heran.

Das I. Rote Armeekorps hatte sich jetzt nach Anschungtschang hineingezwängt, hinter ihr drängten die flankierenden Kolonnen, die Transporteinheiten und die Nachhut heran. Was sollte jetzt geschehen?

16 Die Brücke der Eisernen Ketten

In Anschungtschang wurde eine eilige Konferenz abgehalten, an der Tschu Teh, Mao Tse-tung, Tschou En-lai, Peng Teh-huai und Lin Piao teilnahmen.[1] Man beschloß, zur Luting-Brücke zu marschieren, der letzten Hoffnung, den Tatu nach Nordchina überqueren zu können.

Wenn sie dabei versagten, mußten sie auf einem hoffnungslosen Umweg durch das Lololand und Jünnan zurückkehren. Ein Fehlschlag bei Luting würde das Ende des Langen Marsches bedeuten.

Die Hauptmacht drängte auf dem Westufer flußaufwärts. Lin Piao befehligte die Vorhut, während die 1. Division des I. Armeekorps, die bereits übergesetzt war, unter dem Befehl von Armee-Stabschef Liu Po-tscheng und dem Politischen Kommissar Nieh Jung-tschen parallel dazu das Ostufer des Tatu hinaufmarschierte.

›Manchmal‹, schreibt Edgar Snow, ›verengten sich die Schluchten zwischen ihnen so sehr, daß die zwei Reihen von Roten sich über den Fluß weg zurufen konnten, manchmal war die Kluft zwischen ihnen ein Gradmesser ihrer Furcht, der Tatu könnte sie für immer trennen – und sie marschierten noch schneller. Wenn sich die langen Drachenlinien des Nachts über die Klippen dahinschlängelten, sandten ihre 10 000 Fackeln schräge Lichtpfeile auf die dunkle Fläche des Flusses hinunter. Tag und Nacht bewegten sich die Vorhuten im Geschwindmarsch, sie hielten nur zehn Minuten, um zu rasten und zu essen, dabei hörten die Soldaten die Vorträge ihrer müden politischen Ausbilder, die ihnen wieder und wieder die Wichtigkeit dieser einen Aktion erklärten und jeden einzelnen ermahnten, den letzten Atemzug und die letzte äußerste Kraft für den Sieg in der Prüfung einzusetzen, die ihnen bevorstand. Es durfte kein Nachlassen im Tempo, keine Halbherzigkeit und keine Müdigkeit geben.‹[2]

Jang Tscheng-wu war Politischer Kommissar des Regiments, das den Befehl erhalten hatte, die Brücke zu nehmen. (Später stieg er zum Stellvertretenden Stabschef der Volksbefreiungsarmee während der Kulturrevolution in den späten 1960er Jahren auf.) Hier berichtet er selbst:

›Früh am Morgen des 23.[3] brach ich mit meinem Regiment von Anschungtschang auf, wir marschierten am Westufer auf die etwa 320 Li entfernte Brücke zu (etwa 180 Kilometer). Als Frist waren uns drei Tage gesetzt. Der Weg wand sich wie ein Schafsdarm an dem Hang der Berge entlang, es ging immer wieder auf und ab. Links war die Bergflanke, sie stieg scharf senkrecht, wie von einem Messer geschnitten, in die Wolken auf. Auf den höheren Hängen lag Schnee, der das ganze Jahr über nicht schmolz. Er blendete die Augen und strahlte eisige Kälte aus. Rechts, Dutzende Meter unter uns, schäumten die weißgekrönten Wellen des dahinbrausenden Flusses. Ein Fehltritt – und man war verloren. Aber niemand sorgte sich wegen der Gefahr. Jeder einzelne hatte nur einen Gedanken – ›Beeilt euch – nehmt die Luting-Brücke!‹

Nachdem wir etwa 30 Li marschiert waren, beschossen uns feindliche Truppen von der anderen Flußseite. Um unnötige Verluste zu vermeiden, machten wir einen Umweg von einem Dutzend Li durch die Berge. Das kostete beträchtliche Zeit.

Nachdem wir etwa sechzig Li zurückgelegt hatten, standen wir vor einem hohen Berg. Unsere Vorhut stieß auf eine Kompanie Feinde und fiel wie Tiger über sie her. Es gab einen kurzen wilden Zusammenstoß – dann war die feindliche Einheit vernichtet.

Der Berg hatte eine Höhe von etwa einem Dutzend Li. Auf seiner anderen Seite war ein nicht breiter, aber sehr tiefer Fluß. Der Feind hatte die dort befindliche Brücke zerstört; ein Durchfurten war unmöglich. Wir fällten einige Bäume und waren bald am anderen Ufer. Durch unseren ersten Sieg beschwingt, marschierten wir mit federnden Schritten. Vor uns wurde vereinzelt geschossen. Plötzlich kam einer unserer Kundschafter zurück und meldete:

»Links vor uns ist ein Paß. Die Paßhöhe wird von einer feindlichen Einheit, etwa in Stärke eines Bataillons, gehalten. Sie sperren uns den weiteren Vormarsch.«

Sofort führte ich zusammen mit dem Regimentskommandeur einige Männer im Laufschritt zur Erkundung vor. Die Berge vor uns stiegen in senkrechten Klippen an. Zwischen ihnen war nur ein schmaler Pfad, der so steil aufragte, daß er wie eine Himmelsleiter erschien. Die Mütze fiel einem vom Kopf, wenn man versuchte, bis nach oben zu schauen. Sowohl auf den Gipfeln wie am Scheitel des Passes waren Befestigungen errichtet worden.

Der Fluß war zu unserer Rechten; wir konnten also keinen Umgehungsversuch auf dieser Seite machen. Die Höhen direkt vor uns erschienen unersteigbar. Links ragte eine scharfe Klippe auf, die spärlich mit Sträuchern und Dorngestrüpp bewachsen war, von der Höhe dieser Klippe stieg der große Berg weiter steil an.

Nach einer sorgfältigen Erkundung entschieden wir, eine Gruppe von oben links zur Umgehung anzusetzen, den Feind von rückwärts anzugreifen und den Paß von hinten zu erobern. Während eine Kompanie die Umgehung vornahm, schützte das 3. Bataillon einen Frontalangriff vor. Der Feind eröffnete ein heftiges Feuer mit seinen MGs, er riegelte die Einmündung des Passes so wirksam ab, daß nicht einmal eine Biene durchgekommen wäre.

Nach weniger als einer Stunde hörten wir dann Schüsse im Rücken des Gegners und das 3. Bataillon griff jetzt in vollem Ernst an; der Feind wurde aus seiner Befestigung getrieben. Wir verfolgten ihn rücksichtslos und vernichteten drei Kompanien am Fuß der Klippe. Wir nahmen einen Bataillonskommandeur, einen Kompanieführer und über 200 Mann gefangen.

Am nächsten Tag erhielten wir folgenden Befehl: Unsere Linke Marscharmee hat Zeit bis zum 25. erhalten, die Brücke von Luting zu nehmen. Sie müssen in schnellstem Tempo marschieren und in der kürzestmöglichen Frist handeln, um diese glorreiche Mission durchzuführen. Wir vertrauen darauf, daß ihr es schaffen werdet. Wir bereiten uns darauf vor, euch zu eurem Sieg zu beglückwünschen.

Darunter stand die energische Unterschrift General Lin Piaos. Als wir den Befehl gelesen hatten, sahen Kommandeur Wang und ich uns an und sagten dann gemeinsam: Eine glorreiche, aber auch eine sehr schwere Mission.

Der 25. war bereits der folgende Tag, und wir waren noch 320 Li von der Luting-Brücke entfernt. Wir würden zwei Tagesstrecken an einem einzigen zurücklegen müssen. Niemand hatte gedacht, daß unser Marschplan so schnell geändert und so dringend gemacht werden würde. 240 Lis sind eine gewaltige Strecke* und wir mußten sie – jeden Schritt davon – zu Fuß zurücklegen, und mehr noch, wir mußten unseren Weg durch starken feindlichen Widerstand erkämpfen. Aber – Befehl war Befehl! Es war ein glorreicher Auftrag, und wir mußten ihn durchführen. Wir konnten keine einzige Minute, ja keine Sekunde zögern. Die Zeit war jetzt allein entscheidend. Ur-

---

* Etwa 130 Kilometer. Eine andere Quelle gibt die in vierundzwanzig Stunden zurückgelegte Strecke mit 190 Li oder 100 Kilometer an. (Tschu Li-Fu, *Erh-wan Wu-tschien, Li Tschang-tscheng Chi. S. 39*)

sprünglich wurde die Brücke von zwei feindlichen Regimentern gehalten. Wir hatten aber mit eigenen Augen gesehen, daß auf der anderen Flußseite zwei weitere Brigaden zur Verstärkung heraneilten.

Ein Teil der Brückenstreitkräfte war zurückgelassen worden, um unserer 1. Roten Division den Übergang bei Anschungtschang zu verwehren, die Hauptmasse lieferte uns jedoch ein Rennen zur Brücke. Wenn wir zuerst hingelangten, bestand die Hoffnung auf einen Sieg. Anderenfalls würde es für die Rote Armee sehr schwierig, wenn nicht unmöglich werden, bei Luting über den Fluß zu gehen. Wir konnten nicht halten, die Zeit war zu kostbar. Im Marsch hielten wir eine Besprechung der militärischen und politischen Offiziere ab, um zu erörtern, was wir tun sollten. Zuerst wurde eine Reihe von Aufmunterungsparolen herausgegeben. ›Das 4. Rote Regiment hat eine glorreiche Vergangenheit auf dem Schlachtfeld. Wir müssen unsere Mission erfüllen und unseren Ruhm bewahren.‹ ›Ahmt das 1. Regiment nach, das Anschungtschang nahm. Rivalisiert mit ihm und nehmt die Luting-Brücke! Unsere Mission ist glorreich, aber sehr schwierig. Wir können den Test bestehen.‹ Wir setzten den nächsten Morgen 6 Uhr als äußerste Frist für das Erreichen unseres Ziels. Nach der Besprechung kehrten die Offiziere zu ihren Leuten zurück, um sie mitzureißen.

Gerade als das geschehen war, tauchte der Wilde Tiger-Berg vor uns auf. Wenn man den Wilden Tiger-Berg überqueren will, muß man eine etwa vierzig Li lange Wegstrecke steigen und dann die gleiche Strecke wieder hinunterkommen. Es ist eine gefährliche Kletterei mit dem Tatu zur Rechten und hohen Klippen zur Linken; der Weg selbst ist nur ein gewundener Saumpfad. Die Leute sagen, es sei der Engpaß zwischen Anschungtschang und der Luting-Brücke, und das ist keineswegs eine Übertreibung. Ein feindliches Bataillon hatte den Pfad dort besetzt, wo er über den Gipfel führt. Es war der Höhepunkt der nebligen Jahreszeit, man konnte keine fünf Schritt über seine Nase hinaussehen. Der Feind entdeckte uns, als wir uns dem Gipfel näherten, des Nebels wegen konnte er uns aber nicht deutlich erkennen. Er konnte daher nur wild in unsere Richtung schießen. Als wir nahe genug waren, griffen wir mit Handgranaten und Bajonetten an. Man konnte die Explosionen der Handgranaten im Nebel und die Jubelrufe unserer Männer hören. Entsetzt wandte sich der Feind zur Flucht. Unser Vorhutbataillon verfolgte ihn die ganze andere Bergseite hinunter und machte Gefangene und beträchtliche Beute – darunter nicht nur Gewehrmunition, sondern auch weißes Mehl!

Als die Verfolgungsjagd das Dorf Mohsimien erreichte, rannte unser Bataillon in ein feindliches und eine Regimentsstabseinheit, die dort einquartiert waren. Unsere siegreiche Speerspitze stürmte weiter und wieder floh der Feind. Dann besetzten wir Mohsimien.

Der tückische Feind hatte eine Brücke über einen Bach im Osten des Dorfs zerstört, und uns so ein neues Hindernis in den Weg gelegt. Nachdem wir die Brücke in zwei Stunden repariert hatten, setzten wir unseren Vormarsch fort, ohne Halt legten wir fünfzig Li zurück.

Etwa um sieben Uhr abends erreichten wir einen kleinen Weiler mit etwa zehn bis fünfzehn Familien am Rand des Tatu. Wir waren immer noch 110 Li von Luting entfernt.

Schwierigkeiten kommen nie allein, und niemand kann das Wetter kontrollieren. Plötzlich setzte ein gewaltiger Wolkenbruch ein, es donnerte und blitzte. Der Himmel war so schwarz, daß man die Finger der eigenen Hand nicht sehen konnte. Unsere Leute hatten den ganzen Tag nichts gegessen, sie litten Hunger. Da sie nachts auf schlüpfrigem Boden marschieren mußten, konnten die Packtiere mit dem Proviant und dem Nachschub nicht Schritt halten. Als wir den Wilden Tiger-Berg hinunterkamen, hatten wir gesehen, daß uns der Feind an der anderen Flußseite immer noch ein Kopf-an-Kopf-Rennen lieferte. Wenn er uns zur Brücke zuvorkam, war alles zu Ende. Wir mußten einfach eine Lösung finden.

Je schwieriger unsere Probleme wurden, desto mehr mußten wir die politische Arbeit bei den Männern verstärken. Wir ließen einen Ruf an all unsere Kommunisten, Mitglieder der Jugendliga und andere Enthusiasten ergehen; wir erklärten offen die Strapazen, die vor uns lagen, bestanden aber darauf, daß wir am nächsten Morgen um 6 Uhr vor Luting sein mußten. Wir erließen einen Befehl, daß sich jeder Mann einen Stab schneiden sollte. Wer nicht marschieren konnte, konnte auf den Stab gestützt gehen. Wer nicht mit Hilfe des Stabs gehen konnte, konnte kriechen – aber er mußte einfach unser Ziel rechtzeitig erreichen. Wir konnten nicht halten, um abzukochen. Jedermann erhielt die Weisung, seinen Reis roh zu essen und ihn mit ungekochtem Wasser hinunterzuspülen.

Der Ruf, der sich wie Wildfeuer durch die Reihen verbreitete, rüttelte den Kampfgeist der Männer wach. Nach ihrem Aussehen zu schließen, hätte sie nicht einmal ein Berg voller Messer zurückhalten können. Aber wie konnten wir in der pechschwarzen Finsternis 110 Lis durch schlüpfrigen Schlamm marschieren? Die Frage lastete mit ungeheurem Gewicht auf meinem Herzen.

Plötzlich tauchten in einer Vertiefung in den Bergen auf der anderen Flußseite einige Lichter auf, die sich in einem Augenblick in eine lange Reihe von Fackeln veränderten. Die feindlichen Truppen machten einen Gewaltmarsch bei Fackelschein. Das gab uns eine Idee. Wir werden das gleiche machen, dachte ich und besprach mich sofort mit unserem Regimentskommandeur, unserem Stabschef und dem Parteisekretär. Das Problem war aber folgendes: Der Feind war gerade jenseits des Flusses. Angenommen, er signalisierte uns zur Aufforderung, uns zu erkennen zu geben? Wie sollten wir rechtzeitig die Brücke erreichen, wenn er uns identifizierte und in einen Kampf verwickelte?

›Wenn die Situation am schwierigsten ist, muß man kühn drauflos schlagen!‹ Wir beschlossen, die Abzeichen der drei feindlichen Bataillone zu übernehmen, die wir gestern und heute geschlagen hatten. Den Bewohnern des Weilers kauften wir alle Binsenzäune ab, banden die Binsen zu Fackeln zusammen und gaben an jeden Mann eine aus. Auf dem Marsch zündete jede Gruppe eine an – die Fackeln sollten nicht vergeudet werden. Unser Ziel war es, in der Stunde mindestens 9 Li (also neunmal 576 Meter) zurückzulegen. Unsere Trompeter erhielten die Weisung, die Antwortsignale zu geben, die wir aus dem erbeuteten Feindmaterial erfahren hatten. Liu Wenhuis Truppen bestanden ausschließlich aus Szetschuanesen, wir wählten also einige szetschuanesische Kameraden aus unseren eigenen Reihen und einige Szetschuanesen unter den Gefangenen aus, so daß sie Antworten auf jede Frage zurückrufen konnten.

Um der Schnelligkeit willen ließen wir alle Tiere, das Gepäck und die schweren Waffen, einschließlich meines eigenen Pferds und dessen des Regimentskommandeurs in der Obhut eines von zwei Offizieren geführten Zugs zurück; sie hatten Befehl, uns so schnell wie möglich zu folgen.

Ich hatte zu der Zeit eine Beinwunde, die noch nicht geheilt war. Die Kameraden – besonders der Regimentskommandeur – drängten mich, weiter zu reiten. Wie konnte ich aber zu einer Zeit reiten, in der alle Offiziere ein Beispiel geben sollten? Ich forderte sie heraus: »Wir werden alle marschieren, Genossen! Wir wollen sehen, wer am schnellsten marschiert. Laßt sehen, wer zuerst zur Luting-Brücke kommt.«

Begeistert hoben die Männer die Fackeln und drängten weiter. Unsere Fackeln und die des Feindes auf der anderen Flußseite färbten die Wasser des Tatu rot. Aus der Ferne sahen die zwei Fackelreihen wie zwei sich windende Feuerdrachen aus. Über das Rauschen der Wellen weg hörten wir die scharfen Klänge einer feindlichen

Trompete, gefolgt von einem schwächeren Ruf »Welche Einheit seid ihr?« Der Feind nahm Kontakt zu uns auf.

Unser Trompeter gab das Signal, das nach den feindlichen Dienstvorschriften als Antwort vorgesehen war und unsere szetschuanesischen Kameraden und Gefangenen riefen im Chor eine Antwort. Die dummen Kerle auf der anderen Seite hätten nie erraten, daß mit ihnen parallel die tapfere Rote Armee marschierte, von deren Vernichtung sie Tag und Nacht träumten. Sie marschierten fast dreißig Lis mit uns. Gegen Mitternacht wurde der Regen heftiger und die Fackeln auf dem anderen Ufer verschwanden. Vielleicht war der Marsch für sie zu schwierig geworden und sie hatten gelagert. Die Nachricht verbreitete sich schnell durch das Regiment. Die Kameraden waren außer sich vor Freude. »Das ist unsere Chance«, sagten sie. »Marschiert weiter!«

In Einzelreihe ging es so schnell wie möglich weiter.

Der Regen prasselte erbarmungslos herab. Sturzbäche ergossen sich durch die Wasserrinnen am Berghang in den Fluß. Der gewundene Pfad an der Bergflanke war schon vorher schwierig genug gewesen, jetzt machte ihn das Wasser glatt wie Öl. Unsere Stäbe waren nur von geringem Nutzen. Ein Ausrutschen – und man landete auf dem Kopf. Alle drei Schritte rutschte, alle fünf Schritte fiel jemand, wir rollten mehr vorwärts als daß wir marschierten.

Selbst unter diesen Umständen nickten die Männer im Marschieren ein. Ein Soldat kam langsam zum Halten und sein Hintermann stieß ihn an und schrie: »Geh weiter! Sie sind dir schon weit voraus!« Erst dann wachte der Mann auf und beeilte sich aufzuholen. Schließlich banden die Männer ihre Wickelgamaschen zu einer langen Kette aneinander und zogen sich gegenseitig mit.

Nachdem wir den Gewaltmarsch die ganze Nacht durchgehalten hatten, erreichten wir die Luting-Brücke am nächsten Morgen kurz nach 6 Uhr und besetzten ihr westliches Ende sowie die Zugänge auf dieser Seite. In vierundzwanzig Stunden hatten wir nicht nur gekämpft und Brücken repariert, sondern auch 240 Li zurückgelegt. Wahrlich eine großartige Marschleistung.

Wir besetzten mehrere Häuser an dem Westende der Brücke und die Männer trockneten ihre Uniformen, kochten etwas Essen und rasteten. Regimentskommandeur Wang und ich studierten mit den Bataillons- und Kompanieoffizieren das Gelände.

Die Luting-Brücke lag tatsächlich in einer gefährlichen Umgebung. Selbst wir, die den größten Schwierigkeiten getrotzt hatten, erschraken. Unten schossen die rötlichen Wasser aus den Gebirgsschluchten des Oberlaufs herab, sie hämmerten gegen die häßlichen Felsklötze im Flußbett und schleuderten weißen Schaum hoch in die Luft. Das Brüllen der brausenden Sturzflut war betäubend. Nicht einmal ein Fisch konnte sich in diesem Wasser halten. Ein Durchwaten oder ein Übersetzen in Booten kam nicht in Frage. Die Brücke bot die einzige Möglichkeit, auf die andere Seite zu gelangen.

Wir untersuchten sie. Sie war nicht aus Stein oder Holz errichtet – sondern aus insgesamt dreizehn Eisenketten. Jedes große Glied war so dick wie eine Reisschüssel. Zwei Ketten auf jeder Seite dienten als Geländer, neun bildeten die Gehfläche. Ursprünglich hatte man Planken über die Ketten gelegt und die ganze Brücke, die an zwei Felsen aufgehängt war, schwankte mit den Bewegungen einer Person, die darüber ging, wie eine Wiege. Jetzt waren die Planken verschwunden, der Feind hatte sie mit nach Luting genommen. Geblieben waren lediglich die schwarzen hängenden Ketten. Am Eingang der Brücke waren zwei Verse eines Gedichts auf eine Steinplatte geschrieben:

Ragende Berge flankieren die Brücke von Luting
Tausend Li wohl steigen sie zu den Wolken empor.

Jenseits, am Ostufer, lag die Stadt Luting, halb am Flußufer selbst und halb am Berghang. Von einer siebeneinhalb Meter hohen Mauer umgeben, erstreckte sich die Stadt direkt hinter dem Ostende der Brücke.

Wenn man die Brücke überquert hatte, mußte man durch das Westtor der Stadt. Einen anderen Weg gab es nicht. Luting war von zwei feindlichen Regimentern besetzt; längs des Berghanges hatten sie starke Befestigungen errichtet. MG-Stellungen dicht an der Brücke hielten uns unter Dauerfeuer, Mörsergranaten regneten auf uns herab.

In fester Zuversicht, daß ihre Stellung uneinnehmbar sei, schrien uns die Feinde höhnisch zu: »Laßt sehen, wie ihr herüberfliegt. Wir strecken die Waffen!« Unsere Soldaten schrien zurück: »Wir wollen eure Waffen nicht! Wir wollen die Brücke!«

Wir brachten ein Bataillon in Stellung, das durch MG- und Gewehrfeuer alle feindlichen Verstärkungen abriegeln sollte, die vielleicht versuchten, das Ostende der Brücke von Süden her zu erreichen. Gerade wie auf unserer Seite gab es zwischen Berghang und Fluß nur einen schmalen Pfad, über den sie kommen konnten. Dann gingen wir zu den Kompanien, um die letzten Vorbereitungen für den Kampf zu treffen. Die Begeisterung war groß. Jede Kompanie hatte eine Liste von Freiwilligen für einen Stoßtrupp aufgestellt, alle forderten, daß die Männer ihrer Einheit den Auftrag erhielten, die Brücke zu nehmen. Mittags beriefen wir eine Besprechung aller Offiziere des Regiments ein, um über die Zusammensetzung des Stoßtrupps zu entscheiden. Wir hatten die Besprechung kaum eröffnet, als eine feindliche Mörsergranate ein großes Loch in das Dach des Gebäudes schlug, in dem wir uns versammelt hatten. Keiner von uns bewegte sich, aber alle Augenpaare starrten zornig zum Ostufer hinüber.

»Der Feind drängt uns weiter«, sagte ich. »Wir müssen sofort über die Brücke. Entscheiden wir, welche Kompanie den Stoßkeil bilden soll.«

Liao Ta-tschu, der Chef der 2. Kompanie, sprang auf. Gewöhnlich ein schweigsamer Mann, zwang er sich zum Sprechen, indem sein dunkles sonnenverbranntes Gesicht bei der Anstrengung bis zu den Ohren errötete.

»Die 1. Kompanie wurde als Musterkompanie belobigt, als wir den Wukiang-Fluß durchfurteten. Wir möchten es ihnen gleichtun und mit der Eroberung der Luting-Brücke den Ehrennamen ›Heldenkompanie‹ erringen.«

»Sie müssen den Auftrag der 3. Kompanie geben«, unterbrach der leicht erregbare Chef dieser Kompanie, er stotterte wie ein MG. »Die 3. Kompanie hat sich in jeder Schlacht gut gehalten. Wir können garantieren, daß wir die Brücke nehmen.« Er stand wie eine Pagode aus Eisen und setzte klagsam hinzu: »Wenn Sie den Angriffsbefehl nicht der 3. Kompanie geben, kann ich meinen Männern nicht mehr ins Auge sehen.«

Eine hitzige Debatte folgte, keine Kompanie wollte der anderen weichen. Schließlich mußte die Führung entscheiden. Der Regimentskommandeur und ich besprachen uns, dann stand er auf und erklärte, daß die 2. Kompanie den Angriff führen würde. Dann erhob ich mich und sagte:

»Wenn ihr kämpfen wollt – es kommt noch viel! Jeder von euch wird seine Chance bekommen. Am Wukiang führte die 1. Kompanie, dieses Mal lassen wir die 2. Kompanie beginnen. Der Stoßtrupp wird aus zweiundzwanzig Mann – Kommunisten und anderen kühnen Burschen – gebildet und von Kompaniechef Liao geführt. Diese Anordnung erscheint mir gut. Was denkt ihr?«

Alle Anwesenden applaudierten, nur der Chef der 3. Kompanie blieb weiterhin mürrisch. »Die Aufgabe der 3. Kompanie ist auch nicht leicht«, versicherte ich ihm. »Sie müssen direkt hinter der 2.

Kompanie hinüber und Planken über die Ketten legen, damit wir andern in die Stadt eindringen können.« Erst jetzt flog ein Lächeln über sein Gesicht. Schließlich wies ich die Kompaniechefs an, jedem Mann ein Katti Schweinefleisch zu geben, das wir von einigen der örtlichen Tyrannen erbeutet hatten. Mit vollem Magen kämpften die Männer besser. Nach der Besprechung bat ich den Parteisekretär des Regiments, dem Stoßtrupp der 2. Kompanie beim Fertigmachen zu helfen.

Wir begannen den Angriff um 16 Uhr. Der Regimentskommandeur und ich leiteten ihn vom Westende der Brücke aus. Alle Trompeter des Regiments bliesen gemeinsam das Angriffssignal, und wir feuerten mit all unseren Waffen auf den Feind am anderen Ufer. Das Feuern und das Schreien der Männer hallten durch das Tal. Mit Maschinenpistolen, große Messer auf den Rücken geschnallt, je zwölf Handgranaten im Gürtel kletterten zweiundzwanzig Helden* unter Führung von Kompaniechef Liao über die schwankenden Brückenketten mitten in das intensive feindliche Feuer hinein. Hinter ihnen kamen die Offiziere und Männer der 3. Kompanie, jeder trug zu seiner vollem Kampfausrüstung eine Planke. Sie kämpften und legten zur gleichen Zeit Planken.

Gerade als der Stoßtrupp die andere Seite erreichte, schossen außerhalb des Westtors von Luting riesige Flammen zum Himmel. Der Feind versuchte, uns durch Feuer abzuriegeln, und durch seine Flammen zu vernichten. Das Feuer, das den halben Himmel rötete, leckte wild um das Ostende der Brücke. Der Ausgang des Kampfes hing nun an einem Haar. Unser Stoßtrupp zögerte, als er sich mit dem Feuer an dem Stadttor konfrontiert sah. Die Männer, die bei mir und dem Regimentskommandeur standen, schrien über den Fluß: »Vorwärts – Kameraden – greift an! Achtet nicht auf das Feuer – greift an, der Feind bricht zusammen!«

Durch unsere Zurufe ermutigt, stürzten sich die zweiundzwanzig Männer beim Schmettern einer Trompete kühn in die Flammen.

---

* Siebzehn der ersten 22, die zuerst über die Brücke stürmten, wurden vom feindlichen Feuer abgeschossen... andere traten an ihre Stelle. Als einer der Unseren die Mitte der Brücke erreichte, wo die Planken noch lagen, entsicherte er eine Handgranate, die er vorwärts rennend unter die feindlichen Soldaten warf. Sie legten Feuer an die Planken, doch war es zu spät. Mehrere unserer Leute schwangen sich wie Affen zu den Planken, sie stürmten den Garnisonsposten durch die Flammen. Und plötzlich hörte man Schreie und Gewehrfeuer, als der kleine Trupp, der in einem Boot übersetzte, den Feind von rückwärts angriff. In Panik versetzt, ergab er sich. So eroberten wir die Luting-Brücke innerhalb von zwei Stunden, und die Stadt war unser... Einige der Einwohner sagten, daß die Seelen der Taipingtoten von nun an nicht mehr klagen würden, sie waren gerächt worden. Es war der 25. Mai 1935. (Maos Bericht zitiert auf S. 331 von Han Suyins Buch, *The Morning Deluge*, London 1972)

190

Kompanieführer Liaos Mütze fing Feuer. Er warf sie weg und kämpfte weiter. Das Haar und die Augenbrauen der Männer wurden versengt; von Rauch und Flammen eingehüllt, griffen sie hinter Liao weiter an und brachen sich einen Weg in die Stadt. In dem folgenden Straßenkampf brachte der Feind sein volles Gewicht zur Geltung, er war entschlossen, unseren Stoßtrupp zu vernichten. Die Zweiundzwanzig kämpften, bis sie sich verschossen und ihre Handgranaten verbraucht hatten. Die Lage war kritisch, es schien mit ihnen zu Ende zu gehen.

In diesem Augenblick kam ihnen die 3. Kompanie zu Hilfe. Gleich darauf drangen Regimentskommandeur Wang und ich mit unserer nächsten Abteilung ebenfalls über die Brücke und in die Stadt. In zwei Stunden vernichteten wir die Hälfte der zwei feindlichen Regimenter. Der Rest zerbrach und zerstreute sich. Im Zwielicht hatten wir die Stadt vollständig besetzt, die Brücke war fest in unserer Hand.

Unsere Hauptaufgabe bestand jetzt darin, feindliche Gegenstöße abzuweisen, und die Brücke um jeden Preis zu halten. Wir wußten, daß sich zwei feindliche Regimenter in der Nähe von Tatschielu befanden; wir schickten also ein Bataillon als Sicherung in diese Richtung. Ein weiteres Bataillon sandten wir den Fluß entlang nach Süden, es sollte die zwei feindlichen Brigaden aufhalten, die wir am Tag zuvor in die Richtung auf die Brücke hatten eilen sehen. In der Annahme, daß sie Kontakt mit dem Feind hergestellt hatten, machten wir uns auf einen erbitterten Kampf gefaßt.

Unser Bataillon bezog Stellung, dann sandten wir einen Stoßtrupp aus, der einen verwundeten Gefangenen einbrachte. Bald stellte sich heraus, daß es ein Kamerad des 3. Regiments unserer 1. Division war. Erst jetzt erfuhren wir, daß unsere 1. Division bereits angelangt war. Wir waren auf einen harten Kampf gefaßt gewesen, jetzt entspannte sich jedoch alles und feierte.

Die 1. Rote Division hatte die feindlichen Brigaden sechzig Li vor Luting eingeholt. In der Angst, von vorn und rückwärts gefaßt zu werden, waren die Brigaden in Panik auf Hualingping zu geflohen. Sofort entsandten wir Männer zu Armee-Stabschef Liu Po-tscheng und General Nieh Jung-tschen, die dichtauf folgten, und führten sie in die Stadt; es war ein glückliches Wiedersehen.

Obwohl es schon 2 Uhr morgens war, bestanden die zwei Kommandeure darauf, die Brücke zu besichtigen. General Liu untersuchte jede Einzelheit, als ob er sich die ganze Brücke einprägen wolle. Auf dem Rückweg hielt er in der Mitte, beugte sich über das

Geländer und schaute auf die brodelnden Wasser des Tatu hinunter. Dann klopfte er mit dem Fuß auf die Planken und murmelte: »Wir haben viel Blut und Energie darauf verwendet, dich zu bekommen, Luting-Brücke, aber wir haben es geschafft!«

Unter den erbeuteten feindlichen Dokumenten fanden wir eine dringende Weisung General Liu Wen-huis. Sie lautete:

›Tschu Teh und Mao Tse-tung werden die zweiten Schi Ta-kais werden. Vor ihnen ist der Tatu, hinter ihnen der Goldsandfluß. Sie sind wie ein Fisch in einer Flasche gefangen. Jetzt ist es Zeit, die Roten Banditen zu vernichten.‹

Liu Wen-hui setzte sogar eine Belohnung für die Gefangennahme unserer militärischen Führer aus. »Der Feind schätzt uns sehr hoch ein«, bemerkte unser Armee-Stabschef trocken. »Seht – sie haben mir ein Preisetikett von 100 000 Silberdollars gegeben ...«

Am folgenden Tag kam General Lin Piao mit unserer Hauptmacht anmarschiert. Seine herzlichen Glückwünsche waren für uns eine große Ermutigung. Dann trafen auch Vorsitzender Mao, Oberbefehlshaber Tschu, Stellvertretender Vorsitzender Tschou und der Stab anderer Organisationen ein. Tausende Soldaten marschierten über die Luting-Brücke. Wir hatten die kochende Schranke des Tatu überwunden.

Die zweiundzwanzig Helden, die zuerst hinübergestürmt waren, wurden von dem Militärausschuß hoch belobigt. Ihre furchtlose Tat bildet ein ruhmreiches Blatt in den Annalen unserer Kriegsgeschichte.‹[4]

Andere Berichte über die Eroberung der Luting-Brücke weichen leicht davon ab. Die Bilder zeigen deutlich, daß es sich um dreizehn Ketten handelte – neun unten und zwei auf jeder Seite, um den Begeher der Brücke zu schützen. Und doch schreibt Snow von sechzehn Ketten.[5] Tschu Teh sprach Agnes Smedley von zwanzig[6], Tschu Li-fu und Hsu Meng-tschiu nennen zwölf[7] und Tsai Schun-li spricht von neun.[8] Agnes Smedley sagt, die Brücke sei am 30. Mai erobert worden, sie impliziert auch, daß Lin Piao mit der 1. Division am linken statt mit der Hauptmacht auf dem rechten Ufer gewesen sei. Wichtiger noch: Der Augenzeugenbericht Oberst Jangs impliziert, daß *alle* Planken entfernt gewesen seien und andere ›offizielle‹ Berichte bestätigen das als Tatsache.[9] In Wirklichkeit waren jedoch nur die Hälfte oder zwei Drittel von der Westseite weggenommen worden. ›Die Brücke hätte natürlich zerstört werden sollen‹, kommentiert Snow, ›die Szetschuanesen waren jedoch hinsichtlich ihrer wenigen Brücken sentimental; es war nicht leicht, sie wieder zu bauen und sie waren teuer. Von Liu Ting* sagt man, ›der Reichtum von achtzehn Provinzen habe beigesteuert, sie zu bauen‹. Und wer hätte auch gedacht, daß die Roten so irrsinnig sein würden, allein auf den Ketten hinüberzugehen?[10] Die Tatsache, daß der dem Feind nächste Brückenteil noch mit Planken gedeckt war, erklärt erstens, warum so viele Kommunisten an der Spitze das feindliche Feuer überlebten, der Plankenboden gab ihnen einen gewissen Schutz, als sie sich dem Ufer näherten, und zweitens, wie das Feuer am Ostende so viele Schwierigkeiten bereitete – es war der Rest der Planken, die der Feind – aber zu spät! – in Brand steckte. Hsu Meng-tschiu behauptet, daß das Brückenhäuschen am anderen Ende der Brücke in Brand gesteckt worden sei und daß die zwanzig roten Helden hineinstürmten und die Planken für die Brücke herausholten, aber das klingt weniger überzeugend.[11]

Die Beschreibung der Schlußszene durch Agnes Smedley ist die beste: Zugführer Ma Ta-tschiu trat vor, faßte eine der Ketten und hangelte sich, Hand über Hand schwingend auf das Nordufer** zu. Der politische Kommissar des Zugs folgte ihm und dann die Männer. Als sie sich vorwärtshangelten, legten die roten MGs einen Feuerschirm vor sie, und die Pioniere kamen heran und legten Baumstämme über die Ketten.

Die Armee sah atemlos zu, als sich die Männer die Brückenketten entlangschwangen. Ma Ta-tschiu war der erste, er in den wilden Strom hinuntergeschossen wurde. Dann folgte ein Mann nach dem andern. Die andern kamen nach, aber gerade ehe sie den Boden des nördlichen Brückenkopfs erreichten, bemerkten sie, wie feindliche Soldaten Kannen Petroleum auf die Planken schütteten und sie in Brand steckten. Als sie sahen, wie sich die Flammenbahn ausbreitete, zögerten einige Männer; der Politische Führer des Zugs sprang schließlich auf den Plankenboden, ehe die Flammen seine Füße erreichten und winkte den anderen, ihm zu folgen. Sie kamen und duckten sich auf die Planken, machten die Handgranaten frei und schnallten die Schwerter los.

Sie liefen durch die Flammen und warfen die Handgranaten mitten in den Feind. Immer mehr Männer folgten, die Flammen leckten an ihren Uniformen. Hinter ihnen ertönte das Schreien ihrer Kameraden und unter dem Brüllen das schwere Tud-tud der letzten

---

* Luting: der ursprüngliche Name lautete Lin Ting Tschiao ›Die Brücke, die durch Liu festgemacht wurde‹.

** Das linke oder nordöstliche.

Baumstämme, die an ihren Platz fielen. Die Brücke wurde zu einer Masse rennender Männer, die mit schußbereitem Gewehr die Flammen im Laufen austrampelten. Der Feind zog sich auf die zweite Verteidigungslinie zurück.[12]

Die Verluste waren minimal. Eine Quelle nennt siebzehn Tote mit ›vielen Versengten und Verwundeten und einigen schwer Verbrannten‹; eine andere nennt weniger als fünfzig, von denen zwölf vom Wind in den Fluß hinuntergeweht wurden.[13]

Agnes Smedley berichtet, daß ein Stabsoffizier, der sich bei Tschu und Mao befand, als sie die Brücke überquerten, ›mir erzählte, daß Tschu kein Zeichen machte und keinen Laut von sich gab; er stand wie ein Mann, der zu Stein verwandelt wurde. Er wußte, daß das Schicksal der Armee sich in diesem Augenblick entschied...‹[14]

Und doch hätte eine einzige Ladung Dynamit an der Vertäuung der Brücke die Kommunisten zum Untergang verdammt.

17 Der Große Schneeberg

Die Rote Armee war jetzt weniger als 160 Kilometer von ihren Kameraden der Vierten Frontarmee unter Tschang Kuo-tao und Hsu Hsiang-tschien im nordöstlichen Szetschuan entfernt. Es dauerte jedoch sieben Wochen, ehe die Vereinigung erreicht werden konnte. Zwischen den beiden Armeen lag die Große Schneeberg-Kette, die von den Langen Marschierern einen weiteren Zoll forderte.

Die Kommunisten wurden von Zeit zu Zeit immer noch aus der Luft angegriffen. Mao Tse-tungs Bursche erinnert sich an einen Vorfall auf dem Marsch von Hualingping nach Schuitsetsi bald nach dem Übergang über den Tatu.

›Wie üblich brachen wir frühzeitig auf. Vorsitzender Mao wurde durch irgendwelche Geschäfte aufgehalten und ging mit dem Sanitätskorps statt mit dem Stab des ZK. Der Gruppenführer der Leibwache und ich begleiteten ihn. Wir durchquerten ein offenes, etwa zwölf Li langes Tal, als wir plötzlich von drei Feindmaschinen im Sturzflug angegriffen wurden. Die Bomben schlugen wirklich nahe ein, und wir rannten hin, um den Vorsitzenden Mao zu schützen. Er war sofort wieder hoch und beugte sich über den Gruppenführer, der getroffen worden war. Er lag da und umklammerte seinen Leib, er war ganz still. Vorsitzender Mao berührte ihn sanft und wandte sich an den Offizier des Sanitätskorps. »Können Sie etwas tun?« fragte er drängend. Mein Gruppenführer bemühte sich, um die Hilfe wegzuwinken.

»Nein«, sagte er. »Geht weiter!«

Er konnte kaum sprechen. Er war schrecklich blaß, als ob er alles Blut verliere. Vorsitzender Mao setzte sich neben ihn und hob ihm den Kopf.

»Du wirst wieder in Ordnung kommen, Genosse Hu Tschang-pao«, sagte er sanft. »Bleib nur ruhig, und wir tragen dich nach Schuitseti, wo dich ein Arzt behandeln kann.«

Mein Gruppenführer bewegte den Kopf, der auf Maos Arm lag. »Ich kann mich nicht tragen lassen. Kümmern Sie sich nicht um mich. Ich fühle, daß ich innerlich blute. Ich bin nicht wichtig. Ich bin ganz zufrieden. Werden Sie es aber meinen Eltern sagen? Sie leben in Kian, in Kiangsi. Mir tut es nur leid, daß ich nicht mit Ihnen nach Schensi gehen und unsere Basis dort sehen kann.«

Dann brach er ab und atmete eine Minute lang schwer. Dann sah er mich an.

»Tschen Tschang-feng«, sagte er, »sorge gut für den Vorsitzenden Mao und die anderen Führer.«

Seine Stimme erstarb, und wir konnten nicht hören, was er sonst noch sagte. Er versuchte weiterzusprechen, wir sahen, wie sich seine Lippen bewegten. Plötzlich sprach er – mit großer Anstrengung – wieder ganz laut.

»Sieg für die Revolution!« rief er.

Sein Kopf fiel zur Seite, seine Augen wurden starr und schlossen sich.

»Gruppenführer! Gruppenführer!« rief ich, aber er war schon tot.

Vorsitzender Mao zog seinen Arm unter ihm heraus und stand auf. »Gib mir die Decke«, sagte er.

Ich gab ihm eine Decke aus der Bettenrolle und er breitete sie über den Toten.‹[1]

Sieben voneinander getrennte Bergketten mußten auf dem Weg zur Provinz Kansu überwunden werden – von ihnen war der Große Schneeberg, Tschiatschinschan, nur der erste. Der Paotung Kang-Berg, die Tschung-lai-Kette, der Traumfeder-Berg und der Große Trommel-Berg lagen ebenfalls noch vor uns.

Ehe der Anstieg zum Großen Schneeberg begann, gab es ein einleitendes Geplänkel mit tibetischen Kriegern. ›Ein Regiment tibetischer Krieger‹, schreibt Agnes Smedley, ›kam von Tatschienliu herunter, um die szetschuanesischen Truppen zu verstärken. Die

Tibeter trugen Lammfellröcke, ihre chinesischen Offiziere pelzgefütterte Uniformen. Die Offiziere hatten ihre Konkubinen mitgebracht, Frauen mit kindhaften Gesichtern, mit Jade behangen und in kostbare weiße Pelze gehüllt; wie ihre Herren und Meister ritten sie prächtige Pferde. Da die Rote Armee Pelze brauchte, dauerte es nicht lange, bis sie das tibetische Regiment einschließlich der Konkubinen ausgezogen hatten. Sie nahmen auch die Pferde und die Silberkästen, die die Offiziere mit sich führten.‹²

Nach ihrem Gewaltmarsch nach Sikiang erhielten die Kommunisten eine Woche Rast und weitere zehn Tage zur Vorbereitung auf die Überquerung der Gletscher und Schneefelder, die vor ihnen lagen. Jeder Mann mußte genug Proviant und Brennstoff für zehn Tage tragen und sich so warm wie möglich kleiden. Am Tag sollten sie nie mehr als sechs bis sieben Stunden marschieren. Sie mußten, wann immer nötig, bereit sein, Unterkünfte zu bauen und weiße Tarnung zu verwenden. Flüsse sollten auf erbeuteten Booten überquert werden, andernfalls mußten die Leute vorbereitet sein, ihre eigenen aus Holz oder Leder zu bauen. Die Offiziere inspizierten ihre Männer genau, sie sahen ihre Schuhe nach, hoben das Gepäck, um sein Gewicht zu prüfen, und kümmerten sich um ihren Gesundheitszustand. Sanitätseinheiten sollten in der Nachhut marschieren und sich um die Alten, die Erschöpften und die Kranken kümmern, die zurückblieben.³

Tschu Teh ließ Tagesbefehle ›auf Papier schreiben‹, das eine beredte Geschichte von dem rückständigen primitiven Leben in dem weiten chinesisch-tibetischen Grenzland erzählte. Einige waren auf die Rückseite alter Militärkarten geschrieben, die rauh in Vierecke zerrissen worden waren, einige auf billiges weiches Papier in vielen bunten Farben, wie es die Chinesen zu Neujahrsfeiern verwenden, andere auf grobes dickes tibetisches Papier, das mit tibetischen Mustern verziert war oder auf Seiten, die aus militärischen Meldeblökken gerissen wurden. Einige schließlich wurden auf große quadratische Bogen groben Papiers geschrieben, von denen der vormalige tibetische Druck mit Wasser oder Chemikalien abgewaschen wurde.⁴

Die Rote Armee stieg zu dem 4800 Meter hohen Großen Schneeberg hinauf, von seinem Kamm konnten die Soldaten durch die klare Luft über ein Meer von Schneegipfeln in das ferne Tibet schauen. Es war Juni, aber viele der armselig gekleideten, dünnblütigen Südchinesen in Reih und Glied, die an diese Höhen nicht gewöhnt waren, starben an Erschöpfung. Auf dem Paotung Kang-Berg mußten die

Kommunisten buchstäblich ihren eigenen Weg bauen, indem sie Bambus über einen ›verschlungenen Sirup von hüfttiefem Schlamm legten‹. Mao Tse-tung erzählte Edgar Snow, daß ›ein Armeekorps an diesem Gipfel zwei Drittel seiner Tragtiere verlor. Hunderte fielen und standen nicht wieder auf.‹[5]

Lin Piao, der ein schwaches Herz hatte, mußte, Robert Payne zufolge, auf dem Großen Schneeberg rasten und die volle Gewalt eines Sturmes aushalten; nach einem Bericht wurde er mehrmals ohnmächtig.[6] Hsu Meng-tschiu, der der offizielle ›Historiker‹ des Langen Marsches wurde, erfror sich auf diesem Berg beide Beine, sie mußten später amputiert werden.[7] Mao selbst, der auf dieser Strecke wieder an Malaria erkrankte, mußte auf einer Bahre getragen werden.[8]

Ein Überlebender berichtete später: ›Der Tschiatschinschan ist in ewigen Schnee gehüllt. In seinen Schluchten gibt es große Gletscher, alles ist weiß und stumm. Wir waren schwer bepackt, weil jeder Mann Proviant und Brennstoff für zehn Tage schleppen mußte. Unsere Nahrung bestand aus allem, was man kaufen konnte – in der Hauptsache Mais, obwohl wir auch etwas Buchweizen und Pfeffer hatten. Unseren Proviant trugen wir in langen Stoffbeuteln über den Schultern. General Tschu trug seinen Proviant wie jeder andere. Er hatte ein Pferd, ließ aber Kranke oder Verwundete darauf reiten.

Wir hätten nicht so gelitten und auch keine so schweren Verluste gehabt, wenn wir Reis hätten kaufen können. Der Übergang von einer Reis- auf eine Maiskost verursachte bei unseren Leuten Durchfall und Magenstörungen. Der Mais ging glatt durch, sie konnten ihn nicht verdauen.

Eine andere Qual waren die Läuse. Wo immer wir in den Hütten der Bewohner schliefen, schienen die Läuse aus dem Erdboden zu kommen und ließen sich auf uns nieder. Jeder hatte Läuse. Jeder machte auf Läuse Jagd.‹[9]

Tung Pi-wu, der ›alte Tung‹, der die ›kleinen Teufel‹ in Sikiang mit seinen Geschichten von dem Affen aufgemuntert hatte, schilderte Agnes Smedley den Übergang.

›Wir marschierten im frühen Morgengrauen ab. Es gab keinerlei Pfad, die Bauern sagten jedoch, daß die Bergstämme zu Überfällen über die Berge kamen, und daß wir deshalb wohl auch wie sie hinüber konnten. Wir marschierten also gerade den Berg hinauf, auf einen Paß in der Nähe des Gipfels zu. Dicke Nebel wirbelten um uns, der Wind war stark und auf halber Höhe begann es zu regnen. Als wir höher und höher kletterten, gerieten wir in einen schrecklichen

Hagel und die Luft wurde so dünn, daß wir kaum noch atmen konnten. Das Sprechen war völlig unmöglich und die Kälte war so entsetzlich, daß unser Atem einfror und unsere Hände und Lippen blau wurden. Menschen und Tiere taumelten, fielen in Spalten und verschwanden für immer. Diejenigen, die sich setzten, um zu rasten oder sich zu entleeren, erfroren auf der Stelle. Politische Führer, die selbst erschöpft waren, ermunterten die Männer durch Zeichen und Berührung, sie sollten sich weiter bewegen, der Paß liege gerade voraus.

Bei Einbruch der Nacht hatten wir den Übergang in 4800 Meter Höhe geschafft; diese Nacht biwakierten wir in einem Tal, wo es kein Zeichen menschlichen Lebens gab. Während sich die meisten von uns erschöpft ausstreckten, machte General Tschu seine üblichen Inspektionsrunden. Er war sehr müde, denn er war mit der Truppe marschiert. Und doch konnte ihn nichts daran hindern, seine Runde zu machen. Er gab mir ein wenig getrocknetes Fleisch, das er in seiner Tasche hatte. Er ermutigte jedermann und sagte, wir hätten den schlimmsten Gipfel überquert, jetzt seien es nur mehr wenige Tage bis Moukung.

Um feindlichen Bombern auszuweichen, standen wir um Mitternacht auf und erkletterten den nächsten Gipfel. Es regnete, dann schneite es und der wilde Wind peitschte uns noch mehr. Männer starben an Kälte und Erschöpfung.

Der letzte Gipfel der Kette – den Aufstieg vom Fuß bis zum Gipfel schätzten wir auf achtzig Lis (etwa 43 Kilometer) – war entsetzlich. Hunderte unserer Männer starben dort. Sie setzten sich, rasteten oder erleichterten sich und standen nie wieder auf. Auf dem ganzen Marsch bückten wir uns immer, um wieder Männer hochzuziehen, nur um feststellen zu müssen, daß sie bereits tot waren.‹[10]

Die detaillierteste Erinnerung an diese grausamste Strapaze des Langen Marsches hat Oberst Tschang Kuo-hua, der Ordonnanzoffizier des Chefs der Nachschubabteilung des Dritten Roten Armeekorps niedergeschrieben. Schon beim Übergang über den Tatu krank, verschlimmerte sich Oberst Tschangs Zustand während der Tage unmittelbar vor dem Anstieg auf den Großen Schneeberg, er litt unter schweren Brechdurchfällen. Mehrere Tage lang aß er nichts. Er bestand aber darauf, nicht zurückgelassen zu werden, und brach mit einem Stock auf. Ein Kamerad trug sein Gewehr. Er erzählt die Geschichte so:

›Früh am nächsten Morgen erklang die Trompete. Die Truppen marschierten auf den Berg zu. An ihre Stöcke geklammert, kletterten die Männer stetig auf dem schmalen Ziegenpfad hinauf.

Bald ging die Sonne auf. Als wir vom Fuß des Bergs hinaufschauten, sahen wir den Gipfel glitzern und die Truppe, die wie ein sich himmelwärts windender Drache emporrückte. Wir brachen auf, das Wetter war kühl und der Boden verhältnismäßig eben, es fiel mir ziemlich leicht. Im Verlauf der Zeit wurde es mit mir jedoch schlimmer. Nachdem ich eine gewisse Strecke zurückgelegt hatte, mußte ich mich entleeren und dann rasten. Allmählich fiel ich zurück. Ich biß die Zähne zusammen und kletterte weiter. Als ich eine große Fichte erreichte, wirbelte mir der Kopf, ich konnte mich keinen Zoll mehr bewegen. Ich setzte mich zur Rast. Li Tschu-scheng, der junge Träger, kam an mir vorbei, zwei Kisten hingen an seiner Schulterstange. Wir hatten uns schon immer geneckt. Als er mich in diesem Zustand sah, rief er: »Was ist los, Tschang Kuo-hua? Mach schon! Zur anderen Seite des Berges und zu den Kameraden der Vierten Frontarmee!«

Ich fühlte mich sehr bekümmert. Wer hätte das nicht gewollt! Aber meine verdammten Beine. In diesem Augenblick wollten sie sich einfach nicht bewegen. »Komm, steh auf«, trieb ich mich selbst an. »Geh langsam – fast alle Kameraden der Einheit sind schon weit voraus.«

Mit dem Stock stemmte ich mich hoch, nur um sofort wieder umzusinken. Als ich aufschaute, sah ich, daß ich nur ein klein wenig auf dem steilen Hang vorangekommen war. Ach! würde mein Zustand anhalten?

Ich war in der Klemme, als der Pferdepfleger, der ›Alte Wang‹ herankam, er führte ein dunkelbraunes Maultier. Auf den ersten Blick sah ich, daß es meinem Chef gehörte.

»Steig auf! Dieses Stück des Weges ist verhältnismäßig flach.« Ich zögerte und gab keine Antwort. Offengestanden, wie sehnte ich mich nach einem Ritt auf einem Maultier. Aber wie konnte ich reiten? Ich trug ja nichts, dem Chef der Nachschubabteilung mußte es sehr schwer fallen, mein Gewehr zu tragen. Statt für ihn zu sorgen, hatte ich ihn für mich sorgen lassen. Ich schaute das Maultier und dann den alten Wang an und konnte lange kein Wort sprechen. Der ›Alte Wang‹ schien erraten zu haben, was mir auf dem Herzen lag. »He«, sagte er. »Ich habe das Maultier auf Befehl des Chefs der Nachschubabteilung gebracht. Steig also schnell auf! Du wirst ganz in Ordnung sein, wenn wir den Berg erstiegen haben. Die Vierte Rote Frontarmee erwartet uns auf der anderen Seite, dort haben sie wahrscheinlich ein Basislazarett.«

Meine Tränen flossen. Der Alte Wang half mir in den Sattel und ich kam weiter den Berg hinauf. Je höher wir kamen, desto schmaler wurde der Pfad. Der Hang wurde steiler und die Luft dünner. Das Reiten wurde gefährlich, also stieg ich ab, faßte den Schwanz des Maultiers und kämpfte mich weiter nach oben. Auf diesem Pfad, der durch den düsteren Urwald anstieg, befanden sich mehrere Kameraden, die wie ich krank waren. Sie kletterten, bissen die Zähne zusammen und folgten dicht hinter den Kameraden, die vor ihnen waren.

Gegen 11 Uhr mittags waren wir unter vielen Mühen auf etwa sechs Li an den Gipfel herangekommen, als die Trompete eine Rast ankündigte. Alle setzten sich an die Seite des Pfads. Einige liefen in die Schlucht, um Wasser zu trinken – andere nahmen ihre Rationen und begannen zu essen. Nachdem wir gegessen hatten, wollten wir zu der letzten Schlacht gegen den Schneeberg antreten.

Obwohl die Strecke nicht lang war, forderte jeder Schritt die ganze Kraft meines Körpers. Ich entleerte mich weniger häufig, aber ich fühlte mich schrecklich schwach, so, als ob ich lange, lange nichts gegessen hätte. Die Luft wurde plötzlich dünner, als wir noch 200 Meter vom Gipfel entfernt waren. Das Atmen wurde schwierig. Mit wirbelndem Kopf und verschleierten Augen konnte ich kaum mehr stehen, geschweige denn weitergehen. »Jetzt bin ich erledigt«, sagte ich zu mir. Sofort aber dachte ich: »Soll ich mich besiegen lassen, wenn der Gipfel in Sichtweite ist?« Ich durfte nicht fallen, das wäre das Ende gewesen.

Ich beherrschte mich mit äußerster Anstrengung. Ich kämpfte verzweifelt, als zu meinem Glück Soldaten von der Signalabteilung kamen und mir halfen. Gerade in diesem Augenblick hörte ich einen Schlag und einen Aufschrei. Ich schaute zurück. Ein Träger mit der Stange und allem Gepäck war gestürzt. Als ich schärfer hinsah, erkannte ich, daß es der junge Kamerad Li Tschu-scheng war, der mich noch vor so kurzer Zeit herausgefordert hatte. Tränen standen in meinen Augen wie in denen der Kameraden ringsum. Ich war von Kummer gepeinigt. Wieder hatten wir einen Waffenbruder verloren.

Der Chef der Nachschubabteilung, der gehört hatte, was geschehen war, kam zurückgeeilt. Mit tränennassen Augen begrub er Li Tschiu-scheng. Mit den zwei Kisten, die Li Tschiu-scheng zurückgelassen hatte an der Schulterstange kam er zu mir, faßte meinen Arm und ging mit mir. Ohne Warnung kam dann ein Windstoß. Die Sonne wurde schnell durch eine schwere schwarze Wolke verdeckt, bald verfinsterte sich der ganze Himmel. Mit Regen vermischter Hagel prasselte herab. Das Unwetter nahm an Wucht zu, kartoffelgroße Hagelschloßen hämmerten auf uns herab. Die Männer bedeckten die

Köpfe mit Schüsseln und wickelten sich in Decken. Ich kämpfte mit ganzer Kraft, um zwei Schaffelle aufzufalten, eines gab ich meinem Chef, das andere wickelte ich um meinen Kopf.

Schließlich zog das Unwetter vorüber. Der Weg war mit Eis und Schnee bedeckt, als die Truppe vorrückte, war er bald zu einer mannstiefen Gasse zusammengetreten. Zu beiden Seiten des Pfads lagen viele liebe Kameraden, die bis zu ihrem letzten Atemzug für die Zukunft der Menschen ihres Vaterlands gekämpft hatten. Sie werden ewig auf diesem Schneeberg schlafen. Die Helden der Nation sind unsterblich.

Mein Chef führte mich, die Stange über der Schulter, auf der letzten Strecke an der Hand.

»Es ist nicht leicht, die Revolution voranzutreiben«, sagte er immer wieder zu mir. »Und sind die Genossen, die jetzt neben dem Weg liegen, nicht Helden, die sich dafür geopfert haben?« Als er sprach, sah ich, wie sich seine Augen röteten. Einige heiße Tränen fielen auf meine Hand.

»Wir leben noch«, fuhr er fort. »Wir dürfen in unseren Anstrengungen nicht nachlassen. Wir müssen die Sache der Märtyrer aufnehmen und weiterkämpfen.«

Als ich seine Worte hörte, war ich zu bewegt, als daß ich sprechen konnte. Obwohl ich seit Tagen nichts gegessen hatte und von Krankheit geschüttelt wurde: ich war Kommunist. Ich war noch ziemlich jung, aber so lange noch ein Atem in mir war, würde ich die letzte äußerste Kraft einsetzen, um den Berg zu ersteigen. Ich biß die Zähne zusammen, kletterte und kletterte und war endlich am Gipfel.

Der Chef der Nachschubabteilung lachte beglückt lauf auf. »Haha – ganz gleich, wie hoch der Tschiatschin-Berg ist – er konnte den festen Willen unserer Helden nicht besiegen. Tschang Kuo-hua – jetzt hast du triumphiert, jetzt hast du es geschafft.«

Natürlich war ich außer mir vor Freude, als ich den Gipfel erreicht hatte. Aber ich war auch völlig erschöpft. Überall lagen noch Schnee und Hagelschloßen. Da war ein tischhohes aus Steinen aufgehäuftes Gebilde. Hier dachte ich, will ich rasten. Ich wollte mich eben setzen, als ich angestoßen wurde und taumelnd dreißig oder vierzig Schritt hangabwärts lief. Als ich hielt, schaute ich mich um, es war mein Chef, der mich angestoßen hatte.

»Jetzt kannst du dich setzen und ausruhen«, sagte er lachend. »Aber ich konnte dich nicht auf dem Gipfel rasten lassen.«

Damit trottete er davon, um anderen Kameraden zu helfen. Ich schaute ihm dankbar nach. Dann lehnte ich mich an einen Felsen, um zu ruhen. Ich schob eine Handvoll Schnee in den Mund und fühlte mich allmählich besser. Der Berg war in Nebel gehüllt. Die Sonne schien hell auf den Gipfel. Ich erhob mich, auf den Stab gestützt ging ich langsam hangabwärts und ließ den erhabenen Schneeberg hinter mir.‹[11]

Einige Monate später schrieb Mao ein Gedicht, das einige der Erinnerungen an die grimmigen Berge der Kunlun-Kette erfaßte.

Querst die Lüfte, entragst der Welt
Wilder Kunlun
Vergangen, vorbei die Menschen, das Frühlingsbunt.
Fliegen auf die Jadedrachen, die drei Millionen,
Aufgeregt rings der Himmel, frostdurchtränkt.
Sommertags ein Tauen, ein Schmelzen,
Fluß und Strom querab überflutet.
Menschen macht er zu Fischen, zu Kröten.
Tausend Herbste Gewinn, ihre Buße –
Welcher Mensch hätte je darob gerechtet?

Aber heute, ich sag es, Kunlun,
Unwichtig diese Höhe
Unwichtig dieser viele Schnee.
Wie den, gelehnt an den Himmel, zieh ich das
   Zauberschwert,
Dich zu zerhauen, dreifach in Stücke!
Eines laß ich Europa.
Eines geb ich Amerika.
Eines behalt ich für China.
Großer Frieden über die Welt:
Das Erdrund sich teilend Kälte und Glut.[12]

(Übersetzung: Joachim Schickel)

In diesen hohen Bergbezirken stießen die Kommunisten weiterhin auf nationale Minderheiten und hatten unter ihnen zu leiden. Tung Pi-wu, der ›Alte Tung‹, berichtete Agnes Smedley, was nach der Überquerung der hohen Berge geschah.

›Als wir schließlich ein Tal und eine Gruppe von Eingeborenenhäusern erreichten, sammelten wir uns darum und freuten uns über den bloßen Anblick menschlicher Behausungen. Die Stammesangehörigen waren geflohen, weil wir Chinesen waren und eine jahrhundertalte Unterdrückung bei ihnen Furcht und Haß gegen die Hans

202

erzeugt hatte. Wir hatten eine Anzahl Lolos bei uns, sie konnten aber die Stammessprache in dieser Gegend nicht verstehen.

Ich hatte alle Zeitbegriffe verloren, es war aber wohl Ende Juni, als wir schließlich ein breites Tal erreichten, das mit vielen Dörfern mit Hütten und Jurten aus Yak-Wolle übersät war. Wir sahen große Felder mit Gerste, zwei Sorten Weizen, Hirse und Erbsen sowie Herden von Schweinen, Yaks, Schafen und Ziegen. Wir stellten zu den Stammesangehörigen so gute Beziehungen wie möglich her und kauften von ihnen Lebensmittel. Wir zahlten dafür in nationaler Währung.

Um diese Zeit hatten wir so viele Kranke und Erschöpfte, daß unsere Hauptmacht beschloß, eine Woche zu rasten, während Peng Teh-huai elf Regimenter vorausführte, um den Kontakt mit unserer Vierten Frontarmee in den Distrikten Moukung, Lianghokou-Lifan und Mouhsien herzustellen. Die Vierte Frontarmee hatte diese Gebiete schon seit einigen Monaten besetzt, wir mußten aber noch viele Berge und Flüsse überqueren, ehe wir hingelangten. Die Berge waren nicht so schrecklich wie die, die hinter uns lagen; das ganze Gebiet vor uns war jedoch von wilden Fan-Stämmen bevölkert, die uns auf jedem Schritt unseres Vormarsches bekämpften.‹[13]

General Tschu Teh befahl, zu den Stammesangehörigen ›freundlich und höflich zu sein‹. Dieser Befehl war aber nur schwer zu befolgen, wenn der Marschweg mit den Leichen kommunistischer Soldaten übersät war, die vom Marsch und den Kämpfen erschöpft zurückgeblieben und von den Stammesangehörigen ermordet worden waren. Agnes Smedley befragte Tschu, wie er sich mit dieser Situation abgefunden habe. Seine lakonische Antwort lautete: ›Wenn wir angegriffen wurden, trieben wir sie zurück – aber wir bemühten uns, nicht zu töten.‹[14]

Ein Soldat in der Vorhut der Roten Armee, die dieses Mal von Peng Teh-huai geführt wurde, beschrieb, wie die Fan-Stämme versuchten, die Vereinigung mit der Vierten Frontarmee zu vereiteln.

›Vier Tage lang kämpften wir im Gebiet des Schwarzwasserflusses gegen die Fan-Stämme und erreichten schließlich ein schäbiges kleines Dorf namens Weiku. Die Bewohner hatten es geräumt und die Seil-Hängebrücke über dem Fluß zerstört. Sie bezogen Stellung auf den hohen steilen Klippen direkt hinter Weiku und rollten riesige Felsbrocken über den Berghang auf uns herab. Peng mußte Soldaten ausschicken, um sie zu vertreiben. Überall von den Klippen und Bergen hörten wir, wie die Hörner der Stämme die Männer zum Kampf riefen: WUNG-G-G! WUNG-G-G! WUNG-G-G-G-G-G!

Unsere Truppen hatten eben mit dem Bau einer Pontonbrücke begonnen, als sie eine Marschsäule Bewaffneter den Hügel auf der anderen Flußseite unten kommen sahen, sie liefen und schrien, das Rauschen des Flusses war aber so stark, daß wir sie nicht hören konnten. Einer wickelte eine Botschaft um einen Stein und schleuderte ihn herüber. Die Botschaft lautete:

›Wir sind Soldaten der Vierten Frontarmee. Vierzig Li flußaufwärts bei Inien ist eine Hängebrücke, auf der ihr herüber könnt.‹

Auf dem Weg nach Inien kamen wir durch leere Dörfer der Stämme, wo die Fans wieder Felsblöcke von überhängenden Klippen auf uns herabschleuderten. Der Fluß war bei Inien breiter als bei Weiku und die Hängebrücke war zerstört worden. Wieder sahen wir marschierende Männer und als wir das Ufer erreichten, schleuderte ein Fan-Führer, der bei ihnen war, eine Botschaft herüber. Sie war von Hsu Hsiang-tschien. Wir alle marschierten nach Weiku zurück, wo unsere Pioniere eine Pontonbrücke bauten; wir überschritten darauf den Schwarzwasserfluß und vereinigten uns mit unseren Kameraden. Wir umarmten uns, wir sangen und weinten.‹[15]

18   Frostige Wiedervereinigung

Der Mann in Reih und Glied mag über die Wiedervereinigung in Moukung begeistert gewesen sein, die beiden rivalisierenden Führer und ihre Stellvertreter dürften jedoch schlimme Ahnungen gehegt haben. Tschang Kuo-tao war in diesem Augenblick Mao Tse-tungs schärfster Herausforderer um die Führung der KPCh. Die zwei Männer, beide Teilnehmer am Ersten Inauguralkongreß der KPCh, die daher beide zu den ›Gründervätern‹ gezählt wurden, waren sich zum ersten Mal siebzehn Jahre früher an der Peita Peking-Universität begegnet. Tschang war damals ein radikaler Student und Mao Bibliotheksassistent. In Schanghai auf dem Ersten Parteikongreß 1921 trafen sie sich wieder und auch 1923 auf dem Dritten Parteikongreß in Kanton. Bei dieser Gelegenheit wurde der erste bekannte Konflikt zwischen ihnen verzeichnet. Tschang Kuo-tao kritisierte auf dem Kongreß die Tschen Tu-hsiu-Führung, und zwar hauptsächlich wegen der Behandlung der Gewerkschaftsfrage. Mao stimmte für Tschen, seinen alten Mentor, und gegen Tschang.

Tschang hatte sich in die proletarische Arbeit gestürzt und 1923 den Eisenbahnarbeiter-Streik der Peking-Wuhan-Bahn organisiert.

Auf die potentiellen Meinungsverschiedenheiten zwischen Mao und ihm kann man aus einer typischen Wendung in einem Artikel Tschang Ku-taos aus der damaligen Zeit schließen. ›Die Bauern haben kein Interesse an der Politik… Ihnen liegt nur daran, daß sie ein echter Himmelssohn regiert und daß sie ein friedliches gutes Erntejahr haben.‹[1]

Der Ansicht eines Historikers[2] nach ›ist es fast sicher‹, daß sich Mao und Tschang auf dem Fünften Parteikongreß 1927 wieder begegneten, daß das aber die letzte Konfrontation vor ihrem spannungsgeladenen Zusammentreffen in den Vorbergen von Tibet gewesen sein muß.

Nach den Rückschlägen von 1927 war Tschang mit anderen Parteiführern in die UdSSR gegangen; beim Sechsten Kongreß in Moskau sprach er gegen die Li Li-san-Tschou-En-lai-Koalition sowie gegen den unglücklichen Tschu Tschiu-pai. 1931 kam er wieder nach China zurück und das ZK teilte ihn dem Ojuwan-Sowjetgebiet zu, der Hochburg in den Grenzdistrikten von Hupei-Honan-Anhuei, die 1929 von Hsu Hsiang-tschiens Erster Roter Armee errichtet worden war, mit einer angeblichen Bevölkerung von damals zwei Millionen. Tschangs Aufgabe war es, eine Filiale des Zentralbüros des Sowjetgebiets zu errichten. Er hatte weiterhin wichtige Parteiposten und wurde in das Zentralexekutiv-Komitee der All-China-Sowjetzentralregierung (mit dem Hauptquartier in Juikin in Kiangsi) gewählt; er diente als einer der zwei Stellvertretenden Vorsitzenden unter dem Vorsitz Maos. Persönlich blieb er jedoch in der Ojuwan-Basis als das politische Gegenstück Hsu Hsiang-tschiens, dessen Armee in ›Vierte Rote Frontarmee‹ umbenannt worden war. Seine Beziehung zu Hsu entsprach der Maos zu Tschu Teh.

1932 begann die Vierte Rote Frontarmee die strategisch wichtige Stadt Wuhan ernstlich zu bedrohen; sie versuchte, Chinas einzige Nordsüdbahn abzuschneiden und den Jangtse unter eine Blockade zu stellen. Die Kuomintang entsandte eine starke Streitmacht, um diese Drohung zurückzuweisen; obwohl diese jedoch in der Nachtschlacht am Liu Lin-Fluß geschlagen wurde, waren die Verluste der Kommunisten so hoch und die verbliebene Stärke des Feindes so überwältigend, daß sich die Vierte Frontarmee zum Abzug entschloß. Sie hatte wahrscheinlich zwei Drittel ihrer größten Stärke von 100 000 Mann verloren. Bei einer Besprechung in Sentschee traten einige dafür ein zu bleiben und eine Entscheidungsschlacht durchzukämpfen; der endgültige Befehl lautete aber, die Ojuwan-Basis zu räumen, nach Westen zu marschieren und ein sichereres Basisgebiet zu finden; Hsu Hai-tung sollte zurückbleiben und eine Nachhut aus örtlichen kommunistischen Guerillaeinheiten führen.[3] Wie als eine Vorahnung dessen, was der Ersten Frontarmee zwei Jahre später geschah, mußte die Vierte im Oktober 1932 aus einer Kuomintang-Einkesselung ausbrechen, den feindlichen Bombern entgehen und ihre Zivilisten und Verwundeten auf einem aufreibenden Rückzug mitschleppen. Ihre Stärke wurde damals offiziell mit 50 000 genannt, Tschang Kuo-tao selbst schätzte aber später, daß nur 16 000 zu der Flucht nach Westen aufbrachen.[4]

Bei Tsajang kesselten die Kuomintang die Vierte Armee am Ufer des Han-Flusses ein, die Kommunisten entkamen jedoch des Nachts nach Norden – nach einer Schlacht, in der der Feind bis auf 50 Meter an das Hauptquartier der Roten Armee herankam. 2000 Rote Soldaten fielen in diesem Treffen, weitere 1000 Verwundete mußten zurückgelassen werden. Die Führer beschlossen, über das südwestliche Honan und die Grenzbezirke von Schensi in das nördliche Hupei zu gehen.

Die Hauptsorge der lokalen Miliz in den Gebieten, die sie jetzt durchzogen, waren die Banditen. Die Rote Armee konnte sich mit den Milizkommandanten dadurch einigen, daß sie versprachen, nicht länger als eine Nacht zu bleiben, für alle verzehrten Lebensmittel oder beschädigten Güter bar zu zahlen und nicht zu kämpfen.

Einer weiteren Kuomintang-Falle am Mentschuan-Tor entging man, indem man drei feindliche Spione fing, die die Kommunisten auf die einzige mögliche Fluchtroute führten, einen kleinen Saumpfad, der zu der Schensi-Grenze führte. Die Vierte Armee mußte den Pfad in Einzelreihe emporsteigen.

Inzwischen war es Spätherbst geworden und das Wetter schlug um. Die Soldaten der Vierten trugen noch leichte Sommeruniformen und die Verpflegung war knapp. Tschang und Hsu beschlossen, in das nördliche Szetschuan weiterzumarschieren, wohin ihnen die Kuomintang-Streitkräfte wegen ihrer schlechten Beziehungen zwischen Nanking und den Kriegsherren in Szetschuan wohl nicht zu folgen wagten. Sie ließen einige ihrer Waffen zurück, um dreißig Pferde freizumachen und einen Teil der hundert Verwundeten auf dieser letzten Strecke nach Szetschuan zu befördern, der Rest der Verwundeten wurde von ihren gesunden Kameraden getragen.

So langte die Vierte Armee Anfang 1933 in Tungkiang in Szetschuan an, sie zählte nur mehr 9000 Mann und hatte auf dem achtzigtägigen Marsch zwei Fünftel ihrer Mannschaften und Waffen verloren.

Man gründete eine neue Sowjetbasis mit einer lokalen Regierung zur Organisation der Landverteilung, der Besteuerung und verschiedener sozialer Reformen für eine Bevölkerung von etwa einer Million. Mit den szetschuanesischen Provinzstreitkräften der Gegend fand man einen ›modus vivendi‹. Tschang versuchte Tien Tsung-jau, den kriegerischen lokalen Kriegsherren, zu überzeugen, daß die Kommunisten nur eine Weile in Szetschuan bleiben und dann zurückkehren würden, um im Frühjahr Tschiang Kai-schek in Mittelchina zu bekämpfen. Tien griff die Vierte Armee trotzdem an, wurde aber besiegt. Das ZK der KPCh war mit dem Rückzug der Vierten Armee aus der Basis Ojuwan keineswegs einverstanden. Sie brandmarkte ihn als einen ›Rechtseskapismus‹ und schickte Botschaften, die die Führer tadelten. Tschang erklärt, ›daß wir uns nur selten mit dem ZK durch Funk in Verbindung setzten, weil wir nicht wagten, uns auf unseren Geheimkode zu verlassen‹.

In der Provinz Honan erhielt die Vierte Armee einen Befehl, den Rückzug nach Westen einzustellen, aber erst nach seiner Ankunft in Szetschuan schickte Tschang ein Telegramm, das besagte, daß die Vierte Armee jetzt bereit sei, eine neue Sowjetbasis zu gründen. Die KPCh ersuchte um Einzelheiten. Die Vierte Armee funkte ihr örtliches Regierungsprogramm und erhielt als Dank für ihre Mühe eine ausführliche Mahnung, eine Gesamtkonfiskation des Landes durchzuführen und es an arme Bauern neu zu verteilen, statt nur Steuern abzuschaffen und die Zinsen zu verringern, um den Armen zu helfen, sowie sich der Gründung einer Volksregierung zu enthalten, falls das andere ermutigte, sich in das westliche Landesinnere zurückzuziehen.

Mit anderen Worten: Die Führer in Schanghai oder Juikin mißbilligten seine Politik gegenüber den Grundbesitzern und waren noch verärgert, weil er die Ojuwan-Basis aufgegeben hatte. Sie bedrohten Tschang offen mit der Entlassung. ›Sie erteilten uns eine ernstliche Warnung‹, wie es Tschang selbst ausdrückte, ›daß ich als der Repräsentant des ZK mit voller Autorität alle Regierungs-, Partei- und militärischen Operationen zu leiten, betraut sein würde, wenn unsere Fehler berichtigt würden, daß das ZK aber andernfalls die Notwendigkeit bedenken müsse, die Führung zu wechseln. Obwohl dieser Befehl nicht völlig unerwartet kam, überraschte und erregte er uns doch sehr.‹ Tschang erklärte die Situation seinen Kollegen in Tschungkiang und argumentierte, die dringendste Aufgabe sei es, die Armeen Tien Sung-jaus zu besiegen, die dreimal so stark waren. Sie müßten in dem altbewährten Guerillastil in das Sowjetgebiet gelockt und eine nach der anderen vernichtet werden. Tschang machte die kleinlichen Nörgeleien des ZK wegen des Begriffs ›Sowjet‹ lächerlich und fragte, warum in aller Wert sie keine szetschuanesische Volksregierung aufstellen sollten? Er überredete offensichtlich die Mehrzahl seiner Kollegen, das ZK zu mißachten; und in der Zwischenzeit hatten die, die an der ganzen Strategie des Marschs nach Westen gezweifelt hatten, ihre bösen Ahnungen verloren, weil sie hart arbeiten mußten, um die neue Basis in Gang zu bringen. Die unmittelbare Herausforderung Szetschuans drängte reifliche Überlegungen und das Verweilen bei alten Fehlern in den Hintergrund.

Schließlich verstärkte sich jedoch der Druck der szetschuanesischen Provinzarmeen Anfang 1935 durch die militärische Kuomintang-Mission aus Nanking und verdrängte, wie bereits geschildert, Tschang Kuo-tao aus seiner neuen Basis in dem Raum Patschung. Im Februar oder März überschritt er den Taschialing-Fluß bei Tsanghsi, zog im Zickzack an der Nordgrenze von Szetschuan entlang und erreichte im Juni Moukung, lediglich einige Wochen, ehe die Erste Frontarmee dort eintraf.

Das ZK, dessen Schwergewicht sich nun bei der Ersten Frontarmee auf dem Langen Marsch befand, hatte jetzt eine neuerliche Beschwerde gegen Tschang, weil er, nachdem er schon vorzeitig aus der wertvollen Ojuwan-Basis geflohen war, daran ging, aus Nord-Szetschuan eben in dem Augenblick abzuziehen, in dem es ein Zentrum für die vereinigte kommunistische Streitmacht werden sollte, um die Provinz Szetschuan völlig zu übernehmen. Des weiteren legte der Rückzug der Vierten nach Sungpan die Erste Frontarmee der ungeteilten und durch nichts abgelenkten Aufmerksamkeit des Feindes bloß. Maos Verurteilung, die er 1945, als sein Sieg über die Rivalen in der Parteiführung vollendet war, aussprach, lautete:

»Was die Tschang Kuo-tao-Linie anlangt, die einst das Hupei-, Honan-, Anhuei- und die Szetschuan-Schensi-Gebiete beherrschte, war es nicht nur die ›linke‹ Linie des allgemeinen Typs, sie wurde auch durch eine besonders ernste Form des ›Kriegsherrentums‹ und der ›Fluchtbereitschaft‹ angesichts feindlicher Angriffe charakterisiert.« Tschang Kuo-tao behauptete später, er habe die Basis absichtlich verlassen und den Tschialing überschritten, um die Kuomintang zu hindern, der Ersten Frontarmee nach Sikiang zu folgen; das besitzt jedoch wenig Überzeugungskraft. Eine andere Quelle sagt, die Politbüro-Konferenz in Tsunji habe der Vierten Armee telegraphiert, nach Westen über den Tschialing zu gehen, um ihre Pläne zu fördern.[5]

Am 21. Juli marschierte die Hauptmacht der Ersten Armee in den Ort Erhokou (oder Lianghokou) in der Nähe von Moukung und vereinigte sich mit ihren Kameraden von der Vierten. Es goß in Strömen, in dem ganzen Ort waren jedoch Posters und Fahnen aufgehängt – auch ein Rednerpodium hatte man vorbereitet. Tschu Teh und Mao Tse-tung begannen eine Reihe erschöpfender Gespräche mit den Offizieren der Vierten Armee, einschließlich ihres Kommandeurs Hsiu Hsiang-tschien. Dann traten sie in den strömenden Regen hinaus, um Tschang Kuo-tao bei seiner Ankunft zu begrüßen. Einer der Langen Marschierer gab später folgende Beschreibung der Begegnung:

>Die Vierte Rote Frontarmee zählte etwa 50 000 Mann. Es waren große, tapfere Burschen aus Szetschuan, Honan und Hupei, arme Bauern oder ehemalige Sklaven, man hätte mit ihnen alles anfangen können. Sie hatten mit großem Heldenmut gekämpft und gelitten. Tschang Kuo-tao hatte physisch gut für sie gesorgt, sie waren alle gut genährt und warm gekleidet – aber er hatte nichts getan, um sie allgemein oder politisch zu erziehen. Tschang war durch das ZK unserer Partei zum Politischen Kommissar dieser Armee ernannt worden. Seine Aufgabe war klar: Er mußte die Truppen politisch entwickeln, um zu verhindern, daß die Armee das Instrument eines ehrgeizigen politischen Führers wurde. Er hatte, einer guten, alten Kuomintangsitte folgend, eine mächtige Clique Offiziere als seine persönlichen Anhänger erzogen. Er hatte spezielle Privilegien für sich und seine Clique geschaffen – beispielsweise die beste Verpflegung und Kleidung – und behielt dreißig Pferde für sich und seine Leibwache.

Natürlich hatten Mao, Tschu und einige andere Kommandeure in der Zentralen Roten Armee ebenfalls ein Pferd. Mao mußte aber reiten, weil er krank war, und er hatte, wie auch Tschu, einen Leibwächter. Wenn er nicht Armee-Einheiten inspizierte, gab Tschu Teh sein Pferd jedoch anderen. Wir protestierten oft, weil er die ganze Armee während des Marschs zu dirigieren hätte – er sagte jedoch, die Natur habe ihm einen besonders kräftigen Körper verliehen und sein Pferd bräuchten andere nötiger.

Tschang Kuo-tao verachtete die Zentrale Rote Armee, weil sie so zerlumpt und mitgenommen und jetzt auch zahlenmäßig schwächer war als seine eigene. Ehe wir Kiangsi verließen, hatten wir monatelang gegen eine Million feindlicher Soldaten gekämpft. Unsere Männer zogen direkt vom Schlachtfeld auf den Langen Marsch. In den neun Monaten des Kämpfens und Marschierens über Ebenen, Flüsse und Gebirge hatten wir schwere Verluste erlitten. Die meisten unserer Kranken und Verwundeten wurden bei Bauern gelassen; wir hatten auch ganze Kompanien zur Entwicklung der Partisanenkriegführung zurückgelassen, so daß wir nur mehr 45 000 Mann zählten, als wir Moukung erreichten.

Wir näherten uns Moukung wie Männer einer Oase in der Wüste. Deswegen waren wir über die Haltung Tschang Kuo-taos und seiner Offiziersclique entsetzt. Sie benahmen sich wie Reiche, die armen Verwandten begegneten.

Tschang Kuo-taos arrogante Haltung war von Anfang an offenbar. Als wir unser Vereinigungstreffen in Erhokou abhielten, kam er mit seiner berittenen Leibwache von dreißig Mann angeritten, genauso wie ein Schauspieler, der auf der Bühne auftritt. Tschu und Mao eilten ihm entgegen, und er wartete, bis sie herankamen. Er kam ihnen nicht einmal halbwegs entgegen. General Tschus Ansprache an die versammelten Truppen pries Tschang Kuo-taos lange Vergangenheit als Revolutionär; als Tschang jedoch sprach, stellte er Tschu seinen Leuten lediglich ›als einen Mann vor, der acht Jahre mit uns gekämpft hat‹.

Allein unsere Partei konnte die Politik und das Programm, die Strategie und die Taktik aller Roten Armeen bestimmen. Sie waren auf dem Langen Marsch nach Nordchina beschlossen worden. Das leitende Politbüro hatte nach dem Vereinigungstreffen eine Konferenz nach Erhokou einberufen, auf der unser weiterer Marsch nach Norden kategorisch festgelegt wurde. Trotzdem verkündete Tschang Kuo-tao in seiner Ansprache an die versammelten Truppen sein eigenes Programm, er erklärte, die weiten Grenzgebiete von Sikiang und Szetschuan seien ein idealer Platz, um eine Sowjetbasis einzurichten und ›eine neue Welt‹ zu bauen.

Wir hatten den Langen Marsch nicht unternommen, um in dem Grenzhochland von China und Tibet steckenzubleiben, während die Japaner weiterhin Provinz um Provinz abhackten und die Kuomintang-Verräter weiterhin kapitulierten. Natürlich ergeben sich bei jeder revolutionären Erhebung alle möglichen Probleme – viele Fehler werden gemacht. Die Fehler der Vierten Frontarmee wurden daher bei der Konferenz des Politbüros offen erörtert. Tschang Kuo-tao war jedoch nicht der Mann, der Kritik hingenommen oder Fehler bereitwillig zugegeben hätte. Er war sogar arrogant genug, daß er auf die gute Verfassung seiner 50 000 Mann und auf die Verluste und den schlechten Zustand unserer Männer verwies, wodurch er implizierte, er sei der einzige Mann, die Rote Armee zu führen.[6]

210

Dieser Bericht spiegelt genau die bittere Stimmung wider, mit der Mao und Tschu der schicksalhaften Begegnung nahten. Tschang Kuo-taos Bericht über das Zusammentreffen klingt etwas anders. Er beschreibt seine Reise von Mouhsien nach Moukung, wo er Mao traf, ziemlich ausführlich. ›Längs des Weges lagen viele tibetische Siedlungen. Die Flüsse und Bäche flossen schnell, die Verbindungsmittel waren Bambusketten- und Holzbrücken, Lederboote und Hängebrücken. Westlich von Wentschuang lag dichter Urwald, wo ein szetschuanesischer Kriegsherr eine Sägemühle betrieb. Das Holz wurde beliebig geschnitten und unordentlich am Flußufer und am Weg gestapelt, so daß ich einen Umweg über einen Dschungelpfad machen mußte.

Die Tibeter, die dem lamaistischen Buddhismus anhingen, schienen zivilisiert zu sein. Ihre Häuser waren zumeist dreistöckig. Die dunklen, schmutzigen und stickigen Erdgeschosse wurden als Ställe benützt und rochen übel. Die Leute wohnten in den ersten Stockwerken in fensterlosen, ungelüfteten Räumen, im zweiten Stockwerk waren Schreine mit Buddhafiguren und Schriften, sie waren sauber und ordentlich. Die Tibeter hatten in ihren Wohnräumen viel grünes Getreide, Käse und Kleidung, eiserne Gegenstände waren jedoch selten und wurden für höchst wertvoll gehalten. Manchmal sah man eine Kirche, die vielfach durch ausländische Priester geleitet wurde. In der Nähe von Lifan erhob sich eine gewaltige steinerne Kirche, die man für das größte Bauwerk in diesem Gebiet hielt – ihr Vikar war ein Ausländer, der lange dort gelebt hatte. Als unsere Dreißigste Armee dort hielt, ging er und vermied es, uns zu begegnen. Der Kirche gehörten eine Fabrik, etwas Land und eine hübsche Mühle. In der Kirche lagerten große Haufen Getreide und eine Sammlung von Farmwerkzeugen, der ausländische Priester hatte auch Kisten mit Orangen aus Kalifornien, Äpfel und Wein.

Sogar einige Japaner waren hier, sie führten Fotoateliers und handelten mit Opium und Morphium.

Ich zögerte jedoch nicht auf dem Weg. Ich beeilte mich, Moukung zu erreichen. Von Wang Tschiao und zehn Mann Kavallerie begleitet, stürmte ich drei Tage lang durch den dichten Wald, erkletterte hohe Berge und Klippen, um Fupien zu erreichen, eine kleine Stadt mit 30 Familien, etwa 50 Kilometer nördlich von Mao Tse-tungs und Tschu Tehs zeitweiligem Hauptquartier in Moukung.

Eines Juni-Nachmittags gegen fünf Uhr befand sich Mao Tse-tung an der Spitze einer Gruppe von vierzig oder fünfzig Männern, darunter Politbüromitglieder und höhere Parteifunktionäre und Offiziere der Roten Armee, um uns auf der Straße etwa anderthalb Kilometer außerhalb Fupiens willkommen zu heißen. Als ich sie sah, stieg in von meinem Pferd und eilte hin, um sie zu umarmen und ihnen die Hand zu schütteln. Die Wiedervereinigung nach so langen Leiden ließ unsere Herzen vor Erregung hämmern.

Mao trat an ein Pult und hielt eine warme Willkommens- und Glückwunschansprache. Ich erwiderte, zollte der KPCh meinen Tribut und drückte meine große Sorge über die Erste Frontarmee nach ihrem Kampf gegen so viele Schwierigkeiten aus.

Dann gingen wir – Mao Tse-tung, ich und die anderen, Schulter an Schulter – auf Fupien zu, wir sprachen, wir lachten und tauschten Geschichten aus...‹[7]

Tschang zufolge war Peng Teh-huais III. Armeekorps der Ersten Frontarmee, Tung Tscheng-tangs V. Armeekorps und Lo Ping-huis XII. Armeekorps in Tschoketschien, nördlich von Fupien, stationiert, während sich Lin Piaos I. Armeekorps in Moukung befand. Die Vierte Frontarmee übernahm die Verantwortung für die Sicherung, ihre Dreißigste Armee stand im Süden von Loukung, um die verfolgenden Truppen aus Jaan aufzuhalten, ihre Neunte und Einunddreißigste Armee stellte den Feind in Szetschuan und ihre Vierte Armee stand in der Nähe von Sungpan und riegelte jeden sich nähernden Gegner ab.

›In der ersten Nacht‹, berichten Tschang Kuo-taos Memoiren weiter, ›riet mir jemand, nicht über den Langen Marsch oder die Konferenz von Tsunji zu sprechen. Mao Tse-tung, der als Hunanese beim Essen Paprika genoß, meinte, daß paprikaliebende Menschen geborene Revolutionäre seien. Po Ku, der aus Kiangsi stammte, wo man keinen Paprika ißt, wies Maos Meinung zurück.

Nach dem Abendessen ging Mao mit mir zurück, und wir hatten in seinem Quartier eine lange Unterredung, die bis zum Morgengrauen dauerte. Er sagte mir, ich solle der Tsunji-Konferenz nicht zu viel Bedeutung beimessen. Sie war zu einer Zeit abgehalten worden, als sich das ZK und die Erste Frontarmee in dringlichen Schwierigkeiten befunden hätten. Mao hatte im Augenblick eines Dilemmas eine Initiative angeboten und seine Vorschläge für eine Guerillakriegführung wurden angenommen. So wurde er dazu erwählt, die Verantwortung zu übernehmen und so den Streit innerhalb der Führung beizulegen. Tschu Teh behauptete, die vor uns liegende Hauptfrage sei rein militärischer Natur, nämlich welche Strategien und Geländeoperation jetzt angewandt werden sollten, nachdem die zwei Armeen vereinigt waren. Tschu sagte, es sei kein guter Zeitpunkt, die Arbeit des ZK zu überprüfen oder die Aussichten der Chinesischen Sowjetrepublik zu erörtern. Offensichtlich wollte er einen Hinweis geben, daß ich klug daran täte, keine politischen Fragen zur Sprache zu bringen.‹[8] Welche Vorbehalte man auch hinsichtlich Tschangs verspäteten Aussagen haben mag, dieser besondere Passus klingt authentisch.

Tschang Kuo-tao glaubte, daß er angesichts der besseren Verfassung seiner eigenen Armee und als ›Experte‹ der KPCh in Szetschuan, der dort zwei Jahre lang eine vollzählige Sowjetregierung geleitet hatte, die Initiative habe. Seine Vierte Armee bestand jetzt hauptsächlich aus neuen Szetschuan-Rekruten, organisiert um einen harten Kern von Ojuwan-Veteranen (im Gegensatz zu Maos Erster Armee, die eine ausgebildete, erprobte Streitmacht und sehr wohl gewöhnt war, außerhalb ihrer verschiedenen Herkunftsprovinzen zu operieren). Tschang hatte bereits eine ›Regierung der Nordwestkonföderation‹ geschaffen, die alle Minderheiten-Nationalitätsgebiete in diesem Teil Chinas umfassen sollte, während die Langen Marschierer unter Mao Tse-tung, um ihren Plan betrogen, Sowjets in dem Gebiet Kueitschou, Jünnan und Szetschuan aufzubauen, Nordchina als ihr Ziel ansahen, wo der Kampf gegen die Japaner und die Kuomintang wieder aufgenommen werden konnte.

Die offiziellen kommunistischen, d. h. maoistischen Geschichtsbücher, setzen die Stärke der zwei rivalisierenden Armeen in Moukung annähernd gleich, und zwar auf 45 000 oder 50 000 oder zusammen 100 000 Mann. Und doch behauptete Tschang Kuo-tao in der Folge, daß die Erste Frontarmee, seit sie Kiangsi verlassen hatte, 80 000 Mann verloren habe und in Moukung nur mehr 10 000 Mann zählte.[9] Die eigene Armee bezifferte er auf 45 000 Mann. Wenn die Vierte Armee tatsächlich viermal oder fünfmal stärker gewesen wäre als die Erste, hätten die Karten entscheidend gegen Mao Tse-tungs Führung gelegen. Es scheint viel wahrscheinlicher, daß die beiden Armeen zahlenmäßig ziemlich gleich waren und Tschangs neuerliche Memoiren werfen die Frage auf, ob *beide* Armeen nicht kleiner waren, als sie behaupteten, nämlich je 45 000. 50 000 waren eine unglaublich hohe Zahl, um sie bei den Schwierigkeiten der Kämpfe gegen die Eingeborenenstämme und der Ersteigung des Großen Schneebergs zusammenzuhalten. Wenn tatsächlich 45 000 Lange Marschierer den Goldsandfluß bei Tschouping-Fort im Mai überschritten, wie Tschou En-lai behauptet, wäre ein gewisser Teil von ihnen verlorengegangen oder in den folgenden zehn Wochen zurückgelassen worden.

Und konnte die Vierte Armee ihrerseits wirklich mehr als 35 000 szetschuanesische Rekruten[10] aus dem Patschung-Gebiet durch alle Prüfungen der Flucht in die unwirtlichen Berge der tibetischen Grenze behalten? Man neigt stark zu der Annahme, daß jede Armee, die Erste und die Vierte, tatsächlich einen geringeren Mannschaftsbestand hatten. Das ist ein Punkt, zu dem wir zurückkehren werden, wenn wir die Stärke der Truppen betrachten, die schließlich Schensi am Ende des Langen Marschs erreichten.

Als die Wiedervereinigung mit öffentlichen Ansprachen, Festgelagen und Freudenfesten gefeiert war, begannen die Führer eine private Debatte in der Form einer ›stürmischen‹ Politbüro-Konferenz in Lianghokou. Nach Tschang Kuo-taos Bericht[11] waren die Hauptteilnehmer Mao Tse-tung, der den Vorsitz übernahm, Tschu Teh, Tschou En-lai, Po Ku, Tschang Wen-tien, Liu Po-tscheng und Tschang selbst. Mao begann, indem er einen gemeinsamen Marsch nach Norden in die Regionen empfahl, die an die Mongolei grenzten; er zitierte das Kominterntelegramm, das er gerade vor der Räumung der Kiangsi-Basis erhalten hatte. Er argumentierte, Ningsia sei die reichste Provinz im Norden, ihren Kriegsherrn, Ma Hung-kuei, könne man verhältnismäßig leicht ausschalten und die Rusen könnten in der Lage sein, durch die Äußere Mongolei Hilfe zu schicken. Selbst wenn Ningsia durch die vereinigte Erste und Vierte Armee nicht gehalten werden könne, könnten sie sich in die Mongolei zurückziehen, bis sich eine neue Chance für einen Aufstand in China bot. Tschang zufolge kam Mao bei dieser Konferenz nicht auf den Gedanken zu sprechen, nach Norden zu marschieren, um den japanischen Invasoren entgegenzutreten, noch auf den einer Vereinigung der Streitkräfte, mit denen der in Schensi von Liu Tschih-tan, Kao Kang und Hsu Hai-tung geleiteten Sowjetbasis. Tschang widersetzte sich Maos Plan. Er argumentierte, den vereinigten kommunistischen Armeen stünden drei Möglichkeiten offen.

1. Der *Tschuan Kan-Kang-Plan,* in das nördliche Szetschuan und das südliche Kansu zurückzukehren und zu versuchen, wieder in Mittelchina einzudringen, um den kommunistischen Einfluß südlich des Jangtse wieder herzustellen. Dieses Terrain war weit weniger beschwerlich als das, das nördlich von Moukung lag, die Streitkräfte der lokalen Kriegsherren waren im Vergleich zu der vereinigten Ersten und Vierten Armee verhältnismäßig schwach, außerdem gab es dort viel Getreide. Im Fall eines Rückschlags blieb als einzige Rückzugsmöglichkeit das tibetische Sikiang, wo die Lebensmittel äußerst knapp waren.

2. Der *Mao-Plan,* nach Norden in die Nähe der Äußeren Mongolei zu ziehen. Der Nordwesten war für eine Guerillakriegführung günstiger als die zentralen Teile Chinas. Es gab dort aber auch weniger Lebensmittel, und die Kommunisten hatten da wenig Deckung gegen feindliche Bombenangriffe. Außerdem führte der Marsch nach Ningsia die Rote Armee durch ein höchst gefährliches Gelände – vor allem durch das berüchtigte Grasland. Man sagte auch, daß die Kuomintang eine gewaltige Streitmacht – Tschang sprach von 100 000 Mann – quer über die nördliche Route entsandt hatte.

3. Der *Tschang-Plan,* sich weiter nach Westen auf Sinkiang zurückzuziehen, wohin die Sowjetunion über Tientschuan (oder Kangting) und Sikiang Hilfe schicken konnte. (Li Teh sagte, das sei früher von Mao vorgeschlagen, aber vor Tschangs Ankunft fallengelassen worden.)

Mao verteidigte seinen eigenen Plan – er erklärte, daß eine Rückkehr nach Sikiang, wo die Bewohner die Rote Armee nicht versorgen könnten, das Risiko in sich berge, ›wie eine Schildkröte in einem Krug gefangen zu werden‹, während ein Marsch nach Sinkiang sie zu weit von China wegführe. Zweifellos erkannten beide Protagonisten, daß Tschang vielleicht nicht in der Lage wäre, die Treue seiner neuen szetschuanesischen Rekruten zu erhalten, wenn sie nach Norden aus dem Bereich ihrer Heimatprovinz geführt wurden, während Mao an die zweite Stelle gezwungen werden könnte, wenn der nächste Akt in der Saga der Roten Armee in oder in der Nähe von Szetschuan gespielt wurde, wo Tschangs Autorität bereits etabliert war.

Mao bekannte später, daß diese Konfrontation mit Tschang Kuo-tao der ›dunkelste Augenblick seines Lebens‹ gewesen sei, als das Zerbrechen der KPCh, ja sogar ein Bürgerkrieg zwischen den chinesischen Kommunisten in der ›Schwebe hing‹. Tan Tschen sagte später, Tschangs Fehler seien es gewesen, sowohl den Internationalen wie Mao zu trotzen und auch seine Ansprüche auf den Posten des Generalsekretärs der Partei so voranzutreiben.[12]

Maos Kollegen von der Ersten Frontarmee sowie der Rest des Politbüros aus Kiangsi stimmten für ihn, und Tschangs Vorschläge wurden abgelehnt. Der Plan, weiter nach Norden zu marschieren, wurde bestätigt. In der Zwischenzeit drängten Tschiang Kai-scheks Truppen weiterhin vom Osten und Norden gegen die Kommunisten.

Tschang Kuo-tao hatte die ganze Zeit über argumentiert, die Stärke der Kuomintang im Norden sei allzu groß, als daß man sich ihr ohne beträchtliches Risiko stellen könne, den Maoisten zufolge weigerte er sich, die Vierte Armee als Vorhut einzusetzen, die den

Weg nach Norden über Sungpan öffnete. Einer von Tschu Tehs Anhängern erklärte: ›Da die Vierte Frontarmee ausgeruht und in guter Verfassung war, schlug General Tschu vor, daß sie die Route nach Norden öffne, indem sie den Raum Sungpan nahm und so Stellungen von großer strategischer Bedeutung besetzte. Tschang weigerte sich geradewegs, er sagte, die feindlichen Verteidigungsstellungen seien zu stark.‹[13]

So kam man schließlich zu einem Kompromiß, indem die vereinigten Armeen in eine West- und Ostkolonne neu organisiert wurden. Die Erstere umfaßte die Hauptmasse der Vierten Frontarmee (besonders die Einunddreißigste und die Zweiunddreißigste Armee) zusammen mit dem IX. und dem V. Armeekorps der Ersten Frontarmee, alle unter dem militärischen Befehl Tschu Tehs, mit Tschang als Politischem Kommissar.

Die Ostkolonne bestand aus der Hauptmasse der Ersten Frontarmee (namentlich Lin Piaos I. und Peng Teh-huais III. Armeekorps), ergänzt durch die Dreißigste Armee von Hsu Hsiang-tschiens Kommando. Mao war praktisch ihr Führer. Die zwei rivalisierenden Armeen waren so geteilt, aber die Maos hatte in der Ostkolonne das Übergewicht und die Tschangs in der Westkolonne. Jeder Führer gab, wenn man es so ausdrücken will, dem anderen Geiseln. Dieser Kompromiß mag ein Vorschlag Tschu Tehs oder mindestens ein Ergebnis seiner Überredungskunst gewesen sein.[14]

Maos Truppen, die feststellten, daß Sungpan in der Kontrolle des Feindes (in diesem Fall Hu Tsung-nans) war, der in Tschoketschi lagerte, sandten Aufklärungseinheiten voraus und riefen die Generäle und führenden Parteifunktionäre zusammen, um den nächsten Schritt zu beraten. Tschang Kuo-taos Bericht zufolge[15] gab es noch Meinungsverschiedenheiten über das Recht des Zentralen Militärrats der KPCh, der natürlich von Mao kontrolliert wurde, der Vierten Armee und ihren Einheiten Befehle zu geben.

Beide rivalisierenden Armeen tendierten dazu, die Leistungen der anderen herabzusetzen und ihre Organisationsmethoden zu kritisieren. Tschangs Stellvertreter legten ihren Gegenspielern in der Ersten Frontarmee eine Anzahl von Fragen vor. Warum hatte es das ZK so eilig, nach Norden zu marschieren? Warum wollte es die Moukung-Basis aufgeben und jede Hoffnung wegwerfen, die kommunistische Bewegung in der südlichen Hälfte Chinas zu entwickeln? Tschang Kuo-tao zufolge fragten Po Ku und Tschang Wen-tien ihrerseits ihre Kameraden von der Vierten Armee, warum sie einem solchen Opportunisten wie Tschang Kuo-tao statt dem ZK folgten.

Tschang Kuo-tao vertritt die Ansicht, daß Tschu Teh zu diesem Zeitpunkt eine sehr versöhnende Rolle spielte. Tschu, so sagte er, war besonders wegen der schlechten Beziehungen zwischen den zwei Armeen bekümmert; er gab teilweise der Tatsache die Schuld, daß die Entscheidung von Lianghokou, nach Norden zu marschieren, zu hastig gefällt worden sei, ehe die beiden Armeen zu einem Einverständnis gelangt seien und teilweise den Aktionen ›einiger Elemente des ZK‹, die eine schlecht begründete Kritik über die Vierte Armee ausgesprochen und in der Folge Leidenschaften aufgewühlt hätten.

Aus Furcht, daß diese Schwierigkeiten gemeinsame militärische Operationen behindern würden, schlug Tschu Teh vor, daß das GHQ der Roten Armee durch die Ernennung Tschang Kuo-taos zum Politischen Hauptkommissar der Vereinigten Armeen gekräftigt werden solle, er würde neben Tschu Teh fungieren, der weiterhin Oberbefehlshaber blieb. Die Strategie würde zuerst im GHQ nach seinem Plan entwickelt und dann dem Zentralen Militärrat und dem Politbüro ›zur Untersuchung und Billigung‹ vorgelegt werden. Tschang sagte, daß er diese neue Position als Politischer Chefkommissar übernommen habe, was impliziert, daß Tschu Tehs Plan durchgeführt wurde.

Ohne weitere Informationen ist es schwierig, diesen Vorgang zu deuten. War es Tschu müde, die zweite Geige hinter Mao Tse-tung in militärischer wie politischer Hinsicht zu spielen? Hoffte er, mehr Raum für Manöver zu gewinnen, indem er Tschang Kuo-tao näher in die höchsten Ränge der militärischen Entscheidungen führte? Träumte er davon, die politischen Rivalen – Mao und Tschang – gegeneinander auszuspielen? Zog er in diesem Stadium den militärischen Rat Tschangs vor, entweder wegen der Gefahren des Graslands und der Kuomintang-Divisionen im Norden oder weil er sich danach sehnte, in seinem einheimischen Südwesten zu bleiben?

All diese Fragen könnten sehr leicht bejahend beantwortet werden, obwohl es begreiflich ist, daß Tschu Teh Mao die ganze Zeit über in sein Vertrauen zog, und daß Mao hoffte, durch seine Beziehungen zu Tschu die effektive Kontrolle zurückzuerhalten – oder aber, daß sich Tschu als den einzigen möglichen Vermittler in einem Machtkampf sah, der die gesamten Chancen der Kommunisten auf ein Überleben zu beenden drohte? Letzten Endes war Tschu Teh als der berühmteste noch lebende szetschuanesische Rote General vermutlich in der Lage, sich über Tschangs Kopf weg an die Szetschuanesen zu wenden, die drei Viertel von Tschangs Vierter Frontarmee bildeten. Er war der einzige Mann, der plausibel eine gemeinsame

Loyalität zwischen den zwei rivalisierenden Armeen aufbauen konnte. Die folgende Entwicklung wird weiteres Licht auf Tschus innere Motive und seinen Ehrgeiz werfen.

Tschangs Geschichte zufolge sabotierte Mao Tschu Tehs neue organisatorische Struktur, indem er als Vorsitzender des Militärrats weiterhin alle Dokumente sah, alle Entscheidungen traf und sie dem GHQ zur Durchführung weiterreichte. Nach Tschangs Ansicht sollte Mao nach dem neuen Plan die alltägliche Führung der Armee dem GHQ überlassen und sich mit der Prüfung und Billigung wichtiger Entscheidungen des GHQ begnügen. Er hätte um keinen Preis weiterhin militärische Befehle erteilen sollen. Tschang sagt nicht, daß Tschu Teh deswegen mit Mao Tse-tung zusammengeprallt sei, er stellt aber fest, daß Liu Po-tscheng, auch ein Szetschuanese und Tschu Tehs höchster Offizier, ebenfalls Maos Haltung mißbilligte.

Als Maos Ostkolonne das tibetische Dorf Maoerhkai, etwa 110 Kilometer von Sungpan entfernt, erreichte, schlug sie für drei Wochen Lager auf, um zu rasten und sich für den Vorstoß auf das gefürchtete sumpfige Grasland vorzubereiten, das der Roten Armee die einzige Fluchtroute nach Nordwesten bot. Sie mußte auch darauf warten, daß sich Peng Teh-huais Vorhut von ihrem Auftrag zurückmeldete, Lebensmittel zu sammeln und die örtlichen Stämme in Volksregierungen zu organisieren, die den Kommunisten freundlich waren und sie mit Hilfe und Nachschub versorgten. Dieser Halt gab ihnen die Gelegenheit, noch einmal den Versuch zu machen, die Spannungen in der inneren Führung beizulegen. Eine weitere Konferenz des Politbüros trat Ende Juli zusammen. Die Konferenz wurde im Pavillon des buddhistischen Lamaklosters in Schuwa, etwa 11 Kilometer von Maoerhkai entfernt, abgehalten. Mao Tse-tung, Tschu Teh, Tschang Kuo-tao, Po Ku und Tschang Wen-tien nahmen teil. Tschang berichtet uns jedoch, daß Tschou En-lai und Wang Tschia-hsiang wegen Krankheit fehlten, daß Teng Fa und Kai Feng als Beobachter teilnahmen und Wang Schou-tao als Schriftführer fungierte.[16]

Tschang zufolge legte Mao bei dieser Konferenz eine Resolution vor, die die politische Linie des ZK seit Tsunji als richtig hervorhob und alle Parteimitglieder und Soldaten der Roten Armee aufrief, sich fest hinter der Führung des ZK zu vereinigen.

Tschang sagt, er sei der einzige Anwesende gewesen, der den Text der Resolution nicht bereits vorher gesehen hatte. Sie wurde mit anderen Worten als ›fait accompli‹ vorgelegt. Er sprach trotzdem dagegen und erklärte, es sei durchaus möglich, daß die politische Linie des ZK falsch sei, daß sich die Komintern irre und daß die militärischen Operationen der Roten Armee fehlgeleitet seien. Wenn sich die Umstände änderten, könnte auch die Politik modifiziert werden müssen. Letzten Endes war es nicht zu leugnen, daß die Sowjetbewegung in Südmittelchina gescheitert sei – und zwar augenscheinlich infolge der mangelnden Unterstützung durch das Volk – und diese Tatsache müsse analysiert und geklärt werden. Sicher wäre es doch weise, eine größere Konferenz hochstehender Kaders einzuberufen, die ihre Meinungen äußern, ihre Beschwerden vorbringen und einen neuen Konsens innerhalb der vereinigten Armeen erreichen sollte. Warum sollte man nicht auch etwas neues Blut in das ZK einführen, wenn man schon dabei war?

Mao wies Tschangs Vorschläge Punkt für Punkt zurück. Die Politik hinsichtlich der Sowjetbewegung war durch die Komintern festgelegt und von der KPCh auf ihrem letzten (Sechsten) Kongreß gebilligt worden, am Ende würde sie Erfolg haben. Das ZK war nicht das Spielzeug individueller Einheiten der Roten Armee, sondern es war ganz China verantwortlich, einschließlich nicht nur der Ersten und Vierten, sondern auch der Zweiten Frontarmee und verschiedener geheimer kommunistischer Organisationen in den ›weißen Gebieten‹. Seine politische Linie konnte daher nicht nur durch die Erste und die Vierte Frontarmee allein revidiert werden. Schließlich war es inmitten dringender militärischer Operationen nicht angebracht, ein Treffen höherer Parteifunktionäre einzuberufen. In solchen Notfällen auf dem Marsch mußte die Autorität des ZK allem anderen vorangehen. Mao verwendete also gegen Tschang einige der Argumente, denen er sich selbst widersetzt hatte, als er vor sieben Monaten seinen Anspruch auf die Führung in Tsunji abgesteckt hatte. Natürlich wurde seine Resolution angenommen. Tschang Kuo-tao kritisierte die Maoerhkai-Konferenz, sich selbst eingeschlossen, weil sie sich nicht wirklich mit politischen Fragen befaßt habe. Die Frage des Kampfs gegen die japanische Aggression wurde gestreift, aber niemand erwähnte, daß die bestehende Politik der Sowjetbasen in ein Programm für eine vereinigte nationale Front umgewandelt werde. ›Wir glaubten kaum, daß unsere Rettung sichergestellt werden könnte, indem wir uns auf den Widerstand gegen die Japaner bezogen.‹

Diese Bemerkung ist angesichts der offiziellen Parteidokumente merkwürdig, daß das Politbüro am 1. August in Maoerhkai einen ›Appell an die Landsleute bezüglich des Widerstands gegen Japan und der Nationalen Rettung‹ angenommen habe, indem die Vereinigte Front empfohlen wurde. Es ist kaum bestreitbar, daß das *nach* dem Langen Marsch in die Parteiakten eingefügt wurde, als diese Notwendigkeit einer Vereinigten Front wieder aktuell wurde, oder daß die Annahme in Maoerhkai keinerlei Diskussion hervorrief und nur Maos Vorauswissen spiegelte, da es damals in der Zeitung *Ta Kung Pao* veröffentlicht wurde. Er schlug nicht nur aus der antijapanischen Stimmung in ganz China Kapital, sondern, wie Anthony Garavente bemerkt, ›auch aus der Furcht des Westens vor einer Ausweitung der Autorität Nankings über das Jangtsetal hinaus‹.[17]

Am nächsten Tag lud, laut Tschangs Bericht, sein Anhänger Tscheng Tschang-hao Tschang Wen-tien zu einem Gespräch ein, weil er hoffte, ihn zu einer Meinungsänderung überreden zu können. Tschang Wen-tien war jedoch durch eine Bemerkung eines Kommandeurs der Vierten Frontarmee beleidigt, der offen seine Ungeduld mit dem ZK und sein mangelndes Vertrauen zu diesem ausdrückte. Tschang Kuo-tao versuchte dann, Wang Tschia-hsiang als Mittelsmann in der Auseinandersetzung zu gewinnen. ›Wangs Dickdarm war in Kiangsi durch einen Bombensplitter durchschlagen worden. Um die Schmerzen zu lindern, nahm er Opium und war süchtig geworden. Er versicherte mir, daß er versuchen würde, den Streit zu schlichten, und bat mich, für den Augenblick die politische Linie des ZK nicht zu kritisieren, das in den kommenden Tagen revidiert werden könnte. Von einer Intervention seinerseits hörte ich jedoch nichts mehr ...‹

Die Kuomintang-Truppen drängten immer noch die Berge gegen die Stellungen der Roten Armee hinauf. Tschang sagt, er habe bei der Konferenz des Politbüros die Initiative ergriffen und vorgeschlagen, die Debatte solle verschoben werden und die vereinigten Armeen sollten so schnell wie möglich nach Minhsien und Lengtan in Kansu marschieren; die endgültige Entscheidung, ob man von dort nach Norden oder Westen marschiere, solle so verschoben werden; Mao Tse-tung habe, wie er sagt, schnell zugestimmt. So oder so, die Armeen marschierten ab, nachdem die Konferenz von Maoerhkai die Differenzen zwischen den beiden politischen Rivalen nicht beizulegen vermochte.

Die zwei Kolonnen schlugen jedoch verschiedene Marschrichtungen ein und mußten bald feststellen, daß sie durch einen Fluß getrennt waren, der schnell anschwoll und einen Übergang unmöglich machte.[18] Das war die Situation für das verblüffendste Geheimnis auf dem ganzen Langen Marsch. ›Tschang Kuo-tao erklärte‹, einem Bericht zufolge, ›der Fluß könne nicht überschritten werden und der

Kolonne blieb so keine andere Wahl, als in die Provinz Sikiang zurückzukehren – was er die ganze Zeit hatte tun wollen. Er bestand darauf, daß Tschu und Liu Po-tscheng mit ihm umkehren sollten.

Tschu wie Liu waren beide Szetschuanesen, deren Namen in ganz Westchina berühmt waren. Tschang Kuo-tao wollte sie für seine Zwecke ausnützen. Zudem besaß Tschu Teh den einzigen Funkgenerator in der ganzen Armee. General Tschu und Stabschef Liu meinten, man könne eine Furt finden und selbst, wenn das nicht gelang, könne sich die Westkolonne mit der östlichen in Maoerhkai vereinigen und den Langen Marsch fortsetzen. In der gleichen Nacht noch holte Tschang Kuo-tao Spezialtruppen der Vierten Roten Frontarmee heran, umzingelte das GHQ und nahm Tschu Teh und seinen Stab gefangen. Tschang befahl Tschu, zwei Befehlen zu gehorchen.

Der erste war der, Mao Tse-tung zu brandmarken und alle Verbindungen mit ihm abzubrechen.

General Tschu antwortete:

»Sie können mich genausowenig von Mao trennen, wie Sie einen Mann entzweischneiden können.«

Tschangs zweiter Befehl lautete, daß Tschu die Parteientscheidung verwerfe, nach Nordchina zu ziehen und den Befreiungskrieg gegen die Japaner und gegen Tschiang Kai-schek zu beginnen. General Tschu antwortete:

»Ich habe bei der Entscheidung selbst mitgewirkt. Ich kann mich nicht dagegen stellen.«

Tschang Kuo-tao sagte, er wolle Tschu Bedenkzeit gewähren, falls er sich dann immer noch weigere, den beiden Befehlen zu gehorchen, werde er erschossen.

»Das steht in Ihrer Macht«, erwiderte Tschu. »Ich kann Sie nicht hindern. Ich werde Ihren Befehlen nicht gehorchen.«

Eine Anzahl von Faktoren hinderten Tschang, seine Drohung auszuführen. Erstens waren da das Neunte und das Dritte Armeekorps, die Tschu und seinen Stab wieder zu der Ostkolonne führen wollten. Tschang Kuo-tao warnte sie, es nicht zu versuchen. Angesichts dieser Situation, die zu einem blutigen Bürgerkrieg auf dem Hochplateau Zentralasiens* geführt hätte, kehrten Tschu und sein Stab schließlich mit Tschang Kuo-tao um.‹[19]

---

* Das könnte der Bürgerkrieg gewesen sein, von dem Mao später Edgar Snow als der größten Bedrohung der damaligen Zeit erzählte. Diese Tschu-freundliche Version, die Agnes Smedley erzählt wurde, unterstellt, daß Tschu einen bewaffneten Zusammenstoß zwischen den zwei kommunistischen Armeen vermied, indem er mit Tschang Kuo-tao zurückkehrte.

Die amtliche maoistische Version dieser melodramatischen Episode lautet, daß Tschang, als die Westkolonne unter Tschang Kuo-tao und Tschu Teh Ahpa (fast an der Grenze von Tschinghai) erreichte, gegen die Befehle des ZK rebellierte, Tschu und Liu Po-tscheng festgehalten habe, die Truppen nach Süden führte, und ›insgeheim befohlen habe, die zwei Armeen der Vierten Roten Armee, die der Rechten(Ost-)Kolonne unterstellt waren, sollten mit ihm nach Süden marschieren und sich nach Tientschuan und Luschan zurückziehen…‹[20]

Nym Wales erzählte man jedoch, daß Hsu Hsiang-tschiens Dreißigste Armee – die ohne Hilfe von Karten oder Kompassen durch das Grasland zog – in ein Gebiet geraten sei, das sich als von undurchdringlichen Sümpfen umgebene Sackgasse erwies. Sie mußte daher umkehren und sich mit Tschangs Westkolonne vereinigen.[21]

Liu Po-tscheng schilderte die Trennung nach der Konferenz von Maoerhkai folgendermaßen:

›Mao beschloß, auf zwei Marschrouten nach Norden zu marschieren. Die rechte (östliche) Route sollte von einer Armee eingeschlagen werden, die aus der Ersten und Dritten Armeegruppe der Ersten Frontarmee und der Vierten und Dreißigsten Armee der Vierten Frontarmee bestand. Sie sollte von dem ZK der Partei und Mao Tse-tung geführt werden. Der linken (westlichen) Route sollte eine Kombination der Neunten und Einunddreißigsten Armee der Vierten Frontarmee und der Fünften und Neunten Armeegruppe der Ersten Frontarmee folgen. Befehligt sollte sie von Tschu Teh und Tschang Kuo-tao werden. Die rechte (östliche) Armee durchwatete das Sumpfland, marschierte auf Pahsi zu und setzte eine von Hu Tsung-nans Divisionen längs des Paotso-Flusses außer Gefecht. Die Armee auf dem anderen Marschweg brach von Tschoketschi auf und marschierte durch das Sumpfland auf Ahpa zu.

Bei der Ankunft in Ahpa zeigte Tschang weitere Beweise seines persönlichen Ehrgeizes und spaltete die Partei. Er funkte an das ZK und forderte, daß die ganze rechte (östliche) Kolonne nach Süden biege. Das ZK schickte ihm mehrere Botschaften und versuchte, seinen Fehler, nach Süden zu gehen, zu korrigieren und darauf hinzuweisen, daß man nur nach Norden marschieren könne. Später befahl man ihm das noch nachdrücklich. Tschang trotzte jedoch den Weisungen des ZK und blieb bei seiner irrigen Haltung.‹[22]

Tschang Kuo-taos Geschichte lautet natürlich völlig anders.[23] Er behauptet, Mao Tse-tungs Ostkolonne habe die Westkolonne im Stich gelassen, indem sie durch das Grasland vorausstürmte, um die

eigene Haut zu retten, ganz gleich, was ihren unglücklichen Kameraden von der Vierten geschah, die ohne eigene Schuld hinter der Ersten in die Falle geraten war. Tschang sagt, die Vierte Frontarmee
sei, nachdem sie von Tschiatschin nordwestlich von Maoerhkai aufgebrochen, um das Grasland zu durchqueren und Minhsien in Kansu
zu erreichen, durch schwere Regenfälle, die den Matschu-Fluß anschwellen ließen, aber zum Halten gezwungen worden.

Das war ›ursprünglich ein kleiner Bach, nicht breiter als einen
Meter, jetzt aber schwoll er an, hatte eine Tiefe von über drei Meter
und eine Breite von 300‹. Ohne Boote, bei knapp werdendem Proviant kehrte die Vierte nach Tschuatschin zurück und sandte Maos
Kolonne einen Funkspruch, der befahl, sie solle halten (schließlich
befand sich das HQ in der Person Tschus und Liu Po-tschengs bei
der Westkolonne).

Mao führte jedoch das I. und das III. Armeekorps weiter nach
Norden, auf der Route, die durch den Erfolg Hsu Hsiang-tschiens
geöffnet worden war, als er eine feindliche Streitmacht etwa 45 Kilometer nördlich von Sungpan eben an dem Tag besiegt hatte, als die
Westkolonne unter Tschang Kuo-tao durch das Hochwasser zur
Umkehr veranlaßt worden war. Maos Aktion wurde von Tschangs
Männern verurteilt, sie gleiche dem Ausbruch einer Zikade aus ihrer
alten Haut, wobei sie einen Teil ihres Körpers opfere, um den anderen zu retten.

Tschang beklagte sich, daß die Chance Mao nach Kansu zu folgen
wegen der Kuomintang-Verstärkung verloren sei, die die Fluchtrou-
ten wieder kontrollieren, nachdem Mao sie passiert hatte. Er drehte
also nach Süden, nach Ahtschu und Tschoketschi, wo eine Konferenz
von dreißig höheren Partei- und Armeeführern einberufen wurde.
Tschang Kuo-tao zufolge war Tscheng Tschang-hao von der Vierten
Frontarmee der erste Redner; er brandmarkte Mao Tse-tungs
›plötzlichen und geheimen‹ Abzug nach Norden als ehrlos. Andere
Sprecher verurteilten Maos Aktion als ›defaitistisch, selbstsüchtig
und unmoralisch‹ und erklärten, sie hätten das Vertrauen zu dem ZK
verloren. Tschang sagte, Tschu habe verzweifelt gefleht, Platz für einen Kompromiß mit dem ZK zu schaffen; die Konferenz beschloß
jedoch, ein neues provisorisches ZK zu bilden und wählte Tschang
zu seinem Generalsekretär. Später untersuchte Jen Pi-schih von der
Zweiten Frontarmee, der bei der Trennung der Ersten und der Vierten nicht anwesend war, die Beweise und stellte fest, daß beide Seiten
wegen ihrer Vorurteile gegeneinander die Schuld trügen.[24]

Mußte man Tschu Teh die Pistole in den Rücken halten, damit er mit Tschang nach Süden, statt mit Mao nach Norden ging? Das ist eines der großen Rätsel des Langen Marsches. Er selbst weigerte sich, Agnes Smedley einen vollen Bericht aus erster Hand über den Vorfall zu geben, er vermittelte den Eindruck, daß er für die folgenden zwölf Monate ein Gefangener Tschangs gewesen sei. Li Teh behauptete, daß er ›gezwungen‹ worden sei, bei der Vierten zu bleiben. Die Entscheidung fiel mitten in der Nacht. Aber Dr. Stuart Schram steht mit seiner Ansicht nicht allein, wenn er zweifelt, ob damit alles gesagt worden sei. ›Zwang oder Druck mögen vorgelegen haben‹, schließt er, ›aber es ist höchst unwahrscheinlich, daß das die ganze Geschichte ist. Regionale Loyalitäten waren vermutlich ein Faktor... Auf jeden Fall scheint Grund für die Annahme zu bestehen, daß Tschu zu dieser Zeit nicht völlig mit Mao übereinstimmte.‹[25]

Die Geschichte von Tschangs und Tschus Rückzug nach Sikiang und ihrer schließlichen Rückkehr in das maoistische Hauptquartier in Jenan wird in einem folgenden Kapitel untersucht werden. Inzwischen aber marschierten die Überlebenden der Ostkolonne unter Mao und seinen Genossen vom Zentralkomitee durch das berüchtigte Grasland – das letzte Hindernis auf dem Weg nach Norden.

19 Das Grasland

Ein Historiker des modernen Chinas nennt die fünf oder sechs Tage während der Durchquerung des Graslands von Tschinghai durch 30 000 Mann der Roten Armee Ende August und Anfang September 1935 ›zweifellos die schwierigste Episode in der Geschichte der Logistik‹.[1]

Dieser Teil des Plateaus von Sungpan liegt zwischen 1800 und 2700 Meter über dem Meeresspiegel, ist aber nicht selbst gebirgig. Im Sommer wächst überall grünes Gras und bildet eine ausgezeichnete Weide für die Yaks und die Pferde der Tibeter. Es regnet jedoch acht oder neun Monate im Jahr und die Entwässerung ist schlecht. Das Land wird daher sumpfig.

›Das Grasland ist‹, nach Agnes Smedleys Beschreibung, ›ein weiter und wegloser Sumpf, der sich auf Hunderte von Kilometern über das chinesisch-tibetische Grenzhochland erstreckt. Tag um Tag sah die Rote Armee, soweit das Auge reichte, nichts als einen endlosen Ozean hohen wilden Grases, das in einem Sumpf viele Fuß tiefen eisigen Schlamms und Wasser wächst. Riesige Grasklumpen sproßten auf abgestorbenen Büscheln, die dazwischen lagen, und so war es, weiß Gott, für wie viele Jahrhunderte gewesen. Hier wuchs kein Baum und kein Strauch, kein Vogel wagte sich hierher, kein Insekt summte. Es gab nicht einmal einen Stein. Es gab nichts, nichts als Strecken endlosen Grases, gepeitscht von Regengüssen im Sommer und von wilden Winden und Schnee im Winter. Am Himmel trieben immer schwere schwarze und graue Wolken, die die Erde in eine dumpfe, düstere Unterwelt verwandelten...

Die Rote Armee marschierte an dem Ostrand entlang, wo der Sumpf weniger tief war und wo es oft schmale Streifen Land gab, die die Reiter der örtlichen Stämme gelegentlich benutzten. Jeder Mann trug Proviant und Brennholz für acht Tage bei sich. Lin Piaos Erste Rote Frontarmee, die die Spitze des Marsches bildete, trug auch Bambuswände mit, um ein Obdach für die Nachfolgenden zu bauen. Der Proviant, den jeder trug, bestand aus gedörrtem Weizen und Tee.‹[2]

Man sagte Lin Piaos Männern, sie sollten eine Vorhut stellen und Jang Tscheng-wu und Wang Kai-hsiang, die Helden des Sturms auf die Luting-Brücke, wurden zu Führern ernannt. Oberst Jang, der später Stellvertretender Stabschef der Volksbefreiungsarmee wurde, berichtet, daß er nach Maoerhkai ging, um von den führenden Mitgliedern des Militärrats unterrichtet zu werden. Mao Tse-tung befand sich in seinem Quartier in einem tibetischen Holzhaus, dessen Erdgeschoß als Stall und dessen Obergeschoß als Wohnung dienten.

›In diesem Augenblick‹, erklärte Mao, ›befinden sich Hu Tsunghan und seine vier Divisionen in Tschangla, Lungfukuan und Paotso im Raum von Sungpan. Ostszetschuanesische Truppen halten das ganze Ostufer des Min-Flusses, eine ihrer Kompanien hält Tschiakulao auf dem Westufer besetzt. Die verfolgenden Streitkräfte Liu Wen-huis sind bereits in Moukung eingetroffen und rücken gegen Fupien vor. Hsueh Jueh und Tschou Han-juan sind mit ihnen in Jatschou (oder Yaan) zusammengekommen. Wenn wir nach Süden einbiegen, bedeutet das, daß wir davonlaufen, und das ist das Ende der Revolution. Uns bleibt keine andere Wahl, als vorwärts zu gehen. Unsere Feinde haben angenommen, daß wir nach Ostszetschuan vorstoßen, statt den Weg durch das Grasland nach Schensi und Kansu zu versuchen. Aber der Feind versteht uns überhaupt nicht. Wir wählen absichtlich den Weg, den er für den unwahrscheinlichsten hält.‹[3]

Oberst Jang erklärte seinerseits, daß die Vorbereitungen für den Feldzug ziemlich weit fortgeschritten seien, mit der einzigen Aus-

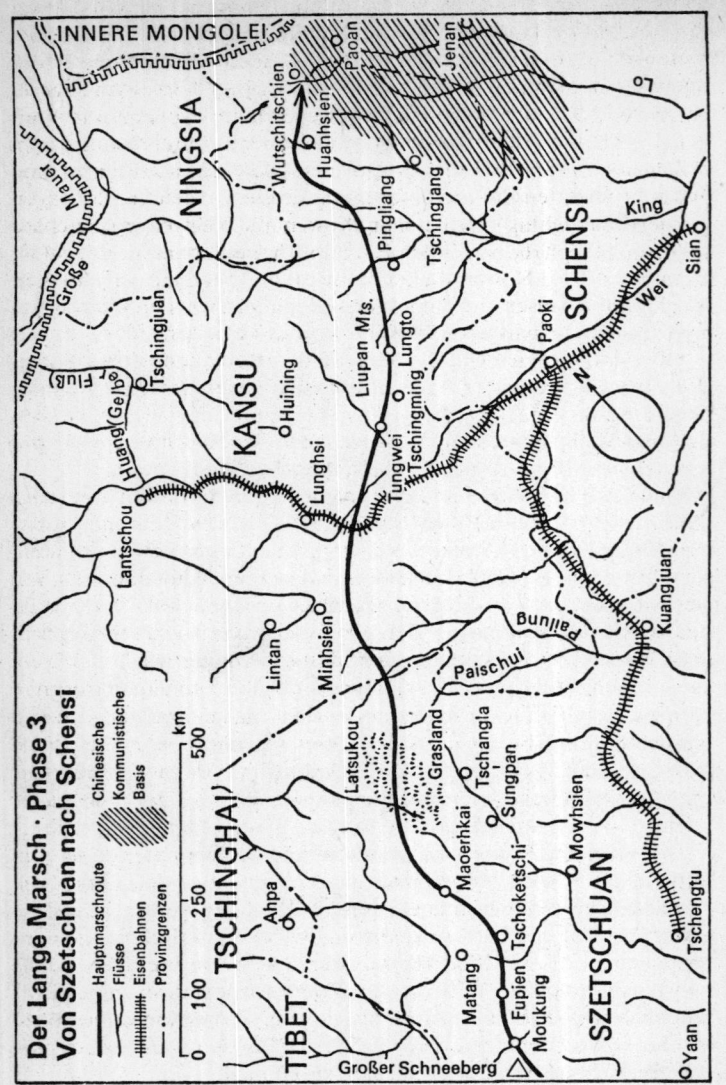

Der Lange Marsch · Phase 3
Von Szetschuan nach Schensi

Hauptmarschroute
Flüsse
Eisenbahnen
Provinzgrenzen

Chinesische
Kommunistische
Basis

0 100 250 500 km

INNERE MONGOLEI

NINGSIA

Mauer
Große

Huang (Gelb) Fluß

Tschingjuan

KANSU

Lantschou

Huining

Lunghsi

Liupan Mts.

Tungwei

Wutschitschien

Huahnsien

Paoan

Jenan

Pingliang

Tschingjang

Lungto

Tschingming

SCHENSI

King

Paoki

Wei

Sian

N

Lintan

Minhsien

Latsukou

Grasland

Tschangla

Sungpan

Paischui

Bunlied

Kuanjuan

Maoerhkai

Mowhsien

Tschingghai

Ahpa

TSCHINGHAI

Matang

Fupien Tschoketschi

Moukung

SZETSCHUAN

Mowhsien

Tschengtu

Yaan

Großer Schneeberg

TIBET

226

nahme, daß die Männer nur je zwei dünne Uniformen hatten und das war für das Grasland ungenügend. Stammesangehörige der Gegend hatten ihnen gesagt, daß sie ohne Wollsocken und Schaffelle erfrieren würden, man konnte aber nicht genug für alle Soldaten kaufen. ›Versuchen Sie auf allen möglichen Wegen mehr Proviant und Kleidung zu kaufen‹, riet Mao. ›Was ist mit einem Führer?‹ Jang sagte, daß ein alter Mann von sechzig einverstanden sei, sie zu führen und daß acht Soldaten ihn auf einer einfachen hölzernen Sänfte tragen würden. Mao schlug vor, daß man Pfosten mit Wegweisern errichten solle, an die sich die folgenden Einheiten halten konnten. Er schloß, indem er auf die Notwendigkeit hinwies, den Stammesangehörigen Respekt zu erweisen und gut mit dem Regiment von der Vierten Armee zusammenzuarbeiten, das die Vorhut begleiten sollte.

Oberst Jang suchte dann den Stellvertretenden Vorsitzenden Tschou En-lai, aber der Arzt hatte ihm verboten, Besuche zu empfangen. Seine Frau Teng Jing-tschao vertraute Jang an, daß sie sich ›um den Stellvertretenden Vorsitzenden Tschou schwerste Sorgen mache, weil die geeigneten Medikamente fehlten…‹

Die Kälte, der Regen und die fehlende Ruhe forderten von Jangs Vorhut einen schweren Zoll. Im zentralen Teil des Graslands konnten die Soldaten des Wassers wegen nicht auf dem Boden schlafen, sie mußten die ganze Nacht stehen und sich aneinanderlehnen, um sich warm zu halten: ›Zu Zweien und Zweien oder zu Vieren, Rücken an Rücken‹, lautete der Befehl für die Nacht. Viele Männer brachen zusammen oder stellten fest, daß ihre Beine gelähmt waren. Jang erinnerte sich besonders an einen ›kleinen Teufel‹ mit siebzehn namens Tscheng Tschin-ju, der am vierten Tag im Grasland schwach wurde. ›Politisch bin ich ein Stück Eisen‹, rief er, ›aber meine Beine lassen mich im Stich.‹ Oberst Jang gab ihm ein Pferd und Sonderverpflegung, man band ihn mit Kissen am Rücken auf das Pferd, aber er starb am nächsten Tag.

Der Rest der Roten Armee folgte dem so gebahnten Pfad. Ein Teilnehmer schrieb später, ›daß das Wasser unter den Füßen wie Pferdeurin aussah und so übel stank, daß sich viele erbrachen‹. Wie es das Pech haben wollte, war der August der regnerischste und nebligste Monat. Es gab Moskitos von der Größe von Pferdeegeln, die meisten medizinischen Vorräte der Roten Armee waren in der Zwischenzeit erschöpft oder verlorengegangen, so daß kochendes Wasser die einzige Behandlung für infizierte Wunden war – wenn man das Glück hatte, ein Feuer machen zu können.

Viele erlagen der ›Schwarzen Malaria‹ – nach einer Berechnung

500 Mann. ›Unsere Gesichter‹, erinnert sich Tschen Hsien-tscheng, ›waren so schwarz wie die von Negern, und unsere Körper wurden schwächer und schwächer, wir mußten alle paar Schritte rasten.‹[4]

Ein Langer Marschierer erklärte: ›Das Gras wuchs in langen Klumpen in seichtem Wasser. Die Grasklumpen waren abgestorben und verfault – neues Gras sproßte auf dem verfaulten. Unter dem lichten grünen Gras befand sich Schicht um Schicht Gras, das im Wasser versunken war; wenn man daher auf einen Grasbüschel trat, war der Stand schlüpfrig und unsicher. Zwischen den Büscheln war der Boden ausnehmend weich und lose und wenn man einen Schritt ging, sank man mindestens 45 Zentimeter ein. Manchmal gab es grundlose Schlammtümpel. Wenn man nicht aufpaßte und einen falschen Schritt machte, versanken Roß und Reiter, je mehr sie kämpften, desto tiefer versanken sie, und wenn sie niemand herauszog, war das ihr Ende.‹[5]

Viele Erinnerungen an das Grasland wurden veröffentlicht. Eine der interessantesten stammt von Major Tan Tsching-lin, damals als Teenager Fahnenträger in einer der Einheiten der Vierten Frontarmee, die das Grasland durchquerte.

›Im Herbst 1935 rastete die Vierte Rote Frontarmee, nachdem sie die trostlose Große Schneeberg-Kette überquert hatte, drei Tage in Kangmaoszu am Rand des Sumpflandes.

Nachdem wir etwas Fichtenschwämme und Zapfen gesammelt und Ochsen- und Schaffelle als Rationen geröstet hatten, brachen wir in die Sümpfe auf.

Wir brauchten zwanzig Tage, um von Kangmaoszu nach Tschaliszu auf der anderen Seite des Sumpfs zu gelangen. Ich war damals erst sechzehn, ein Fahnenträger in einer Kompanie der Roten Armee.

Von Kangmaoszu erstreckten sich die Sümpfe wie ein großer See, unbestimmt, düster und grenzenlos. An sonnenlosen Tagen konnte man die Richtung nicht erkennen. Überall waren tückische Sumpflöcher, die einen Mann in die Tiefe saugten, wenn er vom festeren Boden abkam und je schneller er versuchte, sich herauszuziehen, desto rascher kam das Ende. Wir konnten nur mit äußerster Vorsicht vorangehen, indem wir auf die Grasbüschel traten. Sobald ein Mann vorüber war, stieg der Grashaufen wieder zu seiner ursprünglichen Position auf, keine Spur des Fußabdrucks blieb zurück. Es war, wie wenn man tückischen Treibsand überquert. Glücklicherweise hatte die Vorhut ein Haarseil dabei, das mäanderartig an den Untiefen des Morasts vorbeiführte. Vorsichtig folgten wir dem Seil, wir fürchteten, es zu zerreißen, weil wir wußten, daß es kein gewöhnliches Seil, sondern eine »Lebenslinie« war, von brüderlichen Händen um den Preis des Lebens so manches guten Kameraden gespannt.

Vier Tage lang folgten wir dem Seil. Am fünften Tag rastete die Truppe am Rand einer Grasbank, als plötzlich das Wetter umschlug. Ein heftiger Wind kam auf, schwarze Wolken verhüllten den Himmel. Dann prasselte der Hagel herab, unmittelbar darauf fiel dichter Schnee. Um dem Schneesturm zu widerstehen, sammelten sich die Leute in Gruppen, sie bedeckten die Köpfe mit gefütterten Decken.

Als der Schneesturm nachließ, warfen die Leute die schneebeladenen Decken ab und halfen einander auf die Füße. Das Seil war aber verloren. Das Sumpfland war ein Meer von Schnee. Die Kameraden unserer Kompanie bildeten, von dem Kompaniechef geführt, eine Kette, um nach dem Seil zu suchen. Sie entfernten den Schnee auf dem Grasufer, konnten aber keine Spur von dem Seil finden.

Wir konnten nicht lange auf dem Grasufer bleiben, denn es war entsetzlich kalt, wir hatten kein Brennholz, um uns zu wärmen. Wenn wir aber weiter vorrückten, fielen wir in die Sumpflöcher. Es gab keine Alternative, als nach Kangmaoszu zurückzukehren, wobei uns der schwach sichtbare Weifeng-Berg als Wegweiser diente. Dort wollten wir auf Kontakt mit der Vorhut warten.

Wir warteten zwei Tage in Kangmaoszu, bis die Vorhut einen »tungszu«, einen Führer, sowie einen Han-Dolmetscher schickte. Wieder brachen wir in den Sumpf auf.

Unsere Einheit hatte nach dem letzten Marsch einige ihrer Kameraden verloren, und unsere Vorräte an Tannenzapfen und Schwämmen waren aufgezehrt. Es wäre sehr schwierig gewesen, neue Vorräte zu finden, da die Hügel um Kangmaoszu von Schnee bedeckt waren. Ehe wir wieder aufbrachen, verteilte ich eine Handvoll gerösteten Getreides (als wir das erste Mal in das Sumpfland aufbrachen, hatten Kameraden, weil ich so jung war, ihre Rationen mit mir geteilt. Ich hatte also etwas von meiner eigenen gespart) in kleinen Mengen unter mehreren Kameraden, die sie mit Schneewasser hinunterspülten. Als wir wieder in das Sumpfland kamen, tranken die meisten Männer die ersten zwei Tage von dem bitteren Wasser. Das Ergebnis war, daß ihre Bäuche kollerten, wenn sie gingen und daß ihre Beine schwer und schwach wurden. Da man ohne Essen nicht weiterkonnte, pflückte man jetzt wildes Gras und Kräuter, die man bisher ignoriert hatte und verzehrte sie. Wenn man nichts Grünes fand, sammelte man trockenes Gras und kaute die Wurzeln.

Wir versuchten fast alle wilden Pflanzen längs unseres Wegs. Spä-

ter entdeckten wir eine Art stachliger, kleiner Bäume ohne jegliche
Blätter, aber mit winzigen roten Beeren von Erbsengröße und süß-
saurem Geschmack wie Kirschen. Das war die beste unserer Entdek-
kungen. Wo immer ein solcher Baum in der Ferne auftauchte, liefen
wir mit einem plötzlichen Aufwand von Kraft darauf zu. Einige Kameraden, die dabei vergaßen, daß sie sich in einem Sumpf befanden,
liefen Hals über Kopf in den Schlamm und verschwanden. Diejenigen, die den Baum erreichten, begannen zu pflücken und zu essen;
wenn sie genug hatten, sammelten sie die Beeren für die verwundeten und kranken Kameraden.

Am sechsten Tag grub jemand eine Sumpfpflanze von der Größe
einer grünen Zwiebel aus, die süß und frisch schmeckte. Sofort suchten andere danach. Sie erwies sich aber als giftig. Die, die sie aßen,
erbrachen nach einer halben Stunde; einige starben an Ort und
Stelle. Der Tod durfte unseren Vormarsch jetzt aber nicht aufhalten.
Wir schnallten die Decken der Märtyrer los, breiteten sie über ihre
Leichen, zollten ihnen den Tribut, den die Helden der Roten Armee
verdienen, und marschierten eilig weiter.

Wir lernten jedoch aus dem Zwischenfall. Wenn wir später unbe-
kannte Pflanzen fanden, probierten wir sie vorsichtig, ehe sie allgemein gegessen wurden.

Als ich einmal dahinmarschierte, meine rote Fahne tragend,
schwankte der Grashügel unter meinen Füßen, und ehe ich Zeit
hatte, meinen Fuß wegzuziehen, befand ich mich in dem tödlichen
Schlamm. Jetzt bin ich erledigt, dachte ich. Ich fürchtete den Tod
nicht, aber ich darf die rote Fahne nicht beschmutzen, die der Stolz
und die Verantwortung des Fahnenträgers ist. Langsam zog ich die
Fahnenstange aufrecht, mit einer Hand umklammerte ich sie, die andere preßte ich gegen den schlammigen Boden und versuchte, an
eine feste Stelle zu kriechen. Ich war in Schweiß gebadet. Aber je
heftiger ich mich bemühte, desto tiefer sank ich ein. Bald steckte ich
hüfttief in dem Schlamm. In diesem kritischen Augenblick kam der
Kompanieschreiber heran. Er übernahm die rote Fahne und steckte
sie auf eine Seite in den Boden, dann reichte er mir ein Ende einer
Bambusstange und sagte mir, ich solle zupacken. Dann zog er mit
ganzer Kraft, aber seine Mühe war umsonst. Im Gegenteil, der Grashaufen, auf dem er stand, begann zu schwanken... Nun kam ein großer, starker Krieger. Schnell machte er seine Decke frei und breitete
sie auf einem dicken Grasklumpen aus, legte seine zwei Gewehre
kreuzweise darauf, faßte die Bambusstange und befahl mir, das andere Ende mit äußerster Kraft festzuhalten. Weitere Soldaten kamen

hinzu und machten Tauziehen. Nach einer, wie es mir schien endlosen, Zeit wurde der Schlamm rings um mich niedergedrückt. Jetzt konnte sich mein Körper freier bewegen. Der Große sagte, ich solle mich hinlegen und mit einem mächtigen Ruck zerrten sie mich aus dem Schlamm.

Es war das erste Mal, daß ein Kamerad durch diese Methode gerettet worden war.

Eines Nachmittags erreichten wir einen etwa 200 Meter breiten Fluß. An jedem Ufer standen einige blätterlose Bäume. Ein Wolkenbruch vor zwei Tagen hatte den Wasserspiegel stark ansteigen lassen. Jetzt raste das Wasser nach Südwesten. Der Tungsu führte uns zu einem Baum, um den ein Draht befestigt war, der an das andere Ufer führte. Auf Befehl des Kommandeurs sprangen die Soldaten ins Wasser, faßten mit einer Hand den Draht und hielten mit der anderen das Gewehr hoch; so wateten sie hinüber.

Ich hatte erst ein Dutzend Meter zurückgelegt, als der Draht durch das Ziehen der Männer unter dem Druck der Strömung riß. Ich stürzte mit der roten Fahne und wurde flußabwärts getragen. Die Fahnenstange hielt ich fest, mein Körper tanzte in dem Wasser auf und ab. Unmöglich, einen Fußhalt zu gewinnen, alles füllte sich mit Wasser. Glücklicherweise sah mich der Kompanieführer, der nicht weit vom Ufer war; er ritt das Ufer entlang, der roten Fahne und mir im Wasser schreitend entgegen. Als er die Fahne faßte, kam ich plötzlich wieder an die Oberfläche und packte mit beiden Händen den Schweif seines Pferdes. Bald erreichten wir das Ufer. Der Kampf im Wasser hatte uns und das Tier völlig erschöpft, lange lagen wir da und konnten uns kaum bewegen.

Später schickte der Bataillonskommandeur Männer, um den Draht zu flicken. Ehe das Zwielicht heranbrach, hatte das ganze Bataillon den Fluß glücklich überschritten.

Am Nachmittag des nächsten Tages tauchte ein schneebedeckter Hügel mittlerer Höhe vor uns auf, wir sahen etwas, das aus der Ferne wie schneebedeckte Häuser aussah. Das führte zu einer Auseinandersetzung.

»Dort, seht die Häuser und den Rauch!«

»Das ist kein Rauch, das ist Traumnebel.«

Wer sehnte sich nach den strapaziösen Erlebnissen im Sumpf nicht danach, Menschen, Rauch und menschliche Behausungen zu sehen? So wurde natürlich der, welcher zuerst gesprochen hatte, von der Mehrheit befürwortet. »Vielleicht ist der Platz tatsächlich unbewohnt. Marschieren wir schneller!«

Wir erreichten den Hügel, als die Dunkelheit anbrach. Die illusorischen Häuser und der Rauch verschwanden, was wir tatsächlich sahen, war ein Hain riesiger Fichten. »Auf jeden Fall haben wir dem Sumpfland Lebewohl gesagt.« Jedermann fühlte sich wie erlöst.

Man beschloß, hier zu lagern. Nachdem wir einen Schutz gegen den Wind gefunden hatten, sammelten wir Zweige und Äste unter dem Schnee und machten Feuer. Durch reinen Zufall fand der Politische Ausbilder einige Fichtenzapfen. Auf seine Ermunterung hin suchte alles nach mehr. Dann saßen sie alle um das Feuer und kauten Fichtenknospen und Schwämme, ihre hageren gelben Gesichter vom Schein des Feuers gerötet. Der Kompaniechef, der Schreiber, der Trompeter und ich aßen gemeinsam, unsere mit Schneewasser gefüllten Eßgeschirre erhitzend, schliefen wir plaudernd und lachend am Feuer ein.

Ein heulender Nordwestwind verkündete den Tag. Das Feuer war erloschen. Die Eiszapfen an den Zweigen schwankten und klirrten und fielen dann auf uns herab. Der Kompaniechef mußte sich lange anstrengen, ehe er auf die Beine kam. Er schüttelte mich, ich war bereits wach, aber konnte nicht aufstehen, denn das Eis unter mir, das während der Nacht durch meine Körperwärme geschmolzen war, war wieder gefroren, so daß meine Füße an den Boden genagelt schienen. Der Kompaniechef half mir meine Gelenke zu lockern, nach viel Mühe brachte er mich auf die Beine – der Abdruck meines Körpers blieb am Boden zurück. Den Trompeter schüttelte man wieder und wieder, aber er gab kein Lebenszeichen von sich. Sein Körper war kalt, sein Herz hatte aufgehört zu schlagen. Der Kompaniechef preßte seinen Körper gegen seine Brust, er dachte, daß ihn seine Wärme wieder beleben konnte, aber das erwies sich als nutzlos. Ich sah, wie die Augen des Kompaniechefs feucht wurden. Dann ging er schweigend zu den anderen Gruppen.

Wie der Kompaniechef waren auch der Politische Ausbilder und andere, denen das Aufstehen gelungen war, tätig, um ihre Waffenkameraden zu retten. Ein Dutzend Kameraden lagen im immerwährenden Schlaf. Weniger als zwanzig waren jetzt von der Kompanie übriggeblieben, die einst über hundert Mann gezählt hatte. Dem Kompaniechef und dem Politischen Ausbilder fiel es schwer, sich von ihren Kameraden loszureißen.

Wir stiegen den Berg hinunter. Das Wetter klarte auf, die Sonne schien warm auf uns herab, Dampfschwaden stiegen aus unseren vereisten Uniformen, so als ob wir gerade aus einer heißen Quelle gestiegen wären.

232

»Ein Haus – schaut – ein Haus.«

»Ein Lamatempel.«

»Jetzt sind wir wieder unter Menschen.«

Keine Worte können unsere Erregung schildern, als wir in der Ferne den Tschali-Tempel erblickten. Jedermann jubelte darüber, die tückischen Schneeberge überschritten und dem Tod im Sumpf verächtlich ins Gesicht gelacht zu haben. Unsere Bäuche, die so lange vom Hunger gepeinigt waren, kollerten jetzt in der Erwartung eines ausgiebigen Mahls.

Zwei oder drei Li vom Tempel entfernt versperrte uns ein kleiner Fluß den Weg. Mit Hurra stürzten sich alle, trotz des schneidend kalten Wassers, hinein und erreichten in Augenblicken das andere Ufer. Hoch oben auf dem Tempel grüßte uns eine flatternde rote Fahne.‹[6]

Eine weitere Erinnerung eines noch jüngeren Marschierers ergänzt dieses Bild des Leidens und der Gefahr.

›Während des Herbstes 1935 überquerte ich dreimal mit der Vierten Roten Frontarmee das unbewohnte Gebiet der Grasebenen und Sümpfe, das sich über Hunderte von Lis erstreckte und sich von Maoerhkai bis Schangpaotso dehnte. Das grenzenlose Meer vom Gras und Morast weckte in mir unvergeßliche Eindrücke. Ich war damals erst vierzehn.

Der Marsch begann Ende August 1935. Die Truppen fluteten auf die flache grüne Ebene zu. In den Reihen des 267. Regiments der 89. Division war eine Gruppe ›Kinder‹, Teilnehmer der Propagandatruppe, die der politischen Abteilung des Regiments unterstellt war. Alle waren Teenager, von den mehr als zwanzig Jungen war der älteste ein Zwanzigjähriger, der Anführer. Unsere fünfköpfige Untergruppe wurde gerade vor dem Marsch umorganisiert. Tschao Kang, unser Führer, war zwei Jahre älter als ich und der Älteste der Untergruppe. Für seine Jahre war er groß. Er sah wie ein Erwachsener aus, uns gegenüber war er sanft und gut. Alle respektierten ihn und besprachen sich gern mit ihm. Der Jüngste von uns war der erst zwölfjährige Hou Teng-nang, klein, aber stämmig. Er lief wie ein Tigerjunges, stolperte aber sehr oft. Ich nannte ihn daher ›Kleiner Ball‹; der Name wurde in der ganzen Untergruppe bekannt, und er nahm ihn mit gleichmütiger Ruhe hin.

Trotz unserer Jugend waren wir sehr ehrgeizig. Unser Führer teilte jedem von uns einige Tage, ehe wir das Gebiet betraten, Aufgaben zu. Mich und zwei andere ließ er Proviant suchen, während ›Kleiner Ball‹ Wache hielt. Infolge der lügnerischen Propaganda des Feindes und den immer wiederkehrenden Verwüstungskriegen waren alle Tibeter aus dem Gebiet, in dem wir lagerten, geflohen.

Es gab keine ausreichende tschingko (Berggerste) und Buchweizen. Das Getreide, das wir für den Tag sammelten, konnte uns nicht vor dem Hunger bewahren. Woher sollte auch eine ausreichende Menge kommen? Zur Zeit des Abmarsches blieb nur ein Dutzend Kattis Berggerste und Buchweizen für unsere Untergruppe übrig, wie Perlen in einem Ledersack.

Die Trompete rief. Die roten Kämpfer marschierten. Unser Führer trug den wertvollen Sack selbst. »Niemand ißt auch nur ein Korn ohne Erlaubnis des Gruppenführers!« sagte er. Was uns andere anlangte, so schulterte einer ein Bündel Brennholz, ein anderer trug ein Zelt aus alten Laken, ich hatte eine Trommel und einen Gong auf dem Rücken und ›Kleiner Ball‹ eine gesprungene, rußgeschwärzte Schüssel, die ausgezeichnet zum Kochen und zum Heißmachen von Wasser geeignet war. Alle trugen verbeulte, breitkrempige Bambushüte; aus der Ferne müssen wir sehr komisch ausgesehen haben, wenn wir in der Sonne wie eine Reihe schwankender Pilze dahinzogen. Die Kleidung, die wir trugen, war zumeist von Grundbesitzern konfisziert; von Wind und Wetter mitgenommen, befand sie sich jetzt in einem denkbar beklagenswerten Zustand. Einen Vorteil hatten wir allerdings, wenn man uns zu einer Vorstellung rief, brauchten wir uns nicht um Kostüme zu bemühen. Ich trug die schwarze ärmellose Jacke eines Grundbesitzers, unser Führer ein unpassendes, fließendes Gewand und ›Kleiner Ball‹ eine rote Mädchenbluse mit einem gelben Blumenmuster – alle nannten ihn deshalb ›Schwägerin‹! In der langen Reihe sahen wir wie bunt angezogene Ferienurlauber aus, recht dekorativ in der stummen einsamen Ebene.

Von dem Augenblick an, in dem wir das Sumpfland betraten, konnte man wirklich behaupten, daß wir mit leerem Magen marschierten. Denn wie konnten auch fünf Menschen sieben oder acht Tage mit einem Dutzend Katti über Holzkohle gerösteten Getreides marschieren? Deshalb wurde die Arbeit unter allen aufgeteilt, wenn wir Lager schlugen. ›Kleiner Ball‹ war ›Koch‹, er hatte die Aufgabe, Feuer zu machen und Wasser abzukochen. Der Rest von uns verteilte sich, um Wildgemüse zu suchen – wilden Lauch, wilden Sellerie und andere Pflanzen, alle ausgezeichnete Nahrung. Aber selbst sie waren nur schwer zu bekommen, denn die Truppen vor uns hatten gründlich nach ihnen gesucht, und wir mußten einen Li oder mehr laufen, um eine Handvoll zu finden. Dabei galt es genau aufzupassen, denn jeder Schritt hätte uns in den tödlichen Schlamm führen können. Um dieser Gefahr zu entgehen, gingen wir Hand in Hand, wenn wir uns nicht wechselseitig an einer Stange festhielten. Nachdem wir das Wildgemüse gebracht hatten, betätigten sich alle, waschend und abkochend. Sobald das Gemüse gekocht war, nahm der Führer Berggerste und Buchweizen aus seinem Sack und ließ sie in das kochende Wasser fallen; er zählte jedes Korn so sorgfältig, als ob es Silbermünzen gewesen wären. Dann setzten wir uns um das Feuer und aßen plaudernd und lachend.

»Das ist mit Rindfleisch gekochter tschingko.«

»Nein, es ist Lauch, gekocht mit tschingko.«

Derart unterhielten wir uns über das Gericht. Schließlich sagte der Führer: »Ihr habt alle nicht recht. Es ist ein phantastischer Kuchen. Seht, die tschingko sind die Datteln und der Buchweizen die Lotossamen.«

»Eine Torte, wahrhaftig«, riefen alle fröhlich, schlangen das Zeug hinunter und vergaßen den bitteren Geschmack.

Obwohl August, war das Wetter zu jeder Stunde des Tages Veränderungen unterworfen. Plötzlich sammelten sich am ganzen Himmel Wolkenmassen, genauso schnell verschwand dann die sengende Sonne, und Wind und Regen peitschten die weite Ebene. Die Nacht war eher lästig. Der Sternenhimmel nur ein vorübergehendes Bild, jeden Augenblick regnete, hagelte oder schneite es. Abgesehen vom Hunger mußten wir auch gegen die Elemente kämpfen. Hunger, Kälte und Müdigkeit unterzogen den revolutionären Willen jedes Kämpfers einer harten Probe.

Eines Tages, als die Sonne langsam hinter den Horizont sank, entschlossen wir uns zu lagern. Der Rauch von den Feuern stieg in die stille Luft empor; nachdem wir etwas Wildgemüse gegessen hatten, was unsere Stimmung ein wenig hob, machten wir uns auf die Suche nach einem Lagerplatz. Schon bald fanden wir an einem gewundenen Bach Gruppen kriechender Weiden. Unser Führer war begeistert. »Schaut, Kameraden, heute nacht müssen wir nicht im Sitzen schlafen. Wir holen Zweige, breiten die Laken darauf und schlagen ein Zelt auf. Ist das nicht ein prächtiges Bett für uns alle?«

»Eine gute Idee«, dachte ich und schlug vor: »Ist es nicht bequemer, wenn wir etwas Gras unter die Laken legen?«

»Eine Menge bringt immer einen gescheiten Kopf hervor«, sagte jemand.

Bald war unser Wunsch erfüllt. »Heute schlafen wir in einem ›Gebäude‹!«, sagte ›Kleiner Ball‹ humorvoll.

Wir streckten uns also auf unserem Bett aus und schliefen wie ein Wurf kleiner Ferkel.

Nicht lange sollten wir uns dieser seltenen Bequemlichkeit erfreuen. Gegen Mitternacht wachte ich frierend auf. Als ich mich aufsetzte, konnte ich durch die Spalten im Zelt sehen, daß ein dichter Nebel den ganzen Himmel bedeckte. Er war so dick, daß man kaum die Hand vor den Augen erkennen konnte. Ein Unwetter drohte. Aus der Ferne kam das Heulen des Windes und sofort prasselte der Regen auf uns herab. Meine vier Kameraden erwachten aus ihrem süßen Schlaf. »Pech, daß es ausgerechnet jetzt regnen muß!« sagte unser Führer.

Ein wilder Windstoß riß das Dach unseres ›Gebäudes‹ herunter, das zerfetzte Zelt. Unter solchen Umständen konnten wir uns lediglich zusammenkauern und gegenseitig erwärmen. Regen und dattelgroße Hagelschloßen prasselten auf uns herab. Wir wurden bis auf die Haut durchnäßt. Die Bambushüte waren nur ein armseliger Schutz gegen die Hagelschloßen. Unsere Zähne klapperten. Von Zeit zu Zeit standen wir auf und stampften mit den Füßen, die einzige Alternative war, nie wieder aufzustehen.

Das Unwetter dauerte bis zum Morgengrauen, als es allmählich nachließ. Wir regten uns, bargen das Zelt und arrangierten die triefenden Sachen. Nachdem wir eine Suppe aus Wildgemüse gegessen hatten, brachen wir wieder auf...‹[7]

Agnes Smedley fand in den amtlichen Archiven folgenden Bericht aus dem Tagebuch, das Moh Hsu geführt hatte.

›Heute entdeckte ich einen Kameraden, der in dem sumpfigen Wasser kämpfte. Sein Körper war zusammengekauert und mit Schlamm bedeckt. Wild umklammerte er sein Gewehr, das wie ein schlammiger Stock aussah. Da ich glaubte, er sei lediglich gestürzt und versuche hochzukommen, wollte ich ihm aufstehen helfen. Nachdem ich ihn hochgezogen hatte, machte er zwei Schritte, aber sein ganzes Körpergewicht lastete auf mir, er war so schwer, daß ich ihn weder halten noch einen Schritt machen konnte. Ich drängte ihn, er solle versuchen, allein zu gehen. Ich ließ ihn los. Er fiel auf den Pfad und bemühte sich aufzustehen. Nun versuchte ich wieder, ihn hochzuziehen, aber er war so schwer und ich so schwach, daß das unmöglich war. Dann sah ich, daß er starb. Ich hatte noch etwas gedörrten Weizen bei mir und gab ihm etwas, aber er konnte nicht mehr kauen. Es war klar, daß ihn keine Nahrung mehr retten konnte. Ich steckte den gedörrten Weizen sorgfältig wieder in meine Tasche, und als er starb, erhob ich mich, ging weiter und ließ ihn liegen. Später, als wir einen Rastplatz erreicht hatten, nahm ich den Weizen aus der Tasche, aber ich konnte ihn nicht essen. Ich mußte immer an unsere sterbenden Kameraden denken. Ich hatte keine andere Wahl als ihn zu verlassen, wie er fiel. Hätte ich das nicht getan, wäre ich zurückgeblieben, hätte den Kontakt mit der Armee verloren und wäre auch gestorben. Und doch konnte ich den gedörrten Weizen nicht essen.‹[8]

Was die Verpflegung anlangte, war das die schlimmste Phase des Langen Marsches. Die Kommunisten mußten gegen die Leute des Mantzustammes kämpfen, um ihr Vieh zu bekommen, sie hatten auch grünen tibetischen Weizen und riesige Rüben und Zwiebeln gefunden (Mao Tse-tung zufolge waren sie so groß, daß eine für fünfzehn Mann genügte), die sie ernten konnten. Einer Schätzung nach hatte die Rote Armee in dem verhältnismäßig reichen Distrikt von Plotzu – ehe sie das Grasland betrat – etwa 600 000 Katti Weizen und mehrere hundert Schafe und Rinder gekauft.[9]

›Das ist unsere einzige ausländische Schuld‹, bemerkte Mao Tsetung ein Jahr später spitzbübisch Edgar Snow gegenüber, ›und eines Tages müssen wir die Mantzu und die Tibeter für die Lebensmittel bezahlen, die wir ihnen nehmen mußten.‹[10] Da es im Grasland kein Brennholz gab, mußten das Getreide und das Gemüse roh gegessen werden. Sie passierten den Magen der Leute – die auf jeden Fall gewöhnt waren, Reis und nicht Weizen zu essen – unverdaut und verursachten Durchfälle. Der Südchinese Hsu Meng-tschiu erinnerte sich, ›daß man nicht viel Weizen essen kann, weil es dem Magen schadet. Ich kannte zwei Männer, die starben, weil sie grünen Weizen aßen.‹ Peng Teh-huai gab in späteren Jahren der einwöchigen erzwungenen Kost an rohem, grünem Weizen und Gras, mit denen er sich im Grasland ernährte, die Schuld für seinen kranken Magen.[11]

Ein Überlebender des Graslands erinnerte sich, daß sie nach dem Auftauchen aus dem Sumpf ›anfingen, Ratten zu essen. Wir fingen Ratten. Sie schmeckten schrecklich, aber wir aßen sie.‹[12]

Als die Armee den Sumpf hinter sich ließ, kam sie zu Stammessiedlungen, die andere Probleme boten. Eine Einheit erreichte ein verlassenes tibetisches Dorf, wo die Häuser aus Yakdung gebaut waren, sie waren so brennbar, daß eigene Feuerwachen aufgestellt werden mußten.

›Einige der Häuser waren riesige Bauten mit dreißig oder vierzig Räumen. Bis dahin waren alle Vorräte der Armee aufgebraucht und die Männer begannen, alles aufzuessen, was sie finden konnten: unreifen Weizen von den Feldern, Gras, wildes Grünzeug und Beeren. Einige der reichen Stammesangehörigen, die vor den Han geflohen waren, hatten in ihren großen Häusern geheime Lagerräume. Sie waren in die Wände eingebaut und völlig versiegelt. Die Roten entdeckten sie, rissen die Wände ein und verteilten die Lebensmittel. Einige Männer sotten Rinderhäute vierundzwanzig Stunden lang oder sie kochten große Lederstiefel und tranken die Brühe.

Jede reiche Familie des Fan-Stammes hatte einen Kultraum, in dem buddhistische Manuskripte und Schüsseln mit Lebensmittelopfern – Nüsse, Datteln, Reis und Käse – aufbewahrt wurden. Auf den Altären standen rot und grün bemalte Figuren von Göttern und Tieren. Eine zwölf Mann starke Einheit der Roten Armee war für eine Anzahl von Tagen in einen solchen Kultraum einquartiert, während die Armee weit und breit herumstreifte, um Weizen zu finden und zu kaufen.

Einer der Männer der Einheit kehrte eines Tages zurück und bemerkte, daß einige der Figuren verschwunden waren. Als er nach dem Grund fragte, gab ihm einer seiner Kameraden eine Schüssel mit heißem Weizenbrei, auf dem Butterflöckchen trieben. Der Duft war so köstlich, daß er beinahe ohnmächtig geworden wäre. Seine Kameraden hatten die Farbe von den Figuren abgekratzt und festgestellt, daß die Figuren aus Butter und Weizen bestanden.

›Wir waren so egoistisch, daß wir das Geheimnis für uns behielten‹, sagte dieser Mann. ›Zu jeder Essenszeit schabten wir die Farbe von einigen weiteren Tieren und kochten sie in Wasser mit einer Handvoll Weizen, die unsere einzige Armeeverpflegung war. Der Hunger hatte uns so demoralisiert, daß wir planten, die Familienaltäre anderer Häuser zu plündern. Eines Tages, nachdem wir zwei halbverhungerte Kameraden gefüttert hatten, kam unser Geheimnis ans Licht und jetzt sank unser Lebensstandard beklagenswerterweise ab.‹[13]

›Als wir weitermarschierten‹, schrieb Hsiang Huang später, ›rief jemand an der Spitze der Kolonne:

»Wer glücklich ist, braucht sich um nichts sorgen – wir sind wieder auf etwas gestoßen.«

Er hatte zufällig ein totes Pferd entdeckt, an dem noch etwas Fleisch war. Bei der bloßen Erwähnung von Essen schwärmten alle zu dem Kadaver, der bald sauber skelettiert war. Ich kam als letzter und fand kaum noch etwas an dem Skelett. Nun wollte ich mich jedoch nicht geschlagen geben und fing an, mit dem Taschenmesser an den Knochen zu schaben. Ich schabte und schabte, und als ich schließlich aufstand, hatte ich etwa eine Tasse voll Fleisch. Ich hatte dazu lange gebraucht. Die Nacht war angebrochen und meine Kameraden waren zu weit marschiert, als daß ich sie hätte einholen können.

Mich durch das Grasland tastend, konnte ich kaum die Hand vor meinen Augen sehen. Ich war sehr besorgt und fürchtete, daß ich den Weg verfehlen oder im nächsten Augenblick in den Sumpf fallen könnte. Also beschloß ich, unter einem großen Baum für die Nacht zu ruhen. Ich nickte ein und preßte das kostbare Fleisch an meine Brust. Plötzlich fühlte ich, daß mich etwas berührte. Ich rieb mir die Augen und sah, wie eine dunkle Gestalt von mir weghuschte. Mein Fleisch war fort. Das Fleisch war mein Lebensblut, ich durfte es nicht verlieren. Ich nahm einen Stein und warf ihn auf die Gestalt, die kreischend in der Dunkelheit verschwand. Als ich nachdachte, kam ich zu dem Schluß, daß der Dieb ein Affe gewesen sein mußte, und ich wußte nicht, ob ich weinen oder lachen sollte.‹[14]

Wie zuvor hing während und nach der Durchquerung des Graslands viel von den Beziehungen der Roten Armee zu den tibetischen Stämmen ab. Ein vielleicht allzu sentimentaler Bericht aus erster Hand über eine frühere Begegnung der Vierten Armee mit tibetischen Dorfbewohnern kann helfen, die Probleme, um die es dabei ging, etwas zu erhellen.

›Im Frühling 1935‹, schrieb Major Kang Tscheng-teh, ›kam die 91. Division der Vierten Roten Frontarmee auf dem Langen Marsch bei dem Goldenen Lamatempel in Sikiang an. Das Divisionshauptquartier wurde in einem Dorf namens Popa eingerichtet – etwa neunzig Li von dem Tempel entfernt. Ich arbeitete in der Propagandaabteilung der Division.

Popa war das größte Bergdorf der Gegend, etwa 900 tibetische Familien lebten in Steinhäusern, die wie quadratische Festungen aussahen. Die Tibeter waren alle vor der Ankunft der Truppen geflohen. An alle Türen, die mit Talismanen versiegelt oder sogar versperrt waren, hingen rote Stoffetzen. Bis auf etwas Brennholz hatte man von den Höfen alles entfernt. Um unseren Respekt für die völkische Minderheit zu zeigen, beschlossen wir, die Häuser nicht zu betreten, sondern außerhalb der Ortschaft zu biwakieren.

Das Wetter im Vorfrühling war noch so kalt, daß man erschauerte. In der Nacht war es noch schlimmer, denn ein Feuer wärmte beim Schlafen lediglich die Vorderseite, ließ aber den Rücken eiskalt. Das einzige, was man gegen den feuchten Boden tun konnte, war, daß man etwas Stroh darauf breitete.

Die Verpflegung war ein ernstes Problem, denn es gab nicht einmal genug Graswurzeln oder Baumrinde für alle. Die Zahl der Verwundeten und der Kranken wuchs mit jedem Tag. Wir beschlossen, hier zu rasten, uns zu erholen und zu reorganisieren.

Man sagt, daß man eine Melone nicht von ihrem Stiel und ein Kind nicht von seiner Mutter trennen könne. Wie konnte also die Rote Armee abseits vom Volk existieren? Bisher waren aber hierher noch nie Truppen gekommen, und die Tibeter wußten keineswegs, daß wir Soldaten der Volksarmee waren. Als sie hörten, daß wir kamen, führte sie ihr Häuptling in die Berge; Schafe und Rinder trieben sie weg. Die Lamas in dem Tempel zogen ebenfalls ab.

Wir brauchten alle Kräfte, das Volk zur Rückkehr zu bewegen. Die Führung erließ Befehle, daß die Massendisziplin strikt gewahrt werden müsse, die Sitten und Gewohnheiten der nationalen Minderheiten mußten respektiert werden, man sollte die roten Stoffetzen und die Talismane an den Türen nicht anrühren, die Straßen waren täglich zu kehren; die Männer der Propagandaabteilung schließlich sollten mit den Dolmetschern (ein oder zwei Hans, die Tibetisch verstanden, waren jeder Kompanie zugeteilt) hinausgehen und unser Möglichstes tun, um die Leute zu finden und zur Rückkehr zu bewegen. Wir teilten unsere Sektion in mehrere Gruppen. Einige schrieben an auffälligen Stellen in dem Dorf Slogans in großen tibetischen Buchstaben an die Wände, ›die drei Disziplinen und acht zu beachtende Punkte‹ der Roten Armee sowie Slogans über die Parteipolitik gegenüber den nationalen Minderheiten. Einige gingen in die Berge, um nach den Leuten zu suchen. Bei jedem dieser Ausflüge blieben wir drei oder vier Tage, die Nächte verbrachten wir in den wilden Bergen, in den Wäldern oder in dem grenzenlosen Grasland. Oft hörten wir menschliche Stimmen und entdeckten frischen Mist von Schafen oder Rindern, sahen aber nicht einmal den Schatten eines Menschen.

Wir waren etwa ein Dutzend Tage an der Arbeit, als uns das Glück zu einer Steinhöhle führte, in der sich der tibetische Häuptling verbarg. Nach vielem Erklären und Propagandareden erfuhren wir, daß er sich nach einem Pferd sehnte. Das wäre in der Vergangenheit keineswegs schwierig gewesen, jetzt aber waren alle Pferde als Proviant geschlachtet worden -- mit Ausnahme eines einzigen, das der Divisionskommandant ritt. Als wir nach unserer Rückkehr berichteten, befahl er sofort, sein Pferd zu holen.

Der Häuptling war über das Geschenk außerordentlich glücklich und doch fühlte er sich nicht völlig sicher. Er schickte mit uns Leute zurück, die sich alles ansehen sollten. Als diese Leute die Slogans am Dorfeingang sahen und entdeckten, daß die Schlösser, die roten Stoffstreifen und die Talismane an den Türen unversehrt waren, daß keiner der in den Mauern versteckten Gegenstände fehlte, daß die

Straßen sauber gefegt wurden und daß wir außerhalb des Dorfs, mit gekochtem Wildgemüse als Nahrung, in der Kälte biwakierten, waren sie tief bewegt und begrüßten uns Handfläche gegen Handfläche. Einige warteten gar nicht erst, sondern liefen in die Berge zurück, um dem Häuptling und ihren Landsleuten zu berichten, was sie gesehen hatten.

Einer nach dem anderen kehrten die Tibeter aus dem Gebirge und dem Grasland zurück. Sie trieben etwa 37 000 Rinder und Schafe, beladen mit Gerste und chanpa (einem aus Gerstenmehl und Butter hergestelltem Nahrungsmittel). Den Häuptling an der Spitze öffneten sie die Türen der Häuser und führten uns, trotz unserer Proteste, mit feierlichem Zeremoniell in ihre Heime. Einige gruben Speck aus, den sie versteckt hatten, und boten ihn uns an. Sie schenkten uns auch 300 Rinder und Schafe.

Da wir die Gebräuche der Tibeter nicht kannten, lehnten wir ab. Das machte sie sehr unglücklich. Da sie kein Salz hatten und auch keine Möglichkeit, welches zu bekommen, gab jeder von uns einen Teil unserer spärlichen Vorräte und bot sie ihnen an. Sie wollten es nicht annehmen. Durch unsere Dolmetscher erfuhren wir, daß sie auf uns sehr zornig waren, weil wir dadurch, daß wir ihr Geschenk nicht annahmen, sie wie Fremdlinge behandelt hätten. Wir nahmen also die Lebensmittel und das Fleisch und sie unser Salz, und nun wurden wir wie die Mitglieder einer Familie...‹[15]

Aber nicht jede Begegnung mit den Stämmen verlief so glücklich. ›Gerade ehe wir in das Grasland kamen‹, berichtete ein Überlebender, ›hörten wir hinter uns Schüsse. Eine Gruppe von berittenen Stammesangehörigen hatte einige unserer Nachzügler überfallen und ihnen die Gewehre genommen.‹ Ein Historiker stellt fest, daß 300 Mann während der Überquerung des Graslands im Kampf mit den nationalen Minderheiten fielen.[16]

›Nach einer Schlacht‹, schreibt ein anderer Langer Marschierer, ›folgte ich mit Tschu Teh und einer Kolonne Männer einem Gebirgspfad. Wir stießen auf eine Gruppe schwarzer Jurten, wie sie die Stämme als Behausung benutzen. Sie waren natürlich geflohen, als Han-(chinesische)Truppen auftauchten und hatten alle Lebensmittel mitgenommen. Wir betraten eine der Jurten und fanden fünfzehn unserer Männer, die vorausmarschiert waren. Sie saßen mit gekreuzten Beinen um einen Haufen kalter Asche auf der Erde. Wir riefen ihnen zu, aber sie antworteten nicht. Sie saßen mit gesenkten Köpfen, wie Statuen. Als wir zu ihnen gingen, rührten wir sie an. Sie waren erfroren. Die Stammesangehörigen hatten ihre Waffen und ihr Gepäck genommen. In einer anderen Jurte fanden wir fünf weitere, sie saßen um einen Haufen kalter Asche, aber jeder war durch den Rücken geschossen worden.‹[17]

Edgar Snow bemerkt dazu:

›Die Route, der sie folgten, führte durch ein wildes Land, das von den unabhängigen Mantzustämmen und den nomadischen Hsifan, einem kriegerischen Volksstamm des östlichen Tibet, bewohnt war. Als sie in das Gebiet der Mantzus und der Tibeter kam, sah sich die Rote Armee zum ersten Mal mit einer Bevölkerung konfrontiert, die in der Feindschaft gegen sie einig war, ihre Leiden auf diesem Teil des Marsches übertrafen alles Vergangene. Sie hatten Geld, konnten aber keinen Proviant kaufen. Sie hatten Gewehre, doch ihre Feinde waren unsichtbar. Wenn sie durch die dichten Wälder und Dschungel und über die Quellwasser eines Dutzend großer Flüsse marschierten, zogen sich die Stämme aus der Nähe des Marschwegs zurück. Sie räumten ihre Häuser aus, trugen alles Eßbare fort, trieben das Vieh und das Geflügel auf die Hochebenen und entvölkerten so das ganze Gebiet.

Einige hundert Meter zu beiden Seiten des Wegs war es jedoch völlig unsicher. Mancher Rote Soldat, der ein Schaf erbeuten wollte, kam nie wieder zurück. Die Gebirgler versteckten sich in dem dichten Gebüsch und schossen auf die marschierenden Eindringlinge. Sie kletterten in die Berge, und als die Roten durch die tiefen, schmalen Bergpassagen kamen, wo sich manchmal nur ein oder zwei Mann bewegen konnten, rollten die Mantzus riesige Felsblöcke hinunter, um sie und ihre Tiere zu zermalmen. Hier gab es keine Gelegenheit, ›die Rote Politik gegenüber nationalen Minderheiten zu erklären‹, keine Gelegenheit für freundschaftliche Bündnisse. Die Mantzu-Königin hegte einen unversöhnlichen Haß gegen alle Chinesen jeglicher Art. Sie kannte keinen Unterschied zwischen Rot und Weiß. Sie drohte, jeden bei lebendigem Leib kochen zu lassen, der den Wandernden half.‹[18]

Kein Wunder, daß die Marschierer erleichtert waren, als sie aus den Sümpfen in das Land der Han-Chinesen zurückkehrten.

›Ich erinnere mich daran‹, erzählt einer, ›wie wir aus dem Grasland kamen, durch die feindlichen Linien nach Kansu durchbrachen und chinesische Bauern sahen. Sie hielten uns für verrückt. Wir berührten ihre Häuser und die Erde, wir umarmten sie, wir tanzten, sangen und weinten.‹[19]

Es ist auch kein Wunder, daß ein westlicher Besucher – trotz der offensichtlichen Politik der KPCh, die nationalen Minderheiten zu respektieren – zehn Jahre später feststellte, daß es einige hohe Offiziere in der Volksbefreiungsarmee gab, die offen dachten, es sei an der Zeit, die Rechnung mit den Tibetern wegen ihres Widerstands und ihre mangelnde Zusammenarbeit während des Langen Marsches zu bereinigen.[20] In einem gewissen Sinn ist die tragische Rolle des kommunistischen Chinas in Tibet in den 1950er und 1960er Jahren dieser Erfahrung im Jahre 1935 zuzuschreiben, als tibetische Feindseligkeit den Unterschied zwischen Tod und Leben für viele Kameraden der Soldaten ausmachte, die am Leben blieben und nach 1949 hohe Positionen in der Regierung und den Streitkräften übernahmen.

20   Geborgen in Schensi

Bei dem Auftauchen aus dem Grasland stieß die mitgenommene Rote Armee bei Paotso auf die 19. Division Hu Tsung-nans, konnte sie aber ohne viel Mühe auseinanderjagen. Jetzt lag vor ihr noch ein Engpaß, den sie passieren mußte, ehe sie sich in die milden Provinzen Nordchinas ergießen konnte, eine letzte Falle, die, wie Tschiang Kai-schek rechnen konnte, seine hartnäckigsten Gegner vernichten würde. Die Falle war der einzige Paß, der über die Min-Berge zwischen den Quellwassern des Min und des Pailung führte. Am Latzu-Paß – Latzukou – führte die einzige gangbare Straße zwischen senkrechten Klippen entlang, auf denen der Feind Bunker und Gräben errichtet und seine Geschütze eingebaut hatte. Der Paß wurde durch eine Kuomintang-Division unter Lu Ta-tschang bewacht. Der einzige Zugang zu dem zweieinhalb Kilometer langen Hohlweg war eine einreihige Plankenbrücke über den hüfttiefen Fluß.

Feindliche Verteidigungstürme beherrschten die Brücke. Aber Oberst Jan Tscheng-wu, der Kommandeur des 4. Regiments der 2. Division der Ersten Roten Armee (Ende der 1960er Jahre stieg er zum Stellvertretenden Oberbefehlshaber der Volksbefreiungsarmee auf), beschloß, die konzentrierte feindliche Verteidigung zu umgehen, indem er Kletterer die senkrechten Felsen zur Rechten hinaufschickte, die – zwar ebenso steil wie die auf der linken Seite – aber spärlich mit Sträuchern bewachsen waren.

Drei Kompanien der kommunistischen Kletterer brachen mit zu Stricken aneinandergeflochtenen Wickelgamaschen und mit Steigeisen auf; um 4 Uhr morgens schossen sie rote und grüne Leuchtkugeln als Signal an die kommunistische Hauptmacht, die Türme an der Brücke zu beschießen und einen wilden Frontalangriff durchführen. Die Brücke wurde erobert, die Kuomintang wurden vertrieben.[1]

Auch nach Latzukou waren noch Gefahren zu überwinden, wie etwa der Pailung-Fluß. ›Der Pfad‹, besagt ein Bericht, ›liegt über dem Fluß: Steine und hölzerne Pfähle werden in eine künstlich geschaffene Öffnung durch die Felsen gelegt, dann sind Holzplanken in Nachahmung von buddhistischen Brücken darüber angebracht... Der Pailung selbst hat eine so reißende Strömung wie die des Tatchin und des Hsiaotschin in Sikiang, dauernd schießt er an überhängenden Klippen vorbei. Die Breite des Flusses wechselt zwischen einigen ›tschang‹ und einigen zehnmal mehrfachen tschang (ein tschang: etwas über 3 Meter) und weniger als einen tschang an den engsten Stellen. Wenn Mann oder Pferd in den Fluß stürzen, sind sie rettungslos verloren. Der Pfad führt zwischen zehn und zwanzig tschang über der Wasseroberfläche, ein Blick auf den Fluß hinunter ist wahrlich erschreckend. Der Pfad war durch den Feind zerstört worden, die Rote Armee baute jedoch eine Brücke und reparierte den Weg, um den Fluß überschreiten zu können.‹[2]

Die Kommunisten mußten gegen die Streitkräfte der lokalen Kriegsherren und Moslems wie auch gegen die Kuomintang kämpfen sowie mehrere Kavallerieattacken der Moslems abwehren.

Nach dem Überqueren des Latzu-Passes zogen die Kommunisten durch das Lunghai-Becken und die Liupan-Berge, wo Mao Tsetungs Bursche fast den Tod fand.

›Ich erinnere mich an ein anderes Mal‹, berichtet Maos Leibwächter Tschen Tschang-feng, ›daß ich alles vorbereitet hatte, damit Vorsitzender Mao zu Bett gehen konnte. Es war September, als wir uns Latsukou näherten und ich mich auf die Suche nach ihm machte. Er befand sich mitten in einer Besprechung mit Lin Piao, Nieh Jungtschen, Liu Ja-lou und Lo Jui-tsching; sie beugten sich alle über die Karte, und ich ging leise wieder weg.

Am nächsten Tag eroberten wir Latsukou und drängten weiter. Der Liupan-Berg lag in unserer Marschlinie. Wir hatten die Absicht, das Dorf Hatapu in einem Tag zu erreichen – eine Distanz von etwa hundert Li.

Es war ein dunkler Morgen mit dichten Wolken und starkem Wind, der Regen mit sich brachte. Als wir den Fuß des Liupan erreichten, waren wir alle bis auf die Knochen naß.

Der Liupan-Berg war nichts im Vergleich zu den Riesen der Großen Schneeberg-Kette, die wir bereits überschritten hatten, aber das

Auf und Ab ließ die Strecke besonders lang erscheinen. Es waren etwa sechzig Li sehr beschwerlicher Wege. Nichts half, einen Fußhalt zu gewinnen, es gab keine Bäume, nachdem wir uns dem Gipfel näherten, nur verdorrtes Gras. Ich hatte zu dieser Zeit Malaria erwischt, meine Beine machten mir, wie früher in Szetschuan, Schwierigkeiten. Ihre Schwellung war jetzt zurückgegangen, aber ich fühlte mich noch ziemlich unsicher. Als wir den Gipfel erreichten, war mir so schwindlig, daß ich keinen Schritt mehr tun konnte. Vorsitzender Mao bemerkte das und fragte mich, was los sei. Ich sagte ihm, wie sehr ich fürchtete, nie hinüberzukommen. Dann brach ich zusammen. Vorsitzender Mao zog mich hoch. Er glaubte, ich hätte wieder einen Malariaanfall, und befahl einem anderen Leibwächter, er solle den Sanitäter holen, damit er mir etwas dafür gebe. Ich glaube es war keine Malaria, sondern bloße Erschöpfung.

»Geht nur weiter«, sagte ich. »Ich raste ein wenig und hole euch dann ein.«

»Das geht nicht«, sagte Vorsitzender Mao. »Die Luft ist hier so dünn – und dazu der Regen. Hier ist kein Platz, um zu rasten. Du mußt dich zusammenreißen und den Berg hinunter.«

Er schickte sich an, mich zusammen mit dem anderen Leibwächter zu tragen. Das wollte ich nicht, deshalb versuchte ich, wieder zu gehen, aber meine Kraft versagte, und ich konnte mich keinen Schritt bewegen. Ich war so zittrig.

»Was ist los?« fragte Vorsitzender Mao. »Frierst du?«

»Ja, mir ist durch und durch kalt. Ich fühle mich ganz eingeschrumpft.«

»Komm«, sagte Vorsitzender Mao, »nimm meinen Mantel und etwas heißes Wasser. Wenn du wieder warm bist, wirst du dich erholen.« Er wollte seinen Mantel ausziehen, aber ich zerrte ihn am Arm.

»Nein, Vorsitzender Mao«, rief ich, »ich nehme Ihren Mantel nicht. Sehen Sie, ich kann gehen.«

Ich wußte, daß ihn die gewöhnliche Uniform, die er unter dem Mantel trug, nicht vor der Kälte schützen würde. Er war auch fast die ganze Nacht auf den Beinen gewesen. Ich bestand darauf, seinen Mantel nicht zu tragen und versuchte zu gehen, aber ich war wirklich zu schwach und fiel nach einem Schritt der Länge nach hin.

Als ich wieder zu mir kam, war der andere Leibwächter mit heißem Wasser vor mir, und der Mantel des Vorsitzenden Mao war über mich gebreitet. Ich sah, wie der Wind an seiner dünnen Uniform zerrte und die Lebenskräfte schienen in mich zurückzufließen. Er sah mich mit seinem gewohnten väterlichen Lächeln an.

»Besser?« fragte er.

»Ja, es geht mir prächtig«, erwiderte ich und rappelte mich hoch. »Ich bin ein Roter Kämpfer!«

Er sagte: »Dann also weiter!«

Am Abend waren wir über den Berg weg und kamen, ehe wir Hatapu erreichten, zu einer Bauernhütte. Als ich nachts in meinem Bett lag, kehrten meine Gedanken zu dem Berg zurück. ›Wenn mir Vorsitzender Mao nicht seinen Mantel gegeben hätte‹, dachte ich bei mir, ›wäre ich in diesen Höhen gestorben.‹ Die Tränen schossen mir in die Augen, als ich daran dachte.‹[3]

Mao Tse-tung selbst gedachte der Schlacht, in der der Liupan-Berg erobert worden war, in einem Gedicht:

> Himmelshöhe, Wolkenblässe
> Außer Sicht die südlich fliegende Wildgans
> Unerreichbar die Große Mauer, sind wir nicht gute Han?
> Zählen an Fingern die Wegmeilen, zwanzigtausend
> Liupans Berg empor auf hohe Gipfel
> Rotes Fahnenmeer gekräuselt vom Westwind
> Heute schon ein langes Seil in Händen
> Wann ist Zeit, zu fesseln den Grauen Drachen?[4]
>
> (Übersetzung: Joachim Schickel)

Aber die Rote Armee erreichte die Große Mauer und sie war nahe daran, den grauen Drachen der Kuomintang zu bezwingen, denn der Liupan-Berg war die letzte Phase ihres Langen Marsches.

Gegen Ende Oktober 1935 näherten sich die Langen Marschierer der Stadt Wutschitschien am Oberlauf des Lo-Flusses innerhalb des nördlichen Schensi-Sowjetgebietes, sie wurden dabei von Soldaten des Sowjets geführt. Die erste Zeit blieben sie in Höhlen, die in die Flanken der Lößhügel* geschnitten waren. Die meisten Südchinesen waren enttäuscht, daß kein einziges Mal in dieser lieblichen Gegend Reis zur Verfügung stand, sondern nur Goldhirse. Mao Tse-tungs Koch servierte ein Hammelbein ohne Beilagen, weil er nicht wußte, wie er die Hirse zubereiten sollte.[5]

Während die Rote Armee in Wutschitschien blieb, führte Mao Tse-tung eine Gruppe nach Hsiaschihwan, dem Regierungssitz des

---

* Löß ist ein gelblich-graues, pulvriges, vom Wind abgelagertes Sediment, welches das Becken des Gelben Flusses bedeckt und nur durch Bewässerung fruchtbar gemacht werden kann. Ähnliche Böden finden sich im Rheintal und in einigen Gebieten Hollands.

Sowjetgebiets und Hauptquartier des Provinzparteikomitees von Schensi-Kansu. Maos Bursche begleitete ihn und berichtete:

›Große Schneeflocken fielen, als wir aufbrachen. Obwohl wir nicht allzuviel Kleidung trugen, fühlte niemand die Kälte, als wir über den rauhen Gebirgspfad zogen. Im Zwielicht erreichten wir Hsiaschihwan. Wir hörten das Schlagen von Gongs, Trommelwirbel und den Lärm einer Menschenmenge. Aus der Ferne sahen wir eine große Versammlung auf einer geräumigen Fläche vor dem Ortseingang; sie wartete, um den Vorsitzenden willkommen zu heißen. Sobald sie ihn erblickten, jubelten sie wie verrückt. In dem gewaltigen Lärm von Gongs und Trommeln rannten die Leute herbei, sie schwenkten kleine grüne und rote Fahnen mit der Aufschrift:

›Willkommen, Vorsitzender Mao! Willkommen die Zentrale Rote Armee!

Erweitert das Schensi-Kansu-Ningsia Sowjetgebiet.

Zerschlagt den Dritten Einkreisungsfeldzug des Feindes!

Lang lebe die Chinesische Kommunistische Partei!‹

In seinem abgetragenen Mantel, den er aus Kiangsi mitgebracht hatte, winkte der Vorsitzende mit seiner alten Mütze der Menge immer wieder zu. Dann machte die Menge für etwa zwanzig voranschreitende Genossen Platz, die nun kamen, ihm die Hände zu schütteln. Unter ihnen waren die Genossen Liu Tschih-tan, Liu Tsching-fan (Liu Tschih-tans Bruder), Ma Fing-fan (Vorsitzender des Provinzsowjets von Nordschensi) und Hsu Hai-tung (Kommandeur der Fünfundzwanzigsten Roten Armee). Neben dem Vorsitzenden Mao standen, um die Freunde zu empfangen, die Genossen Liu Schao-tschi*, Tschou En-lai, Tschang Wen-tien, Wang Tschia-hsiang, Li Teh, Lin Po-tschu, Tung Pi-wu und Hsieh Tschueh-tsai. Alle schüttelten sich die Hände und stellten einander vor.‹[6]

Den Versionen Hsu Hai-tungs und Hsu Meng-tschius zufolge fand das Treffen am 20. Oktober 1935 in Wutschitschien statt.

›Ist das Genosse Hai-tung?‹ fragte Mao. ›Besten Dank für die Mühe hierherzukommen, um uns zu begrüßen.‹[7]

Der Lange Marsch war vorüber. ›Mit wunden Füßen, müde und an der Grenze menschlicher Ausdauer angelangt‹ (wie Edgar Snow

---

* Wie bereits in einem früheren Kapitel erwähnt, hat Liu sehr wahrscheinlich nicht an dem Langen Marsch teilgenommen. Daß er hier erwähnt wurde, mag eine politische Fiktion mit Rücksicht auf seine mächtige Position in Peking sein, als dieser Bericht zum ersten Male veröffentlicht wurde. Wenn dem so ist, unterstreicht es nur das Prestige, das die Teilnahme an dem Marsch verlieh. Es scheint unglaubwürdig, daß Liu aus Peking zu den Langen Marschierern stieß, noch *ehe* sie sich mit den Autoritäten des Schensi-Sowjets vereinigten.

es schildert), ›eine Armee zerlumpter Ausgehungerter, mit Hunderten, die sich die Lungen aushusteten‹ (in Agnes Smedleys Worten), hatte der Hauptteil der Ersten Frontarmee und die Führung der KPCh ihren epischen Treck durch China beendet. Sogar einige der kostbaren Nähmaschinen hatten den Marsch überstanden.[8]

Die Zahl der Langen Marschierer, die Schensi im Schatten der Großen Mauer im Oktober 1935 erreichten, wird manchmal mit 20 000 angegeben und basiert auf den frühen Berichten von Agnes Smedley[9] und Snow[10]. Diese Schätzung ließ jedoch die Kontingente ein, die die Schensi-Basis bereits besetzt hatten und die Tschou Enlai auf 10 000 schätzte.[11]

Maos Kolonne mag, als sie nach Schensi kam, tatsächlich zwischen 7000 und 8000 Mann gezählt haben.[12] Wenn man annimmt, daß ein Drittel davon Rekruten waren, die während des Marsches dazukamen, bedeutet das, daß von den 100 000 Mann, die am 16. Oktober 1934 Kiangsi verließen, nur etwa 5000 oder vielleicht sogar noch weniger, die ganze Länge dessen überlebten, was wir den ›Langen Marsch‹ nennen. Nur einer unter zwanzig kam durch. Doch ein Teil der fehlenden 95 000 waren unterwegs zurückgelassen worden, um Nachhutoperationen durchzuführen und die Saat der Guerillarevolte zu säen, während noch mehr Verwundete oder Kranke in der Obhut von Bauern zurückgelassen worden waren und noch weitere sich bei Tschang Kuo-taos Kolonne in Sikiang befanden.

Die neue Heimat der Roten Armee lag in Distrikten, ›die im eigentlichen China an Armut und Primitivität unübertroffen waren‹, wie ein Gelehrter sie schildert. Die Lößhügel von Schensi, Kansu und Ningsia waren die traditionellen Tummelplätze für Kriegsherren, Geheimgesellschaften und Banditen. Mitte der 1920er Jahre hatte sich ein Kern örtlicher Radikaler, einschließlich Kao Kangs, um die Gestalt Liu Tschih-tans – eines Whampoa-Kadetten und des Robin Hood des chinesischen Nordwestens – gesammelt. Später hatten diese Männer bei der Bildung einer örtlichen Bauernbewegung geholfen, und zwar mit Unterstützung durch Kader, die von Mao Tsetung in dem Bauern-Ausbildungsinstitut der Kuomintang in Kuangtung geschult worden waren; das war die Zeit der Vereinigten Front zwischen den Kommunisten und der Kuomintang.[13]

Ende 1927 wurden die Kommunisten aus der Kuomintang ›ausgestoßen‹; obwohl 1928 eine kurzlebige Sowjetregierung in Hsungji ausgerufen worden war, wurde sie schnell durch General Feng Juhsiangs Pro-Nanking-Truppen zerschlagen. Die Rote Fahne war aber in Nordwestchina am Leben geblieben, und zwar dank zweier

Entwicklungen: der inneren Streitigkeiten zwischen den Kriegsherren und der Kuomintang (die Nanking-Regierung bekämpfte Feng Ju-hsiang im Jahre 1930 und ersetzte ihn durch Jang Hu-tschang) und weiter durch den großen Hunger im Nordwesten, der drei Jahre in diesem Gebiet wütete.

Leser, die mit dem China jener Tage nicht vertraut sind, können sich vielleicht schwer das Ausmaß einer Katastrophe dieser Art vorstellen. Edgar Snow besuchte 1929, lange ehe er die Kommunisten traf, diese Bezirke; ein oder zwei Auszüge seiner Schilderung an Ort und Stelle liefern einen weiteren Teil des wichtigen Hintergrunds, vor dem man den Langen Marsch und seine Nachwirkungen verstehen muß.

›Während der großen Hungersnot im Nordwesten, die drei Jahre andauerte und vier riesige Provinzen erfaßte, besuchte ich im Juni 1929 einige der von Trockenheit betroffenen Distrikte in Suijan am Rand der Mongolei. Wie viele Menschen in diesen Jahren verhungert sind, weiß ich nicht genau – und wahrscheinlich wird das auch niemand erfahren, es ist jetzt vergessen. Man akzeptiert oft eine zurückhaltende halbamtliche Schätzung von 3 000 000, ich zweifle jedoch nicht an einer anderen Schätzung, die sich auf 6 000 000 beläuft.

Diese Katastrophe wurde in der westlichen Welt kaum bemerkt, ja nicht einmal in den chinesischen Küstenstädten, obwohl viele mutige Amerikaner der von Amerika finanzierten Internationalen China-Hunger-Hilfskommission – einschließlich ihres Sekretärs Dwight Edwards, des amerikanischen Ingenieurs C. J. Todd und eines wundervollen amerikanischen Missionars und Arztes, Robert Ingram – ihr Leben in diesem typhus-verseuchten Gebieten riskierten und versuchten, etwas aus diesem menschlichen Trümmerhaufen zu retten. Ich verbrachte, als ich durch jene Städte des Todes kam, einige Tage bei ihnen auf meinem Weg durch ein einst fruchtbares Land, das zu einer Wüste geworden war, ein Land grausigen Entsetzens.

Dreiundzwanzig Jahre alt war ich auf der Suche nach dem ›Zauber des Orients‹ und Abenteuern in den Osten gekommen. Dieser Ausflug nach Suijan hatte auch so vielversprechend begonnen. Hier stieß ich aber plötzlich zum ersten Mal in meinem Leben auf Menschen, die starben, weil sie nichts zu essen hatten. In diesen alptraumhaften Stunden, die ich in Suijan zubrachte, sah ich Tausende von Männern, Frauen und Kindern vor meinen Augen verhungern.

Haben Sie je einen Mann gesehen, einen guten, ehrenwerten Mann, der hart arbeitete, einen ›gehorsamen Bürger‹, der nie jemand ernstlich ein Leid getan hat, wenn er über einen Monat nichts gegessen hat? Sein absterbendes Fleisch hängt in verrunzelten Falten, man kann deutlich jeden Knochen in seinem Leib sehen, seine Augen starren, ohne zu sehen, und selbst wenn er erst zwanzig ist, bewegt er sich wie ein uralter Greis, er schleppt sich von Fleck zu Fleck; wenn er Glück hat, hat er seine Frau und seine Töchter schon längst verkauft. Er hat seinen ganzen Besitz verkauft, sogar die Balken seines Hauses und den größten Teil seiner Kleidung. Manchmal hat er sogar wirklich den letzten Anstandsfetzen verkauft, er schwankt in der sengenden Sonne, seine Hoden hängen wie verrunzelte Olivensamen herab – als letzter grimmiger Spaß, der einen daran erinnert, daß er einst ein Mann war.

Kinder sind noch bejammernswerter, ihre kleinen Skelette sind vornübergebeugt und mißgestaltet, ihre krummen Beine und ihre kleinen Arme sind wie dünne Äste, ihre gurgelnden, mit Rinde und Sägemehl gefüllten Bäuche ragen wie Geschwülste vor. Frauen liegen zusammengekauert in Ecken und warten auf den Tod, ihre schwarzen, messerartigen Hintern ragen vor, ihre Brüste hängen wie zusammengefallene Säcke herab. Letzten Endes gibt es aber nicht viele Frauen und Mädchen. Die meisten wurden schon verkauft oder waren gestorben.

Das waren Bilder, die ich selbst gesehen habe und nie vergessen werde. Millionen Menschen starben so in Hungernöten, und Tausende sterben in China immer noch so. Ich habe frische Leichen auf den Straßen von Saratsi gesehen und in den Dörfern seichte Gräber, in denen man die Opfer von Hunger und Krankheit zu Dutzenden bestattet hatte.

Aber das waren letzten Endes noch nicht die schockierendsten Dinge. Das Schockierendste war, daß es in vielen dieser Städte noch reiche Männer gab – Reishorter, Weizenhorter, Geldverleiher und Grundbesitzer mit bewaffneten Wächtern, die sie verteidigten, während sie gewaltige Profite einsteckten. Schrecklich zu wissen, daß in den Städten, wo Beamte tanzten oder mit Singsang-Mädchen spielten, Getreide und Lebensmittel vorhanden waren, und zwar schon seit Monaten; daß es in Peking und Tientsin und anderswo Tausende Tonnen Weizen und Hirse gab, gesammelt (hauptsächlich durch Beiträge aus dem Ausland) durch die Hungerkommission; Mengen, die nicht verfrachtet werden konnten. Und warum nicht? Weil es im Nordwesten Militaristen gab, die ihr rollendes Eisenbahnmaterial festhalten und es nicht an den Osten abgeben wollten, während es im Osten andere Kuomintang-Generale gab, die ihr rollendes Material nicht in den Westen schicken wollten – nicht einmal zu den Hungernden, weil sie fürchteten, daß es von Rivalen beschlagnahmt werden könnte...

Und doch starb die große Mehrheit derer, die der Tod ereilte, ohne jeden Protest.

»Warum revoltieren sie nicht?« fragte ich mich. »Warum marschieren sie nicht in einer großen Armee und greifen die Schurken an, die sie besteuern, aber nicht füttern können, die ihr Land beschlagnahmen, aber einen Bewässerungskanal nicht reparieren können? Oder warum stürmen sie nicht in die großen Städte und plündern den Reichtum der Schufte, die ihre Töchter und Frauen kaufen, der Männer, die sich weiter in Banketten zu sechsunddreißig Gängen vollstopfen, während ehrenwerte Männer verhungern? Warum nicht?«

Ihre Passivität verblüffte mich zutiefst, eine Weile dachte ich, nichts könnte einen Chinesen zum Kämpfen bringen.

Ich hatte mich geirrt. Der chinesische Bauer war nicht passiv, er war kein Feigling. Er kämpfte, wenn er eine Methode bekam, eine Organisation, Führung, ein gangbares Programm, Hoffnung – und Waffen. Die Entwicklung des ›Kommunismus‹ in China hat das bewiesen. Vor diesem Hintergrund sollte es daher nicht überraschen, wenn wir erfahren, daß die Kommunisten im Nordwesten populär waren, denn die Bedingungen waren für die Masse der Bauern dort nicht besser als anderswo in China.‹[14]

Ein Gesundheitsfachmann des Völkerbunds, Dr. A. Stamper, bereiste ebenfalls diese Gebiete und stellte fest, daß in einigen Kreisen zwei Drittel oder drei Viertel der Bevölkerung in der großen Hungersnot umgekommen waren. ›In der Hungersnot von 1930 konnte man zwanzig Acres Land (ein Acre 4046 qm) um eine Lebensmittelration für drei Tage kaufen. Die wohlhabenden Klassen der Provinz (Schensi) nützten diese Gelegenheit aus und erwarben große Güter, die Zahl der Bebauer des Landes aber nahm ab.‹ Bauern in Schensi mußten etwa 65 Prozent ihres Einkommens an Steuern bezahlen. ›Nicht nur die Besteuerung ist phantastisch hart – auch die Einschätzung scheint willkürlich und die Art der Eintreibung verschwenderisch, brutal und in vielen Fällen korrupt zu sein.‹[15]

Unter diesen Umständen hatten die kommunistischen Guerillas die Unterdrückung durch die Kuomintang überlebt, im Herbst 1931 hatten sie eine Erhebung in den Nuanglung-Bergen Nordschensis begonnen. Wenige Monate später hatten sie sich als die Schensi-Kansu-Guerillakämpfer der Sechsundzwanzigsten Roten Armee organisiert. Das ZK der KPCh kritisierte sie jedoch hart, weil sie von der in Schanghai hinsichtlich der militärischen Taktik festgelegten Linie der Sozial- und der Wirtschaftpolitik, der Führungsstruktur und der Klassenzusammensetzung einer Rebellenbewegung abgewichen waren. Die Spannung zwischen den Intellektuellen im Zentrum und den Kämpfern im Einsatz sollte sich noch verschlimmern.[16]

1933 war die Schensi-Kansu-Grenzregion proklamiert worden, aber die Guerillas hatten in diesem Sommer einen Rückschlag erlitten. Zwischen den Guerillas und dem Schensi-Provinzkomitee der KPCh brach ein Machtkampf aus. In der Zwischenzeit hatten sich die Guerillas von ihrer Niederlage erholt, sie weiteten sich 1934 wieder aus und die örtlichen Kuomintang-Truppen begannen eine Reihe von Einkreisungsfeldzügen, um die Kommunisten zu vernichten. Die beiden ersten im Winter 1934/35 und im Sommer 1935 verliefen nicht erfolgreich. Das Sowjetgebiet konnte sich damals zweier Armeen rühmen – der Sechsundzwanzigsten und der Siebenundzwanzigsten –, die zweiundzwanzig Landkreise beherrschten.

Im Spätsommer und im Herbst 1935 gestalteten jedoch drei verschiedene Verstärkungen der Kommunisten die Szenerie dramatisch – und konnten schließlich diese arme, hart kämpfende Basis für die nächsten zehn Jahre in das Parteihauptquartier einbeziehen.

Zunächst traf ein Mann namens Tschu Li-tschih[17] in Schensi ein, der von dem ZK der KPCh akkreditiert war, um neue politische Weisungen zu geben. Es stellte sich heraus, daß diese der Vor-Tsunji-Linie des Triumvirats Wang Ming, Tschou En-lai und Po Ku folgten (vermutlich war der Beautragte von Kiangsi oder sogar von der wandernden Ersten Frontarmee auf ihrem Marsch nach Tsunji abgesandt worden und hatte mehrere Monate gebraucht, um nach Nordwesten durchzubrechen). Der Schensi-Kansu-Sowjet sollte erweitert und mit dem Szetschuan-Sowjet koordiniert werden. (Tschu hatte augenscheinlich noch nicht von seiner Räumung früher im Jahr erfahren, als Tschang Kuo-tao und Hsu Hsiang-tschiens Vierte Frontarmee sich in die Gebirge an der tibetischen Grenze zurückgezogen hatten.) Die Kommunisten sollten sich auf den Kampf gegen die Japaner vorbereiten, der Slogan lautete: ›Überall angreifen und den Feind keinen Fuß auf das Sowjetgebiet setzen lassen!‹ Man konnte sich schwerlich etwas vorstellen, das mit der tatsächlichen Lage weniger Beziehung hatte als die kommunistischen Guerillas in Schensi.[18] Wie man später in Schensi erzählte, entließ Tschu Liu Tschih-tan von seinen Posten sowie eine Anzahl anderer kommunistischer ›Rebellen‹.

Im September führte dann Hsu Hai-tung, der General, den Tschang Kuo-tao und Hsu Hsiang-tschien als Führer der Nachhut in Ojuwan zurückgelassen hatten, als sie 1932 den Marsch nach Westen begannen, die Fünfundzwanzigste Armee in die Schensi-Basis. Hsu Hai-tung stammte aus Hupei, mit elf Jahren war er Lehrling in einer Porzellanfabrik gewesen und hatte sich Ende seiner Zwanziger Jahre 1927 der Bauernbewegung im Süden angeschlossen. Nachdem die Hauptmasse der Vierten Armee Ojuwan verlassen hatte, führte Hsu Hai-tung eine Weile in diesem Raum einen Guerillakrieg, dann zog er in das westliche Anhuei und schloß sich den allgemeinen Streitkräften unter der Kontrolle des zentralen Kiangsi-Sowjets in Juikin an. Gerade vor Beginn des Langen Marsches hatte Hsus Fünfundzwanzigste Armee Befehl erhalten, nach Norden, nach Osthupei, zu marschieren, um die Aufmerksamkeit von der Flucht der Hauptmacht aus Kiangsi abzulenken. Tscheng Tsu-hua war sein Politischer Kommissar. Hsu hatte Befehl, neue Basen zu errichten, wo die Bedingungen günstig waren; in Verfolgung dieses Ziels hatte er im Februar 1935 den Raum Sian erreicht. Hier hatte er im Juni eine Nummer der Zeitung ›Ta Kung Pao‹ gesehen und daraus zum ersten Mal erfahren, daß die Erste Rote Frontarmee und das Politbüro nach Norden aufgebrochen waren. Daher beschloß er, nach Nordschensi zu marschieren und die Erste Frontarmee im Raum der dort bestehenden kommunistischen Basis wieder zu treffen.[19] Die drei derart im September 1935 in Schensi vereinigten Armeen – die Fünfundzwanzigste, die Sechsundzwanzigste und die Siebenundzwanzigste – wurden in das XV. Armeekorps mit Hsu Hai-tung als Befehlshaber, Liu Tschih-tan als Stellvertretenden Befehlshaber und Kao Kang als Politischem Kommissar umorganisiert. Sie behaupteten, insgesamt 8000 Mann unter Waffen zu haben.[20]

Hsu brachte in die etwas introvertierte politische Lage in der Schensi-Basis etwas umfassendere Ansichten der Parteiangelegenheiten sowie eine Versteifung der Parteiorthodoxie. Nach Mark Seldens Darstellung wurden Liu Tschih-tan und Kao Kang sogar verhaftet. Hsu ging mit dem Provinzkomitee gegen die Guerillas zusammen.[21]

In diesem Augenblick erschien Mao Tse-tung mit den mitgenommenen, aber triumphierenden Überlebenden des Langen Marsches. Unschwer zu erraten, daß Mao die Sache der Guerillas gegen die aufnahm, welche der Vor-Tsunji-Linie unter der Führung Po Kus gefolgt waren. Des weiteren mag Hsu Hai-tung angesichts dessen, was im Sommer zwischen Mao Tse-tung und Tschang Kuo-tao (Hsus früherem Vorgesetzten in Ojuwan) vorgefallen war, in Maos Augen suspekt geworden sein.[22]

Ursprünglich griff Mao zugunsten der Guerillas ein, und sie wurden wieder eingesetzt. Später, im Jahre 1936, fiel Liu Tschih-tan im Kampf in Schensi. Kao Kang blieb ein unsicherer Verbündeter Maos, obwohl in Mao 1937 öffentlich wegen der Ansicht kritisierte, ›daß die Guerillastrategie für ein unterdrücktes Volk die einzig mögliche Strategie sei‹.[23] Das war aber nach der Gründung der zweiten Vereinigten Front, und die Führung der KPCh mußte der Kuomintang wegen die zeitweilige Suspendierung des Bürgerkriegs gegenüber dem vordringlichen Interesse an der Besiegung der japanischen Aggression bevorzugen. Hsu Hai-tung nahm weiterhin verschiedene hohe militärische Posten in der Chinesischen Volksrepublik ein.

Mao Tse-tung faßte den Langen Marsch in einem Bericht vom 27. Dezember 1935, zwei Monate nach der Ankunft in Schensi, zusammen: ›Die Rote Armee‹, schloß er, ›hat in einer Hinsicht versagt, nämlich der, die ursprünglichen Basen zu halten, sie hat aber in einer anderen einen Sieg errungen, daß sie nämlich den Plan des Langen Marsches durchgeführt hat. Der Feind andererseits hat in einer Hinsicht gesiegt, daß er unsere ursprünglichen Basen besetzte, er hat aber darin versagt, seinen Plan der ›Einkreisung und Vernichtung‹ und der ›Verfolgung und Vernichtung‹ zu realisieren. Nur die eine Feststellung ist korrekt, daß wir den Langen Marsch tatsächlich durchgeführt haben.‹ Er fuhr fort: ›Wir sagen, daß der Lange Marsch der erste seiner Art ist, der in der Geschichte verzeichnet wurde, daß er ein Manifest, ein Agitationskorps und eine Sämaschine ist… täglich standen wir unter einer dauernden Luftüberwachung und Bombardierung durch Dutzende von Flugzeugen; wir wurden durch eine große Streitmacht von mehreren hunderttausend Mann eingekesselt, verfolgt, behindert und abgefangen; wir stießen auf ungezählte Schwierigkeiten und große Hindernisse auf dem Weg, aber wir hielten unsere zwei Beine in Bewegung und schwärmten über eine Distanz von über 20 000 Li durch die Länge und Breite von elf Provinzen. Hat es in der Geschichte jemals einen so langen Marsch wie den unseren gegeben? Nein – niemals.

Der Lange Marsch ist auch ein Manifest. Er proklamiert der Welt, daß die Rote Armee eine Armee von Helden ist und daß die Imperialisten und ihre Schakale – Leute wie Tschiang Kai-schek und seinesgleichen – völlig unwesentlich sind. Er erklärt den Bankrott der Einkreisungs-, Verfolgungs-, Behinderungs- und der Abfangversuche der Imperialisten und Tschiang Kai-scheks.

254

Der Lange Marsch ist auch ein Agitationskorps. Er erklärt den annähernd 200 Millionen Menschen der elf Provinzen, daß nur der Weg der Roten Armee zur Befreiung führt. Wie hätten die Massen ohne den Langen Marsch so schnell erfahren können, daß es in der Welt so große Ideen gibt, wie sie von der Roten Armee aufrechterhalten werden?

Der Lange Marsch ist auch eine Sämaschine. Er hat viele Saaten in elf Provinzen gepflanzt, die sprossen, Blätter entwickeln, Blüten, die zu Blumen werden, Frucht tragen und in der Zukunft eine Ernte einbringen werden. Um es zusammenzufassen: der Lange Marsch endet mit unserem Sieg und der Niederlage des Feindes.‹[24]

Tapfere, kämpferische Worte! Die Wirklichkeit allerdings war viel düsterer. Als die Langen Marschierer im Oktober 1935 nach Schensi kamen, war die Gesamtmitgliederzahl der KPCh auf weniger als 40 000 abgesunken und sowohl die Arbeiterbewegung in den Städten wie die Bauernbewegung auf dem flachen Land waren praktisch erledigt – wenn man von Nordschensi selbst absieht. Die vereinigten Streitkräfte in Schensi beliefen sich jetzt auf etwa 16 000 Mann (Maos 8000, Lius 5000 und Hus 3000), während annähernd weitere 14 000 unter Ho Lung und Tschang Kuo-tao weit im Westen noch auf der Flucht waren. Eine Gesamtzahl von verstreuten 30 000 Angehörigen der Roten Armee war übriggeblieben, wo ein Namensappell vor einem Jahr 300 000 gezählt hatte.[25] Wenn es der Zweck des Langen Marsches gewesen war, zur Zeit des maximalen Feinddrucks Menschenmaterial zu erhalten, kann man ihn schwerlich einen Erfolg nennen.

Anthony Garavente geht noch weiter, wenn er in einer der wenigen im Westen veröffentlichten Bewertungen des Langen Marsches andeutet, daß die Szetschuan-Episode tatsächlich eine militärische Katastrophe erster Ordnung gewesen sei. Die Ankunft der Ersten Frontarmee in Tsunji Anfang 1935 ›ließ die Szetschuan-Militaristen die Gefährdung der Provinz erkennen und trieb sie an, entscheidendere Maßnahmen zu ergreifen‹, und wurde derart zu einem Dolchstoß in den Rücken der nordszetschuanesischen Kommunisten unter Tschang Kuo-tao und Hsu Hsiang-tschien.

Die Erste Armee trieb Tschiang Kai-schek dazu an, Tschungking während des Jahrs 1935 zu seinem Hauptquartier zu machen, ›so daß die Kiangsiführer den Generalissimus zu den anderen kommunistischen Lagern hinzogen‹.[26]

Dieses Urteil ist aber zu hart. Wer hätte die Vernichtung der Ersten Frontarmee durch die starken, und weit besser ausgerüsteten

Kuomintang-Truppen verhindern können, wenn sie nicht nach Norden, nach Szetschuan, aufgebrochen wäre? Die Idee der Vereinigung mit der Vierten Armee bot wenigstens die Aussicht auf eine größere vereinigte kommunistische Streitmacht, deren Überlebenschancen größer waren als die von zwei kleinen geteilten Armeen. Wenn die Erste Armee nicht Szetschuan bedroht hätte, wäre es sehr leicht möglich gewesen, daß Tschiang, während er sich mit der Ersten anderswo befaßt hätte, sein Hauptquartier trotzdem in Tschungking eingerichtet und die Vierte Armee in Nordszetschuan um so leichter besiegt hätte, weil der ablenkende Druck der Ersten Armee im Süden der Provinz fehlte? Mit anderen Worten: Die Vernichtung der zwei kommunistischen Armeen kann durch ihre Vereinigung sehr wohl verhindert worden sein. All das sind natürlich Spekulationen, der Schluß – daß die Strategie und die Marschroute der Ersten Armee die Vierte sabotiert habe, hieße, die vorhandenen Beweise allzusehr zu überdehnen.

Vielleicht ist die beste Zusammenfassung die Professor Howard L. Boormans, der schreibt: ›Als Mao Tse-tung und seine abgenutzte Schar im Lößland von Schensi erschienen waren, stellten sie eine Kraft dar, die, selbst bei der optimistischsten Bewertung, nur ein randliches Element im politischen Leben Chinas bildete, wenn man es auf nationaler Basis betrachtet. Aufrechterhalten hauptsächlich durch Disziplin, Hoffnung und politische Formeln, hatte Maos Gruppe jedoch durch blinden Zufall mehrere versteckte Aktiva aufgespeichert, die sich als von größter Bedeutung erweisen sollten.

Indem sie, erstens, sowohl die nationalistischen Einkreisungsfeldzüge und den Langen Marsch überlebte, hatte sie eine Legende der Unzerstörbarkeit geschaffen. Obwohl, zweitens, ihre Wirtschaftsprogramme in Kiangsi nicht besonders erfolgreich gewesen waren, hatten Mao und seine Genossen intensive militärische und politische Erfahrungen gesammelt – praktische Lektionen, die sie während der Jahre des japanischen Kriegs sehr effektiv überdenken sollten.

Und obwohl, drittens, das Hinterland des nördlichen Schensi ein entlegenes und zurückgebliebenes Gebiet war, lieferte es trotzdem eine geographische Basis, von der aus die Kommunisten, als der Krieg kam, ihre Autorität und ihren Einfluß in das der traditionell konservativen, aber höchst wichtigen nordchinesischen Ebene ausweiten konnten.[27]

Das war eine wichtige Überlegung und C. P. FitzGerald, der geachtete Historiker des modernen China an der Australischen Nationaluniversität, argumentiert, daß als Ergebnis des Langen Marsches

›das Zentrum der revolutionären Tätigkeit zum ersten Mal seit dem
Sturz der Mandschu-Dynastie aus dem Süden in den Norden verlegt
worden war‹.

Der Zustrom an Rekruten aus dem Norden in den Jahren nach
1936 lieferte der revolutionären Bewegung einen größeren Beitrag
an Einheit, als es je von den nationalistischen (Kuomintang) oder republikanischen Parteien erreicht wurde, die immer von Cliquen aus
dem Süden oder Südwesten beherrscht worden waren.‹[28]

21 Die Nachzügler kehren zurück

Als Tschang Kuo-tao das unsichere Bündnis mit Mao und der Ersten
Frontarmee brach und der Mehrheit in der Parteiführung trotzte, indem er sich aus dem Grasland nach Süden wandte, führte er seine
Truppen, gemeinsam mit den ›Geiseln‹ Tschu Teh und Liu Po-
tscheng, sowie das V. und das IX. Armeekorps von der Ersten Armee, nach Maoerhkai zurück. Obwohl Hsu Hsiang-tschiens Dreißigste Armee bei Maos Kolonne bleiben sollte, befand sie sich in
einer Sackgasse im Grasland und mußte daher zurückkehren und
sich mit Tschangs Westkolonne vereinigen; die Vierte Armee kehrte
auf Tschangs Befehl ebenfalls um, so daß die Vierte Frontarmee
wieder vereinigt war.* Sie verbrachte den folgenden Winter 1935/36
in den ungastlichen Regionen Sikiangs.

Im Oktober, als Maos Leute im Schensi-Sowjet eintrafen, proklamierte Tschang in Kangting eine ›spezielle unabhängige Regierung
der Minderheiten‹ und sogar, wie seine Feinde behaupten, ein ›falsches ZK unter seiner eigenen Führung.‹[1] Aber schon früh im neuen
Jahr vertrieb Hsueh Jueh, der Kuomintang-General, der die Langen
Marschierer mit so viel Hingabe vom Anfang in Kiangsi an verfolgt
hatte, die Vierte Frontarmee aus Kangtin; im März führte Tschang
seine Leute von Tanpa nach Kantsu. Hier war das Land zu arm, um
eine große Streitmacht erhalten zu können, aber Li Hsien-nien, dem
Politischen Kommissar der Zweiunddreißigsten Armee, gelang es,
ein ›Handelsabkommen‹ mit den örtlichen Tibetern zu schließen, als
Ergebnis bekam man etwas Lebensmittel.

›Tschu Teh‹, so sagt Agnes Smedley, ›sprach mit mir niemals über
das Jahr, das er, praktisch als Gefangener Tschang Kuo-taos, in Sikiang verbrachte.‹ Alles, was sie aus Gesprächen mit ihm und seinen

---

* Die Vierte Armee war ein Teil der Vierten *Front*armee (A. ld Ü.).

Gefährten erfahren konnte, war, daß er über sein Radiogerät mit den Weltnachrichten in Verbindung geblieben sei; daß er mehr als üblich geschrieben habe, besonders über die Ereignisse in Abessinien und Japan, daß er gesponnen und gewebt und daß er Tschang Kuo-tao taktisch gegen die Generäle der szetschuanesischen Kriegsherren beraten habe. Die Vierte focht bei Tienhu und Mingjah Schlachten gegen die Streitmacht General Jang Sens.[2]

Es fällt natürlich schwer zu glauben, daß Tschu Teh oder Liu Potscheng unter den in Sikiang herrschenden Bedingungen für ein ganzes Jahr gewaltsam hätten festgehalten werden können. Wenn sie wirklich gewollt hätten, so wären sie allein, mit einer Gruppe ihnen ergebener Männer oder sogar mit dem V. oder IX. Armeekorps entkommen, deren Bindungen der Ersten Frontarmee zugehörten. Nachdem die Erste und die Vierte Frontarmee durch das Grasland voneinander getrennt waren, konnte man auch nicht mehr behaupten, daß ein ›Bürgerkrieg in der Roten Armee‹ die Folge gewesen wäre, wenn sich Tschu Teh aus Tschangs Gefangenschaft befreit hätte. Und der Mann, dessen militärische Leistungen gegen starke Übermacht in ganz China bekannt waren, ließ sich sicherlich nicht zwölf Monate lang von einem Mitkommunisten lahmlegen. Im Gegenteil: Tschus Rolle in Sikiang bleibt bestenfalls zweideutig. Ehe die volle Wahrheit bekannt wird, nimmt man besser an, daß er zum mindesten teilweise freiwillig nach Sikiang zurückging und den Schauplatz seiner Heimatprovinz Szetschuan und die Gesellschaft seiner szetschuanesischen Landsleute, die in der Vierten Frontarmee überwogen, vorzog; vielleicht wurde er vorübergehend durch die Beredsamkeit Tschangs (eines Mannes von einer gewissen politischen Raffinesse) überzeugt und möglicherweise durch die Umarmung eines Mao Tse-tung fast erstickt, der die acht Monate seit der Tsunji-Konferenz darauf verwendet hatte, seine neu gewonnene Macht als Parteiführer zu konsolidieren.[3]

Mitte Mai 1936 marschierte die Zweiunddreißigste Armee nach Süden, um zwei Kuomintang-Regimenter zu besiegen, die gegen sie ausgesandt waren, und um den Weg für die Ankunft einer weiteren großen kommunistischen Streitmacht, nämlich der Zweiten Frontarmee Ho Lungs, freizumachen.

Ho Lung war ein weiterer der hervorstechenden Bauerngeneräle, die ihren Stern an den kommunistischen Wagen geheftet hatten. 1896 in Sangtschih, in der Provinz Hunan, geboren, war Ho der Sohn eines Offiziers. Zuerst war er in den Reihen der Kuomintang sowie der Ko Lao Hui, der Geheimgesellschaft, aufgestiegen, die die re-

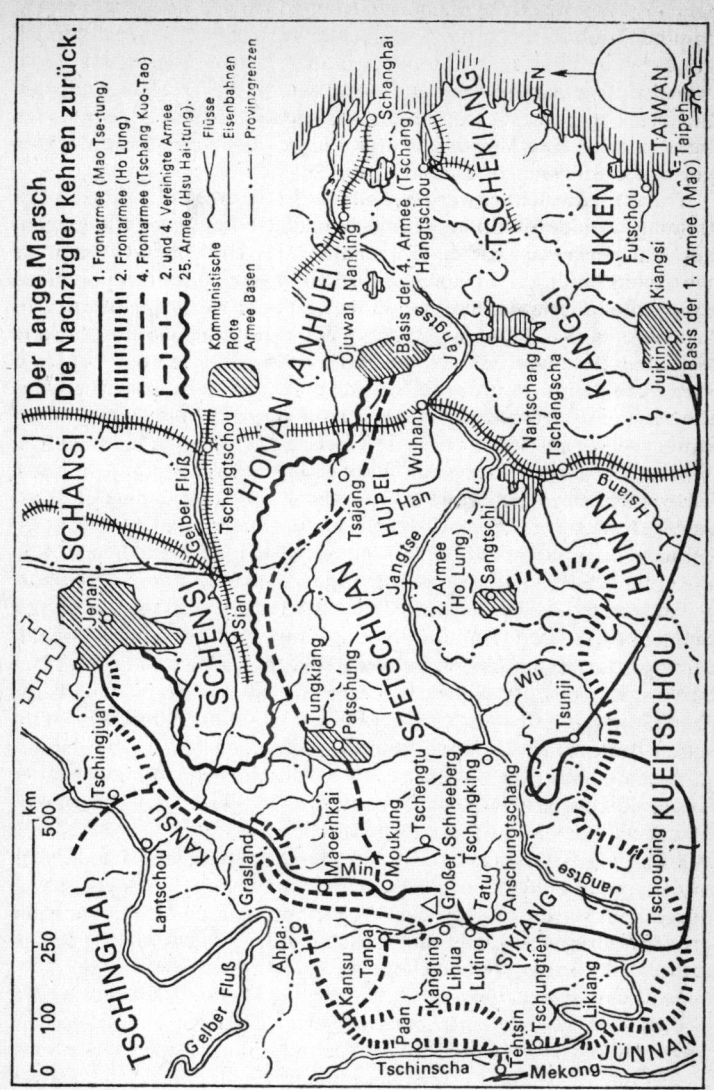

Der Lange Marsch
Die Nachzügler kehren zurück.

1. Frontarmee (Mao Tse-tung)
2. Frontarmee (Ho Lung)
4. Frontarmee (Tschang Kuo-Tao)
2. und 4. Vereinigte Armee
25. Armee (Hsu Hai-tung).

Flüsse
Eisenbahnen
Provinzgrenzen
Kommunistische
Rote
Armee Basen

N

TAIWAN
Taipeh

SCHANSI
Gelber Fluß
Jenan
Tschengtschou
Sian
SCHENSI
Tschingsian
Tschingsiuan
Lantschou
KANSU
Grasland
TSCHINGHAI
Gelber Fluß
Ahpa
Kantsu
Tanpa
Paan
Tehtsin
Tschinscha
JÜNNAN
Mekong
Likiang
Tschungtien
Luting
Tatu
Kangting
Lihua
Min
Maoerhkai
Moukung
Tschengtu
Großer Schneeberg
Tschungking
Anschungtschang
Patschung
Tungkiang
SZETSCHUAN
Tsajang
Han
HUPEI
Jangtse
Wuhan
Nantschang
Tschangscha
HUNAN
Hsiang
Wu
Tsunji
SIKIANG
Jangtse
KUEITSCHOU
Tschouping
HONAN
(ANHUEI)
Ojuwan Nanking
Jangtse
Basis der 4. Armee (Tschang)
Hangtschou
2. Armee (Ho Lung)
Sangtschi
SCHEKIANG
Schanghai
KIANGSI
FUKIEN
Futschou
Juikin Kiangsi
Basis der 1. Armee (Mao)

km
500
250
100
0

259

publikanische Revolution von 1911–12 unterstützt hatte und der der
kommunistischen Revolution der 1920er und 1930er Jahre helfen
sollte. 1926 war Ho Lung in die Kommunistische Partei eingetreten,
während er noch ein Kuomintang-Kommando führte. Im folgenden
Jahr hatte er auch eine führende Rolle in dem Nantschang-Aufstand
gespielt, seine Laufbahn wies zu dieser Zeit bemerkenswerte Parallelen zu der Tschu Tehs auf.[4]

Nach den Rückschlägen der KPCh 1927 hatte Ho Lung in seiner
Heimatprovinz Hunan den Widerstand gegen die Kuomintang organisiert. Eine Geschichte erzählt, er habe 1928 einen Sowjetdistrikt
mit einem einzigen Messer gegründet: Er war zufällig mit seinen
Kollegen von der Geheimgesellschaft bei einer Besprechung in einem Dorf, als die Steuereinnehmer der Kuomintang eintrafen. Ho
tötete sie mit seinem Messer, entwaffnete ihre Wachen und benützte
die erbeuteten Gewehre und Pistolen, um die erste Bauernarmee des
Distrikts zu bewaffnen.[5] Man sagt, daß er ganze Gruppen der Ko Lao
Hui für die Rote Armee rekrutierte. ›Er ist ein großer Mann‹, sagte
einer seiner Leute, ›und stark wie ein Tiger. Er ermüdet nie. Man
sagte, er habe auf dem Marsch viele seiner verwundeten Kameraden
getragen. Selbst als er noch Kuomintang-General war, lebte er so
einfach wie seine Soldaten. Er kümmerte sich nicht um seinen persönlichen Besitz – außer um sein Pferd! Er liebte Pferde. Einst besaß
er ein wunderschönes Tier, das er sehr gern hatte. Es wurde durch
feindliche Truppen erbeutet, und Ho Lung zog in die Schlacht, um
es zurückzuholen. Und er holte es zurück!‹[6] Der ungestüme und
halsstarrige Ho Lung wurde oft von seiner Schwester, einem weiblichen General mit ungeschnürten Füßen, sowie manchmal auch von
seiner Frau auf das Schlachtfeld begleitet.

Während Mao Tse-tung und Tschu Teh 1929–30 ihren Sowjet in
Kiangsi organisierten, hatte Ho Lung* an den Grenzen von Hunan
und Westhupei eine Basis errichtet. Seine Zweite Armee hatte sich
mit Tuan Teh-tschangs Sechster Armee vereinigt, und das II. Armeekorps unter Hos Führung gebildet, um den neuen Sowjet zu verteidigen. Aber im Januar 1931 wurden seine Leute von den Kuomintang-Truppen besiegt und zogen sich – einem Bericht[7] zufolge
mit nur 5000 Überlebenden – nach Paokang im nordwestlichen Hupei zurück. Gegen Ende 1932 marschierte Ho nach Norden an die

---

* Ho Lung wurde 1945 verspätet in das ZK der KPCh gewählt, nach dem totalen Sieg der Kommunisten ernannte man ihn zum Minister (für physische Kultur) und Stellvertretenden Ministerpräsidenten,
wie auch zum Mitglied des Politbüros. Während der Kulturrevolution wurde er jedoch vom linken Parteiflügel heftig angegriffen.

Honan-Schensi-Grenze, kam aber zurück und führte in zwei kleinen Gebieten in dem Raum, wo die vier Provinzen Hunan, Hupei, Szetschuan und Kueitschou fast zusammenstoßen, einen Krieg der Guerillaüberfälle und anschließenden Rückzüge. Ho Lungs Geburtsort Sangtschih war sein neues Hauptquartier.

Gerade vor Beginn des Langen Marsches in Kiangsi hatte das von Hsiao Ke Jen Pi-schih und Wang Tschen geführte VI. Armeekorps am 7. August Befehl erhalten, vom zentralen Sowjet abzumarschieren und sich mit Ho Lungs II. Armeekorps zu vereinigen. Unterwegs hatte es zwei ausländische Missionare, Alfred Bosshardt und Arnolis Hayman, gefangengenommen. Als sich die zwei Gruppen im Oktober in Sangtschih vereinigt hatten, nahmen sie den Namen Zweite Frontarmee an.

Hsiao Ke berichtete, daß die Führer der Zweiten Frontarmee ein Jahr in dem Dorf Nanjaotschieh in Kueitschou lebten und er und Ho Lung zwei Schwestern aus dem Bauernland von Hunan heirateten. Der Feind entsandte damals neunzig Regimenter, die sie sechs Monate bekämpften, sich aber im August 1935 geschlagen zurückzogen. ›Das‹, erklärte Hsiao stolz, ›war der wichtigste Kampf, den die Rote Armee 1935 geführt hat, da Mao Tse-tung und Tschu Teh auf dem Langen Marsch und damit praktisch der Kriegführung entzogen waren.‹ Im September unternahmen sie einen neuen Vorstoß, um ihr Gebiet zu erweitern, am 19. November wurden sie jedoch vertrieben, kurze Zeit, nachdem Mao in Schensi angekommen war. Jetzt begannen sie mit einem eigenen Langen Marsch. Nachdem ihre Truppen in Hunan und Kueitschou verschiedene Täuschungsmanöver unternommen hatten, um Vorräte zu erhalten und die Kuomintang von der Fährte abzuschütteln, kam die Zweite Frontarmee an Kunming vorbei und überschritt den Goldsandfluß (oder Jangtse) am 23. April 1936. Sikiang erreichte sie im Juni, sie bog sogar über Tehtsin noch weiter nach Westen aus, um den größten Gebirgsketten auszuweichen. Wenn diese Geschichte ausführlich erzählt werden könnte, würde sie der des eigentlichen Langen Marsches kaum nachstehen. Dem Bericht zufolge, den man Edgar Snow gegeben hatte, hat die Zweite Armee Sangtschih mit 40 000 Mann verlassen (Agnes Smedley sagte man: 35 000) und erreichte Sikiang mit nicht mehr als 20 000, wahrscheinlicher sogar mit 15 000. ›Hsiao Ke erklärte, es seien von Anfang an nur 20 000 gewesen. Tschang Kuo-tao meinte, die Mannschaftsstärke sei in Sikiang auf 5000 abgesunken.‹[8]

Als sich die Zweite und Vierte Armee im Sommer 1936 in Kantsu in Sikiang trafen, aßen ihre Führer nicht nur nach der ortsüblichen

Sitte, Butter und Hirse, sondern auch Delikatessen wie Seegurken und Haifischflossen, die man unterwegs bei den Kuomintang erwischt hatte. Wieder einmal, wie vor einem Jahr in Moukung, debattierten die zwei Führergruppen zwei Wochen lang, was der nächste Schritt sein solle. Ho Lung und sein Politischer Kommissar, Hsiao Ke, ›rieten Tschang ernstlich‹, Agnes Smedley zufolge, Tschu den Oberbefehl übernehmen zu lassen und alle Roten Truppen nach Nordchina zu führen. Maos Kolonne hatte in der Zwischenzeit Nordchina erreicht und eine starke politische revolutionäre Basis direkt auf der Route eines möglichen japanischen Vormarsches errichtet. Zudem war damals die politische Situation im ganzen Land für die Revolution günstiger und die Verpflegungslage in Sikiang so schlecht, daß sich Tschang Kuo-tao einverstanden erklärte. General Tschu führte die Roten daher nach Norden zur Vereinigung mit Mao (Hsiao Ke zufolge am 14. Juli). Tschang behielt jedoch die Kontrolle über die Vierte Frontarmee für sich, ›deren Truppen noch nicht richtig ausgebildet waren‹.[9]

Warum änderte Tschang seine Meinung hinsichtlich des Marsches nach Norden? Ho Lung, Hsiao Ke und Jen Pi-schi hatten seit der Tsunji-Konferenz keinen direkten Kontakt zu Mao Tse-tung und konnten sehr wohl Vorbehalte hinsichtlich des Umbaus des Politbüros geltend machen, genauso wie Tschang Kuo-tao. Jen Pi-schih war jedoch ein Schützling und ehemaliger Schüler Maos, während Ho Lung und Hsiao Ke, als hunanesische Landsleute, gewisse Gefühle für Mao hegen mochten; Tschang, und möglicherweise auch Tschu Teh, könnten sehr wohl argumentiert haben, daß die Frage der Führung noch offen und daß Maos Dauerstellung als Vorsitzender des Politbüros noch keineswegs gesichert sei.

Wenn solche Argumente jedoch bei den Erörterungen in Kantsu vorgebracht wurden, konnten sie nur die wirkliche Situation unterstrichen haben, daß nämlich das Zentrum der Macht, wo die Entscheidungen gefällt wurden, in Schensi und nicht in Sikiang lag. Wie auch der Ausgang des Ringens um die Parteiführung sein mochte, er würde im Norden und nicht im Westen ausgetragen werden. Niemand ist, wenn er es verhindern kann, gern am Rand der Aktionen, und Ho Lung und seine Kameraden hatten vermutlich von Anfang an die Absicht gehabt, nach Norden zum Schensi-Sowjet zu marschieren. Um diese Zeit mag Tschu Teh sein Versehen vom August des vorhergehenden Jahres schon längst bedauert haben und der Gesellschaft Tschang Kuo-taos sowie des rückständigen Sikiangs müde geworden sein. Tschang hatte höchstens 30 000 Mann, Ho

Lung die Hälfte dieser Zahl. Die Ankunft von Ho Lungs Zweiter Armee bedeutete jedoch, daß Tschangs Einfluß auf Tschu Teh, falls er je bestanden hatte, verschwunden war. Tschang konnte unter diesen Umständen Ho Lung schwerlich Vorschriften machen. Die düsteren Aussichten in der Verpflegungslage müssen schließlich den Ausschlag für Tschang Kuo-taos Entscheidung geliefert haben, nicht in einer mürrischen Minderheit zu verharren, sondern sich dem Marsch nach Norden anzuschließen.

So durchquerte Tschu Teh zum dritten Mal das Grasland von Tschinghai, dazu brauchte er jedoch vierzig Tage; im Juli hatte er es geschafft. Anfang Oktober stellten seine Vorhuten Kontakt mit den Leuten von Hsu Hai-tungs vorgeschobenen Einheiten in Talatschih, im südlichen Kansu, her. Es bleibt etwas unklar, in welcher Reihenfolge die Einheiten wieder vereinigt wurden. Agnes Smedley zufolge trafen Tschu Teh und Tschang Kuo-tao am 7. Oktober 1936 in Huihsien oder Huining ein. Nieh Jung-tschen und Tso Tschuan führten ihnen eine Willkommens-Streitmacht von acht Divisionen der Ersten Frontarmee entgegen und Dr. George Hatem, der amerikanische Arzt (syrischer Abstammung), der sein Los mit dem der Roten Armee in Schensi teilte, begleitete sie.

›Was für ein Wiedersehen!‹ notierte der gute Doktor in seinem Tagebuch, ›Männer umarmten sich, lachten und weinten zur gleichen Zeit oder gingen Arm in Arm indem sie eifrig nach anderen Kameraden fragten. Tschu Teh ging völlig in der Menge unter.‹

Von Tschang bemerkte Dr. Hatem aber: ›Tschang Kuo-tao, der Politische Kommissar ist dick, groß und wohlgenährt. Ich frage mich, wie er so viel Fett behielt, wenn andere jede Unze überschüssigen Gewichts verloren.‹[10]

Nach dieser Version folgten Ho Lung und Hsiao Ke mit der Zweiten Frontarmee etwa zehn Tage später; sie trafen am 19. und 20. Oktober in Huihsien ein ›und brachten so die zweijährige Wanderung zu einem Abschluß‹, wie Dr. Jerome Ch'en hinzufügt.[11]

Die 40 000 oder mehr Winteruniformen, die für die Neuankömmlinge mitgebracht worden waren, reichten nicht aus. Tschou En-lai schätzt die Überlebenden des Sikiang-Winters bei allen drei Armeen – der Vierten, der Zweiten und den zwei Armeekorps der Ersten, die im Oktober 1936 Nordkansu erreichten – zwischen 40 000 und 50 000.[12] Die Marschierer aus Sikiang hatten sich in Lintan getrennt, Tschang Kuo-tao und Tschu Teh folgten einer linken Route über Tungwei und Tschingming, sie verwickelten unterwegs die feindlichen Kräfte Hu Tsung-nans in Gefechte. In der Zwischenzeit machte

Ho Lung ein Ablenkungsmanöver nach rechts in der Nähe der Schensi-Kansu-Grenze, um, einem Bericht zufolge, als Puffer zwischen der Ersten und der Vierten zu fungieren.

Tschang Kuo-tao war nicht einverstanden, sich in Mao Tse-tungs neuem und erweitertem Bereich aufzuhalten. Er beschloß weiterzumarschieren, hielt aber immer noch an seinem alten Plan fest, eine Sowjetbasis im fernen Nordwesten in oder nahe von Sinkiang einzurichten – in Kontakt mit seinen russischen Freunden und Gönnern.

Er befahl dem V. und IX. Armeekorps sowie Hsu Hsiang-tschiens Dreißigster Armee, den Gelben Fluß in Tschungjuan zu überschreiten und gegen Sinkiang loszuschlagen. Hsu wurde aber von Kuomintang-Truppen westlich von Sian gestellt, seine Armee wurde gründlich geschlagen und in zwei Teile aufgespalten. Eine Kolonne unter Li Hsien-nien zog auf Sinkiang zu, wurde dann aber von chinesischen Moslemsoldaten angegriffen; sie langte mit lediglich 2000 Überlebenden in Urumtschi an. Snow erklärt, daß Hsu Hsiang-tschien und Tschang Kuo-tao von ihren Leuten abgeschnitten wurden und nur mit ihrer persönlichen Leibwache, krank und entmutigt, in Jenan in Schensi eintrafen. Nym Wales beschreibt Hsu Hsiang-tschien einige Monate später als nervös, in der Obhut der Ärzte und ›als den einzigen Mann, dem ich begegnete, der neurotisch schien‹. Er und Li Hsien-nien waren die einzigen höheren Offiziere der Vierten Armee, von denen Mao nicht vermutete, sie hätten die Tschang Kuo-tao-Linie eingeschlagen.[13]

Die wenigen hundert Überlebenden dieses kostspieligen und fehlerhaften Unternehmens wurden durch Tschen Jun in Hsinghsingsia an der Grenze von Kansu und Sinkiang mit Lastkraftwagen aufgelesen und im Mai 1937 in die Jenan-Basis zurückgebracht.[14]

Was auch Tschang Kuo-taos Chancen 1936 in Schensi gewesen sein mögen, Mao Tse-tung in Mißkredit zu bringen oder ihn sogar zu ersetzen, sie wurden dadurch total zerstört, daß er als Folge dieses Fiaskos von Sinkiang sowohl die Vierte Armee wie seine militärische Glaubwürdigkeit verlor. Im Januar 1937 wurde er formell wegen seiner Irrtümer vom ZK der KPCh zur Verantwortung gezogen und verurteilt zu studieren, bis seine Fehler berichtigt waren. Tschu war bei dem Verfahren der Hauptzeuge. Doch im Jahre 1938, nachdem die Vereinigte Front proklamiert worden war, lief Tschang zur Kuomintang über.[15]

Niemand hat je aufgezeichnet, was privat zwischen Mao Tse-tung und Tschu Teh vorging, als sie sich am 2. Dezember 1936 nach ihrer dreizehnmonatigen Trennung in Paotso wieder trafen.

TEIL 3

DIE FOLGEN

22   Von Schensi nach Peking

Die Schensi-Kansu-Sowjetbasis, die später in die Schensi-Kansu-Ningsia-Grenzregion umbenannt wurde, wurde 1935–36, als Ergebnis des Langen Marsches, zum neuen Zentrum der Roten Armee und der KPCh mit etwa 40000 Mann regulärer Soldaten unter Waffen. Hier im Schutz der Großen Mauer Chinas schlug die Partei Wurzeln, die nie wieder völlig herausgerissen werden sollten. Hier begann sie ihren allmählichen, aber erbarmungslosen Vorstoß, um ganz China zu beherrschen. Hier auch setzte sie die Verwaltungsgrundlagen fest, die nach 1949 auf nationaler Ebene befolgt werden sollten, und hier konsolidierte Mao seine persönliche Vorherrschaft.

Die Hauptstadt des Sowjet war zuerst Paoan oder Waijaopao, wo Edgar Snow 1936 als eifriger junger amerikanischer Journalist eintraf. ›Die Roten‹, schrieb er, ›errichteten in Paoan einige neue Gebäude, die Einrichtungen waren jedoch sehr primitiv, solange ich dort weilte. Mao lebte mit seiner Frau in einem zweiräumigen *jaofang* mit kahlen, armseligen, von Karten bedeckten Wänden. Er hatte schon viel Schlimmeres und als Sohn eines reichen Bauern in Hunan auch schon Besseres gekannt.

Der Hauptluxus Maos (wie auch Tschous) war ein Moskitonetz. Sonst lebte Mao nicht viel anders als der Frontsoldat. Nach zehn Jahren Führung der Roten, nach Hunderten von Konfiskationen des Eigentums von Landbesitzern, Beamten und Steuereinnehmern, besaß er nur seine Decken und einige persönliche Habseligkeiten, einschließlich zweier Baumwolluniformen.‹[1]

Ende des Jahres nahmen die Roten Jenan den Kuomintang-Truppen weg und machten es zu ihrer neuen Hauptstadt; für die nächsten elf Jahre war Jenan das Hauptquartier der chinesischen Kommunisten und der Name, der in der ganzen Welt am besten mit ihnen assoziiert wurde. ›Es war sicherlich ein guter Platz für ein militärisches Hauptquartier‹, bemerkte Feldmarschall Lord Montgomery, nachdem er es ein Vierteljahrhundert später besucht hatte.[2]

Der Sowjet hatte eine Bevölkerung von etwa anderthalb Millionen, von denen neunzig Prozent Bauern waren. Zu den Produkten gehörten Baumwolle, Getreide, Vieh, Salz, Petroleum, Kohle und Eisen; die Wirtschaft wurde von Lin Tsu-han (dem Vorsitzenden der Sowjetregierung) sowie von Maos Bruder Mao Tse-min geleitet. Die Landpolitik, immer ein kritischer Indikator in dem ewigen marxistischen Kampf zwischen Ideologie und praktischer Politik, war ziemlich gemäßigt. Das Land wurde nicht unterschiedslos beschlagnahmt, es gab nur eine erzwungene Reduzierung der Pachten zwischen 25 und 40 Prozent im Jahre 1937, so daß sie ein Maximum von einem Drittel des Ertrags erreichte. Die Sicherheit der Pacht wurde durch eine Erneuerung des Pachtverhältnisses gewährleistet, außer dort, wo der Besitz wechselte. Derart wurden die Landbesitzer ›reiche Bauern‹ und die Landarbeiter Kleinpächter.

Unter diesen Umständen gedieh die Landwirtschaft. 1941 versorgte sich die Grenzregion, wie der Sowjet jetzt genannt wurde, selbst mit Nahrungsmitteln. Trotzdem blieben nach zehn Jahren kommunistischer Verwaltung zwei Drittel der Bevölkerung Analphabeten. Nach den Worten eines Historikers war Jenan ›sexlos‹ — mit einfachen, zwanglosen Arrangements für Heirat und Scheidung und einer streng puritanischen Haltung gegen Ausschweifungen wie Vergewaltigung oder wahllosen Geschlechtsverkehr. Weibliche Intellektuelle kleideten sich wie Männer. ›Warum sollen wir wie Weiber aussehen?‹ erklärte eine von ihnen.[3]

Die Kommunisten waren jedoch durch Angriffe der Kuomintang leicht verwundbar, und wenn sich die Aggressionen Japans nicht so verstärkt hätten, scheint es nahezu sicher, daß die Rote Armee in Schensi durch eine Reihe weiterer Einkreisungsfeldzüge der Kuomintang vernichtet worden wäre. Statt dessen konnte Mao Tse-tung die örtlichen Kriegsherren überzeugen, daß die Japaner ein schlimmerer Feind waren als der Kommunismus und daß eine gemeinsame Front aller patriotischen Chinesen gegen den äußeren Feind notwendig sei. Er leitete Diskussionen mit der Kuomintang in Hinblick auf die Bildung einer Zweiten Vereinigten Front gegen die japanische Aggression ein. Sein Urteil erwies sich als richtig, in den 1940er

Jahren kamen die Kommunisten auf einer Woge an die Macht, die ebensosehr Bauernnationalismus wie Klassenrevolte war.*

Maos patriotisches Eintreten gegen die Japaner stellte sicher, daß die Intellektuellen in den Städten ihn schließlich ebenfalls mehr bewunderten als Tschiang.

In all dem fanden die Kommunisten in Jenan in dem ›Jungen Marschall‹ Tschang Hsueh-liang, dem führenden Kriegsherrn im Norden, einen begeisterten Anhänger. Tschang stand in dem chinesischen Bürgerkrieg technisch auf der Seite der Kuomintang und hatte einige wilde Schlachten gegen die Roten Armeen geschlagen. Die Japaner hatten ihn jedoch aus seiner mandschurischen Heimat vertrieben und seine Hauptsorge war, sie zurückzujagen und wieder in seine Heimat zurückzukehren. Als die Kuomintang-Regierung in Tschungking Nachricht erhielt, daß der ›Junge Marschall‹ mit Mao Tse-tungs Streitkräften im Norden flirtete, flog Tschiang Kai-schek selbst nach Sian, um die Sache zu untersuchen und den störrischen Partner, wenn nötig, wieder zur Raison zu bringen. Statt dessen drehte Tschang Hsueh-liang den Spieß gegen den Marschall um, indem er ihn entführte und ihn im Dezember 1936 zwang, als Preis für seine Freilassung einer vereinigten Front gegen die Japaner zuzustimmen.

Tschou En-lai handelte die genauen Bedingungen des neuen Abkommens aus, in dem die Kommunisten sich einverstanden erklärten, ihre Armeen dem Militärrat der Kuomintang zu unterstellen. Später argumentierte die Kuomintang, das bedeute, die Schlüsselpositionen der Roten Armee durch ihre eigenen Leute besetzen zu dürfen, aber Mao wies diese Auslegung zurück, und die Vereinigte Front erwies sich abermals, wie schon früher, als ein sehr zerbrechliches Instrument. In der Zwischenzeit machten die Kommunisten nach dem Zwischenfall an der Marco-Polo-Brücke, wo ein Schußwechsel zwischen japanischen und chinesischen Truppen in der Nähe von Peking die abschließende Phase des chinesisch-japanischen Krieges (der von Mitte 1937 bis Mitte 1945 dauerte) ankündigte, die äußere Geste einer Versöhnung mit ihren alten Feinden.

Die Rote Hauptarmee unter Tschu Teh und Peng Teh-huai wurde in ›Achte Marscharmee‹ umbenannt, ihre drei Divisionen wurden

---

* Das wurde in einer klassischen modernen sinologischen Arbeit ausgesprochen. Chalmers E. Johnson ›Peasant Nationalism and Communist Power. The Emergence of Revolutionary China 1937–45‹. Die formelle Entscheidung für eine vereinigte Front wurde im Dezember 1935 auf einer Politbürokonferenz in Waijaopao gefällt.

durch Lin Piao, Ho Lung und Liu Po-tscheng befehligt.* Sie umfaßte
45 000 Mann, die jetzt von der Kuomintang bezahlt und ausgerüstet
wurden und die Japaner ohne interne Ablenkung bekämpfen sollten
(und auch ihren Einfluß ausweiteten, während die Hände der Kuomintang gebunden waren). Die Reste der kommunistischen Guerillas, die in Zentralchina am Leben geblieben waren, gruppierten sich
in Anhuei als die Neue Vierte Armee unter Jeh Ting um. Sie erhielt
die gleichen Instruktionen.

---

* Walther Bosshardt berichtete (9. August 1938) als Korrespondent der Neuen Zürcher Zeitung über
die 8. Route-Armee wie folgt:
  Bei der 8. Route-Armee besteht ein Gradunterschied zwischen Offizieren und Soldaten nur während
der Dienstzeit. Vor- und nachher sind alle gleichberechtigte Bürger; häufig sieht man abends Vorgesetzte und Untergebene bei derselben Mahlzeit im ›Kooperativ-Restaurant‹ beisammensitzen. Soldaten und Offiziere erhalten keinen Sold, sondern nur Vergütungen, die sich nach dem augenblicklichen
Stand der Kasse richten. Für die Verpflegung werden täglich fünf chinesische Cents für Fleisch und
Gemüse und vierhundert Gramm Hirse pro Mann berechnet. Bewaffnung und Uniformen stellt die
Armee. Die Schuhe, Sandalen und Strümpfe muß der Soldat selber aus den monatlichen Entschädigun-
gen beschaffen, die, wenn die Finanzen es erlauben, einen Dollar für die Soldaten, zwei Dollar für Sub-
altern-Offiziere, vier für Stabsoffiziere und fünf für die Kommandanten, wie Mao Tse-tung und Tschu
Teh, betragen. Alle Leute, die zu befragen ich Gelegenheit hatte, bestätigten mir übereinstimmend,
daß selbst die höchsten Offiziere mit diesen geringen Beträgen auskommen. Sie haben sich seit Jahren
an eine denkbar einfachste Lebensweise gewöhnt und erreichten durch besondere Schulung ihrer Regi-
ments- und Gemeinschaftsköche eine volle Ausnützung der zugeteilten Rationen.
  In der richtigen Erkenntnis, daß der Gesundheitszustand einer Truppe ausschlaggebend für deren
Kampfgeist ist, wird bei der 8. Route-Armee dem *Sanitätswesen* große Aufmerksamkeit geschenkt.
In regelmäßigen Zeiträumen finden medizinische Untersuchungen statt, wobei die Soldaten zugleich
Anweisungen über erste Hilfeleistungen erhalten. Nach jedem Gefecht werden rasch die Notverbände
angelegt und die Verwundeten mit Hilfe der Bauern in die nächsten Lazarette geschafft. Das ist ein
Fortschritt, wie er bei andern Einheiten noch kaum festzustellen ist. Aber gerade diese Verwundeten-
pflege trägt viel zur Hebung und Stärkung der Moral und Disziplin bei.
  Die Zentralregierung leistet an die Unkosten der 8. Route-Armee einen monatlichen Beitrag von
500 000 Dollar. Diese Summe genügt gerade zur Sicherstellung der Verpflegung. Alles andere muß
durch Steuern und Abgaben aus dem von der Armee selber verwalteten Gebiet gedeckt werden, und
da die Gegend arm ist, versucht man mit Hilfe von allerlei Nebeneinkünften auszukommen. Die Soldaten pflanzen ihr eigenes Gemüse; sie sammeln das nötige Brennholz in den Wäldern und sichern sich
durch die ›Kooperativen‹ billige Einkaufsquellen.
  Unwillkürlich fragt man sich, welche Aussichten oder Versprechen dem gewöhnlichen Soldaten gemacht werden, um ihn zu veranlassen, seit Jahren dieses entbehrungsreiche Leben in der ›Roten Armee‹ zu ertragen, während er bei den Regierungstruppen ein angenehmeres Dasein und das zehnfache
Gehalt finden könnte. Es scheint in den Reihen dieser Armee ein ehrlicher Idealismus zu bestehen,
getragen von der Hoffnung, daß durch persönliche Entbehrungen und Opfer die Grundlage eines
neuen, starken China geschaffen wird. Die meisten, wenn nicht alle Soldaten der 8. Route-Armee
stammen aus unterdrückten, von Großgrundbesitzern und Beamten ausgebeuteten Familien. Haß und
Hunger trieben sie ursprünglich in die Reihen der Kommunisten, deren Programm ihrem Ideenkreis
angepaßt ist. Durch eine systematische politische Erziehung und das persönliche Beispiel gelang es den
Führern, eine Kerntruppe zu schaffen, die in bezug auf Moral und Disziplin einzigartig in China dasteht.
Jeder einzelne Mann ist von dem endgültigen Sieg überzeugt. Er erwartet, daß seine Partei eines Tages
als gleichberechtigt anerkannt und in der Regierung und Verwaltung des ganzen Landes ein Mitsprache-
recht erhält, das ihm Macht und Ansehen verschafft und ihn für die erlittenen Entbehrungen ent-
schädigen wird.

Die Japaner rückten aber mit einem unwiderstehlichen Schwung vor, trotz des Widerstands der Kommunisten und der Kuomintang nahmen sie bis Ende 1938 die wichtigsten Städte und Küstengebiete. Der Chinesisch-japanische Krieg verlief dann unentschieden, wodurch die inneren chinesischen Differenzen wieder stärker zutage traten. Anfang 1941 wurde nach einer Anzahl von Zwischenfällen zwischen den einander mißtrauenden Roten und Kuomintang-Truppen in Zentralchina Jeh Tings Neue Vierte Armee durch Tschiangs Truppen nahezu vernichtet.

Das machte der geringen Zusammenarbeit, die zwischen den beiden Organisationen bestanden hatte, ein Ende. Die Nationalisten ihrerseits behaupteten, daß sich die Kommunisten zu 70 Prozent damit befaßten, das Territorium unter ihrer Kontrolle auszuweiten, zu 20 Prozent mit der Kuomintang-Regierung zusammenzuarbeiten und nur zu zehn Prozent gegen Japan zu kämpfen.

Während der Jahre des Stillstands von 1942 bis 1945 verloren die Truppen Tschiang Kai-scheks allmählich ihre Moral, sie verweichlichten durch Untätigkeit, wurden durch Schmuggel korrupt, von Naturkatastrophen dezimiert und durch die Politik der politischen Unterdrückung der Kuomintang-Partei eingeschüchtert. Tschiang war, nach den Worten eines amerikanischen Diplomaten in China, eine ›Geisel der korrupten Kräfte geworden, die er manipuliert‹[4]; ein Bericht der *New York Times* aus dem Jahre 1944 beschrieb seine Regierung als ›bürokratisch, unwirksam und korrupt‹.[5] Der Generalissimus hatte seine zwei Trümpfe verloren: die Vitalität der Wirtschaft (die jetzt durch den Krieg und die japanische Blockade verzerrt war) und die Schlagkraft seiner Armee.

In der Zwischenzeit wuchs und wuchs die Achte Armee unter dem Decknamen der Vereinigten Front. Von den ursprünglichen 45 000 Mann im Jahr 1937 wuchs sie 1938 auf 156 000, 1940 auf 400 000 und im Jahre 1945 auf 600 000 an. Die mitgenommene Neue Vierte Armee wurde unter Tschen Ji und Liu Schao-tschi neu belebt, die Mao nach Süden schickte, um die Wiederherstellung einer gesunden ideologischen Grundlage zu sichern.

Als Japan im August 1945, nach der sowjetischen Intervention und den zwei Atombomben bedingungslos kapitulierte, flog Mao nach Tschungking, um sich Tschiang zu stellen. Mit amerikanischer Hilfe wurden die beiden Rivalen überredet, am 10. Oktober ein Waffenstillstandsabkommen zu unterzeichnen; es brach aber in der vorherrschenden Atmosphäre des Mißtrauens und der bewußten Sabotage schnell wieder zusammen. Selbst der Diplomatie General

Marshalls, des persönlichen ›Beschwichtigers Präsident Trumans‹ gelang es nicht, die Risse zu heilen.

1946 brach der Bürgerkrieg wieder aus. In der Zwischenzeit kontrollierten die Kommunisten, begünstigt durch die japanische Niederlage, ein Gebiet von 315 000 Quadratkilometer mit neunzehn Millionen Menschen. Sie waren voll Selbstvertrauen, und ihre militärische Taktik hatte harte Proben bestanden.

Im Frühling 1947 brachte Tschen Ji den Kuomintang-Truppen in der Provinz Schantung eine vernichtende Niederlage bei, und im folgenden Jahr nahmen die Kommunisten alle Großstäde im Nordosten – das flache Land im Nordosten hatten sie schon seit der japanischen Niederlage in der Hand. Mao, der geahnt hatte, daß die Vertreibung der Kuomintang noch weitere zwei bis drei Jahre erfordern würde, mußte seinen Zeitplan revidieren. Im Januar 1949 nahmen die Roten Armeen Peking, und Mao schrieb ein Gedicht:

Einunddreißig Jahre sind verstrichen
Und die alte Hauptstadt grüßt mich wieder.[6]

Im Mai fiel Schanghai, und im Herbst war Tschiang auf die Insel Taiwan geflohen, wo seine Kuomintang-Regierung heute noch sitzt.

Am 1. Oktober 1949 proklamierte Mao am ›Tor des Himmels-Palastes‹, der traditionellen Tribüne in Peking für Revolutionen und neue Dynastien die ›Chinesische Volksrepublik‹. So schuf er ein Regime, das – obwohl äußerlich eine Koalition verschiedener Parteien – völlig durch die KPCh beherrscht wurde, an deren Einheit er so wesentlich mitgewirkt hatte. Es begann mit einer Mission nach Moskau, wo Mao mehrere Monate zu Hilfeverhandlungen blieb. Eine Weile sah es so aus, als ob die chinesischen Kommunisten zu zahmen Satelliten der russischen Sonne geworden seien; die aber, die es besser wußten, mußten nur noch einige Jahre abwarten. Nach kurzen Flitterwochen, in denen man dem russischen Modell in allem, von der Industrialisierung bis zu Lehrplänen in der Schule folgte, und in denen der von den Sowjets ausgebildete Liu Schao-tschi als der geschickte Parteiorganisator, der auch mit den russischen Führern gut auskam, prominent wurde, erklärte Mao 1957–58 seine Unabhängigkeit mit der›Hundert-Blumen-Kompagne‹ (ein Versuch der Revolte gegen die Geheimpolizei-Methoden des Kreml), dem ›Großen Sprung nach vorn‹ (einer Rebellion gegen das konventionelle stufenweise Fortschreiten der sowjetischen Wirtschaftsberater) und der Volkskommune (einem ausdrücklichen Aufgeben des sowjetischen Kollektivisierungsschemas). Die ›Hundert Blumen‹, die bestimmt waren, die Debatte innerhalb der kommunistischen Partei und zwischen ihr und ihren Kritikern zu eröffnen, wurde sofort durch Liu Schao-tschi und seine Parteiapparatschiks unterdrückt.

Jedoch der ›Große Sprung‹ wurde durch schlechtes Wetter und übertriebenen Optimismus sabotiert; sogar Mao mußte zugeben, daß man die Getreideproduktion nicht in einem einzigen Jahr verdoppeln kann. Die Kommunen kamen durch die Hungerjahre von 1960–61, die sie kaum kontrollieren konnten, in Mißkredit. Die Liuisten kehrten in einem Wirbel tadelnder ›Ich-habe-es-euch-gesagt‹-Kritik wieder, worauf sich Mao grollend wieder in die Kulissen zurückzog. Liu wurde zum Vorsitzenden der Republik ernannt und schickte sich an, das Land auf einen sicheren ideologisch konventionellen Kurs zurückzuführen. Mao hatte aber einen seiner Hauptanhänger, den vom Langen Marsch berühmten Lin Piao als Verteidigungsminister vorgesehen. Während der 1960er Jahre bereitete er die Armee allmählich auf einen Bruch mit den nicht hinreichend revolutionären, übermäßig vom Ausland beeinflußten, und bürokratischen Liuisten vor.

Ende 1965 löste eine obskure Kontroverse über die ideologische Korrektheit einiger Dramatiker die Große Proletarische Kulturrevolution aus, in der Mao die Armee und die jüngere Generation (organisiert in den Roten Garden) benützte, um seine Gegner zu stürzen. Liu Schao fiel gemeinsam mit einem halben Dutzend der obersten Führer des Landes in Ungnade. Maos persönliche Clique, einschließlich seiner Frau Tschiang Tsching, und Tschen Po-tas, sein ehemaliger Sekretär, wurde zu wenig respektiert, als daß sie sich voll durchsetzen konnten. Obwohl Lin Piao die Armee und Tschou En-lai die Regierungsmaschine zur Unterstützung Maos einsetzten, sympathisierte keiner dieser Anhänger völlig mit dem Ultraradikalismus der maoistischen Clique. Sie waren eher gegen Liu als für Mao, sie bevorzugten mehr Mao als die Politik und die Persönlichkeiten der maoistischen Gruppe.

Lin Piao brach tatsächlich mit seinen Kollegen; er kam augenscheinlich 1971 bei einem Flugzeugunglück unter geheimnisvollen Umständen ums Leben. Die Tschou-Gruppe beschuldigte ihn des Hochverrats gegen Mao. Chinas politische Lage war daher 1970, als die Volksrepublik ihren einundzwanzigsten Jahrestag feierte, komplex und widersprüchlich. Nach einem Höhepunkt der Zentralregierung in den 1950er Jahren glitt die Macht wieder in die Provinzen und Regionen ab, und doch war China in mancher Hinsicht geeinter und sich mehr der Tatsache bewußt, von einer Gruppe von Männern mit sozialen Zielen geleitet zu werden, als je zuvor. In diesen einundzwanzig Jahren wurden mehr Fortschritte in der wirtschaftlichen Entwicklung, der Gesundheitsfürsorge und Erziehung, der Familienreform und sozialen Modernisierung, der Pflege des Patriotismus und der harten Arbeit erzielt, als in irgendeiner anderen Periode in Chinas Geschichte. Jeder Teil und jede Klasse der Bevölkerung war in den Fermentierungsprozeß des Wandels einbezogen. Die Spannungen innerhalb der höchsten Ränge der kommunistischen Führung bedeuteten jedoch, daß diese Gewinne teilweise durch die Verwirrung und die Unordnung der Kulturrevolution verdeckt wurden.

Die 1970er Jahre sollten das Jahrzehnt sein, in denen die Langen Marschierer endlich aber zögernd die Macht der nächsten Generation überlassen würden. Aber keiner konnte voraussehen, welche Art von Führung diese Generation hervorbringen würde, außer daß sie es für selbstverständlich hielt, was die Pionierkommunisten niemals voraussetzen konnten, eine vollständig geeinte Nation zu schaffen, deren Grenzen von ihren Nachbarn geachtet und deren militärische Stärke von ihren Rivalen zu fürchten war. Ohne nämlich tatsächlich als Aggressor aufzutreten und unbestreitbar fremden Boden einzuverleiben, hatte die kommunistische Regierung Mao Tse-tungs, in Tibet 1950, in Korea 1951, an der Himalajagrenze gegen Indien 1962, in Indochina während der 1960er Jahre und am Ussuri 1969, bewiesen, daß China sowohl die Absicht wie die physische Fähigkeit besaß, sein Erbe so stark und kompromißlos zu verteidigen, wie die Westmächte es während der vergangenen 150 Jahre in China getan hatten. Die vier hervorragenden Einzelzüge dieses bemerkenswerten Regimes, seine Gruppendisziplin, das Hochhalten der Guerillamoral, die hartnäckige Verteidigung der Unabhängigkeit von der russischen Vormundschaft und die überragende Autorität Maos, werden von seinen Nachfolgern nicht so leicht geerbt werden – und jeder von ihnen schuldet dem Epos des Langen Marsches von 1934–35 Dank.

23   Das erste Erbe: Disziplin

Schon vor dem Langen Marsch hatte die Kommunistische Partei einen Ruf des inneren Zusammenhalts und der kollektiven Selbstkontrolle erworben, der in der chinesischen Politik ungewöhnlich war, wo sich Persönlichkeiten und private Faktionen fast immer als die

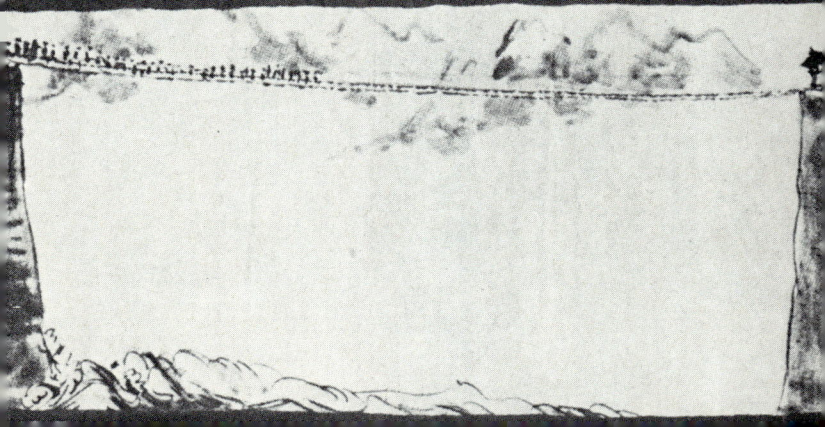

Die Eroberung der Luting-Brücke und der Übergang über den
Tatu hoch in den Vorbergen des zentralasiatischen Plateaus war
die riskanteste und dramatischste Episode auf dem Langen Marsch.
Die gesamte Rote Armee gelangte über die dreizehn Eisenketten
in Sicherheit.

Mao Tse-tung und Lin Piao, der führende Theoretiker und der Praktiker der Guerillakriegführung kurz nach dem Langen Marsch.

Teile der erschöpften, aber triumphierenden Roten Armee ruhen nach Beendigung des Marsches und der Ankunft in der nördlichen kommunistischen Basis in der Provinz in Schensi.

Vier berühmte Teilnehmer am Langen Marsch: Oben rechts:
Hsu Meng-tschiu, der »offizielle Historiker« des Langen Marsches,
der sich am Großen Schneeberg beide Beine erfror, die später
amputiert wurden. Oben links: Kang Tsche-king, die führende
Kommandantin auf dem Marsch und Frau Tschu Tehs; sie soll
verwundete Soldaten auf dem Rücken getragen haben. Unten:
Mao Tse-tung nach der Wiedervereinigung mit seinem alten Kollegen Tschu Teh in Jenan, 1937 nach Beendigung des Langen
Marsches.

Mao Tse-tung auf dem kommunistischen Schensi-Flugplatz 1936, dem Jahr nach dem Marsch. Die unsichere Führerstelle in der Partei, die er zu Beginn des Langen Marsches erworben hatte, wurde jetzt durch Parteirivalen wie Wang Ming, Tschang Kuotao und möglicherweise Tschou En-lai bedroht, er manövrierte sie jedoch alle aus.

treibende Kraft erwiesen hatten. Meistens versuchten die chinesischen Kommunisten so zu handeln, als ob sie einander trauten und für die gleiche höhere Sache arbeiteten. Nach dem Langen Marsch wurden ihre Disziplin und ihre Gruppenloyalität innerhalb wie außerhalb Chinas sprichwörtlich. Den größten Teil der Zeit von 1935 bis 1971 wahrten die Führer einen außerordentlichen Grad von Einheit nach außen. Teng Hsiao-ping, der Generalsekretär der KPCh, erklärte einmal: ›In unserer Partei wurden alle wichtigen Fragen schon seit langer Zeit durch ein Parteikollektiv und nicht durch Individuen entschieden. Das wurde zur Tradition.‹[1]

Bei der Fukien-Meuterei hatte Mao bewiesen, daß er so rücksichtslos sein konnte, wie ein Notfall es erforderte. Seine Menschenkenntnis hat ihn jedoch überzeugt, daß Überredung die Arbeit zehnmal besser leistet als Zwang. Wie Xenophon, ein anderer Führer eines langen Marsches, glaubte er, ›daß ein freiwilliger Gehorsam immer einen erzwungenen übertrifft‹.

Seine besondere Gabe für politische Geschicklichkeit ermöglichte es ihm, ein Gleichgewicht zwischen den verschiedenen Gruppen und Cliquen in der Partei und der Roten Armee aufrechtzuerhalten. Die äußere Harmonie des Politbüros beruhte großenteils auf seinem erfolgreichen Vorsitz in einer Koalition von Faktionen. Nach der Tsunji-Konferenz, wo sein Aufstieg zum ersten Mal anerkannt wurde, entkleidete Mao allmählich die Sicherheitspolizei unter Teng Fa ihrer ganzen Macht und hielt seine Kollegen durch private Argumente und Verhandlungen im Zaum – in offensichtlichem Gegensatz zu den gleichzeitigen Entwicklungen in der Sowjetunion. Statt physischen Drohungen, Gefängnishaft und voreingenommenen Verfahren ausgesetzt zu werden, mußten diejenigen, die die Mehrheitsentscheidungen der Partei kritisierten, die Sache in endlosen ideologischen Umformungen oder politischen Bildungsstitzungen austragen, wo jeder Faktor in ihrer Position, wie peinlich oder persönlich oder subjektiv er auch sein mochte, bloßgelegt wurde. Mao obsiegte unweigerlich in diesen Richtungskämpfen der Partei, die eine besondere Form annahmen, nachdem er auf der Sechsten Plenarsitzung des ZK in Jenan 1938 sich zu der Bolschewisierung der Partei eher durch Indoktrination, Studium und intellektuelle wie auch emotionelle Berichtigungen als durch die groben Säuberungsmethoden des stalinistischen Rußlands verpflichtete.

Die anfänglichen Bedrohungen der äußeren Harmonie der Langen Marschierer kamen von Außenseitern, von Rivalen, die den obersten Platz beanspruchten, aber nicht an dem Langen Marsch teilgenommen hatten. Wang Ming, der Ende 1937 aus Moskau zurückkehrte, war der erste von ihnen. Mao mußte einige sehr besorgte Tage erlebt haben, als Tschou En-lai, Po Ku, Hsiang Jing und Jeh Ting, die ihm alle gleichgestellt waren, mit Wang Ting in Hankau konferierten.

Die zweite Bedrohung kam von Kao Kang, einem der kommunistischen Veteranen, der den Schensi-Sowjet geleitet hatte, ehe die Langen Marschierer 1935 dort ankamen. Als der leitende Mann bei ihrer Ankunft besaß Kao Kang vor ihnen gewisse Vorteile. Noch 1942 hielt es Mao für weise oder taktvoll, eine politische Rede mit der Phrase zu beginnen. ›Ich kam vor fünf oder sechs Jahren nach Nordschensi, aber doch kann ich mich hinsichtlich meines Wissens über die hiesigen Bedingungen oder die Menschen in dieser Region nicht mit Genossen wie Kao Kang messen.‹[2]

Fast zwei Jahrzehnte später verlor Kao Kang 1955 seine hohen Positionen und beging Selbstmord. Man sagte, er habe in dem mandschurischen Nordosten ›ein eigenes unabhängiges Königreich geschaffen‹ und verhandle über Pekings Kopf weg direkt mit Moskau. Nachdem Kao Kang die oberste Parteiposition im Nordosten geerbt hatte, als Lin Piao aus dem Norden nach Süden ging, um die weichenden Kuomintang-Truppen völlig in die Flucht zu schlagen, galt er als effektvoller Unterhändler in den sowjetischen Beziehungen. Er wurde Vorsitzender der Staatlichen Planungskommission (die damals nicht dem Kabinett unterstand) und präsidierte stolz bei der Eröffnung der von Rußland geförderten Umgestaltung und Erweiterung der Stahlwerke von Anschan, dem wichtigen Teil des Industrialisierungsprogramms der neuen Regierung. Er allein kontrollierte den Ersten Fünf-Jahresplan, augenscheinlich zeigte er aber seine Macht gegenüber den anderen Mitgliedern des Politbüros allzu deutlich.

1954 sprach Liu Schao-tschi öffentlich über Führer, die versuchten, sich ihre eigenen Königreiche zu schaffen. Während eines Zeitraums von vierzehn Monaten wurde Kang allmählich entmachtet. Zweifellos war das einer der Faktoren für die Verschlechterung der chinesisch-sowjetischen Beziehungen, die bald darauf einsetzten.

Das nächste Opfer der innerparteilichen Auseinandersetzung war der General, der das III. Armeekorps, die Vorhut des Langen Marsches geführt hatte: Peng Teh-huai rebellierte gegen Maos Politik, als der Große Sprung 1959 allmählich zusammenbrach und das volle Ausmaß des Schadens, den der übermäßige Ehrgeiz und Optimismus der Maoisten bei der Wirtschaft angerichtet hatte, offenkundig

wurde. Als Verteidigungsminister kontrollierte Peng die Streitkräfte, die durch die russische Beratung stärker beeinflußt worden
waren, als die Partei selbst. Peng erklärte den Großen Sprung für
eine Katastrophe und drängte auf eine Rückkehr zu konventionelle-
ren Pfaden der Entwicklung nach dem Moskauer Modell. Es stellte
sich heraus, daß Peng die gleiche Unklugheit beging, bei seinen Ma-
növern russische Hilfe zu suchen. Im September 1959 fiel er in Ungnade.*

Sein Gesuch um Verständnis enthielt die Bitte um Rehabilitie-
rung, er erbot sich, als Bauer arbeiten zu dürfen; ironischerweise erhielt er einen untergeordneten Posten in der ›Chinesisch-sowjetischen Freundschafts-Staatsfarm‹ im Nordosten.[3]

Bis 1966 waren das die einzigen öffentlichen Risse in der Fassade
der Parteieinheit. Wenn man die Fähigkeit und die Schöpferkraft
von Männern wie Liu Schao-tschi und Tschou En-lai, den Ehrgeiz
und die Organisationstalente von Generälen wie Lin Piao, Tschu Teh
oder Tschen Ji in Betracht zieht, war das keine geringe Leistung.

Erst als die Erinnerungen an den Langen Marsch nach dreißig
Jahren – einer ganzen Generation – allmählich verblaßten, zerbra-
chen die Reihen der Langen Marschierer auch in der Öffentlichkeit.
Und selbst dann war der erste Anstifter des Versuchs einer Revolte
gegen die maoistische Führung ein Mann, der angeblich nicht an dem
Marsch teilgenommen hatte. Liu Schao-tschi, den die Kulturrevolution von 1966–69 von seinem vorher so sicheren Sitz als Maos Stellvertreter, Nachfolger und Erbe stürzte, hat wahrscheinlich nicht am
Marsch teilgenommen.

Es trifft zu, daß Kuo Hua-lun erklärte, Liu habe teilgenommen[4]
und Tschen Tschang-feng, Maos Bursche, beschreibt die drei Helden
– Mao, Tschou und Liu, die den Schensi-Sowjet im Oktober 1935
gemeinsam erreichten.

Es gibt sogar ein Gemälde von dieser Szene. Lius dickes Gesicht
erscheint darauf neben Maos Schulter, zusammen mit Tschou En-lai,
Tung Pi-wu und den übrigen.[5]

Aber die allgemeine Annahme, die auch Jerome Ch'en und Edgar
Snow teilen, lautet, daß Liu nicht an dem Marsch teilnahm, da er anderswo mit Parteiarbeit beschäftigt war – in den Großstädten Nordchinas. Er könnte natürlich den Marsch begonnen, ihn unterwegs

---

* Zu denen, die ebenfalls in die Sache verwickelt waren, gehörten (wenigstens dem Anschein nach)
Tschang Wen-tien, Wang Tschia-hsiang, Huang Ko-tscheng, Tschen Jun, Lin Po-tschu, Jang Tscheng-
wu, La Ta und Hsiao Ke.

aber abgebrochen haben. Im Januar 1934 hielt er auf dem Zweiten Nationalen Sowjetkongreß in Juikin eine Rede. Howard L. Boorman zufolge verbrachte Liu die zwei Jahre bis zum Oktober 1934 in Kiangsi, wurde aber dann ›zu politischen Arbeiten in weißen Gebieten‹ zurückgelassen.[6]

Später lobte das ZK seine Rolle in der großstädtischen Arbeit in den von der Kuomintang kontrollierten Gebieten; im Dezember 1935 organisierte er in Peking Studentendemonstrationen gegen die Japaner. Der deutsche Kommunist Hans Heinrich Wetzel schreibt in seiner Biographie Lius, daß er Kiangsi am Vorabend des Langen Marsches, als Geschichtsprofessor getarnt, verlassen habe, um die Parteiarbeit in den ›weißen‹ oder von der Kuomintang verwalteten Gebieten Nordchinas aufzunehmen.[7]

In der Jenan-Periode war Liu ein entschiedener Anhänger Maos, er nahm öfters Einblick in dessen Schriften – mit der unvermeidlichen Bitte um Kritik. Liu war es, der die maoistischen Ansprüche auf die ideologische Unabhängigkeit von Rußland unterstrich und Mao eifrig gegen Wang Ming unterstützte. Tatsächlich war er 1945 der Hauptmanager des Parteikongresses, der den Maoismus offen als sein Glaubensbekenntnis annahm, und war auch der Hauptsprecher für die Ansicht, daß unter Mao die Partei den Marxismus erfolgreich chinesisiert und schöpferisch den besonderen Bedingungen Chinas (wie auch für ähnliche Länder in Afrika und Asien) angepaßt hatte.

Und doch war Liu mehr in der Großstadt als auf dem Dorf zu Hause, sein Genie lag mehr in der städtischen Organisation als in der Landerziehung. Gleich bei Beginn seiner Parteilaufbahn hatte er rundheraus erklärt, daß die städtischen Arbeiter, ›das Proletariat Chinas‹, die Bauern an der Hand nehmen und wie Kinder führen müßten.[8]

Es ist fraglich, wie weit Liu mit vielen von Maos politischen Ansichten sympathisierte, er mag jedoch seine Führung des Guerillakampfs um die Macht bewundert haben. Er war im wesentlichen ein Elitist, ein in Rußland geschulter Stalinist, dessen Auffassung von der KPCh sich von Maos Vision einer Massenbewegung unterschieden.[9]

Sicher ist, daß Liu in den Tagen der Volksrepublik der große Organisator und Administrator der Partei wurde. Phantasielos, das Rampenlicht meidend, wirkte er bei seinem seltenen öffentlichen Auftreten ausgesprochen linkisch, und trat allmählich für den sicheren, mehr orthodoxen und weniger riskanten Weg zum Sozialismus ein. Das romantische Freiwilligentum der Maoisten war nichts für ihn. 1967 wurde er dann unfairerweise als der Erzsaboteur der kommunistischen Bewegung denunziert und aus seinen verschiedenen Positionen entlassen. Mit ihm fiel eine Anzahl von Helden des Langen Marsches – besonders Teng Hsiao-ping. Im Verlauf der widersprüchlichen Beschuldigungen der Kulturrevolution wurden sogar Persönlichkeiten wie Tschen Ji, Ho Lung und sogar Tschu Teh öffentlich aller Arten von Verbrechen und Fehler beschuldigt. Einige der Beschuldigungen reichten sogar in die Tage vor dem Marsch zurück. Persönliche, professionelle Rivalität und politische Argumentation wirkten im chinesischen Politbüro, vor der Außenwelt verborgen, genauso wie in jeder anderen Gruppe intelligenter Reformer.

Diese Fähigkeit, Differenzen zu vertuschen, und in der Öffentlichkeit gemeinsam zu lächeln, während man privat wütend streitet, war sicherlich ein Erbe aus den Monaten des Marsches und besonders des Zusammenschirrens der ungewöhnlich versöhnenden Talente Maos und Tschou En-lais. In den 1950er und 1960er Jahren kam diese Fähigkeit der Partei gut zustatten und wurde ein Hauptfaktor ihres Erfolges bei der Aufrechterhaltung der strengen Kontrolle über die chinesische Bevölkerung, sie half bei der maximalen Hinnahme ihrer einstimmigen (oder Mehrheits-) Entscheidungen und bei der internationalen Glaubwürdigkeit, die China in einem in der Geschichte einzigartigen Ausmaß sowohl gefürchtet wie mißverstanden werden ließ.

Tatsächlich wurde die künstliche Fassade der Politbüro-Harmonie verhängnisvoll erfolgreich, als sie Dulles und eine ganze Generation westlicher führender Diplomaten zu der Annahme verhalf, daß der Anschein der Realität entsprach. Wenn die Amerikaner Zeugen der schmutzigen innerpolitischen Machenschaften gewesen wären, hätten sie die maoistischen Drohungen vielleicht nicht so ernst genommen und die chinesisch-westlichen Beziehungen hätten die ganze Sackgasse der John-Foster-Dulles- und Dean-Rusk-Ära vermeiden können.

Die Erinnerung an die Kameradschaft des Marsches schuf ein emotionelles Bindemittel, ohne welches die Armee und Partei schwächer gewesen wären. Teng Hsiao-ping, der leidenschaftliche ›hinkende Napoleon‹ der alten Siebten Armee, der 1967 der Kulturrevolution zum Opfer fiel, sprach für viele Marschveteranen, als er, in der Rolle des neuen Partei-Generalsekretärs auf dem Parteikongreß von 1956, eine Träne für die guten alten Tage vergoß, ›als die Soldaten dem Volk Wasser brachten und die Offiziere der Armee ihre Soldaten mit ihren Decken zudeckten‹.[10]

Die *Peking Peoples Daily* meldete im Mai 1963 voll Stolz, daß die Soldaten der sogenannten ›Guten Achten Kompanie‹, die Schanghai 1949 von der Kuomintang ›befreit‹ hätten, bereits 1930 verlorene Gegenstände einschließlich 87 Federhaltern ihren rechtmäßigen Eigentümern zurückgegeben hätten. ›Diese besondere Einheit‹, so pries die Parteizeitung weiter, ›hat triumphierend den Test der Stahlmantelgeschosse im Krieg und den der verzuckerten Kugeln im Frieden bestanden.‹[11]

Als 1966/67 der Anarchismus der Roten Garden von Mao entfesselt wurde, war es die Armee, die ihn in Grenzen hielt, sie bewahrte die nationale Einheit und die Grundlagen des Verwaltungsapparats. Wenn einmal die Geschichte der Kulturrevolution erzählt wird, ist es durchaus möglich, daß die Reserven des Korpsgeistes und der Gruppensolidarität, die der Lange Marsch der Volksbefreiungsarmee hinterließ, die von den Kommunisten geschaffene und einigermaßen modernisierte chinesische Politik, standhielten, als ihre Führer ihren offenen Streit begannen.

24   Das zweite Erbe: die Guerillamoral

Die Konsequenzen der geteilten Strapazen des Langen Marsches gingen jedoch über die Methodologie und den Rahmen hinaus, innerhalb dessen die triumphierenden Kommunisten China nach 1949 regierten. Sie sind sogar in der von der Volksrepublik befolgten Politik zu finden.

Wenn die Disziplin nach dem Marsch ein wichtiges Instrument für die kommunistische Macht und die nahezu erfolgreiche Verwirlichung der kommunistischen Politik wurde, wirkte die auf dem Marsch geschweißte Guerillamoral tief auf die sozialen Ziele der Partei und das Bild des idealen Chinas ein, das sie nun schaffen wollte. Daß die kommunistischen Armeen mittels der Guerillakriegführung an die Macht kamen, wie das auf dem Marsch in Taten von hinreißendem Wagemut gegen überwältigende Übermacht betrieben wurde, bedeutet, wie stark die maoistischen Führer nach 1949 die Fähigkeit bewerteten, die Macht eigenen Willens gegen ein scheinbar unüberwindliches Hindernis durchzusetzen. Und das um so mehr, als man das Ideal manchmal irrtümlich für die Wirklichkeit hielt, wie 1959, als Mao und seine Kollegen feierlich die Bauern Chinas priesen, wie sie eine doppelt so große Getreideernte einbrachten wie im vergangenen Jahr, und sie aufriefen, die Erträge im kommenden Jahr um weitere 40 Prozent zu steigern. Die Marschierer waren hervorragend, als es galt, Chinas Selbstvertrauen wieder herzustellen, das durch ein Jahrhundert der Mißregierung und fremder Einkreisung erschüttert gewesen war. Doch waren sie nicht die besten Planer, sie neigten dazu, beklagenswerte Verwalter zu werden. Tschou En-lai war offensichtlich eine Ausnahme, aber er und seine ›Technokraten‹, die die Regierungsstruktur nach 1949 schufen, besaßen in den Parteiräten keine Mehrheit. Das Primat der Willenskraft, des atemberaubenden Freiwilligengeistes des Maoismus steht in enger Beziehung zu einer tiefreichenden Idealisierung der einfachen Bauerntugenden und einem Mißtrauen gegen alles Städtische. Hier tritt der Romantizismus Maos am charakteristischsten zutage. Die Volkskommune – eine integrierte Superkooperative von 50 000 Seelen, die (anders als die russischen Kollektivfarmen) alle staatlichen, richterlichen, polizeilichen und wirtschaftlichen Funktionen vereinigte – wurde zum Modell nicht nur für ganz China einschließlich der Großstädte, sondern sogar für die ganze Welt erhoben. ›Eine neue soziale Organisation ist frisch wie die Morgensonne über dem breiten Horizont Ostasiens aufgegangen‹, äußerte sich das ZK 1959 nahezu lyrisch.[1]

Das Mißtrauen gegen die Großstadt, die Abneigung gegen ihre Tendenz, die ehrbaren alten bäuerlichen Werte auszuhöhlen und Selbstsucht, Habgier und menschliche Ausbeutung zu züchten, war ein starkes Moment bei Mao und denjenigen seiner Kollegen, welche die frühen 1930er Jahre damit verbracht hatten, die ländlichen Sowjets in China aufzubauen. Dieses Moment wurde durch die Erfahrungen des Langen Marsches verstärkt und ›ein unauslöschlicher Zug der chinesischen Politik nach 1949‹. Für die maoistische Führung war der ideale Chinese eine Allerweltsperson, die in der intellektuellen und in der Handarbeit gleich geschickt war, in der Landwirtschaft genauso zu Hause wie in der Industrie.

Als einer der chinesischen Wirtschaftsplaner Han Su-jin in den 1960er Jahren sagte, ›wir werden keine weiteren Großstädte mehr bauen‹, gab er einen grundsätzlichen politischen Vorsatz wieder, den eine andere Führung nicht akzeptiert hätte. Die Absicht war, wie Han Su-jin erklärte, die ›Verländlichung (eines Tages vielleicht sogar die Beseitigung) der Großstädte, wie sie, als Hochburgen des Besitzes und des Reichtums, geschaffen worden waren, gegen einen revoltierenden Bauernstand‹.[2]

1959 versuchte die Partei, berauscht von den ersten Erfolgen der

Kommunen, das städtische Proletariat und den Mittelstand mittels ähnlicher Organisationen umzubilden. ›In der Zukunft werden die städtischen Volkskommunen... Instrumente zur Umwandlung der alten Städte und zur Konstruktion der neuen kommunistischen Städte sein‹, erklärte das ZK. Die städtischen Kommunen konnten den Städtern jedoch nicht ›angedreht‹ werden und wurden schnell wieder fallengelassen. 1967 proklamierten die Radikalen der jungen Garde von Schanghai in der Hitze der Kulturrevolution abermals eine Schanghai-Kommune, die Führung mußte das aber schließlich als verfrüht mißbilligen. Die chinesischen städtischen Klassen widersetzten sich der Bauernromantik der Langen Marschierer bis zum Ende.

Der durchschnittliche Lange Marschierer verabscheute Büroarbeit, Bürokratie, Akten und Archive, alles, was die direkte Verbindung zwischen Regierenden und Regierten erschweren konnte. Während Tschou und Liu nach 1949 in ihren Regierungs- oder Parteihauptquartieren rund um die Uhr arbeiteten, zogen es Mao und seine Genossen vor, das Land zu bereisen, um die Verhältnisse und Fortschritte zu inspizieren; sie kehrten nur gelegentlich nach Peking zurück, um eine dauerhafte Resolution, einen Bericht oder ein Memorandum zu verfassen. Wenn Tschou und Liu die Berichterstatter waren, die sich mit den Alltagsereignissen befaßten, war Mao der schöpferische Schriftsteller, der nach Vollkommenheit und Ruhm nach dem Tode strebte.

Die Rolle der Armee war im kommunistischen China besonders schwierig. Zuerst begann sie ihre Rolle 1949 als Streitmacht, die nach Guerillagrundsätzen geschult worden war. Ihre instinktiven Fertigkeiten waren die der Zermürbung und der Ausnützung der Schwäche des Feindes. ›Wenn der Feind vorrückt, ziehen wir uns zurück; wenn der Feind hält, setzen wir ihm zu, wenn sich der Feind zurückzieht, greifen wir an...‹ Mao drückte es in seinem Mustertext so aus: ›Die Fähigkeit davonzulaufen, ist genau eines der Charakteristika der Guerillas. Das Davonlaufen ist das Hauptmittel, dem passiven Zustand zu entgehen und die Initiative zurückzugewinnen.‹[3]

In den endgültigen Stadien des Bürgerkriegs waren es jedoch die Kuomintang-Armeen, die davonliefen, und fast buchstäblich ins Meer geworfen wurden; die Roten Generäle gingen jetzt mehr zu dem Stellungskrieg über, einer Kriegführung, die für eine dem Gegner zahlenmäßig gleiche, wenn nicht überlegene, Streitmacht angemessener schien. In Korea – dem nächsten Kriegsschauplatz, auf dem die chinesische Armee engagiert war – gaben ihr die Amerikaner wenig Gelegenheit für Guerillataktiken, und Peng Teh-huai, der die chinesischen ›Freiwilligen‹ kommandierte, muß schließlich die militärische Maschinerie (besonders die Flugzeuge), die nur die Russen liefern konnten, sehr geschätzt haben.

Bald nach Ausrufung der Volksrepublik sonnte sich die Armee in der russischen Gunst. Tschu Teh trug eine phantasievolle Uniform und 1955 waren einige Rangunterschiede eingeführt worden. Zehn höhere Generäle erhielten den Titel ›Marschall‹; Orden wurden verteilt. Gehälter im Gegenwert (von 3 US-$ für den einfachen Mann bis zu 250 US-$ für Generäle im Monat) traten an die Stelle der ›freien Verteilung‹ von Waren; die Wehrpflicht wurde eingeführt und äußere Rangabzeichen formalisiert. Man begann mit einem von den Sowjets geförderten Nuklearprogramm. Ein Jahrzehnt später wechselten die Gezeiten abermals. Die Guerillaanhänger übernahmen wieder die Führung, und die Gleichmacherei des Langen Marsches war wieder das militärische Ziel. Bis dahin hatten die Russen auch ihr Versprechen zurückgezogen, China bei der Entwicklung atomarer Waffen zu helfen. Die chinesischen Wissenschaftler entwickelten ihre eigene, weniger kostspielige Wasserstoffbombe.

Die Armee begann, sich der wirtschaftlichen Wiederaufbauarbeit zu widersetzen, die ihr die Partei auferlegt hatte, ebenso wie den ›Jeder-ein-Soldat‹-Plänen, mit denen die Partei eine Amateur-Teilzeit-Miliz entwickeln wollte, deren Niveau die in steigendem Maß professionalisierten Armeeoffiziere nur verachten mußten. Peng Teh-huais Entfernung aus dem Verteidigungsministerium und der Parteiführung 1959 stand zum großen Teil im Zusammenhang mit diesen Auseinandersetzungen in der Armee. Lin Piao (der, technisch gesehen, die chinesischen Streitkräfte während des Koreakriegs befehligte, aber vermutlich zu der Zeit an Tuberkulose erkrankte) sollte den Streitkräften, nachdem er Peng 1959 im Amt folgte, mehr Guerillamoral und Treue zum Maoismus einimpfen. Peng gab aber lediglich eine andere Anschauung wieder, die in den höheren Rängen der Armee stark vertreten wurde, auch gab es andere, besonders Lo Jui-tsching, der in den 1960er Jahren oft dafür eintrat.[4]

Lin Piao wurde während der Kulturrevolution tatsächlich als die Verkörperung aller Tugenden der Langen Marschierer gepriesen, als ein Mann, der als so unfehlbar galt, um mit Maos Mantel investiert zu werden.

Er war jedoch dieser Rolle nicht angemessen. Ein guter militärischer Organisator, besaß er jedoch kein Charisma und trat nur wenig in der Öffentlichkeit auf. Augenscheinlich überspielte er 1971 seine

Hand, den wirklichen Politikern, wie Tschou En-lai, war er nicht gewachsen.

Das waren einige der Spannungen und Widersprüche, welche durch die Debatten über die Relevanz oder Irrelevanz des Langen Marsches für die Probleme hervorgerufen wurden, achthundert Millionen Chinesen zu regieren und ihre Modernisierung zu überwachen. Mao erkannte dieses Dilemma selbst, als er kurz nach 1949 sagte: ›Eine ernste Aufgabe wirtschaftlichen Wiederaufbaus liegt vor uns und Dinge, in denen wir wohl versiert sind, werden bald nicht mehr von Nutzen sein, wir werden Dinge tun müssen, in denen wir nicht versiert sind. Das ist unsere Schwierigkeit.‹[5]

Einige Jahre blieb er im Hintergrund und beobachtete, wie Tschou und Liu ihr Korps von Technokraten und Parteileuten aufbauten; schließlich konnte er aber nicht mehr widerstehen und intervenierte, um etwas von der unverfälschten Reinheit der früheren Jahre zu retten. Der technisch Ausgebildete durfte das Verlangen nach der Guerillamoral nicht vergessen – Demut und die Fähigkeit, dem einfachen Mann nahe zu bleiben –, er mußte sich an das überwältigende Bedürfnis erinnern, sein Selbstvertrauen wieder herzustellen und seine Furcht vor der Autorität zu überwinden. In Maos China mußte man *sowohl* rot *wie* ein Experte sein, in dem China, wo man sich an den Langen Marsch nicht nur erinnert, sondern seinen Geist auch nachlebte.

Wenn man versucht, die subtilen Unterschiede zwischen den verschiedenen Persönlichkeiten und Gruppen in der chinesischen kommunistischen Führung seit 1949 zusammenzufassen, ist es unmöglich, *nicht* zu entstellen. Liu und Tschou unterstützten eine beträchtliche Zahl von Maos Übertreibungen genauso wie Mao einiges von dem akzeptierte, was er innerlich für Unorthodoxien Tschous und Lius gehalten haben muß. Sie alle schlossen in der Volksrepublik gewissermaßen einen Kompromiß. Außerdem müssen ihre Ansichten, was man während ihrer immer kürzer werdenden Lebensspanne in dem China ihrer Tage noch erreichen konnte, im Verlauf der Jahre entwickelt und modifiziert worden sein. Alles Gute und alles Üble des Erbes des Langen Marschs steckt – wenn auch in verschiedenen Graden – in ihnen allen.

Es war Tschou En-lai, der nur wenige Monate, ehe er Ministerpräsident der größten Nation der Erde wurde, von seinen Bahrenträgern (die ihn während der letzten Phasen des Bürgerkriegs tragen mußten, als er krank war und die Kuomintang ihn dichtauf verfolgten) entdeckt wurde, als ihm die Füße durch die Löcher in seinen

Schuhen lugten.[6] Männer, die zwanzig Jahre lang so etwas mitgemacht hatten, verloren ihre Orientierung nicht vollständig, vergaßen nicht ihre Ideologie oder mißtrauten ihren Waffenbrüdern, bloß weil sie plötzlich in die Pracht des Kaiserlichen Palasts in der Verbotenen Stadt und in den bewunderten Kreis der internationalen Diplomatie versetzt worden waren.

Eine gewisse Denkgewohnheit, durch die ewige Einkreisung und Drohung der Einkreisung von seiten der Kuomintang erzeugt, veranlaßte einige von ihnen jedoch, die Gesamtlage Chinas im Geist einer Belagerung zu sehen, wobei zuerst die Amerikaner und dann die Russen die Rolle der Belagerer übernahmen. Deshalb des Bemühen, die Autarkie zu erreichen, ehe sie wirklich nötig war, das Mißtrauen gegen die sowjetische Wirtschaftshilfe, die nahezu besessene Betonung, sich selbst behaupten zu können. Genauso wie die Kommunisten das wahre China besser kannten als Tschiang Kai-schek, wußten sie weit weniger über die übrige Welt Bescheid.

Der Marsch hatte das fundamental nach innen schauende Element der Parteiführung ans Ruder gebracht. Mao verließ China nie, ehe der Bürgerkrieg vorbei war, und er hat kein fremdes Land außer Rußland gesehen. Es war daher unvermeidlich, daß die auswärtigen Bündnisse der chinesischen Kommunisten für alle Beteiligten am schwierigsten zu behandeln waren.

25 Das dritte Erbe: Unabhängigkeit von Rußland

Eine der wichtigsten Konsequenzen des erfolgreichen Langen Marsches war die Garantie, daß Moskau nachher die chinesischen Kommunisten wenig beeinflussen konnte. Der historische Hintergrund der chinesisch-russischen Rivalität in Zentralasien während des 18. und 19. Jahrhunderts, wo sie die längste Landgrenze der Erde teilten, und die Tatsache, daß beide Länder völlig verschiedene Zivilisationen repräsentieren, sollte eigentlich schon immer darauf hingewiesen haben, daß jede Regierung in Peking vor jeder Regierung in Moskau auf der Hut sein würde, welche ideologische Färbung sie auch haben mochte. Die Gründung der KPCh war aber in ihrem Ursprung genauso eine russische wie eine chinesische Initiative, und ihre ersten Führer waren – intellektuell, politisch und finanziell dem Kreml stark verpflichtet. In den 1920er Jahren war die UdSSR in

China populär, und die Chinesische Partei fühlte keine Hemmung, sich auf ihre Gönnerin zu stützen.

Mao war der einzige Führer von wirklichem Format, der außerhalb des Sowjetnetzes blieb. Vor 1949 ging er niemals nach Rußland, er war in den 1920er und 1930er Jahren nie einem der russischen Komintern-Berater nahegestanden. Die Russen fühlten sich bei den bereits halbwestlichen oder nach Westen neigenden städtischen Intellektuellen mehr zu Hause als bei der gewichtigen kompromißlos chinesischen Gestalt Maos.

Und es war Mao, der als erster dazu kam, ihrem Rat zu mißtrauen. Wie die andern pries er sie bis zu dem Schanghai-Massaker von 1927 und dem Zusammenbruch der ersten vereinigten Front mit der Kuomintang übermäßig. Tatsächlich hatte Mao selbst bei seinen chinesischen Genossen Überraschung, ja sogar etwas Unbehagen durch seine Gründlichkeit verursacht, mit der er die von den Russen inspirierte Allianz mit der Kuomintang in den frühen 1920er Jahren durchführte. Nach 1927 mißtraute er jedoch dem Urteil der Russen und sah immer mehr ein, daß sie in China, das sie nicht verstanden, eine Art Blinde-Kuh-Spiel trieben.

Mao hörte nie auf, Marx, Engels, Lenin und Stalin zu preisen oder seine intellektuelle Schuld gegenüber den ersten drei und seine politische gegenüber dem letzteren anzuerkennen. Wie aber sollte der einzige chinesische Revolutionär, der Ende der 1920er Jahre den Bauern als den besten Bannerträger der Revolution ansah, einem Leninismus gegenüberstehen, der besagte: ›Die Stadt führt unvermeidlich das Dorf. Das Dorf folgt unweigerlich der Stadt. Die einzige Frage ist, welcher der städtischen Klassen das Dorf folgen wird.‹[1] Die russischen Marxisten waren durch und durch städtisch, sie waren also dem Temperament nach nicht auf die Realität der chinesischen Revolution eingestimmt, wie sie in den 1920er und 1930er Jahren in Erscheinung trat.

Es war also unvermeidlich, daß ein strategischer Rat Rußlands gewissermaßen ein Glücksspiel war. Der Kreml lag sowohl im geographischen wie im kulturellen Verstehen fern von China, und doch versuchte Stalin, die KPCh über die Komintern sehr straff zu leiten – oft durch die Verwendung von Telegrammen. Unglücklicherweise lag sein Hauptaugenmerk in der Unterdrückung seiner eigenen Opposition in Moskau. Seine Chinapolitik beruhte daher auf der Entscheidung, welche Gruppe chinesischer Berater für ihn und welche gegen ihn war, nicht aber, welche Gruppe die Sache am besten im Griff hatte. In seinen russischen Intrigen unglaublich gewandt, irrte sich der georgische Meister in seinen chinesischen Schachzügen oft in der traurigsten Weise.

Die drei Hauptanschuldigungen gegen die russische Chinapolitik vor dem Langen Marsch lauteten: erstens, die Förderung der vereinigten Front weit über den Punkt hinaus, an dem sie für die chinesischen Kommunisten 1927 zum Untergang verdammt und gefährlich wurde[2]; zweitens, der unverantwortliche abenteuerliche Vorstoß 1930, der zu der Niederlage von Tschangscha geführt hatte und drittens, die unbeugsame unangemessene militärische Taktik, die 1934 in dem Verlust der alten chinesischen Sowjetbasen im Süden gipfelte. Dieser letztere Fehler, der auf dem Marsch hitzig debattiert wurde, wurde ursprünglich Otto Braun (Li Teh), dem Kominternvertreter, zugeschrieben, der an dem Langen Marsch teilnahm. Braun gestand später Edgar Snow: ›Die chinesische Psychologie und Tradition sowie die Eigenheiten der chinesischen militärischen Erfahrung müssen in einer gegebenen Lage die Haupttaktik entscheiden. Die chinesischen Genossen kennen die richtige Tatik der revolutionären Kriegführung in ihrem eigenen Land besser als wir.‹[3]

Während aber Mao auf dem Marsch das Überwiegen von Brauns Taktik mißbilligte, schickten sich die Politiker in Moskau an, Maos Kopf zu fordern. Mao war schon vorher beim Politbüro in Ungnade gewesen, und gerade um diese Zeit, als der Marsch 1934 begann, stand die KPCh technisch noch unter der Führung der Achtundzwanzig Bolschewiki. Wang Ming, der Oberste Parteiführer, weilte in Moskau, wo er fast bis Ende der 1930er Jahre Stalins Gunst und Vertrauen behielt.

Obwohl man Mao auf der Tsunji-Konferenz, im Januar 1935, zum Vorsitzenden des Politbüros wählte, wurde das in der UdSSR erst 1938 bestätigt – und auch dann nur durch eine beiläufige Bemerkung in einem Artikel der Enzyklopädie.[4] Maos Position war insofern unangenehm, als er technisch im offenen Trotz gegen die Komintern – und so auch Stalin – durch seine Insubordination gegenüber ihren Repräsentanten in China von Tsunji an stand.[5] Erst Ende 1937 kehrte Wang aus Moskau zurück – und erst einige Jahre später gelang es Mao, ihn endlich zu denunzieren und aus der Parteiführung zu drängen.

In der Zwischenzeit konnte die Maoisten-Gruppe Snow in Jenan im Jahre 1936 vortäuschen, der Mann hinter dem Kiangsi-Fiasko sei Braun gewesen.[6] Um diese Zeit wurde die Komintern selbst bereits durch Stalins Säuberung erschüttert, und niemand konnte genau wissen, wer in Moskau wen stützte. Später, als die guten Beziehun-

gen zu Stalin wichtiger geworden waren, übertrugen die Maoisten die
Schuld von Braun auf ihre chinesischen Gegner, Wang Ming und Po
Ku. Der Prozeß, durch den diese peinliche Meuterei eine Rechtfertigung a posteriori erhielt, war langwierig und schmerzlich. Die Rede
von 1945, in der Mao ausführlich die Fehler der Wang Ming-Faktion
einzeln aufführte, blieb acht Jahre lang geheim, und der Siebte Parteikongreß, auf dem er sie hielt (und dadurch seine unangefochtene
Vorherrschaft konsolidierte), wurde in der russischen Presse ignoriert.[7] Um die Schwierigkeiten noch zu steigern, war Stalins Rat in
der Phase nach dem Krieg so falsch wie früher. Er zweifelte noch an
der potentiellen Stärke der chinesischen Kommunisten, hielt seine
Optionen in Richtung auf die Kuomintang offen und schlug sogar am
Vorabend von Maos endgültigem Sieg 1949 vor, daß die Roten
Truppen am Jangtse halten und Südchina Tschiang überlassen sollten, ein Vorschlag, der das chinesische Politbüro entsetzte. Für das
Zentralbüro war die Einigung Chinas unter einer Zentralregierung
ein Ziel, das kein chinesischer Republikaner erreicht hatte, seit der
letzte Kaiser 1912 vom Drachenthron gezerrt worden war – ein Ziel
von höchster Priorität.

›Nach dem Krieg‹, räumte Stalin 1948 Kardelj gegenüber ein, ›lu-
den wir die chinesischen Genossen nach Moskau ein und besprachen
die Situation in China. Wir sagten ihnen unverblümt, daß wir die
Entwicklung der Erhebung in China für aussichtslos hielten, daß die
chinesischen Genossen einen modus vivendi mit Tschiang Kai-schek
suchen, daß sie sich der Tschiang-Kai-schek-Regierung anschließen
und ihre Armee auflösen sollten. Die chinesischen Genossen stimmten in Moskau der Ansicht der sowjetischen Genossen zu, handelten
aber nach ihrer Rückkehr in China völlig anders. Sie musterten ihre
Kräfte, organisierten ihre Armeen und schlagen jetzt, wie wir sehen,
Tschiang Kai-scheks Heere. Im Fall Chinas geben wir jetzt zu, daß
wir uns geirrt haben.‹[8]

Als daher die Chinesische Kommunistische Partei 1949 auf dem
Tienanmen-Platz die Volksrepublik ausrief, war sie der Sowjetunion
sehr wenig verpflichtet. Trotzdem blieb Stalin der Chefexekutive des
mächtigsten Landes im kommunistischen Lager und der einzigen
Nation, die neben den erzkapitalistischen und erzimperialistischen
USA den Status einer Supermacht beanspruchen konnte.

Man schloß daher eine konventionelle Ehe. Mao mußte aber im
Winter 1949/50 monatelang warten, ehe er die Abkommen erhielt,
die er wünschte, und die Chinesen fühlten sich in jeder Hinsicht von
der knauserigen russischen Hilfe enttäuscht. Allmählich verschlech-

terten sich die Beziehungen weiterhin. Die russische finanzielle Unterstützung für andere afroasiatische Länder, wie Indien und Ägypten, Unstimmigkeiten hinsichtlich des Kalten Krieges mit den westlichen, kapitalistischen Ländern, beiderseitige Unzufriedenheit mit den Resultaten der sowjetischen technischen Hilfe für China und ideologische Differenzen wegen der Entstalinisierung, der Kommunen und des Großen Sprungs-nach-vorn (den Suslow, der russische Cheftheoretiker unfreundlicherweise als den Versuch einer Industrialisierung durch ›Kavallerieattacken‹ charakterisierte) – all das belastete ein Bündnis, das kaum die Zeit gehabt hatte, sich zu etablieren.[9]

Später traten die territorialen Differenzen zutage, und die chinesisch-sowjetische Grenze wurde der Weltöffentlichkeit als die längste und spannungsreichste Gefahrenzone der 1970er Jahre enthüllt. Kämpfe am Ussuri in der Nähe von Wladiwostock 1969 und bewaffnete Zusammenstöße Ende der 1960er Jahre an der Grenze von Kasachstan und Sinkiang führten einige westliche Kommentatoren zu der Annahme, daß ein Krieg unvermeidlich sei. Harrison Salisbury, der Korrespondentenveteran der *New York Times* schrieb ein Buch ›Krieg zwischen China und Rußland?‹

Die Zeit wird erweisen, ob diese Voraussagen richtig sind. Es ist zweifelhaft, ob eine Führungsgruppe in Moskau oder Peking einer Hysterie zum Opfer fallen würde, die allein zu einem großen Krieg führen könnte. Die zwei Länder haben zu viel zu verlieren und nichts in einem Kampf zu gewinnen, in dem keiner von ihnen siegen könnte, und es ist wahrscheinlich, daß sie sich geraume Zeit auf ein Säbelrasseln beschränken werden, ohne tatsächlich über die Grenze zu springen. Was immer auch geschehen mag, der Lange Marsch hat dafür gesorgt, daß die Chinesen weniger Respekt vor den Russen und die Russen weniger Zuneigung zu den Chinesen haben, als es der Fall gewesen sein wäre, wenn eine andere Art von chinesischen Kommunisten die Macht ergriffen hätte – oder wenn Tschiang Kaischek, dessen Sohn und Erbe Tschiang Tsching-kuo in Moskau ausgebildet wurde und dort eine Russin heiratete, den Bürgerkrieg gewonnen hätte.

Der Riß zwischen den zwei mächtigsten kommunistischen Parteien zu Beginn der 1960er Jahre hatte unberechenbare Folgen. Er schwächte entscheidend und in der Welt im allgemeinen den Anklang des Marxismus, er entfesselte den würdelosen Wettbewerb um den Einfluß auf die internationale kommunistische Bewegung, indem die Ideale des Sozialismus an die zweite Stelle hinter die Forde-

rungen des russischen und des chinesischen Chauvinismus traten. Er
verwandelte die relativ monolithische Natur des sowjetischen La-
gers, beschleunigte die Verteilung der Macht unter den kleineren
Ländern des Blocks und führte die Russen näher an den Westen
heran, als das seit den Tagen des Zarismus der Fall gewesen war.

Er dramatisierte mehr als alles andere, mehr sogar als die UN-
Konferenz über Handel und Entwicklung (UNCTAD) die Tatsache,
daß die bezeichnendste Spaltung der Menschheit nicht ideologisch
(Kommunisten gegen Kapitalisten), sondern kulturell-rassisch-wirt-
schaftlich war (die europäisch-weißen industrialisierten gegen die
afroasiatischen farbigen, unterentwickelten Länder). Das Nord-
Süd-Armutsgefälle ersetzte die politische Ost-West-Konfrontation
als die entscheidende Frage des Zwanzigsten Jahrhunderts, und der
Lange Marsch muß seinen Teil an der Verantwortung dafür beanspruchen, daß die Ereignisse, die zu der neuen Polarisation der Welt
führten, so bald eintraten.

26   Das vierte Erbe: die Vorherrschaft Maos

Die Behauptung, Mao sei zu der Zeit, als seine erschöpften Kolonnen 1935 die Provinz Schensi erreichten, unbestrittener Führer der
KPCh gewesen, ist, wie bereits erwähnt wurde, keineswegs wahr. Es
gab zwei hohe Parteiführer, denen er seine Autorität nicht hatte aufzwingen können: Tschang Kuo-tao, der sich in jenem Sommer in
Moukung und Maoerhkai geweigert hatte, sich Maos Führung zu un-
terwerfen, und Wang Ming, der während des Langen Marsches verächtlich in den Kulissen in Moskau geblieben war. Tschang war, wie
Mao, Gründungsmitglied der Partei gewesen und Wang Ming war
Maos unmittelbarer Vorgänger als oberster Mann im Politbüro und
hatte den Machtwechsel nie anerkannt.

Auch gab es eine Anzahl anderer Parteimänner, die als Mitglieder
des Marsches nicht an dem Vorgang teilnahmen, durch den Mao
vorübergehend als Führer akzeptiert wurde, und die seine Ansprüche nicht unbedingt unterstützten. Zu ihnen gehörten Hsiang Jing,
Liu Tschih-tan, Kao Kang, Hsiao Ke, Jen Pi-schih, Hsu Hai-tung und
Ho Lung.

Mao konnte nicht einmal sicher sein, daß die anderen ihm in der
Bewegung Gleichgestellten, vor allem Tschou En-lai, ihn unter den
veränderten Bedingungen in Jenan weiter unterstützen würden.

Die Strapazen und Gefahren des Marsches erforderten eine bedingungslose Disziplin und Treue gegenüber dem einen Mann, dessen Taktik offensichtlich richtig war. Sobald die Rote Armee aber wieder in Sicherheit war, gab es Raum für Manöver und Gelegenheiten, die Politik erneut zu debattieren. Ein Hinweis, daß sich Mao selbst der Unsicherheit seiner Stellung in der KPCh bewußt war, kam 1969 ans Licht, als Edgar Snow seine revidierte Ausgabe von ›Roter Stern über China‹ veröffentlichte. Sie enthielt eine Bemerkung Mao Tse-tungs ihm gegenüber, die dieser am 25. Juli 1936 in Paoan gemacht hatte – neun Monate nach dem Ende des Langen Marsches, aber drei Monate, ehe die Zweite und die Vierte Armee Schensi erreichten – eine Bemerkung, die Snow in seiner ersten Ausgabe weggelassen hatte, weil sie damals von wenig Interesse zu sein schien.

›Ein weiterer Grund‹, hatte Mao erklärt, ›für ihre (der Partei) Unbesieglichkeit liegt in der außergewöhnlichen Fähigkeit, dem Mut und der Loyalität des revolutionären Kaders. Die Genossen Tschu Teh, Wang Ming, Lo Fu, Tschou En-lai, Po Ku, Wang Tschia-hsiang, Peng Teh-huai, Lo Mai, Teng Fa, Hsiang Jing, Hsu Hai-tung, Tschen Jun, Lin Piao, Tschang Kuo-tao, Hsu Hsiang-tschien, Tschen Tschang-hao, Ho Lung, Hsiao Ke – sie alle, die für einen einzigen Zweck zusammenarbeiteten, haben die Rote Armee und die Sowjetbewegung geschaffen. Sie und andere, die noch kommen werden, werden uns zum Endsieg führen.‹[1]

Die Annahme ist statthaft, daß Mao Tse-tung im Sommer 1936 für die Ohren des Auslands noch die Harmonie in der Führung der KPCh in dem Ausmaß unterstreichen mußte, daß er bereit war, so offenkundige Gegner wie Tschang Kuo-tao und Wang Ming zu loben. Vielleicht war sein stärkstes Motiv, innezuhalten und an Moskau zu denken. Wie Snow betont, ist die Liste aber auch wegen ihrer Auslassungen interessant, besonders der Namen Liu Schao-tschi, Liu Po-tscheng, Tschen Ji, Liu Tschih-tan und Kao Kang.

Es gibt noch eine andere Ansicht über die Natur der Veränderung in der Führung nach der Tsunji-Konferenz, die besagt, die Partei habe lediglich den Posten des Vorsitzenden über den des Generalsekretärs erhöht, der bisher den höchsten Rang innegehabt hatte. Edgar Snow behauptet das in seiner neuen Ausgabe von ›Roter Stern über China‹. Jerome Ch'en weist darauf hin, daß Maos Versagen, den Posten des Generalsekretärs zu halten, das Fehlen einer Machtbasis in der Partei widerspiegele – und das hat ihn vielleicht veranlaßt, instinktiv den Männern zu mißtrauen, die diesen Posten innehatten. Des weiteren waren alle aufeinanderfolgenden Generalsekretäre (Tschen Tu-hsiu, Tschu Tschiu-pai, Hsiang Tschung-fa, Wang Ming, Po Ku, Tschang Wen-tien, Liu Schao-tschi und Teng Hsiao-ping) im Ausland geschult, sie verfolgten eine andere Linie, die der auswärtigen Beziehungen, in der Mao nie geglänzt hatte.[2]

Tschang Kuo-tao schaltete sich, wie wir gesehen haben, selbst aus dem Rennen im Politbüro aus, indem er schimpflich seinen Stolz hinunterschlucken und mit Ho Lung und Tschu Teh nach Norden zurückkehren mußte und indem er daraufhin seine Armee in einer schlechtgeplanten Operation gegen Sinkiang verlor. Seit der Zeit des Verfahrens gegen ihn 1937, stellte er für Mao keine Bedrohung mehr da. Nach dem Bürgerkrieg wurde er in Hongkong seßhaft, wo er westlichen Gelehrten einige Interviews gab und seine Memoiren schrieb. Schließlich emigrierte er nach Kanada.[3]

Zu dieser Zeit barst Mao förmlich vor Selbstvertrauen, das der Lange Marsch verständlicherweise erzeugt hatte. Einen aufschluß-reichen Blick auf seine Geistesverfassung gewährt das Gedicht ›Schnee‹, das er wahrscheinlich im Februar 1936 schrieb:

> Nördliches Land in Sicht
> Tausend Meilen eisige Starre
> Zehntausend Meilen schneeverweht –
> Schau: die Große Mauer beiderseits
> Geblieben nur Öde
> Den Gelben Fluß hinauf, hinab
> Stocken die Wasser.
> Die Grate tanzende Silberschlangen
> Bergkuppen, eilende Elefanten
> Möchte dem Himmel gleich sein an Höhe.
> Warte, im Sonnenlicht
> Siehst du rote Gewänder weiß innen
> Maßloser Zauber.
>
> Landschaft wie diese, überall lockend
> Ließ unzählige Freier in Streit sich beugen
> Ach, Tschin Schih-huang, Han Wu-ti
> Beschränkt ihre Bildung
> Tang 'Tai-tsung Sung Tai-tsu
> Gering ihr Geschmack.
> Eines Zeitalters Himmelsstolz
> Dschingis Khan
> Konnte nur Bogen schießen nach großen Adlern

Alle dahin!
Zählst du auf frei gesonnene Menschen
Wende den Blick zum Heute.[4]

(Übersetzung: Joachim Schickel)

Wang Ming war jedoch wegen seiner russischen Beziehungen ein schwierigerer Kunde. 1937 kehrte er mit dem Prestige nach China zurück, Stalins Berater in kolonialen Fragen und ein Mitglied des Exekutiv-Komitees der Komintern zu sein. Von Ende 1937 bis zum ›Kongreß der Sieger‹ 1945 bemühte sich Mao, die Bedrohung seiner Führung durch Wang zu beseitigen. Die entscheidende Frage des Tages war die Strategie für eine zweite vereinigte Front zu finden. Wang drängte auf ein volles Bündnis mit der Kuomintang, um den halblegalen Status der KPCh zu verbessern, um erneut Zugang zu dem entscheidenden chinesischen Proletariat, den potentiellen Führern der Revolution zu gewinnen.

Seine Position war kurz gesagt folgende: Die chinesischen Kommunisten sollten dem Genossen Mao herzlich dafür danken, daß er den Tag gerettet und die Hauptmasse der Roten Armee durch unmögliche Gefahren erhalten hatte; nun da aber alles vorbei war, sollten sie den Blick auf die wirklich drängenden Aufgaben richten, die städtischen Revolutionäre zu organisieren, eine Aufgabe, die man den ›echten‹ Kommunisten überlassen wollte, die sich deutlich von der Bauernromantik der Mao-Gruppe unterschieden.

Mao erwiderte, das hieße, die alten Fehler von vor zehn Jahren wiederholen. Der Hauptkonflikt in China bestehe zwischen Bauern und Landeigentümern und nicht zwischen Fabrikarbeitern und Industriellen: China sei überhaupt keine kapitalistische Gesellschaft, sondern eine, die noch in Feudalismus und Kapitalismus stecke. Die Revolution sollte geradewegs auf dem Übelstand der Bauern und einem antijapanischen Patriotismus gegründet sein. Die Vereinigte Front sollte nur so weit gehen, als sie der KPCh gestattete, diese Ziele zu verfolgen. Im Interesse einer Überschätzung des Anliegens der städtischen Armen gegen alle Warnungen der Vergangenheit weiter zu gehen, würde eine offene Kapitulation vor der Kuomintang bedeuten.

Es war ein Glück für Mao, daß die zwei Kollegen, die seine Übernahme des Vorsitzes in Tsunji gebilligt hatten, Tschou und Liu, ihn auch in dieser Debatte unterstützten. Möglicherweise war ihr Motiv das überwältigende Bedürfnis nach Versöhnung in der von Mao meisterhaft geführten Art, im Gegensatz zu der entsetzlichen Aussicht, daß die Achtundzwanzig Bolschewiki die blutigen stalinistischen Säuberungen erneuern würden, in deren Techniken sie Meister waren. Die chinesischen Genossen hatten in Kiangsi in den Monaten unmittelbar vor dem Langen Marsch davon einen Vorgeschmack bekommen, als sie von Po Ku, dem damaligen Generalsekretär, geübt wurde; auch Tschou selbst soll angeblich in einer grausamen Vergeltung für den Verrat[5] eines Parteigenossen verwickelt gewesen sein, welche den Kommunisten viele Anhänger kostete.

Zweifellos spielte Mao auch mit ihrem Gefühl des Nationalstolzes, den man dazu benutzen konnte, Wangs offene Abhängigkeit von seinen russischen Patronen als würdelos und unnötig servil zu brandmarken. Mao war in der Hinsicht doppelt glücklich, daß die internen Schismen in der Komintern gerade zu dieser Zeit diese Organisation hinderten, Wang effektiv in seiner Mission in China zu unterstützen. Die europäischen Genossen waren anderswo engagiert. Angeblich hat die Kuomintang 1938 ein Dokument bei den Kommunisten erbeutet, in dem Tschou als zwischen der KPCh und der Kuomintang schwankend geschildert wird.[6] Mao, so hieß es, wollte die inneren und internationalen Nachwirkungen eines neuen Risses in der Partei nicht so rasch nach dem Überlaufen Tschang Kuo-taos zum Feind heraufbeschwören, deshalb behandelte er Tschou mit Vorsicht. Ein offener Bruch zwischen den zwei Männern war jedoch in den Augen dieses Kommentators ›schließlich unvermeidlich‹. Tschou bemühte sich jedoch, alle Zweifel bei sich zu behalten. ›Alle, die in der Vergangenheit an Genosse Mao Tse-tungs Führung oder Gedanken zweifelten, sind jetzt völlig widerlegt‹, sagte er zu einem Empfangskomitee, als er von Gesprächen mit der Kuomintang im August 1943 von Schanghai nach Jenan zurückkehrte.[7]

Eine andere Version besagt, daß Wang Mings Rückkehr die Zwietracht bei den Internationalen, die sich bis dahin schwächlich und mit einem Minimum von Harmonie in Tschang Wen-tiens Haus in Jenan getroffen hatten, neu entfachte. Tschen Jun und Tu Tschen-nung zufolge brachte Wang drei Botschaften Stalins mit: Man sollte Maos Ignoranz des Marxismus-Leninismus durch Unterricht der in Rußland ausgebildeten chinesischen Genossen beenden; Tschang Kuo-taos Bestrafung sei übertrieben worden und Tschang Wen-tien sei wegen seiner früheren Verbindung mit Trotzkisten in Moskau für den Posten des Generalsekretärs der KPCh ungeeignet. Diese dritte Botschaft weckte natürlich den Verdacht, daß Wang den Generalsekretärsposten selbst anstrebe, Mao konnte derart die Internationalen gegeneinander ausspielen.[8]

Mao gelang es also, seine eigene Auslegung der komplexen Geschichte der Partei seit dem Schanghai-Massaker von 1927 durch das ZK unterstützen zu lassen. Das geschah nach einer ausgiebigen Reihe von Parteirechtfertigungskampagnen, in denen die Fragen wieder und wieder ausgedroschen wurden, bis jeder bereit war, die Auslegung Maos anzunehmen. Diese Lösung war besser als Ermordungen, politische Hinrichtungen und physische Foltern und jeder war sich hinsichtlich der Frage, um die es ging, viel klarer. Zu dieser Zeit wurde der Grundstein für den Maokult und seiner Philosophie gelegt, der in der Kulturrevolution der 1960er Jahre seinen Höhepunkt erreichen sollte. Dies erreichte eine Gruppe junger von Mao rekrutierter Propagandisten und darauf stützte er seine Vormachtstellung über die, die bessere Organisatoren waren als er.

Endlich war Mao im Jahre 1945 für einen vollen Parteikongreß bereit, den ersten seit 1928, auf dem sein Sieg bestätigt, seine Führung bewahrt und seine theoretischen Schriften als origineller und schöpferischer Beitrag zu der Wissenschaft des Marxismus-Leninismus anerkannt wurden. Liu Schao-tschi verkündete der Welt, daß die KPCh eine proletarische Partei eines völlig neuen Typs geworden sei, und daß die neue Parteiverfassung ausdrücklich den Maoismus als Leitline annehme.

Wang Ming war bereits zu einer relativ untergeordneten Parteistellung abgewertet worden, und der Siebte Kongreß der KPCh zerbrach auch seine letzten schwachen Hoffnungen auf die Macht. Als Edgar Snow ihn 1939 in Jenan traf, ›war er über Wangs jugendliche Erscheinung erstaunt (Wang war damals erst 32), von seiner gewandten Art hingerissen, von den Folgen seiner sitzenden Lebensweise – Wang war ein rundlicher kleiner Mann, einen Kopf kleiner als Mao –, wie auch über die leise Verachtung, mit der die Genossen des Langen Marsches von ihm sprachen, sehr betroffen.‹ ›Offensichtlich‹, fährt Snow fort, ›stellte Wang für Mao keine Bedrohung mehr dar, aber vielleicht hieß Mao – pour encourager les autres – Wangs ernste und offene Vertretung seiner Aufgabe willkommen, um irgendwelche noch bestehende Tendenzen in der Partei, geborgtes russisches Prestige beim Kampf um die innere Macht auszunützen, gründlich bloßzustellen und auszulöschen. Wang Ming kehrte in die Sowjetunion zurück; man hörte bis zur Kulturrevolution 1966-69 nichts mehr von ihm (als es in Moskau immerhin eine Lobby gab, die bereit war, ihn als Führungsalternative für China anzubieten), so hoffnungslos wie das jedem vorkommen mag, der seine Geschichte kennt.‹[9]

Ein weiterer berühmter Name ist es wert, in diesem Zusammenhang erwähnt zu werden, der Li Li-sans, eines weiteren Parteipioniers, der 1921 Tschou geholfen hatte, die ursprüngliche kommunistische Jungchinagruppe in Paris zu finden und der 1929–30 den Befehl über die Partei übernahm. Li Li-san zog sich ebenfalls in die UdSSR zurück, um später nach China zurückzukehren. Er schloß aber seinen Frieden mit den Maoisten, strebte nie wieder nach höchsten Posten und wurde statt dessen mit ziemlich glanzlosen Spezialistenfunktionen in den ersten Jahren der Volksrepublik abgefunden. Für eine Weile war er Arbeitsminister und blieb im ZK der Partei.

Schließlich ist noch zu bemerken, daß einige von Maos geringeren Rivalen in den kritischen vier – fünf Jahren nach dem Langen Marsch, von bemerkenswerten Unfällen betroffen wurden. Hsiang Jing und Liu Tschih-tan fielen 1941, beziehungsweise 1936, im Kampf, und ein tragisches Flugzeugunglück im April 1946 kostete Po Ku, Teng Fa, Jeh Ting und Wang Jo-fei das Leben.

Als Mao aber 1949 in Peking an der Macht war, bemerkte er, daß Konzessionen, die Tschou, Liu und andere im Interesse der Erlangung der Macht für die revolutionäre Sache zugestanden hatten, nicht länger für gegeben hingenommen werden konnten. Jetzt, da der Kuomintang nicht länger auf ihren Fersen war, konnten die chinesischen Kommunisten ihre ganze Energie dem nationalen Wiederaufbau und der Einführung des Sozialismus widmen, und damals stellten sie fest, daß sie in diesen Fragen keineswegs eines Sinns waren. Kao Kang und Peng Teh-huai, die so töricht waren, unabhängige Beziehungen zum Kreml zu pflegen und zu glauben, sie könnten damit durchkommen, waren damals keine ernsthaften Mitbewerber um den Vorsitz, mit ihnen wurde man leicht fertig. Aber die Aushöhlung so mancher von Maos Lieblingsplänen durch eben die, die er mit ihrer Durchführung betraut hatte – Tschou En-lai, den Kopf der Regierungsmaschine, und Liu Schao-tschi, den Chef der Parteibürokratie –, war schwieriger zu meistern.

Anfänglich tendierte Mao dazu, sich in den Hintergrund zurückzuziehen und die Leitung den Technokraten zu überlassen. Das machte es leichter, etwas von den Russen zu bekommen. Vielleicht hätte es auch bedeutet, sein Glück zu forcieren, wenn er es anders gemacht hätte. Ob er es beabsichtigte oder nicht, Mao wurde bald gerufen, um zwischen seinen eifersüchtigen Mitarbeitern zu vermitteln. Roderick McFarquhar hat die Debatte der 1950er Jahre, als die zwischen den ›Sloganmännern‹, die Lius Fahne folgten, und den ›Pragmatikern‹, die Tschou anhingen, charakterisiert; die zentrale

Frage war das Tempo des versuchten wirtschaftlichen Fortschritts.[10] Mao ergriff für Liu Partei und Tschou fühlte sich, obwohl er sehr geschickt dabei war, seine Verluste abzuschreiben und die Segel nach dem neuen Wind zu stellen, in der Periode des Großen Sprung-nach-vorn sehr unbehaglich.

Dann aber änderte sich das Gleichgewicht der Macht im Politbüro abermals. Der Sprung, hinter dem das ganze Prestige des Vorsitzenden lag, brach zusammen. Die Natur versetzte mit drei aufeinanderfolgenden Mißernten den Todesstreich. Chruschtschow entzog verdrießlich die russische technische Hilfe. Viele treue Anhänger der KPCh müssen sich gefragt haben, ob das Geschick Mao das Mandat nach lediglich zehn Jahren der Herrschaft bereits wieder entziehe. ›Sogar die Sonne‹, so sagte Liu ominös zu Vertrauten in der Partei, ›erlebe manchmal eine Finsternis.‹

Die Lage war so schlimm, daß Liu und Tschou, deren Charaktere völlig verschieden waren, wieder gemeinsame Sache machten – und zwar gegen Maos Politik, wenn auch nicht gegen seine Person. Wieder einmal stand der Vorsitzende zu Beginn der 1960er Jahre in den Kulissen. Er hatte aber eine gute Rückversicherung für diese Wendung der Dinge getroffen, indem er Lin Piao, seinen anhänglichsten Gefolgsmann, zum Verteidigungsminister ernannte. Liu sammelte die Armee, und durch die Armee die Studenten. 1965 schlug Mao wieder zu, dieses Mal änderte er aber seine Taktik als er Tschou unterstützte statt Liu.

Anders betrachtet, wollte Mao, Lius Macht direkt mit der entscheidend wichtigen Armee hinter sich, herausfordern und daß Tschou, in der Verpflichtung Farbe zu bekennen, wie immer den Sieger wählte. Wie die Dinge auch liefen, Liu wurde tatsächlich gestürzt und 1967–68 stieg die neue Koalition Maos, Tschous und Lin Piaos zur Macht empor. Bei gewissen Vorfällen schienen sich Tschou und Lin zu verbünden, um den Exzessen des alten Mannes ein Ende zu setzen – keiner besaß jedoch die Machtbasis, um völlig unabhängig handeln zu können. Selbst als Tschou, von den gezüchtigten Radikalen unterstützt, 1971 gegen Lin Piao losschlug, trat dieser weiterhin als Maos Sprecher und Stellvertreter auf.

Mao blieb weiterhin der unentbehrliche Vorsitzende – der Manipulator der Faktionen, der Vermittler in den Fehden, der Mann, der alle Schwierigkeiten voraussah. Immer einen Schritt vor seinen Freunden und zwei Schritte vor seinen Feinden, zeigte er eine politische Dauerhaftigkeit, die in modernen Zeiten nicht ihresgleichen kennt.

Über fünfunddreißig Jahre regierte er als der titelführende und nahezu unanfechtbare Vorsitzende, der oberste Führer und die Vatergestalt der Chinesischen Kommunistischen Partei. Kein anderer Staatsmann unserer Zeit hatte solches Glück und die heroischen Umstände, unter denen Mao bei Beginn des Langen Marsches den Parteivorsitz übernahm, spielten – zusammen mit der Bravour und dem Geschick, durch die er seine Persönlichkeit während dieses bemerkenswerten Epos seinen Genossen aufzwang – eine entscheidende Rolle in der Etablierung der Mao-Legende.

27   Schlußfolgerung

Es läßt sich schwer entscheiden, was bemerkenswerter war: der hartnäckige Mut der Langen Marschierer angesichts der natürlichen Hindernisse und der überlegenen feindlichen Streitkräfte oder das reine Glück, das ihr Abenteuer wieder und wider vor einer Katastrophe rettete. Die Hartnäckigkeit und der Mut sind in diesem Buch ziemlich ausführlich geschildert worden; man darf aber das Element des Zufalls nicht übersehen, das die Kommunisten nicht zu kontrollieren vermochten. Das wirklich Außergewöhnliche war, daß die sekundären Feinde der Kommunisten – die mit der Kuomintang verbündeten lokalen Kriegsherren und die Japaner – sich in gewisser Hinsicht als ihre besten Freunde erwiesen.

Die Kuomintang selbst versäumten nie eine Gelegenheit, auf die Roten Armeen einzuschlagen. Aber angefangen mit der Passivität der kuantungesischen Provinztruppen, die die Erste Frontarmee aus der Fünften Einkreisung entkommen ließen und Lung Juns zweideutiger Haltung am Tschinscha-Fluß im Mai, bis zu der Lässigkeit des Kriegsherren von Schensi, Jang Hu-tschang (der die Paoan-Basis, nachdem die Langen Marschierer dort eingetroffen waren, für ein gutes Jahr in Ruhe ließ, und ihnen derart die dringend nötige Erholungspause gewährte), erwiesen sich die sogenannten Alliierten der Kuomintang schlimmstenfalls als Verräter und bestenfalls als zerbrechliche Pfeiler der antikommunistischen Kampagne.

Schließlich kamen die japanischen Eindringlinge, die zur Zeit der dritten Einkreisungsoffensive 1931 den Kiangsi-Sowjet vor der fast sicheren Vernichtung durch die Kuomintang gerettet hatten, den Kommunisten 1936–37 wieder zu Hilfe. Wenn sie ihre Aggression gegen China, die in dem Zwischenfall an der Marco-Polo-Brücke gipfelte, nicht intensiviert hätten, würden die Kriegsherren des Nordens offenbar mehr Tschiang Kai-schek gegen Mao Tse-tung unterstützt haben, anstatt zwischen den beiden als Vermittler im Interesse einer gemeinsamen Front gegen Japan aufzutreten. Die Besetzung der Mandschurei durch die Japaner gab den Kommunisten ihre Chance, die Kuomintang zu entwaffnen, den Kriegsherren zu schmeicheln, ihre Basis in Schensi zu konsolidieren und ihre Pläne für die Eroberung ganz Chinas zu vervollständigen. In der Rückschau über die Jahrzehnte kann man keinen anderen ›deus ex machina‹ sehen, der die Sowjetbasis in Schensi vor einem Zusammenbruch als Folge einer letzten Kuomintang-Einkreisung 1936 oder 1937 hätte retten können.

Der Lange Marsch war daher eine Sache des Glücks wie des menschlichen Muts, unter der Führung eines Mannes vereinigt, der den Gang der Geschichte besser voraussehen konnte als jeder andere, und der so fähig war – oder den Eindruck erweckte –, durch ein blasses Achselzucken den entscheidenden kleinen Anstoß über den Hügel zu geben, ein Anstoß, der den weiteren Ablauf der Dinge, ihn und seine Sache hinter sich dreinzog.

Im zwanzigsten Jahrhundert gab es nicht viele Beispiele, wie ein einzelner Mann durch seine Persönlichkeit den Verlauf der Geschichte bestimmte, so wie es Lenin 1917 und Churchill bei Dünkirchen taten, und vielleicht auch Kennedy während der Kubakrise. Der Lange Marsch Mao Tse-tungs war ein derartiges Ereignis, von dem in vieler Hinsicht noch weiteres abhing. Das chinesische Volk umfaßt letzten Endes ein Viertel der Menschheit, und der kommunistische Sieg war die Kraft, die China nach Jahrhunderten des Schlafs und der Degradierung wieder zum Leben erweckte. Der Leser wurde vielen Zitaten aus chinesisch-kommunistischen Veröffentlichungen ausgesetzt in der Annahme, daß die Heraufbeschwörung von Einzelheiten und Reportagen aus erster Hand, wenigstens in einem bescheidenen Maße, ihre deprimierende Polemik und derbe Parteipropaganda überwiegt. Wenn der Leser all das soweit überstanden hat, kann er vielleicht noch ein letztes Zitat hinnehmen, um der Rolle willen die der lange Marsch in der Phantasie einer neuen Generation von Chinesen spielt, einer Generation, mit der wir Außenstehende uns werden befassen müssen, ehe dieses Jahrhundert zu Ende geht.

Es ist die Erinnerung eines jungen Roten Soldaten aus dem japanischen Krieg von 1937–45.

›Ende Oktober näherten wir uns Weitsun, dem Hauptnachschubort der Japaner bei ihrem Angriff auf Hsinkou und andere Distrikte.

In einer pechfinsteren Nacht tasteten wir uns durch eine schmale Gasse am Südeingang in den Ort. Es war mein erstes Gefecht, und ich war sehr nervös, weil ich nicht wußte, wie ich mich benehmen sollte. Gruppenführer Hu Tung-scheng sagte mir, ich solle ihm dichtauf folgen. Er war ein Veteran, der am Langen Marsch teilgenommen hatte, jedermann vertraute ihm.

»Ratatatat«, begann ein feindliches MG an der Straßenkreuzung zu feuern, Kugeln sausten an mir vorbei. Im Mündungsfeuer konnten wir eine Ecke sehen, die durch die Mauer vor uns gebildet wurde. Statt sich dahinter zu decken, schob mich der Gruppenführer hinein, er preßte sich neben mir gegen die äußere Mauer. Das feindliche MG beharkte uns noch wütender, es zupfte an dem Futter unserer Ärmel. Der Gruppenführer schoß weiter auf den Feind, damit dieser noch mehr Munition vergeudete. Als der Tag heraufdämmerte, verstummte das MG. Plötzlich drehte sich der Gruppenführer mir zu:

»Kleiner Wang, mach dich zum Angriff bereit!«

Ohne auf meine Antwort zu warten, sprang er auf und rannte nach vorn. Ich folgte ihm. Als wir uns dem feindlichen MG näherten, glaubte ich, ihn rufen zu hören »Weg damit« – gefolgt von einem zweifachen betäubenden Knall. In einem Augenblick waren wir inmitten einer Rauchwolke am Feind.

Der Gruppenführer rang mit einem von ihnen, packte das MG mit einer Hand und zog es mit einem mächtigen Ruck heraus. Dann versetzte er dem Kerl einen oder zwei wuchtige Tritte, der Mann schrie schmerzlich auf und fiel bewegungslos zurück. In diesem Augenblick wurde von links geschossen und der Gruppenführer fiel, er hielt immer noch das MG fest. Entsetzt eilte ich zu ihm, um ihn aufzuheben und gegen meinen Körper zu stützen; ich wußte nicht, was ich tun sollte. In der Zwischenzeit waren alle unsere Soldaten in den Ort eingedrungen. Nach einer Weile hob er den Kopf und sagte: »Kleiner Wang – hab keine Angst!« Ein schwaches Lächeln huschte über sein Gesicht; mit seiner letzten Kraft zog er eine alte Mütze heraus und legte sie in meine Hand. Er versuchte, etwas zu sagen, brachte aber nicht genügend Kraft auf, um es auszusprechen. Ich begriff aber, was er sagen wollte. Gruppenführer Hu Tung-scheng hatte die Gewohnheit, uns die Geschichte der Mütze zu erzählen.

Während des Langen Marsches, als sechzehnjähriger Rekrut, hatte er ein Bauerntuch um den Kopf gewickelt. Er wünschte sich sehnlichst eine reguläre Mütze, wie sie seine älteren Kameraden trugen, mit einem Schirm und einem roten Stern. Er dachte, daß er als Soldat der Roten Armee ein Recht darauf habe. Während des Langen Marsches setzte er dem Politischen Ausbilder unaufhörlich zu. Schon vorgerückten Alters, und bei schlechter Gesundheit, war der Politische Ausbilder ein sanfter Mann. Er sah den kleinen Kämpfer wie ein Kind an, und wenn er ihn an die Mütze erinnerte, lachte er und sagte, er würde ihm später eine geben. Tatsächlich konnte er sein Versprechen nicht halten, denn sie hatten nicht einmal einen Streifen Stoff, geschweige denn eine Mütze übrig.

Die Truppe war dauernd auf dem Marsch. Trotz der Tatsache, daß die Verpflegung knapp und der Gesundheitszustand schlecht war, marschierte sie weiter. Eines Tages, als die Truppe wieder einen schneebedeckten Berg in Angriff nahm, fühlte Hu Tung-scheng, daß er keinen Schritt mehr gehen könne. Da er zwei Tage nichts gegessen hatte, war er vor Hunger verzweifelt schwach. Seine Schuhe waren durchgelaufen und seine Füße geschwollen. Er saß im Schnee und starrte auf den Berg, dessen Gipfel er nicht sehen konnte. Er keuchte und konnte sich nicht mehr erheben. Da er dachte, das sei das Ende, brach er in Tränen aus. In diesem Augenblick kam der Politische Ausbilder. Er war in den letzten Tagen beträchtlich gealtert, seine Züge waren eingefallen, die Backenknochen traten hervor, er hatte einen Stoppelbart. Sein Gesicht war bleich und abgezehrt. Im Gehen keuchte er beängstigend. Es war offensichtlich, daß er sich jetzt, so schwach er früher gewesen war, an einem Tiefpunkt befand, er sah aber immer gefaßt drein und beklagte sich nie, müde zu sein. Neben Hu Tung-scheng blieb er stehen.

»Oh, du bist's. Warum weinst du?«

»Ich bin hungrig und kann nicht mehr gehen.« Daraufhin setzte sich der Politische Ausbilder neben Hu und massierte sein Bein. Dann holte er das letzte Stück gekochte Ochsenhaut aus seiner Tasche und bot es Hu an. Zuerst lehnte Hu ab, ihm war klar, daß der Vorgesetzte die letzten zwei Tage ebenfalls nichts gegessen hatte. Er bestand aber darauf, zu essen und so mußte er schließlich annehmen. Er fühlte eine gewaltige Liebe in sich aufsteigen.

Während er die Ochsenhaut aß, hörte Hu Tung schweigend dem Vorgesetzten zu. Er sagte, er dürfe nicht hier sitzen, wenn er es täte, würde er sterben. Die Revolution wäre hart, doch diene sie dem Glück aller Chinesen, wir müßten also alle unser Letztes hergeben. Jetzt fühlte sich Hu Tung-scheng wärmer. Kraft floß in ihn. Der Vorgesetzte zog ihn hoch und half ihm weiter.

Als es am nächsten Tag dunkel wurde, kam der Schnee in großen Flocken. Hu Tung-scheng trottete dahin, Schritt um Schritt zog er seine Füße durch den tiefen Schnee. Das Atmen fiel ihm schwer. Er wollte sich hinlegen, um auszuruhen, aber er wagte es nicht, er erinnerte sich an die Worte des Vorgesetzten.

Dann sah er vor sich einen Mann im Schnee liegen. Als er näher kam, erkannte er, daß es der Vorgesetzte war. Erregt eilte Hu Tung-scheng zu ihm, der eben erst gestürzt war. Er war so bleich wie der Schnee und lag schon in den letzten Zügen. Er erkannte Hu und sagte gebrochen.

»Laß mich – geh weiter – fall nicht aus.«

Hu Tung-scheng kauerte sich schweigend neben ihm. Der Mann nahm seine Mütze ab.

»Tung-scheng«, sagte er leise. »Die Mütze der Roten Armee – nimm sie...«

Dann sah er die kaputten Schuhe an Hu Tung-schengs Füßen, er wies auf seine, die noch in gutem Zustand waren und sagte:

»Schuhe... meine, zieh sie an – ich bin nicht mehr!«

Die letzten Worte trafen Hu wie ein Dolchstoß ins Herz, nur mit größter Mühe unterdrückte er seine Tränen. Er vermochte weder die Mütze noch die Schuhe zu nehmen. Wie konnte er die Schuhe von den Füßen seines Führers und Waffenkameraden nehmen, selbst wenn er sie noch so dringend brauchte? Als der Vorgesetzte sah, daß er sie nicht nehmen wollte, sagte er »Weitergehen, weitergehen – weitergehen...«

Das war alles, was er hervorstoßen konnte. Seine Stimme wurde schwächer und schwächer und schließlich unhörbar. Der Wind heulte greulich, der Schneefall wurde dichter. Als Hu Tung-scheng aus seiner Lähmung erwachte, war der Vorgesetzte schon kalt und steif.

Erst jetzt erkannte er die volle Bedeutung der Worte des Vorgesetzten. Er mußte weitermarschieren! Er stand unvermittelt auf, brach einige Zweige von einem Strauch am Rand des Pfads und legte sie auf den Politischen Ausbilder – dann setzte er die Mütze auf, zog vorsichtig die Stoffschuhe von den Füßen des Politischen Ausbilders und schlüpfte hinein -- und ging entschlossen weiter, er trotzte dem Wind und dem Schnee. Tränen flossen ihm über das Gesicht – wie Flutwasser in einem Bergbach.

Zum ersten Mal setzte Hu tung-scheng seine Mütze der Roten Armee auf, die gleiche Mütze, die er mir eben gereicht hatte.

Gruppenführer Hu Tung-scheng starb ruhig, nachdem er die Mütze in meine Hände gelegt hatte. Obwohl er nicht viel gesagt hatte, wußte ich, was er hatte sagen wollen. Mehr als einmal hatte ich die Mütze gesehen und ihre Geschichte gehört. Wie unglücklich war er gewesen, als die Führung, nachdem die Rote Armee in die Achte Marscharmee umorganisiert worden war, im Interesse der Sache des solidarischen Widerstands gegen die Japaner, befohlen hatte, die Mütze abzulegen und die Kuomintang-Mütze zu tragen. Er hatte natürlich gehorcht, aber lange innerlich rebelliert. Er hatte die Mütze in Ölpapier gewickelt und in ein Bündel gelegt, das er in seinem Kissen unterbrachte. Im Kampf trug er sie immer bei sich. Oft zog er sie heraus, zeigte sie und sagte uns, was der Politische Ausbilder gesagt hatte.

Ich wußte also, was der Gruppenführer hatte sagen wollen. »Bleib bei der ewigen Revolution! Falle nicht aus – mach weiter! Lebe und sterbe dafür wie der alte Politische Ausbilder. Bleib der Revolution treu, wie er es war, gib alles, wenn nötig auch dein Leben, für die Revolution.«‹[1]

Der sentimentale Leser, dessen Augen bei dieser Geschichte feucht wurden, und der skeptische, dessen Gesichtszüge sich ob der neuerlichen Dosis offensichtlich zurechtgestutzter politischer Propaganda verspannen, haben beide recht:

Der Lange Marsch, als historisches Ereignis, ist tatsächlich eine solche Mischung von echtem Heroismus und falscher politischer Rekonstruktion. Historiker werden weiterhin über ihre relativen Ausmaße debattieren. Eines ist jedoch sicher: Der Lange Marsch ist die Nahrung für den nationalen Stolz und den Willen, um die Lage von Millionen von Chinesen zu bessern. Die Mützen der Roten Armee werden sinnbildlich auf allen Wegen des chinesischen Lebens und in allen Bereichen der Modernisierung ausgeteilt, mit der sich die Nation jetzt befaßt. Selbst außerhalb Chinas, in Singapore und San Francisco, Hongkong und Soho ist der Lange Marsch in den Gedanken junger Chinesen als eine Art Pilgerfahrt fixiert, chinesische Lehrer verwenden ihn als Modellfall für einen idealistischen Kampf.

Von den 800 Überlebenden des Langen Marsches, die die Kommunistische Partei Chinas und die chinesische Armee und Regierung im Jahre 1949 leiteten, leben heute noch vielleicht 400 oder 500 – sie leiten Fabriken oder Kommunen, sie befehlen an Schreibtischen oder auf dem Exerzierplatz, sie stehen hinter Mikrophonen oder vor Wandtafeln. Sie haben ihre Legende geschaffen. Jetzt wird eine andere Generation übernehmen. Die nichtchinesischen Dreiviertel der Menschheit täten gut daran, diese Legende kennenzulernen und sie mit der Skepsis zu bewerten, die die historische Wahrheit fordert, aber auch mit der Anteilnahme, die jeder Ausdruck des Idealismus – für wie irregeleitet man ihn auch halten mag – erwecken sollte.

Kurze Bibliographie

(Da die meisten Werke nur im Englischen oder Chinesischen erschienen sind, werden die Autoren in englisch-alphabetischer Reihenfolge und Schreibung – deutsche Schreibung oder Ausgaben in Klammern – aufgeführt.)

BOSSHARDT, RUDOLF A., *The Restraining Hand: Captivity for Christ in China,* London, Hodder and Stoughton, 1936 (Deutsch: Im Schatten des Allmächtigen. Erlebnisse des Missionars R. A. Bosshardt in Gefangenschaft der Roten. Bad Liebenzell 1937)

BRAUN, OTTO, Von Schanghai bis Jänen. *Horizont* (Ostberlin), Nr. 30, 33, 1969

CHAI TSO-CHUN (Tschai Tso-tschun), *Tsai Mao-chu-hsi Shen-pien* (Mit Vorsitzendem Mao), Wuhan, 1959

CHANG AI-PING, (Tschang Ai-ping), *Tsung Tsunyi tao Tatuho (Von Tsunji zum Tatu)* Hong Kong, 1960

CHANG CHUN-JU, (Tschang Tschung-ju), (Hrsg.), *Chang-cheng Ku-shih* (Geschichten vom Langen Marsch), Hong Kong, Lien Ho, 1954

CHANG HAN-CHING, (Tschang Han-tsching), *Hsi Chan-chang ti Chuchiang Chu Te* (Berichte von Tschu Teh), Schanghai, 1939

CHEN CHANG-FENG, (Tschen Tschang-feng), *On the Long March with Chairman Mao,* Peking Foreign Language Press, 1959

CH'EN, JEROME, (Hrsg.), *Mao* (Great Lives Observed Series), Englewood Cliffs N. J., Prentice-Hall, 1969

–, *Mao and the Chinese Revolution,* London, Oxford University Press, 1965

–, *Mao Papers, Anthology and Biography,* London, Oxford University Press, 1970; (Deutsch: Mao Tse-tung. Mit einem Essay über seinen literarischen Stil und einer Biographie seiner Schriften, München, 1972)

CHENG WAN-LI, (Tscheng Wan-li), *Pa-lu-chon to Chan-tou-li* (Die Kampfkraft der Achten Marscharmee), Schanghai, 1938

CHOW TSE-TUNG, (Tschou Tse-tung), *The May Fourth Movement,* Cambridge, Harvard University Press, 1960

CHU LI-FU, (Tschu Li-fu), *Wu-chien Li Chang-cheng* (Der Lange Marsch), Schanghai 1937

GARAVENTE, ANTHONY, The Long Marsch, *The China Quarterly* Nr. 22, April 1965

GRIFFITH, SAMUEL B., II. *The Chinese People's Liberation Army,* London, Weidenfeld & Nicholson, 1968

HSIAO TSO-LIANG, *Power Relations Within the Chinese Communist Movement: A Study of Documents 1930–34,* Seattle, University of Washington Press, 1961

HSIN KO, *Erh-wan-wuchien-Li Chang-cheng* (Kurzer Bericht vom Langen Marsch), Tientsin, 1950

HSU KAI-YU (ju), *Chou En-lai, China's Grey Eminence,* New York, Doubleday, 1968

HU CHIAO-MU, (Hu Tschiao-Mu), *Chung-kuo Kung-chan-tang ti San-shih-nien* (Dreißig Jahre KPCh), Peking und London 1951

HU HUA, *Chung-kuo Hsin-min-chu Chu-i Ko-ming shih* (Geschichte der Revolution der Volksdemokratie in China, 1919–1945), Tientsin, 1950

HUANG CHEN-HSIA und William Whitson, *Communist China's High Command,* New York, Praeger, 1971

KUNG CHU, (Tschu), *Wo Yu Jung-chun* (Die Rote Armee und ich), Hong Kong, Southwinds, 1954

KUO, WARREN, *Analytical History of the Chinese Communist Party,* 3. Bd., Taipeh, Institute of International Relations, 1969

LIEN CHEN, (Tschen), *Tsung Tung-nan Tao Hsi-pei* (Vom Südosten in den Nordwesten), Min Jueh, 1938

LIU, F. F., *A Military History of Modern China,* Princeton, University Press, 1956

LIU PO-CHENG, (tscheng), u. a., *Hsing-hao Liao-yuan* (Ein einziger Funke kann ein Präriefeuer entzünden), Hong Kong, San Lien, 1960

LÖTVEIT, TRYGVE, *The Central Chinese Soviet Area, Some Aspects of its Organization and Administration, November 1931–Oktober 1935* (unveröffentlicht)

McALEAVY, HENRY, *The Modern History of China,* New York, Praeger, 1957

McLANE, CHARLES, B., *Soviet Policy and the Chinese Communists 1931–1946,* Columbia University Press, New York, 1958

MENG PO-CHEN, (Tschen), *Return to Humanism,* Hong Kong, 1953

NORTH, ROBERT, C., *Moscow and Chinese Communists,* Stanford University Press, Stanford, 2. Aufl. 1963

OKAMOTO RYUZO, *Long March,* Japan, Kobundo, 1965, Japanisch

PAO TSUN, *Hung-chun Chang-cheng ti Ku-shih* (Die Geschichte des Langen Marsches), Schanghai, Jen-min Chu-pan-she, 1956

PAYNE, ROBERT, *Mao Tse-tung,* Weybright & Talley, New York, 1969 (Deutsch: Mao Tse-tung, Hamburg, 1951)

RUE, JOHN E., *Mao Tse-tung in Opposition 1927–1935,* Stanford University Press, Stanford, 1966

SCHRAM, STUART, *Mao Tse-tung,* Allen Lane The Penguin Press, London, 1967 (Deutsch: Mao Tse-tung, Frankfurt/Main, 1969)

SCHWARTZ, BENJAMIN, I., *Chinese Communism and the Rise of Mao,* Harvard University Press Cambridge, 1951 (in John K. Fairbank's, Der Kommunismus und China, München, 1955)

SELECTED WORKS *of Mao Tse-tung,* Bd. 1, 2 und 3, Peking Foreign Language Press, 1965, Bd. 4, 1967

SHENG LI-FU, (Scheng), *Chung-kuo Jen-min Chieh-fang-chun San-shih-nien*

Shih-hua (Dreißig Jahre Chinesische Volksbefreiungsarmee), Tientsin, 1959

SHI BUZHI, *Chingkangshan de Fenghuo,* Hong Kong, Ng Hing Kee, 1967, Pseudonym für Kung Chu (Tschu)

SMEDLEY, AGNES, *Battle Hymn for China,* Gollancz, London, 1944

–, *The Great Road, The Life and Times of Chu Teh,* (Tschu Teh), Monthly Review Press New York, 1956 (Deutsch: Der große Weg, Das Leben Marschall Tschu Tehs), Berlin, 1958

SNOW, EDGAR, *Random Notes on Red China,* Cambridge Harvard University Press, 1957

SNOW, EDGAR, *Red Star over China,* London Gollancz 1937 und 1968 (Deutsch: Roter Stern über China), Frankfurt, 1970

–, *The Battle for Asia,* Random House New York, 1941

SNOW, HELEN FOSTER, *Women in Modern China,* The Hague, Mouton, 1967

STEIN, GUNTHER, *The Challenge of Red China,* London, 1943

STORIES *of the Long March,* Foreign Languages Press, Peking, 1958

SWARUP, SHANTI, *A Study of the Chinese Communist Movement 1927–34,* Clarendon Press, Oxford, 1966

THE LONG MARCH, *Eyewitness Accounts,* Foreign Language Press Peking, 1963

TI – *erh-tzu Kuo-nei Ko-ming Chan-cheng Shih-chi Shi-shi Lun-tsung* (Beiträge zur Geschichte der Revolution), Peking, 1956

TSAO PO-I, *The Rise and Fall of the Chinese Soviet in Kiangsi 1931–34,* National Tschengtschi Universität Taipeh, 1969

WALES, NYM, *Red Dust, Autobiographies of Chinese Communists (as told to Nym Wales),* University Press Stanford, 1952

WANGSHI WANG CHIAO, (Tschiao), Ma Chi (Tschi)-ping and Chang (Tschang) Li, *A Brief History of the Chinese Communist Party,* Shanghai People's Publishing House (Mimeographierte Übersetzung ins Engl. durch US Joint Publications Research Service, Washington D. C., 1961)

WANG-YUNG, (Jung), HSING, *Chingkangschan Toucheng Ku-shi* (Berichte über die revolutionäre Basis im Tschingkangschan), Peking, 1957

YEH, (Jeh), HUO-SHENG (scheng), *Hsien-tai Chung-kuo Ko-ming Shi Hua* (Handbuch der chinesischen Revolutionsgeschichte), Peking, 1951

Anmerkungen

(Seitenangaben beziehen sich auf die Originalausgaben)

EINFÜHRUNG

1. Snow, *Red Star Over China*, S. 190. Die Redewendung war in der Originalausgabe etwas anders.
2. Viscount Montgomery, *Three Continents*. London, Collins 1962, S. 20
3. Griffith, *The Chinese People's Liberation Army*, S. 47
4. Wie von Michael Bullock und Jerome Ch'en in Ch'en, *Mao and the Chinese Revolution* übersetzt. S. 336
5. Griffith a. a. O. SS. 55–6
6. Wales, *Red Dust*, S. 76. Edgar Snow bemerkte bei seinem zweiten Besuch im Schensi-Sowjet: ›Zu meinem Bedauern stellte ich jedoch fest, daß die zusammenfassende Geschichte des Langen Marsches, die zusammengetragen wurde, als ich Paoan 1936 verließ, aufgegeben worden war. Man hielt sie für ›unvereinbar mit der Vereinigten Front‹.‹ (*The Battle for Asia*, S. 268) Nym Wales kommentiert, daß ›sie bei ihrem Eintreffen in Jenan 1937 die kommunistischen Beamten während des Langen Marsches 1935 fast alle ihre Aufzeichnungen verloren hatten. Ich war während dieser Monate die einzige, die historische Informationen sammelte. Hsu Meng-tschiu, der kommunistische Historiker, sah sich in seiner Bemühung, eine Parteigeschichte zusammenzutragen, gehindert, weil sich andere Beamte mit Affären des Augenblicks beschäftigten. Meine Position als Ausländerin und Gast gab mir so einen Vorteil vor dem offiziellen Hüter der Aufzeichnungen, als sich die Persönlichkeiten, die ich zu interviewen versuchte, aus reiner Höflichkeit verpflichtet fühlten, eine gewisse Zeit mit mir zu verbringen – selbst die, die am beschäftigsten waren.‹ Ebda. S. IX. Edgar Snow hat mir erzählt, daß er viel von dem Material, das er bei Teilnehmern des Langen Marsches sammelte, Ting Ling, der kommunistischen Autorin, geliehen habe, die damals selbst über den Langen Marsch schreiben wollte. Sie gab ihm seine Notizen nie zurück und fiel nachher in den 1960er Jahren in Ungnade.
7. Jerome Ch'en. Resolutions of the Tsunji-Conference. *The China Quarterly* Nr. 40, Oktober 1969, SS. 37–8
8. Payne, *Mao Tse-tung,* S. 145
9. Ebd., S. 145 und 223
10. Howard L. Boorman, *The China Quarterly,* Nr. 16, Oktober 1963, S. 12
11. Snow, *Rdd Star over China,* S. 205. Snow ist aber etwas zu lyrisch, wenn er den Marsch im gleichen Absatz ›Die Emigration der Nation‹ nennt.

Kapitel I · DIE TRADITION DER BAUERNERHEBUNG

1. Lo Erh-kang, *Tai-ping Ti-kuo Shih-kang*. Schanghai, 4. Aufl. S. 68. S. 52 wie zitiert in McAleavy, The modern History of China, S. 68

2. Siehe allgemein! Vincent Yu-chung-tchih, *The Taiping Ideology*. Seattle, University of Washington Press, 1967

3. Smedley, *The Great Road*, SS. 23–9

4. Siehe Victor Purcell, *The Boxer Uprising*. Cambridge, University Press, 1962

5. Ch'en, *Mao and the Chinese Revolution*, S. 6

6. Später begannen die kommunistischen Gelehrten jedoch damit, die Vorläufer-Bewegungen neu zu bewerten und ihre revolutionäre Natur herabzusetzen – besonders die der Taipings. Siehe James P. Harrison "Communist Interpretations of the Chinese Peasant Wars". *The China Quarterly* Nr. 24, Oktober 1965, S. 92 oder sein *The Communists and Chinese Peasant Rebellions*. New York, Atheneum, 1969

7. Grosset & Dunlap. New York, 1933

8. J. L. Buck, *Chinese Farm Economy*. Schanghai, 1930

9. (London, 1932), S. 64

10. *Report of the Council Committee of Technical Cooperation Between the League of Nations and China*. Genf, 1934. Siehe auch die nützliche Diskussion in Swarup, *A Study of the Chinese Communist Movement 1927–34, SS. 50–6*

11. Übersetzt aus der ersten chinesischen Ausgabe von Mao, *Ausgewählte Werke*, Bd. IV, S. 190

12. Schwartz, *Chinese Communism and the Rise of Mao*, S. 191

13. Siehe die Erörterung bei Rue, *Mao Tse-tung in Opposition*, SS. 286–7 und bei Cohen, *The Communism of Mao Tse-tung*, SS. 38–50

14. Ch'en, a.a.O., S. 224

Kapitel II · DIE KUOMINTANG

1. Williams, *A Short History of China*, S. 600

2. Zitiert in Schwartz, *Chinese Communism and The Rise of Mao*, S. 52

3. *The Soviet in World Affairs*, Bd. II, London, 1930, S. 653

4. Robert Payne, *Chiang Kai-shek*, New York, Weybright and Talley, 1969

5. Philip Jaffe, *Chiang Kai-shek: Chinese Destiny and Chinese Theory*. Anmerkungen und Kommentare. London, Denis Dobson, 1947, S. 322.

Kapitel III · DIE CHINESISCHE KOMMUNISTISCHE PARTEI (KPCh)

1. Schwartz, *Chinese Communism and the Rise of Mao*, S. 8

2. T. Chow Tse-tsung, *The May Fourth Movement*, S. 248

3. Hinsichtlich der Kontroverse wegen Namen und Zahlen siehe Rue, a.a.O., SS. 293–5 und Ch'en, *Mao and the Chinese Revolution*, SS. 361–2

4. *The Fourth Congress of Communist Internationale*. London, 1932, S. 221

5. Hua Kang, *Chung-kuo te Ko-ming-shi* (Geschichte der Großen chinesischen Revolution), Schanghai, 1932, S. 447

6. Schwartz, a.a.O., S. 97

7. Siehe Smedley, *The Great Road,* SS. 199–200, Rue, a.a.O., SS. 67–9, J. Guillermaz, "The Nanchang Uprising", *The China Quarterly* Nr. 11, Juli 1962, S. 161. C. Martin Wilbur. "The Ashes of Defeat", *The China Quarterly* Nr. 18, April 1964, S. 3 und Roy Hofheinz jr., "The Autumn Harvest Insurrection", *The China Quarterly* Nr. 32, Oktober 1967, S. 37

8. Smedley, a.a.O., S. 209, Ch'en, a.a.O., S. 132, Chu Li-fu, *Erh-wan Wu-chien Li Chang-cheng Chi,* SS. 3–4, Snow, *Red Star,* SS. 165–6

9. Hsiao To-kiang, "Chinese Communism and the Canton Soviet of 1927", *The China Quarterly* Nr. 30, April 1967, S. 49

10. *Byulleten ›Oppozitzii‹,* 1936, Nr. 15–6, SS. 2–3

11. Shinkichi Eto Hai-lu-feng, "The First Chinese Soviet Government", *The China Quarterly* Nr. 8, Oktober 1961, S. 161 und Nr. 9, Januar 1962, S. 149

12. Mu-chien Cheng-shih Hsing shih yu Chun-chung Kung-tao (Gegenwärtige politische Lage und Maos Tätigkeit, S. 44 ins Engl. übersetzt und zitiert bei Schwartz, a.a.O., S. 128)

13. *Ti-liu-tzu Ta-hui-Hou ti Cheh-chih Kung-tao* (Politische Tätigkeit nach dem Neunzehnten Kongreß, S. 52, ins Engl. übersetzt und zitiert in Schwartz, a.a.O., S. 137)

14. Smedley, a.a.O., S. 274. Siehe allgemein in James P. Harrison, The Li-Li-san Line and the CCP in 1930, *The China Quarterly* Nr. 14, April 1963, S. 178 und Nr. 15, Juli 1963, S. 100

15. Tang Shin-she, Comrade Mao Tse-tung, *Inprecorr,* Bd. X, Nr. 14, 20. März 1930

16. Leo Trotzky, *Problems of the Chinese Revolution,* Pioneer Publishers, New York, 1932, S. 302. Ebenfalls Stalins Werke, Bd. 12, S. 258

17. *A Documentary History of Chinese Revolution,* S. 185

18. Smedley, a.a.O., S. 277

19. Attack on Nanchang, ins Engl. übersetzt von Michael Bullock und Jerome Ch'en in Ch'en, a.a.O., S. 329

20. Li Ang in Tschou En-lai, *Mu-chien Chung Kuo Tang ti Tsu chih Wen-ti* (Organisationsprobleme der KPCh), Schanghai, 1929 (ins Engl. übersetzt und zitiert bei Schwartz, a.a.O., S. 149)

21. *Mao Tse-tung Hsuan-chi,* Peking, 1961, Bd. I, S. 150

22. Swarup, *A Study of the Chinese Communist Movement 1927–34,* S. 163, 238–9

23. Rue, a.a.O., SS. 244–6

Kapitel IV · MAO UND TSCHU, DIE BEFEHLSHABER
DES MARSCHES

1. Der folgende Bericht ist hauptsächlich Ch'ens *Mao and the Chinese Revolution* entnommen; Schram, *Mao Tse-tung* und Snow, *Red Star,* SS. 130–181
2. Snow, a.a.O., SS. 148–9
3. Ebda. S. 152
4. Erinnerungen Professor Pai Jus (Schram, a.a.O., S. 64)
5. *The Political Thought of Mao Tse-tung,* S. 143
6. Rue, a.a.O., S. 72
7. Schram, *Mao Tse-tung,* S. 72
8. Ebda. S. 80
9. Schram, *The Political Thought of Mao Tse-tung,* SS. 178–80
10. Schwartz, a.a.O., S. 74
11. Rue, a.a.O., S. 37
12. Snow, a.a.O., S. 90
13. Payne, *Mao Tse-tung,* S. 217
14. Snow, a.a.O., S. 97. Der erste Vorfall hat bei Mao-Interpreten etwas Unwillen erregt: Siehe Jerome Ch'ens Tadel für Robert Paynes Version in Ch'en, a.a.O., S. 211
15. Payne, a.a.O., S. 278
16. Schram, *Mao Tse-tung,* SS. 232–3
17. Gunter Stein, *The Challenge of China,* China, London 1943, S. 8
18. Chai Tso-chun, *Tsai Mao-chu-hsi Shen-pien* (Mit Vorsitzendem Mao), Wuhan 1959 ins Engl. übersetzt und zitiert in Ch'en, a.a.O., S. 209
19. Snow, *Red Star Over China,* S. 94
20. Ch'en, a.a.O., S. 315
21. Schram, *Mao Tse-tung,* Erste Auflage, London, SS. 267 u. 29 I S. 153
22. Snow, a.a.O., S. 147
23. Snow, *Red Star Over China,* Erste Auflage, London, Gollancz, S. 153. Letzte Bemerkung wurde in der zweiten Aufl. (S. 155) weggelassen.
24. Ins Engl. übersetzt von Bullock und Ch'en in Ch'en, a.a.O., S. 347
25. Schram (S. 191) sagt, Jang wurde 1930 hingerichtet. Ch'en (S. 150) meint, Mao habe Ho 1928 geheiratet.
26. Siehe den Bericht in Paul Johnsons "London Diary", *New Statesman and Nation,* London, 20. Januar 1967, ebenfalls Hao-jan Chu, *Mao's wife Chiang Ching, The China Quarterly* Nr. 31, Juli 1967, S. 149
27. Schram, a.a.O., S. 49
28. Rue, a.a.O., an verschiedenen Stellen
29. Payne, a.a.O., SS. 269–70
30. Ch'en, a.a.O., SS. 212–3, Boorman, a.a.O., S. 29. Siehe hierzu auch W. Bosshard: Zum Schlusse wollte ich noch wissen, welche Prognose Mao seiner eigenen Partei stellt. ›Die Zukunft der *Kommunistischen Partei* Chinas ist augenblicklich unwichtig. Vorläufig sind wir ausschließlich auf den Kampf gegen Japan eingestellt. Wir sind heute Demokraten, nicht

einmal Sozialisten oder gar Kommunisten. Später hoffen wir natürlich einen Schritt weiterzukommen und durch den Sozialismus zum eigentlichen Kommunismus zu gelangen. Es wird jedoch ein Kommunismus sein, der den chinesischen Verhältnissen angepaßt ist. Wir streben in erster Linie die *Hebung des Bauernstandes* an, denn nur durch eine erhöhte Kaufkraft dieser vierhundert Millionen besteht Aussicht auf eine erfolgreiche Entwicklung der einheimischen Industrie.‹

Neue Zürcher Zeitung, 17. August 1938

31. Der größte Teil des folgenden Berichts stammt aus Smedley, *The Great Road* und Chang-Han-ching, *Hsi Chang-chang ti Chu-chiang Chute.*
32. Ebda. S. 138
33. *Red Star*, S. 335
34. Smedley, a. a. O., S. 150
35. Smedleys Wiedergabe von Tschu Tehs Geschichte ist der einzige Beweis für die Begegnung, Rue (a. a. O., SS. 67–8), akzeptiert ihn jedoch als plausibel.
36. Martin C. Wilbur hat angedeutet, daß Tschus Rolle bei dem Nantschang-Aufstand – hauptsächlich aus seinem eigenen Bericht bekannt – übertrieben sein dürfte. "The Ashes of Defeat." *The China Quarterly* Nr. 18, April 1964, S. 6
37. Smedley, a. a. O., SS. 226–7
38. Payne, *Mao Tse-tung,* S. 117
39. Snow, a. a. O., S. 337
40. Smedley, a. a. O., S. 226
41. Hsiao Jen-ho, "Chu Teh, from Student to General", *Ming Pao Monthly,* Bd. 4, Nr. 3, Hongkong, März 1969, SS. 29–34
42. J. Chester Cheng, *Asian Survey,* Juni 1964, bezugnehmend auf das *Kung-tso Tung-hsun* oder OIA Bulletin der Tätigkeiten. Diese Identifizierung wird jedoch durch John Gittings, *The China Quarterly* Nr. 27, Juli 1966, S. 175, angezweifelt.
43. Siehe die Veröffentlichung der Roten Garden ›Der ehrgeizige Kriegsherr Tschuh-Teh‹ in Chan-pao (Kampf) wiedergegeben im *Ming Pao Monthly,* Hongkong, Bd. 2, Nr. 6, Juni 1967, SS. 32–5
44. Anthony Garavente, "The Long March", *The China Quarterly* Nr. 22, April 1965, S. 122
45. Jerome Ch'en, *The China Quarterly* Nr. 40. Oktober 1969, SS. 36–7
46. Che Jan zufolge: siehe Warren Kuo, "The Soviet Movement of the Chinese Communist Party", Teil II. *Issues and Studies* (Taipeh), Bd. 2, Nr. 5, Februar 1966, SS. 40–1
47. Kung Chu, *The Red Army and I,* S. 226. Siehe auch Chu Wen-lin, "Lin Piao – Mao Tse-tung's close Comrade-in-Arms", *Issues and Studies* (Taipeh), Bd. III, Nr. 4, Januar 1967, SS. 36–7
48. Warren Kuo, "The Underground Struggle Between the Kuomintang and the CCP", Teil III, *Issues and Studies* (Taipeh), Bd. III, Nr. 5, Februar 1967, S. 36

49. In einem Gespräch in der Generalarbeitskonferenz vom 24. Oktober 1966, wie berichtet in *Mao Tse-tung Ssu-hsiang Wan-sui* vom April 1967 und zitiert bei Ch'en (Hrsg.), *Mao*, S. 95. Tschu stimmte, Mao zufolge, auch gegen einen Ausschluß.

Kapitel V · TSCHINGKANTSCHAN UND DER KIANGSI-SOWJET

1. Siehe Rue, *Mao Tse-tung in Opposition,* S. 83. Eine andere Quelle besagt, Mao sei mit nur 400 Mann eingetroffen. Warren Kuo, a.a.O., Bd. II, Nr. 4, Januar 1966, S. 46. Ein großer Teil dieses Kapitels fußt auf Rues Rekonstruktionen.
2. Siehe Schram, a.a.O., SS. 115–7 und Stuart R. Schram, "Mao Tse-tung and Secret Societies", *The China Quarterly* Nr. 27, Juli 1966, S. 1
3. Siehe Rue, a.a.O., S. 81
4. *Ausgewählte Werke Mao Tse-tungs,* Bd. IV, S. 156
5. Rue, a.a.O., SS. 93–4
6. Wang Schou-tao in Wales, *Red Dust,* SS. 78–9
7. Smedley, *The Great Road,* S. 235
8. Ebda. S. 262
9. Payne, *Mao Tse-tung,* S. 116
10. Rue, a.a.O., SS. 231–5, Ch'en, a.a.O., SS. 164–5
11. Dokumente in der Chen-Cheng-Sammlung zitiert in: Tien-wei Wu, "The Kiangsi Soviet Periode", *The Journal of Asian Studies,* Bd. XXIX, Nr. 2, Februar 1958
12. Kay-yu Hsu, *Chou En-lai,* SS. 102–3. Die meisten Informationen und Zitate, die sich im Text auf Tschou beziehen, sind Hsu entnommen, besonders SS. 2 und 8
13. *The Central Chinese Soviet Area,* London 1969. Ich zitierte aus einem maschinengeschriebenen Entwurf, den mir der Autor freundlicherweise überließ.
14. Edgar Snow, *Other Side of the River,* London, Gollancz, 1963, S. 298
15. Hsu, a.a.O., S. 229
16. Helen Foster Snow, *Women in Red China,* S. 250
17. Rue (a.a.O., S. 45) erklärt: ›Tschou argumentierte gegen Maos Theorien der Guerillakriegführung bis mindestens 1938 und war bis zur ersten Parteiberichtigungsbewegung 1942–3 nie völlig überzeugt.‹
18. Aussage von Tschen Jan, siehe *Issues and Studies* (Taipeh), Bd. III, Nr. 8, Mai 1967, S. 50
19. *Selected Works of Mao Tse-tung,* Bd. I, SS. 214–5 (Text: Die Strategie im chinesischen Revolutionskrieg vom Dezember 1936)
20. *Mao Tse-tung Ssu-hsiang Wan-sui,* April 1967. Zitiert in Ch'en (Hrsg.), *Mao*, S. 95
21. ›Das Organisationsproblem der KPCh heute‹, Tschous Ausarbeitung einer Resolution des ZK vom 9. Januar 1932, wie in Hsu, a.a.O., S. 107 (aus einem Dokument der Hoover-Sammlung ins Engl. übersetzt). Wegen einer anderen feindlichen Version der Differenzen zwischen Mao

und Tschou in dieser Periode siehe Warren-Kuo "The Anti-Mao Struggle during the Government's 4th Encircling Offensive", a. a. O., Bd. III, Nr. 8, Mai 1967, SS. 45–6

22. Liu Po-tscheng, "On the Time Factor of Strategy and Tactics and the Question of our Red Army's Negligence in Current Strategy and Tactics". *The Revolution and War,* Nr. 1, 1. August 1932

23. Obwohl er unterwegs durch Juiking gekommen sein kann, Rue, a. a. O., S. 246

24. Snow, *Red Star,* S. 389 (Erste Aufl.), S. 479 (2. Auflage)

25. Ch'en a. a. O., SS. 177–8. Warren Kuo, "The Struggle Against the Lo Ming Line in the CCP" *Issues and Studies* (Taipeh), Bd. III, Nr. 10 und 11, Juli und August 1967, SS. 37 und 31

Kapitel VI · DER ENTSCHLUSS ZUM MARSCH

1. Ku Wu-tschung, ein Roter Befehlshaber, der gefangen wurde, sagte, daß das Salz im Roten Gebiet ›über einen Dollar die Unze kostete‹. (*North China Herald,* 17. Oktober 1934, S. 114. Kiangsi verließ sich immer des Salzes wegen auf Kiangsu an der Küste via den Jangtse. Siehe allgemein bei Anthony Garavente, "The Long March", *The China Quarterly,* Nr. 22, April 1965, S. 94)

2. Rede auf der Nationalpolitischen Arbeitskonferenz, *Hung-hsing* Nr. 28 (18. Febr. 1934), S. 80, wie zitiert in *The China Quarterly* Nr. 40, Oktober 1969, S. 24. Die Kommunisten verwendeten Leiter-Sprengladungen gegen die Bunker und bauten auch eigene. Shi Buzhi, *Chingkangshan ti Fenghuo, SS. 120–6.* Siehe allgemein in Liu, *A Military History of Modern China,* SS. 97–8

3. Kung Chu, *Wo Yu Hung-chun,* Die Rote Armee und Ich, S. 397

4. Kuan-yu Chung-yang Shih-hsing Wei-yuan-hui Pao-kao te Chueh-i. (Die Resolution über den Bericht des Zentralexekutiv-Komitees), SS. 126–7 in Chung-hua Su-wei-ai Kung-ho-kuo ti Erh-tzu Chuan-kuo Tai-piao.
Ta-hui Wen-hsien (Dokumente des Zweiten Nationalkongresses der Chinesischen Sowjetrepublik, März 1933–008 6102 P/5044/0246 Rolle 16 im Mikrofilm der Tschen-tscheng-Sammlung, wie übersetzt und zitiert in Lötveit, *The Central Chinese Soviet Area*)

5. Snow, *Random Notes on Red China,* S. 60. Siehe auch die Tsunji-Resolutionen in Kapitel XI

6. *The Central Chinese Soviet Area*

7. Der Zweite Allchina-Sowjetkongreß wird in Rue, a. a. O., SS. 261–3 und bei Lötveit, a. a. O., beschrieben. Siehe auch die zwei unveröffentlichten Doktorarbeiten von D. K. Waller: "The First and Second National Congresses of the Chinese Soviet Republic", School of Oriental and African Studies, London, und Tschi Hsi Hus, ›La Lutte pour Pouvoir dans la République Soviétique Chinoise de Jiangxi, 1931–34‹, *Centre de Documentation sur Chine Contemporaine,* Paris.

8. A.a.O., SS. 395–400, bestätigt durch Tschang Kuo-tao in einem Interview mit H. R. Lieberman in Hongkong 1952 (aufgezeichnet in der Standford-Universität)

9. *Red Star*, S. 437, Li Teh flog 1939 von Jenan nach Europa zurück. 1964 schrieb er am 27. Mai nach der chinesisch-russischen Spannung einen mao-feindlichen Artikel in *Neues Deutschland* (Ostberlin), in dem er sich als Otto Braun zu erkennen gab.

10. *Hung-hsing* Nr. 47 (10. Juni 1943, S. 3) wie durch Ch'en übersetzt, *The China Quarterly* Nr. 40, Oktober 1969, S. 27. *Issues and Studies* (Taipeh) Bd. 4, Nr. 4. Januar 1968, S. 42

11. Schram, *Mao Tse-tung*, S. 162

12. Siehe Miao Min, *Fang Chih-min, Revolutionärer Kämpfer*. (Peking, Foreign Languages Press, 1962), SS. 103–105 und ff. Garavente, a.a.O., S. 102; Snow, a.a.O., S. 467, Ch'en, *Mao and the Chinese Revolution*, SS. 182–3 und Chu Li-fu, *Erh-wan Wu-chien Li Chang-cheng Chi*, SS. 20–1

13. Lien Chen, *Tsung Tung-nan Tao Hsi-pei*, S. 3. Einer Ansicht nach stimmte man im Prinzip schon im Januar 1934 auf dem Zweiten Sowjetkongreß hinsichtlich des Ausbruchs überein; auch gibt es Beweise, daß vom Februar an Vorbereitung getroffen wurden. Siehe Garavente, a.a.O., S. 99. Ein ehemaliger deutscher Kommunist berichtete, daß Liu Schao-tschi der erste war, der im Januar 1934 eine Verlegung nach Schensi in der Nähe der Sowjetmongolei vorschlug und daß Mao ihn unterstützte. Hans Heinrich Wetzel, *Liu Shao Chi, Le Moine Rouge*, Denoël, Paris 1961, SS. 163–4

14. Fu Lien-tschao, ›Mao Chu-hsi Tsai Yu-tu‹, *Hung-chi Piao-piao*, Januar 1959, SS. 6,7

15. *History of the Twentieth Century*, London, BPC Publishing 1969, S. 1356

16. Siehe die Tsunji-Resolutionen in Kapitel X unten

17. *The China Quarterly* Nr. 40, Oktober 1969, S. 16

18. Payne, *Mao Tse-tung*, S. 148

19. Malraux. *Antimémoires*, London 1968, S. 533

20. Payne, a.a.O., S. 164. Siehe auch die Tsunji-Resolutionen in Kapitel X

Kapitel VII · ALLTAG AUF DEM MARSCH

1. Smedley, *The Great Road*, S. 309. Siehe auch Snow, *Red Star*, S. 189 und T. A. Hsia, "Chu Chiu-pai's Autobiographical Writings: The Making and Destruction of a Tender-Hearted Communist". *The China Quarterly* Nr. 25, Januar 1966, S. 176

2. Snow, *The Battle for Asia*, SS. 131–3. Auf Hsiang Jing bezieht sich Snow hier – und bei drei Gelegenheiten in *Red Star over China* auch bei Payne – als auf Han Jing. Er fiel 1941.

3. Snow (a.a.O., S. 487) sagt, Mao Tse-tan, aber Ch'en (*Mao and the Chinese Revolution*, S. 184) sagt Mao Tse-min. Siehe seine Genealogie der Mao-Familie in *Mao Papers*

4. *Hsing-huo liao-yuan* (Ein einziger Funke kann einen Präriebrand entzünden). Hongkong 1960, SS. 3–4, Carl K. Wei in *Issues and Studies* (Taipeh) Bd. 5, Nr. 4, S. 36
5. Griffith, *The Chinese People's Liberation Army*, SS. 330–1, und Adam Hopkins, "The Missionary's Ordeal", *The Sunday Times*, London, 4. Januar 1970 – Die Erinnerungen Alfred Bosshardts
6. Ebda.
7. A.a.O., S. 80
8. Smedley, a.a.O., S. 310
9. *The Sunday Times*, 4. Januar 1970. Snow, a.a.O., S. 362
10. Wales, *Red Dust*, S. 217; Smedley, a.a.O., S. 329 und Ch'en, a.a.O., SS. 150 und 197
11. Wales, a.a.O., S. 173
12. Chen Chang-feng, "With Chairman Mao on the Long March" in *Stories of the Long March*, S. 5
13. Smedley, a.a.O., S. 310
14. Chen Chang-feng, a.a.O., SS. 8, 10, 22 und 39
15. Payne, a.a.O., S. 152, sagt, drei von Maos Babys seien zurückgelassen worden. Snow, a.a.O., S. 468 spricht von zwei; Wang Tschengs Bemerkung (besagt, nur zehn Frauen seien marschiert) steht bei Wales, a.a.O., S. 101
16. Ch'en, a.a.O., SS. 184 und 198
17. *The Sunday Times*, 4. Januar 1970
18. Payne, a.a.O., S. 152
19. Ch'en, a.a.O., S. 198
20. "A Red Woman Fighter – Kang Ke-ching", *Ming Pao Monthly*, Hongkong, Bd. VI, Nr. 3, 3. März 1969, S. 40. Wales, a.a.O., S. 217
21. Helen Foster Snow, *Women in Modern China*, S. 243, Snow, *Red Star*, S. 500, ebda. (Nur erste Auflage), S. 376, Chu Li-fu, *Erh-wan Wu-chien Li Chang-cheng Chi*, SS. 48–9 (wo Chu dreißig der weiblichen Marschierer nennt) und Ch'en, a.a.O., S. 190, Kang Ke-tsching bezieht sich darauf, daß Hsu Hsiang-tschen 800 Frauen in Szetschuan organisiert habe.
22. Shi Buzhi, *Chingkangshan ti Fenghuo*, SS. 82–5
23. Snow, a.a.O., SS. 323–7
24. Ebda. S. 84
25. *Ti-erh-tzu Kuo-nei Ko-ming Chan-chen Shi-chi Shih-shih Lun-tsung*, SS. 54–65
26. Snow, a.a.O., S. 84
27. *The Sunday Times*, 4. Januar 1970
28. Smedley, a.a.O., S. 312
29. Snow, a.a.O., S. 91; Payne, a.a.O., S. 162; Cheng Wan-li, Pa-lu-hun Ti Chan-tou-li, S. 35
30. Chen Chang-feng, a.a.O., S. 60
31. *The Sunday Times*, 4. Januar 1970

32. Snow, a.a.O., SS. 204–5. Siehe auch Li Chang-chuan in *Ti-erh-tzu Kuo-nei Ko-ming Chan-cheng Shih-chi Shih-shi Lun-tsung,* S. 90
33. Siehe Dr. Fus Erinnerungen in Wales, a.a.O., SS. 171–3 und die Lo Ping-huis, ebda. S. 130
34. Smedley, a.a.O., SS. 310–1
35. Snow, a.a.O., S. 201

Kapitel VIII · AUSBRUCH AUS DEM KESSEL

1. Das ist Paynes Übersetzung ins Engl., die sich besser liest als die bei Chen Chang-feng, a.a.O., S. 22
2. *North China Herald,* 14. November 1934, S. 247
3. Shi Buzhi, *Chingkangshan ti Fenguo,* SS. 120–6
4. *The China Quarterly* Nr. 40, Oktober 1969, S. 31
5. Diese und andere topographischen Details auf den folgenden Seiten basieren hauptsächlich auf Li Chang-chuan, ›Erinnerungen an den Langen Marsch von 25 000 Li‹. *Ti-erh-tzu Kuo-nei Ko-ming Chan-cheng Shih-chi Shih-shih Lun-tsung,* SS. 91–2; Chu Li-fu, *Erh-wan Wu-chien Li Chang-cheng Chi,* SS. 21–36 und 54–63 und Anthony Garavente, "The Long March", *The China Quarterly* Nr. 22, April 1965, S. 89 (und einige dort zitierte Quellen) einschließlich Lien Chen, *Tsung Tung-nan Tao Hsipei,* obwohl ich vermute, daß Garavente auf diese Erinnerungen eines Kuomintang-Arztes, der wenige Wochen vor dem Langen Marsch von den Kommunisten gefangen wurde, zu viel Gewicht legt.
6. Smedley, *The Great Road,* SS. 311/12. Eine derartige Streitmacht, die zurückgelassen wurde, war die 34. Division, die abgeschnitten wurde, als der Feind die Pontonbrücke über den Hsiangchiang-Fluß zerstörte. Siehe Hsu Meng-tschiu in Wales, *Red Dust,* S. 65
7. Zum Beispiel Tschang-tscheng. Siehe *The China Quarterly* Nr. 40, Oktober 1969, S. 31
8. Siehe z. B. Jürgen Domes, *Vertagte Revolution, Die Politik der Kuomintang in China 1923–37* (Berlin, de Gruyter, 1970)
9. Lien Chen (Tschen), a.a.O., S. 5. Lo Ping-hui von der Roten Armee bestritt das später heftig, er erzählte Nym Wales: ›Es ist einfach Unsinn, wenn, wie Sie sagen, einige ausländische Journalisten behaupten, daß er (Tschiang Kai-schek) versuchte, uns in gewisse Provinzen abzulenken.‹ Lo räumte dann aber ein: ›Es ist wahr, daß wir die Provinztruppen schwächten und daß er die Provinzen in die Kontrolle brachte, indem er hinter uns dreinfolgte und die Früchte einheimste…‹ (Wales, a.a.O., S. 129)
10. Griffith, a.a.O., SS. 330–1
11. ›Resolutionen der Tsunji-Konferenz‹, *The China Quarterly* Nr. 40, Oktober 1969, SS. 32, 33
12. Liu Po-tscheng: "Looking Back on the Long March", *The Long March, Eyewitness Accounts,* S. 207 (unterstützt von Li Tien-yus Artikel "Stop the Enemy Forces at the Ksiangkian River" im gleichen Buch, S. 5); Wa-

les, *Red Dust,* S. 65; Ch'en, *Mao and the Chinese Revolution,* S. 189. Huang und Whitson schätzen, daß 25 000 Mann vor der Überschreitung des Hsiang-Flusses vom 26.–28. November desertierten.

13. Hsueh-Jueh, *Chiao-fei chih-shih,* Teil II, S. 3
14. Garavente, a.a.O., S. 106, Braun, ›Von Schanghai bis Jänen‹. *Horizont* (Ostberlin) Nr. 31, 1969
15. *The China Quarterly* Nr. 40, Oktober 1969, S. 12

Kapitel IX · DIE FELDZÜGE IN KUEITSCHOU

1. Liu Po-tscheng, a.a.O., S. 208
2. Robert W. McColl, "The Oyuwan Soviet Area 1927–32" *The Journal of Asian Studies,* Bd. XXVI, Nr. 1, November 1967, S. 54 und Quellen, die in seiner Anmerkung 29 zitiert werden; Tschang Kuo-tao "My Reminiscences", *Ming Pao Monthly,* Hongkong, Bd. IV, Nr. 8–9 und SS. 72–7 und 95–9
3. Smedley, a.a.O., S. 313–4
4. Liu Ja-lou in *Stories of the Long March,* S. 11; siehe auch Warren Kuo in *Issues and Studies* (Taipeh) Bd. 4, Nr. 4, Jan. 1968, SS. 43–4
5. Siehe Kapitel XI, auch Garavente, *The China Quarterly* Nr. 22, April 1965, S. 106. Braun schiebt die Schuld direkt auf Mao (*Horizont,* Nr. 31, 1969)
6. Wales, a.a.O., SS. 127–8
7. Der folgende Bericht des Überganges über den Wu stammt von Pao Tsun, *Hung-chun Chang-cheng ti Ku-shih,* SS. 6–8. Chu Li-fu, *Erh-wan Wu-chien Li Chang-cheng Chi,* S. 24. Chang Chung-ju (Hrsg.), *Chang-cheng Ku-shih,* SS. 1–5, Liu Ya-lou, "The Fight for the Wukiang Crossing" in *Stories of the Long March,* SS. 11–22, und *The Long March, Eyewitness Accounts,* SS. 11, 21 und Li Chang-chuan "Recollections of the 25 000 Li Long March" in *Ti-erh-tzu Ko-ming Chang-cheng, Shih-chi. Shih-shih Lun-tsung,* S. 95

Da das das erste Gefecht auf dem Langen Marsch ist, das im Detail geschildert wird, lohnt es sich zu beachten, wie schwierig diese Details sind. Tschang schreibt die Schlacht mehr dem IV. als dem I. Armeekorps zu. Die Breite des Wu wird unterschiedlich mit 300 und 250 Meter angegeben, mit einer Strömung von 2 oder 1,8 m/sek. Über die genauen Daten besteht keine Übereinstimmung. Liu schätzt die Abtrift des erfolgreichen ersten Floßes in der zweiten Nacht auf 1000 Meter (1100 Yards), Tschang auf 3200 Meter (fast zwei Meilen). Tschang gibt der Abteilung Hauptmann Maos zwei Karabiner, Liu nur einen. Das Anzünden des Streichholzes wird von Tschang verschieden ausgelegt. Die genaue Stärke des Feindes und seiner Verstärkung ist umstritten. Was die Zahl der Schwimmer in der ersten Nacht anlangt, so schätzt Tschang sie auf zehn Mann, Tschu und Liu (auch Hsin Ko, *Erh-wan-wu-chien Li Chang-cheng*) auf achtzehn, Pao auf zwanzig und Li auf zweiundzwanzig.

Viele dieser Diskrepanzen sind unbedeutend, ich führe sie hier aber ausführlich an, um die Irrtümer zu illustrieren, die bei der wahrheitsgemäßen Schilderung solcher Ereignisse entstehen. Wenn Feindberichte beständen, wären die Widersprüche noch schlimmer. Dieser Feststellung zufolge werde ich auf den folgenden Seiten nur die schlimmsten Widersprüche in den Berichten aufzeigen.

8. Wang Chi-cheng, "How We Stormed Tsunji Bridge" in *Stories of the Long March,* S. 23
9. Das heißt europäische Ausländer, vorwiegend russische Kommunisten
10. *Stories of the Long March,* SS. 28–33. Eine etwas verschiedene englische Version des chinesischen Originalberichts in *The Long March, Eyewitness Accounts,* SS. 22, 28.

Kapitel X · REIFLICHE ÜBERLEGUNGEN IN TSUNJI

1. Verschiedene Daten werden genannt: Chu Li-fu, *Erh-wan Wu-chien...,* S. 24, nennt den 13. Januar, so auch Li Tschang-tschuan, *Ti-erh-tzu,* SS. 91–2. Die Marschtagebücher von Tschu Li-fu und Ju Ku nennen beide den 13. Januar, aber nach einer unerklärten Wartezeit von fünf Tagen am Liju-Damm. Tschang Tschun-ju (Hrsg.), *Chang-cheng Ku-shih,* S. 5 nennt den 3. Januar, während Wang Tschi-tscheng den 5. aufführt. Jerome Ch'en (*The China Quarterly* Nr. 40, Oktober 1969, S. 18) behauptet, daß der von Kuomintang-General Hsueh Jueh nach seinem zeitgenössischen Tagebuch angeführte 7. Januar am glaubwürdigsten klingt (*Chiao-fei Chi-shih,* Teil 3, SS. 3 und 7). Die meisten Berichte der Tsunji-Konferenz des Politbüros legen sie auf den 6.–8. Januar fest. *Ta Kung Pao,* Peking, 26. Februar 1966; *People's Daily,* Peking, 11. Januar 1967.
2. Smedley, *The Great Road,* S. 315
3. Liu Po-tscheng, *Hsing-huo Liao-juan,* S. 5, Hsueh Jueh, a.a.O., SS. 7 und 9. Die Kommunisten kehrten später nach Tsunji zurück, blieben jedoch bei der ersten Gelegenheit zwölf Tage (Hsu Meng-tschiu sagt, nur eine Woche, Wales, *Red Dust,* S. 66)
4. Hu Tschiao-mu, Thirty Years of the Chinese Communist Party, S. 35
5. Die meisten dieser Details und der Text der Resolutionen sind Jerome Ch'ens "Resolutions of the Tsunyi-Conference" (*The China Quarterly* Nr. 40, Oktober 1969, S. 1) entnommen. Braun (*Horizont* Nr. 31, 1969) besteht darauf, daß auf der Konferenz selbst keine schriftliche Fassung der Resolution in Umlauf gesetzt wurde und daß die später veröffentlichte Fassung ›redigiert‹ worden sei.
6. Chi-hsi Hu, Hua-Fu, "The Fifth Encirclement Campaign and the Tsunyi Conference", *The China Quarterly* Nr. 43, Juli 1970, S. 31

Kapitel XI · DIE UMBILDUNG DES POLITBÜROS

1. Wetzel, *Liu Shao-Tschih, Le Moine Rouge,* Denoël, Paris 1961, S. 166
2. *Tschugoku Kyosanto-schih* (Tokio, 1961) Bd. IV, SS. 260–1. Wie im vorausgehenden Kapitel bin ich für diesen und viele folgende Hinweise bezüglich der Tsunji-Konferenz Jerome Ch'ens "Resolutions of the Tsunyi Conference", *The China Quarterly* Nr. 40, Oktober 1969, S. 1 verpflichtet, ebenso Dieter Heinzig, *The China Quarterly* Nr. 42, April 1970, S. 131; Warren Kuo, "The Tsunyi Conference", *Issues and Studies,* Bd. 5, Nr. 4 und 5, Januar und Februar 1968; Carl K. Wei, "The Truth about the Tsunyi Conference", *Issues and Studies,* Bd. 5, Nr. 4, Januar 1969, S. 29 und Nr. 5, Februar 1969, S. 20, und Chi-hsi-Hu, ›Hua Fu‹, a.a.O., S. 31
3. Snow hat kürzlich jedoch behauptet, daß Wu Liang-ping Mao vor dem Marsch treu war, und Dr. Jerome Ch'en läßt ihn aus seiner erschöpfenden Liste der Achtundzwanzig Bolschewiki aus (siehe Fußnote 15). Warren Kuo erklärt (a.a.O., Nr. 4, S. 36), daß Liang Po-tai nicht in Tsunji, sondern in dem ›weißen‹ Gebiet gewesen sei.
4. *Peking Hung-wei-ping,* Nr. 2, 1967 (*Survey of China Mainland Magazines,* US. Consulate General, Hongkong, Nr. 590), nennt achtzehn, Kuo Hualun und Wei Ke-wei, *Fei-ching Yueh-pao. Communist Affairs Monthly* (Taipeh), Bd. 10, Nr. 7, 31. August 1967 und Bd. XI, Nr. 8, 8. September 1968, neunzehn. Braun sagt 35–40 (*The China Quarterly* Nr. 42, April 1970) und bemerkt, daß ›sicherlich zwei Drittel, wahrscheinlich aber drei Viertel der Teilnehmer an der Tsunji-Konferenz weder Politbüro- noch sogar ZK-Mitglieder gewesen seien‹.
5. Dr. Jerome Ch'en, a.a.O., S. 19, *Hung-wei Chan-pao,* 13. April 1967, ins Engl. übersetzt in *Survey of China, Mainland Press* Nr. 4007. Siehe Roderick MacFarquhars Notiz in *The China Quarterly* Nr. 41, Januar 1970, S. 113, und Dieter Heinzig, a.a.O.
6. Tengs Anwesenheit und Rolle in Tsunji wurde bestritten, als er in der Kulturrevolution in Ungnade fiel. Er wurde beschuldigt, ein neunzehntes Bild der Galerie von achtzehn Teilnehmern in dem historischen Konferenzraum hinzugefügt zu haben, der jetzt als Museum in Tsunji erhalten ist. Siehe *Survey of China Mainland Magazines,* Hongkong, Nr. 590, SS. 14–16
7. Rue, *Mao Tse-tung,* S. 270. Hält Tschen Jun für einen der Internationalen, aber Jerome Ch'en ist damit nicht einverstanden. Snow, *Red Star,* SS. 458 und 502, hält ihn für einen Maoisten; er sagt, er habe an Tsunji teilgenommen. Als Kaufmann verkleidet reiste er über Hongkong nach Moskau und berichtete dort über die Beratungen in Tsunji.
8. Tschang Kuo-tao sagt aus, daß Kai Feng wie Teng Fa und Wang Schou-tao sieben Monate später an der Konferenz des Politbüros in Maoerhkai teilnahmen, so daß ihre Anwesenheit in Tsunji möglich ist. *Ming Pao Monthly,* Hongkong, Bd. V, Nr. 3, März 1970, SS. 78–83
9. Warren Kuo, a.a.O.

10. *The China Quarterly* Nr. 40, Oktober 1969, SS 37–8
11. Ch'en: *Mao,* S. 15
12. Snow, a.a.O., S. 514, und Warren Kuo, "The Conference at Lochuan", *Issues and Studies,* Bd. V, Nr. 1, 1. Oktober 1968, S. 35. Braun stellt fest, daß Mao in Tsunji den neuen Posten des Parteivorsitzenden bekam (Heinzig, a.a.O., S. 132)
13. Wang Tschien-min, *Chung-kuo Kung-chan-teng Shih-kao,* Teil III, S. 727
14. 30. April 1968, zitiert von Carl K. Wei, geschrieben möglicherweise von Wang Ming
15. Snow, a.a.O., 428–9; Rue, a.a.O., S. 270, Dr. Jerome Ch'en hat aus verschiedenen Quellen die folgende komplette Liste der ›Zurückgekehrten Studenten‹ der Achtundzwanzig Bolschewiki zusammengetragen: Tschang Tschin-tschiu, Tschang Wen-tien (oder Lo-fu), Tschen Tschang-hao, Tschen Schao-ju (oder Wang Ming), Tschen Juan-tao, Tschin Pang-hsien (oder Po Ku), Tschu O-ken, Tschu Tzu-tschung, Ho Tzu-schu, Hsia Hsi, Kuo Miao-ken, Li Tschu-scheng, Meng Tschingschu, Schen Tse-min, Scheng Tschung-liang (der 1970 gesund und wohlauf in Lawrences, Kansas, lebte), Sun Tschi-min, Wang Tschia-hsiang, Wang Hsiu, Wang Pao-li, Wang Scheng-jung, Wang Scheng-ti, Wang Jun-tscheng, Tu Ting, Tu Tso-hsiang, Yang Schang-kun, Jin Tschien, Yuan Tschia-jung und Jun Ju-jung. Man wird beachten, daß Wu Liangping, Liang Po-tai und Hsu Meng-tschiu nicht auf dieser Liste erscheinen.
16. Snow, a.a.O., S. 508
17. Swarup, *A Study of the Chinese Communit is Movement* 1927–34, SS. 131–6, 245 und 252–6
18. *Chung-kung Chung-yao Jen-wu* (Peking, 1949), S. 11; Swarup, a.a.O., SS. 255–6
19. Swarup, a.a.O., S. 252
20. *Mao Tse-tung Ssu-hsiang Wan-sui* (April 1967), SS. 44–5, wie übersetzt in Ch'ens (Hrsg.) *Mao,* SS. 95–6
21. *Wo-men ti I-chien-shu* (Statement of our views), Schanghai, 1929, S. 23
22. Siehe Rue, a.a.O., S. 269 und Hatano Kanichi, ›Schu Onrai Den‹ (Biographie Tschou En-lais), *Kaizo,* Bd. XIX, Nr. 7, 1937, S. 89. Hsiao Tsching-kuang war aber einer von denen, die während der Lo Ming-Affäre (übrigens durch Tschou) wegen ihrer Treue zu Mao (wenigstens einer Quelle zufolge) beseitigt wurden. *Issues and Studies,* Bd. III, Nr. 10, Juli 1967, S. 47
23. Rue, a.a.O., S. 270
24. Tschen Jan, *Issues and Studies,* Bd. III, Nr. 10, Juli 1967, S. 47
25. Ebda.
26. Siehe Rue, a.a.O., S. 270, und Heinzig in *The China Quarterly* Nr. 42, April 1970, S. 132. ›Eine Veröffentlichung der Roten Garde kritisierte Teng später, weil er mit Liu Schao-tschi, Tschang Wen-tien, Huang Ke-

tscheng und Jang Schang-kun unter einer Decke steckte, um Maos Füh-
rung nach Tsunji zu bestreiten.‹ *Chingkangschan* und *Kuatung Weni
Canpao*, Kanton, 5. September 1967 und übersetzt in *Survey of China
Mainland Press*, Hongkong, Nr. 5, Nr. 4047, S. 9

27. Snow, a.a.O., Heinzig, a.a.O., S. 133
28. Ch'en, *Mao and the Chinese Revolution*, S. 189, Tschih Hsi Hu, a.a.O.
29. Snow, *The Battle for Asia*, S. 283 und 287
30. Hsiao San, *Chang-cheng (Der lange Marsch)* zitiert in Nashimoto Yuhei,
    Shu Onrai (Tschou En-lai), Keisoshobo, Tokio 1967, SS. 148–151
31. *The China Quarterly*, Nr. 40, Okt. 1969, S. 20–1
32. Wales, *Red Dust*, S. 67
33. *Chung-kung Chung-yao Jen-wu*, Peking 1949, S. 11
34. Swarup, a.a.O., S. 257
35. *Mao Tse-tung Ssu-hsiang Wan-sui* (April 1967), SS. 44–5 zitiert bei
    Ch'en, *Mao*, SS. 95–6
36. A.a.O., S. 272, Hsu Meng-tschiu verzeichnete später, daß die Chef-
    Strategen nach Tsunji Mao, Tschou En-lai, Wang Tschia-hsiang und Liu
    Po-tscheng waren (Wales, a.a.O., S. 67), bezeichnenderweise wird
    Tschu Teh ausgelassen.
37. *Hung-hsing*, Nr. 29 (18. Februar 1934), S. 4
38. *Red China*, Nr. 288 (30. August 1934)
39. *Hung-hsing*, Nr. 62 (30. August 1934, S. 1)
40. Rue, a.a.O., SS. 272–3

Kapitel XII · SCHEINANGRIFF AUF JÜNNAN

1. *Red Star*, SS. 191 und 432, und Snow, *Random Notes on Red China*, S.
   100
2. Scheng Li-ju, *Chung-kuo Jen-min Chieh-fang-chun San-schih-nien
   Shi-hua*, S. 23; Liu Po-tscheng, *The Long March, Eyewitness Accounts*,
   S. 207
3. Snow, *Red Star*, S. 192, und Smedley, a.a.O., S. 315, sagen beide 20 000,
   aber Lien Tschen, *Tsung Tung-nan Tao Hsi-pei*, S. 22, sagt 4000 bis
   5000, Meng-tschiu in *Red Dust*, S. 67, sagt 4000 und Huang und Whitson 10 000
4. Paul K. Whang, "Szetschuan–Hotbed of Civil Wars", *China Weekly Review*, 22. Okt. 1932, S. 344. Die Diskussion an dieser Textstelle verdankt viel Garavente, *The China Quarterly* Nr. 22, April 1965, SS.
   107–13
5. Snow, a.a.O., S. 234, und Snow, *Random Notes*, S. 61
6. Tschu, *Erh-wan Wu-chien Li Chang-cheng Chi*, S. 25
7. Ebda.
8. Ebda.
9. Ebda., Teil IV, Kap. 6
10. Li Tschang-tschuan, a.a.O., SS. 91–2
11. *China Reconstructs*, Oktober 1965, S. 15

12. Wie in Ch'en, *Mao and the Chinese Revolution*, S. 334 ins Englische übersetzt. Ch'en datiert das Gedicht auf den Januar 1935, als der Lou-schan-Paß zum ersten Mal erobert wurde, aber Tsai Schun-lis Memoiren setzen das Gedicht mit der zweiten Schlacht um den Paß im Februar in Verbindung, *China Reconstructs*, Oktober 1965, S. 15
13. Tsai Shun-li, a.a.O., S. 16
14. Tscheng-tschuan, a.a.O., SS. 95–7
15. Smedley, a.a.O., S. 316. Der Zeitungsbericht stammte von dem Reu-ter-Korrespondenten Thomas Chow vom 9. April 1935
16. Smedley, a.a.O., S. 314
17. Ebda., S. 317
18. Snow, a.a.O., S. 192
19. Ebda., SS. 192–3
20. *The Long March, Eyewitness Accounts*, SS. 214–5

Kapitel XIII   DER FLUSS DES GOLDENEN SANDS

1. "Crossing the Golden Sand River", *Stories of the Long March*, SS. 35–50. Eine etwas andere englische Version des gleichen Berichts findet sich in *The Long March, Eyewitness Accounts*, SS. 47–60
2. *Stories of the Long March*, SS. 1–4
3. Pao Tsun, *Hung-chun Chang-cheng ti Ku-shih*, SS. 11–12. Siehe auch Liu Po-tschengs Beschreibung in *The Long March, Eyewitness Accounts*, SS. 214–5
4. Wales, *Red Dust*, S. 69
5. Smedley, a.a.O., S. 317
6. Snow, a.a.O., S. 193
7. Wales, a.a.O., S. 69 und 129
8. Ch'en, *Mao and the Chinese Revolution*, S. 191, Hsu Meng-tschiu nennt als Übergangsdatum den 15. Mai (Wales, a.a.O., S. 70)

Kapitel XIV · DAS LAND DER LOLOS

1. Smedley, a.a.O., S. 318
2. Chu Li-fu, *Erh-wan Wu-chien*, S. 28. Der folgende Absatz verdankt viel Tschus Bericht.
3. Ebda., SS. 27–8, Hsu Meng-tschiu in Wales, *Red Dust*, SS. 65 und 70
4. Siehe die Berichte darüber auch in Pao Tsun, *Hung-chun Chang-cheng ti Ku-shih*, S. 13 und Smedley, a.a.O., SS. 318–9
5. Hsiao Hua, "Crossing the Greater Liangschan Mountains", *The Long March, Eyewitness Accounts*, SS. 76–80
6. Tschu, a.a.O., S. 28; Wales, a.a.O., S. 71
7. Snow, a.a.O., S. 195
8. Oberstlt. Aerhmuhsia, "The Yis Meet the Red Army", *Stories of the Long March*, SS. 105–118 (eine etwas veränderte Version des gleichen Originals). In *The Long March, Eyewitness Accounts*, S. 61–73, erwähnt

Nym Wales, einer der Lolo-Rekruten, den sie zwei Jahre später in Jenan sah, habe blaue Augen gehabt, a.a.O., S. 230

9. Liu Po-tscheng, "Looking Back on the Long March", *The Long March, Eyewitness Accounts,* S. 215

Kapitel XV · DIE HELDEN VOM TATU-FLUSS

1. Smedley, a.a.O., S. 25
2. Ebda., S. 29
3. Ebda., S. 320
4. In der Luftlinie. Snow, *Red Star,* S. 197, sagt 400 Li oder 208 km, Smedley, a.a.O., S. 320, nennt 230 km. Andere Quellen sagen 300 oder 320 Li.
5. *Hsing-huo Liao-yuan,* S. 139
6. Snow, a.a.O., S. 196. Sun Tshi-hsien, ein anderer hoher Offizier bei der Vorhut, gibt eine weniger dramatische Schilderung in seinem Bericht "The Forced Crossing of the Tatu River", *The Long March, Eyewitness Accounts,* SS. 86–7, er deutet an, daß die Snow erzählte Version beim Erzählen übertrieben wurde. Siehe auch Wales, a.a.O., SS. 71–2
7. Chu Li-fu, *Erh-wan Wu-chien Li Chang-cheng Chi,* S. 29, sagt 40 M/sec., offensichtlich ein Irrtum
8. General Yang Tech-tschi "Heroes of the Tatu River", *Stories of the Long March,* SS. 51–60. Siehe auch die detaillierten Erinnerungen Sun Tschi-hsiens, a.a.O.

Kapitel XVI · DIE BRÜCKE DER EISERNEN KETTEN

1. Snow, *Red Star,* S. 197
2. Ebda.
3. Chu Li-fus Bericht besagt, daß es von Anschungtschang ein Vier-Tage-Marsch war, der am 27. Mai begann und am 30. endete: *Erh-wan Wu-chien Li Chang-cheng Chi,* S. 30. Er berichtet, die Vorhut marschierte über Haierhwa und lagerte in der ersten Nacht in Tienwan. Am nächsten Tag erstieg sie den Menghu-Kamm und lagerte nach einem Marsch von 120 Li in Mohsimien. Am dritten Tag kam sie durch Tschu-Nipa und lagerte in Schangtienpa. Am vierten Tag erreichte sie Luting über den Hsiatien-Damm.
4. Yang Cheng-wu, "The Fight at Luting Bridge', *Stories of the Long March,* SS. 61–76 (eine andere Übersetzung ist "Lightning Attack on the Luting Bridge", *The Long March, Eyewitness Accounts,* SS. 96–109)
5. A.a.O., S. 198
6. Smedley, *The Great Road,* S. 321
7. A.a.O., S. 44, Wales, *Red Dust,* S. 72
8. *China Reconstructs,* Oktober 1935, S. 19
9. Tsai Shun-li, ebda., *Hsu Meng-tschiu in Wales,* a.a.O.
10. Snow, a.a.O., S. 198

11. Wales, a.a.O.
12. Smedley, a.a.O., S. 321, Tsai Schun-li, a.a.O., erwähnt, der Führer des Angriffs sei Kompanieführer Liao Ta-tschu gewesen, er sagt aber auch, die Mütze dieser Helden habe Feuer gefangen, als der Brückenkopf in Brand gesteckt wurde, so daß er nicht vor der Kerosin-Phase von der Brücke gefallen sein könne.
13. Ebda., S. 322, Payne, a.a.O., S. 159
14. Smedley, a.a.O., S. 321

Kapitel XVII · DER GROSSE SCHNEEBERG

1. Chen Chang-feng, "With Chairman Mao on the Long March", *Stories of the Long March*, SS. 7–8
2. Smedley, a.a.O., S. 323
3. Ebda., SS. 323–5
4. Ebda., S. 324
5. Snow, *Red Star over China*, S. 200
6. Payne, a.a.O., S. 160, Warren Kuo in *Issues and Studies*, Bd. 4, Nr. 6, März 1968, S. 43
7. Wales, a.a.O., S. 65
8. Payne, a.a.O., S. 160, Ch'en, *Mao and the Chinese Revolution*, S. 192
9. Smedley, a.a.O., S. 325
10. Ebda., SS. 325–6
11. "Across the Snow Mountain", *Stories of the Long March*, SS. 79–84
12. Wie übersetzt in Ch'en, a.a.O., SS. 338–9
13. Smedley, a.a.O., SS. 326–7
14. Ebda., S. 328
15. Ebda., S. 327

Kapitel XVIII · FROSTIGE WIEDERVEREINIGUNG

1. *Hsiang-tao* (Guide Weekly), Nr. 12, Dezember 1922
2. Ch'en, a.a.O., S. 192
3. Dieses Detail und viele andere vom Marsch der Vierten Frontarmee sind Tschang Kuo-taos Erinnerungen entnommen, veröffentlicht in *Ming Pao Monthly* (Hongkong), Bd. IV, Nr. 8, 9, 10, 11 und 12, August, September, Okt., Nov. und Dez. 1969, SS. 76–9, 72–7, 95–9, 96–9 bzw. 79–85. Hsu Hsiang-tschiens Memoiren beschönigen jedoch diese Ereignisse, er deutet an, die Räumung sei freiwillig erfolgt (Wales, a.a.O., SS. 157–8)
4. Snow, a.a.O., S. 432, sagt zwischen 50000 und 60000. Siehe auch Robert McColl, "The Oyuwan Soviet Area 1927–1932", *The Journal of Asian Studies*, Bd. XXVII, Nr. 1, November 1967, S. 41
5. Resolution über gewisse Fragen in der Geschichte unserer Partei (20. April 1945), *Selected Works of Mao Tse-tung*, Bd. III, SS. 191–2, Tschang Kuo-taos Erinnerungen, *Ming Pao Monthly* (Hongkong), Bd.

V, Nr. 1, Januar 1970, S. 78–9, Warren Kuo, a. a. O., Bd. 4, Nr. 6, März 1968, S. 40

6. Smedley, a. a. O., SS. 328–330
7. *Ming Pao Monthly,* Bd. V, Nr. 1, Januar 1970, SS. 80–83
8. Ebda.
9. Ebda. und siehe auch *Issues and Studies,* Bd. 4, Nr. 6, S. 43. Griffith, *The Chinese people's Liberation Army,* schätzt, daß 25 000 Mann der Ersten Frontarmee in Moukung Kiangsi verlassen hatten, 20 000 waren unterwegs dazugekommen. Siehe auch Huang und Whitson
10. Snow erfuhr, daß die Vierte etwa 30 000 Mann rekrutiert habe (a. a. O., S. 432), Hsu Hsiang-tschien erzählte Nym Wales 1937, daß sie im Szetschuan-Sowjet 50 000 Mann unter Waffen hatten und daß Rekruten die Zahl auf 80 000 anschwellen ließen, als man den Raum aufgab. (Wales, a. a. O., SS. 159–60)
11. Tschangs Bericht von der Moukung- oder Lianghokou-Konferenz ist *Ming Pao Monthly,* Bd. V, Nr. 1 und 2, Jan. und Febr. 1970, SS. 81–2 und 85–6 entnommen. Das Adjektiv ›stürmisch‹ stammt aus Smedley, a. a. O., S. 330
12. Snow, a. a. O., S. 432, Warren Kuo, a. a. O., Bd. 4, Nr. 6, März 1968, S. 44
13. Smedley, a. a. O., S. 330
14. Ch'en, a. a. O., S. 193
15. *Ming Pao Monthly,* Bd. 5, Nr. 3, März 1970, SS. 78–83
16. Ebda.
17. *The China Quarterly* Nr. 22, April 1965, S. 124
18. Snow, *Random Notes on Red China,* SS. 61–2 und 74–5
19. Smedley, a. a. O., S. 331 (die Geschichte eines der Politischen Arbeiter)
20. Stories of the Long March, S. VII
21. Wales, a. a. O., S. 74, Kang Ke-tsching rief Huang Ho, ebda., S. 217
22. *Long March, Eyewitness Accounts,* SS. 218–9
23. Tschang Kuo-taos Erinnerungen, *Ming Pao Monthly,* Bd. V, Nr. 4, April 1970, SS. 93–6
24. Tschang Kuo-tao, a. a. O., Bd. V, Nr. 5, Mai 1970, S. 91. Jens Liste der ›Urteile‹ über den Tschang-Mao-Disput, wie sie Tschang wiedergibt, scheint auf Wahrheit zu beruhen.
25. Schram, *Mao Tse-tung,* S. 172

Kapitel XIX · DAS GRASLAND

1. Ch'en, a. a. O., S. 194
2. Smedley, a. a. O., S. 337
3. Yang Cheng-wu, "Crossing the Grasslands under the Instructions of Chairman Mao", *A Single Spark Can Light a Prairie-Fire,* SS. 170–6
4. Chen Hsien-cheng, "Crossing the Grassland with a Cup of Green Grain", *People's Daily,* 3. März 1961, Payne, a. a. O., S. 161, und Chu-Li-fu, a. a. O., S. 35

  5. Li Chang-chuan, a.a.O., SS. 99–100
  6. Tan Tsching-lin "Victors of the Marshes", *Stories of the Long March*, SS. 91–8
  7. Liao Hsing-wen, "A Small Red Army Man in the Long March", *Stories of the Long March*, SS. 99–103
  8. Smedley, a.a.O., S. 338
  9. Chu Li-fu, a.a.O., S. 34
 10. Snow, a.a.O., SS. 203–4
 11. Wales, a.a.O., S. 73; Snow, a.a.O., S. 264
 12. Smedley, a.a.O., S. 337
 13. Ebda., S. 339–40
 14. Hsiung Huang, *The Long March, Eyewitness Accounts*, SS. 144–5
 15. Kang Cheng-teh, "Heart for Heart", *Stories of the Long March*, SS. 119–22
 16. Smedley, a.a.O., SS. 337–8, Hsin Ko, *Erh-wan-wu-chien Li Chang-cheng*, aber gibt die Daten falsch an und könnte daher hinsichtlich der Verlustziffern unzuverlässig sein
 17. Smedley, a.a.O., S. 336
 18. Snow, a.a.O., S. 203, Tschang Kuo-tao (*Ming Pao Monthly*, Bd. V, Nr. 5, Mai 1970, S. 86) bemerkt, daß die tibetischen Streitkräfte, die der Roten Armee gegenüberstanden, ›von den Engländern ausgebildet seien‹.
 19. Smedley, a.a.O., S. 337
 20. Robert Ekvall, *Current Scene* (Hongkong) 15. Januar 1965

Kapitel XX · GEBORGEN IN SCHENSI

  1. Yang Cheng-wu, "The Battle of Latzukuo", *China Reconstructs*, Juli 1965, SS. 33–37. Siehe auch Hu Ping-jun, "How we captured the Pass at Latsekou", *The Long March, Eyewitness Accounts*, SS. 117–23
  2. Li Chang-chuan, *Ti-erh-tzu Kuo-nei Ko-ming Chan-cheng Shih-shih Lun-tsung*, SS. 100–1
  3. Chen Chang-feng, *Stories of the Long March*, SS. 8–10
  4. Wie in Jerome Ch'en und Michael Bullock übersetzt in Ch'en: *Mao and the Chinese Revolution*, SS. 337
  5. Chen Chang-feng, *On the Long March with Chairman Mao*, SS. 66–7
  6. Ebda., SS. 69–70, Chu Li-fu nennt als das Datum des Eintreffens in Wutschi-tschen den 22. Oktober 1935
  7. *A Single Spark Can Light*... S. 233, Wales, a.a.O., S. 75
  8. Snow, a.a.O., S. 204; Smedley, a.a.O., S. 340, Hsu Meng-tschiu in Wales, a.a.O., S. 76
  9. Smedley, a.a.O., S. 341
 10. Snow, a.a.O., S. 204
 11. Ebda., S. 432
 12. Ch'en, a.a.O., S. 199; Snow, a.a.O., S. 434. Feindliche Quellen beziffern die Zahl auf lediglich 2000. Siehe Carl K. Wei in *Issues and Studies*, Bd. 5, Nr. 5, S. 29

13. Mark Selden, "The Guerrilla Movement in North-west China: The Origins of the Schensi-Kansu-Ninghsia Border Region", *The China Quarterly* Nr. 28, Oktober 1966 und 29. Januar 1967, SS. 62 bzw. 61

14. Snow, a.a.O., SS. 214–16

15. *The North-Western Provinces and Their Possibilities of Development,* privat veröffentlicht durch den Nationalen Wirtschaftsrat, Nanking, Juli 1934

16. Dieser und die folgenden Absätze sind zum großen Teil Mark Seldens bereits zitierter Arbeit entnommen. Siehe auch Warren Kuo, "The United Front", *Issues and Studies,* Bd. 4, Nr. 8 und 9, Mai und Juni 1968

17. Das scheint der Mann zu sein, auf den sich Edgar Snows Bericht als Tschang Tsching-fu oder Tscheng Mu-tao bezieht. Snow, a.a.O., S. 212

18. Selden, *The China Quarterly* Nr. 29, Januar 1967, S. 73

19. Hsu Hai-tung, ›Shen-pei Hui-shih‹ (Vereinigung in Schensi), *Red Memoirs,* Bd. III, SS. 174–86; *Who's Who in Communist China,* S. 236

20. Ebda. und Selden, a.a.O., SS. 74–5, Snow, a.a.O., SS. 432–33, erklärt jedoch, daß Hsu Hai-tung Anhuei mit 8000 Mann verlassen habe und mit 3000 in Schensi angekommen sei, die zu Liu Tschi-tans 10000 stießen, was im September 1935 in Schensi eine Gesamtstärke von 13000 ergab. Andere Quellen beziffern Lius Stärke zu dieser Zeit auf 5000

21. A.a.O., S. 75

22. Siehe besonders Selden, a.a.O., S. 77, Maos Einschreiten für die Schensi-›Rebellen‹ trug ihm eine der wenigen anerkennenden Worte von Tschang Kuo-tao ein. (*Ming Pao Monthly,* Bd. V, Nr. 5, Mai 1970, S. 90)

23. *Guerrilla Warfare* wie zitiert in Griffith (Übers.), *Mao Tse-tung on Guerrilla Warfare* (New York, Praeger 1961, S. 55).

24. *Selected Works of Mao Tse-tung,* Bd. I, SS. 161–2

25. Siehe Ch'en, a.a.O., S. 199. Rekruten, die 1935–6 in Schensi, Schansi, Kansu und Ningsia angeworben wurden, fügen der Gesamtsumme vermutlich 15000 Rote Soldaten hinzu. Snow, a.a.O., S. 433

26. "The Long March", *The China Quarterly* Nr. 22, April 1965, S. 123

27. Howard L. Boorman, "Mao Tse-tung: The Laquered Image", *The China Quarterly* Nr. 16, Oktober 1963, S. 23

28. C. P. FitzGerald, "The Long March", *History of the 20th Century* (London, BPC Publishers), Bd. 4, Kap. 49, S. 1351

Kapitel XXI · DIE NACHZÜGLER KEHREN ZURÜCK

1. Liu Po-tscheng, "Looking Back on the Long March", *Tee Long March, Eyewitness Accounts,* S. 221. In einem Bericht wurden Li Hsien-nien und sieben andere Befehlshaber der Vierten Armee auf das Drängen Tschangs und Tschen Tschang-haos am 23. Juni 1936 in Lianghoko in Westszetschuan in das ›Politbüro‹ gewählt. *Issues and Studies,* Bd. 6, Nr. 4, Januar 1970, S. 89

2. Smedley, a. a. O., S. 332 und 334, Hsu Hsiang-tschen war hinsichtlich Sikiangs genauso schweigsam
3. Siehe Garavente, *The China Quarterly* Nr. 22, April 1965, S. 122, ebenso Warren Kuo, "The Zig-zag Flight of Red Army Troops", *Issues and Studies,* Bd. 4, Nr. 10, Juli 1968
4. Ein anderer Bericht besagt, daß sich Ho Lung während des Nantschang-Aufstandes der KPCh anschloß: siehe Tschou I-tschungs Zeugnis in *The China Quarterly* Nr. 18, April 1964, S. 24
5. Snow, a. a. O., S. 79
6. Ebda., S. 80
7. Warren Kuo, "The Anti-Mao-Struggle During the Government 4th Encircling Offensive", a. a. O., Mai 1967, S. 39
8. Hsiao Kes' Erinnerungen: in Wales, a. a. O., SS. 139–140; Snow, a. a. O., S. 432 Smedley, a. a. O., S. 331. Warren Kuo, a. a. O., Bd. 4, Nr. 4, Januar 1968, SS. 42–3, erklärt, daß Ho Lungs 5000, ergänzt durch Hsiao Kes' 1000 und weitere 4000 Rekruten aus der Gegend in Santschih eine Armee von 10000 bildeten.
9. Smedley, a. a. O., SS. 331–2
10. Zitiert bei Smedley, a. a. O., S. 344
11. Ch'en, a. a. O., S. 196
12. Siehe Snow, a. a. O., S. 433. Braun sagt, daß von der Zweiten und Vierten Armee nicht mehr als 6000 Mann am Leben blieben, und Wang Shih u. a. (S. 58 der engl. Übersetzung) behaupten, daß weniger als 30000 Mann aller Armeen den Langen Marsch überlebten.
13. Wales, a. a. O., S. 148, *Issues and Studies,* Bd. 6, Nr. 4, Januar 1970, S. 89. Dieser letzte Bericht spricht von 700 Überlebenden der 30. Armee unter Li Hsien-nien, die von den Russen in Hami in Sinkiang in Empfang genommen wurden. Brauns Behauptung, daß Mao (*Horizont* Nr. 33, 1969) die Vierte Armee nach Sinkiang beordert habe, erscheint absurd.
14. Snow, a. a. O., S. 434; Ch'en, a. a. O., S. 197
15. Meng, *Return to Humanism,* SS. 164–7, Warren Kuo, "The Incidents Concerning Tschen Tu-hsiu und Tschang Kuo-tao", Teil II, *Issues and Studies,* Bd. 5, Nr. 5, Februar 1969, S. 32

Kapitel XXII · VON SCHENSI NACH PEKING

1. Snow, a. a. O., S. 93
2. Viscount Montgomery, *Three Continents* (London, Collins, 1962), S. 47
3. Das Material und die Zitate in diesem Absatz stammen aus Ch'en, *Mao and The Chinese Revolution,* SS. 203–7
4. *The U.S.-Diplomatic Papers 1943 – China,* Department of State, Washington, 1957, S. 399
5. 31. Oktober 1944 von Raymond Atkinson
6. Ch'en, a. a. O., S. 343

Kapitel XXIII · DAS ERSTE ERBE: DISZIPLIN

1. Bericht an den VIII. Kongreß der KPCh, 16. September 1956
2. Rede vom 1. Februar 1942; Boyd Compton, *Mao's China: Party Reform Documents 1942–44,* University of Washington Press, Seattle, 1952, S. 25
3. David A. Charles, "The Dismissal of Marshal Peng Teh-huai", *The China Quarterly* Nr. 8, Oktober 1961, S. 63
4. "Tsunyi Hui-i" (The Tsunyi Conference), *Fei-ching yueh-pao Communist Affairs Monthly,* Ausgabe X, Nr. 7, 31. August 1967. Kuo hörte von Tschen Jan, alias Kuo Tschien, einem Teilnehmer am Langen Marsch, daß Liu an der Tsunji-Konferenz im Januar 1935 teilnahm. Siehe aber *The China Quarterly* Nr. 40, Okt. 1969, S. 19
5. *On the Long March with Chairman Mao,* S. 70
6. Boorman, "Liu Schao-tschi. A Political Profile", *The China Quarterly* Nr. 10, April 1962, S. 8. Siehe auch Lötveit, *The Central Chinese Area.* The *Biographical Dictionary of Republican China* (Hrsg. Boormann, Columbia University Press, New York, 1968, Bd. 2, S. 407) stellt fest, daß Liu den Beginn des Marsches mitmachte, aber später in Richtung der ›weißen‹ Gebiete aufbrach.
7. Wetzel, *Liu Shao-tschih, Le Moine Rouge,* Denoël, Paris, 1961, S. 166
8. Mai 1926, zitiert in Schram, a. a. O., S. 91
9. Ch'en, *Mao,* S. 26
10. Zitiert in *China News Analysis,* Nr. 151, 5. Oktober 1956
11. 8. Mai 1963, zitiert in *Far Eastern Economic Review,* 1. August 1963, SS. 285–7

Kapitel XXIV · DAS ZWEITE ERBE: DIE GUERILLAMORAL

1. Die Wuhan-Resolution vom 10. Dezember 1958
2. *China In The Year 2001,* London, Watts, 1967, S. 48
3. *Selected Works of Mao Tse-tung,* Bd. I, S. 120, Bd. II, S. 128
4. Ellis Joffe, "The Conflict Between Old and New in the Chinese Army", *The China Quarterly* Nr. 18, April 1964, S. 118; John Gittings, *The Role of the Chinese Army,* London, Oxford University Press, 1967
5. Zitiert in *The People's Daily,* Peking, 11. Februar 1963
6. Ch'en, a. a. O., S. 284

Kapitel XXV · DAS DRITTE ERBE: UNABHÄNGIGKEIT VON RUSSLAND

1. Lenin, *The Year 1919,* in *Works,* XVI, S. 442 (zitiert bei Trotzky), *The Third Internationale After Lenin,* New York 1936, S. 226
2. Die Vielfalt der sich widersprechenden chinesischen kommunistischen Aussagen trifft ein Teil der Schuld. Siehe Robert C. North und Xenia J. Eudin, *M. N. Roy's Mission to China,* Berkeley University Press, Kalifornien, 1963. Siehe allgemein Conrad Brandt, *Stalins Failure in China*

1924–27, Cambridge, Harvard University Press, 1958, und Robert C. North, *Moscow and Chinese Communists,* Stanford, University Press, 1953

Snow, *Red Star,* 1. Auflage, S. 391. Die Stelle scheint in der 2. Auflage weggelassen worden zu sein.
4. Charles B. McLane, *Soviet Policy and the Chinese Communists 1931–46,* Columbia University Press, New York 1958, S. 34
5. Rue, a.a.O., S. 271
6. Snow, a.a.O. (1. Aufl.), SS. 389–92
7. McLane, a.a.O., S. 176
8. V. Dedijer, *Tito Speaks,* London 1953, S. 331
9. Donald S. Zagoria, *The Sino-Soviet Conflict 1956–61,* London, Oxford University Press, 1962. David Floyd, *Mao Against Chrustschew, A Short History of the Sino-Soviet Conflict,* New York, Praeger, 1964

Kapitel XXVI · DAS VIERTE ERBE: DIE VORHERRSCHAFT MAOS

1. Snow, a.a.O., S. 449
2. Snow, ebda., S. 514; Ch'en (Hrsg.), *Mao,* SS. 15–6
3. Tschangs Memoiren wurden erstmalig als Artikelserie in *Ming Pao Monthly* (Hongkong), beginnend 1969, veröffentlicht.
4. Wie durch Michael Bullock und Jerome Ch'en, in Ch'en, a.a.O., S. 340, übersetzt. Ch'en glaubt, daß das Gedicht später, 1944–5, verfaßt wurde. Ich teile aber Schrams Ansicht, daß man die offizielle Zuschreibung 1936 akzeptieren sollte. Schram, *Mao Tse-tung,* S. 179
5. Kai-yu Hsu, *Tschou En-lai,* SS. 94–7
6. Liu Ning, *General Report on the Current Situation of the CCP,* 1938, wie zitiert in Li Tien-min, "Tschou En-lai – A Profile", *Issues and Studies,* Bd. I, Nr. 9, Juni 1965, S. 46. Man stellt fest, daß Tschous Rolle in Parteiangelegenheiten zwischen 1932 und 1949 in amtlichen Parteiveröffentlichungen und -geschichten seit 1949 ignoriert wurde und daß er an den meisten Partei-Rechtfertigungsverfahren der frühen 1940er Jahre in Jenan nicht teilnahm, weil er die Kommunisten in Tschungking, dem Hauptquartier der Vereinigten Front, vertrat.
7. *Jenan Liberation Daily,* 6. August 1943
8. Warren Kuo, "The Conflict Between Tschen Schao-ju und Mao Tse-tung", a.a.O., Bd. 5, Nr. 2, November 1968, S. 35 und Nr. 3, Dezember 1968, S. 40
9. Snow, a.a.O., S. 505; Yin Tsching-jao, "Wang Ming Openly attacks Mao", a.a.O., *Issues and Studies,* Bd. 5, Nr. 10, Juli 1969, S. 46
10. "Communist China's Intra-Party Dispute", *Pacific Affairs,* Bd. XXXI, Nr. 4, Dezember 1958, S. 323

Kapitel XXVII · SCHLUSS

1. Wang Teh-tsching, "The Red Army Man's Cap", *Stories of the Long March,* SS. 85–90

Anhang A

Die Befehlshaber bei Beginn des Langen Marsches

Zentraler Revolutionärer Militärrat: *Vorsitzender:* Tschu Teh · *Stellv. Vorsitzender:* Tschou En-lai, Wang Tschia-hsiang · *Oberbefehlshaber:* Tschu Teh · *Generalstabschef:* Liu Po-tscheng · *Direktor der Politischen Abteilung:* Wang Tschia-Hsiang (Nachfolger nach Wangs Verwundung: Li Fu-tschun).

	Zentralkolonne	Kaderkorps	I. Armeekorps	III. Armeekorps	V. Armeekorps	IX. Armeekorps[5]
Kommandeur:	Tschou En-lai	Tschen Kung	Lin Piao	Peng Teh-huai	Tung Tscheng-tang	Lo Ping-hui
Pol.-Kommissar:	Lo Mai	Sung Jen-tschiung	Nieh Jung-tschen	Jang Schang-kuo	Tsai Schu-fan	Ho Tschuang-kuang
Stabschef:	Tschang Jun-yi	Pi Schih-ti	Tso Tschuan	Teng Ping[2]	Tschen Po-tschun	Tschang Tsung-sun
Kommissar des Pol.-Schutzbüros	Teng Fa[1]		Lo Jui-tsching	Juan Kuo-ping[3]	Li Tscho-jan	Wang Schou-tao
Direktor des Zentralen Personalkorps f. örtliche Arbeit			Wu Liang-ping	Kuo Tschien[4]	Teng Tscheng-hsun	Feng Hsueh-feng
Direktor der Pol. Abtlg.			Lo Jung-huan	Tschang Tsching		

Anmerkungen:

1 Teng Fa war Chef des Polit. Schutzbüros.
2 Teng Ping fiel bei Tsunji; sein Nachfolger war Jeh Tschien-jing.
3 Juan wurde Tschen Jun (über Warren Kuo) zufolge durch Liu Schao-tschi als Direktor der Pol. Abteilung des III. Armee-korps ersetzt, das ist aber unglaublich.
4 Kuo Tschien ist der Mann, dessen alias Tschen Jun ist und der Hauptinformant für Warren Kuos Berichte über den Langen Marsch in Issues and Studies (Taipeh) wurde.
5 Es gab auch das VIII. Armeekorps unter dem Befehl von Tschou Kui mit Ho Ke-tschuan als Pol. Kommissar.

Quelle:

Warren Kuo: The Tsunji-Conference, Issues and Studies (Taipeh), Bd. 4, Nr. 14, Jan. 1968, SS. 37–9.

Anhang B

Das Tagebuch des Langen Marsches

Marschweg der Vorhut: I. Armeekorps der Ersten Frontarmee
(Tägliche Kilometerstrecke in Klammern)

Dieses Tagebuch gilt nur für das I. Armeekorps, es unterscheidet sich im einzelnen – wenn auch nicht in breiten Umrissen – von der Marschroute, wo die Vorhut Ausweich-, Ablenkungs- und Erkundungsaktionen durchführte. (Die Kilometer sind aus der Meile [zu 1609,3 m] umgerechnet, die wiederum – abgerundet – 3 chinesischen ›Li‹ entspricht. Sie ergeben zusammen rd. 9600 Kilometer [18 088 Li].)

Die Endsilbe eines Ortes hilft oft, ihn zu identifizieren, die Übersetzung der gebräuchlichsten Bezeichnungen lautet:

Chen (tschen) Großstadt	*Ling* Bergkette	*Schui* Fluß
chiao (tschiao) Brücke	*miao (tschiao)* Tempel	*ssu* Tempel
ho Fluß	*pa* Damm	*tang* Teich (Weiher)
hsien Dorf	*pao* Festung	*tien* Palast
kang Kamm	*pin* Flußufer	*to* oder *tu* Fähre
kiang Fluß	*Po* Mulde	*wan* Bucht
kou oder *kuan* Paß	*shan (schan)* Berg	*Yu (ju)* Ruinen

Einige, aber nicht alle Namen sind auf den Karten zu finden.

Quellen:
1. Yu (Ju) Ku, Die Marschstrecke des Langen Marsches der Roten Armee ›I-tsching‹, Schanghai, 20. Juli 1937, SS. 40–44
2. Chu (Tschu) Li-fu, *Erh-wan Wu-chien Li Chang-cheng Chi* (Der Lange Marsch), ebenfalls Schanghai, 1937, SS. 54–63.

OKTOBER 1934

16. Tunglowan–Schanwangpa (16), 17. Schanwangpa–Tzuschan–Hsiaju (37), 18. Hsiaju–Tangtsuo–Hsinsche (35,5) 19. Hsinsche (0), 20. Hsinsche–Schuangwan (32), 21. Schuangwan–Huhsiang–Hsinkin (32), 22. Hsinkin–Schukpei–Taping (48), 23. Taping–Hsianschan–Schitsaiju (48), 24. fehlt im Original, 25. Schitsaiju–Laotschiehtzuju (30), 26. Laotschiehtzuju–Nientsching–Santschiangkou (40), 27. Santschiangkou–Hsiaohsi–Nantsun (48), 28. Nantsun–Pintoujao–Jianju (40), 29./30. Jianju (0), 31. Jianju–Niupikeng–Niethtu 48).

1. Niehtu–Tschiuniukiang–Lipiling (48), 2. Lipiling–Leiling–Tschensche (43,5), 3. Tschensche–Patschiutien–Santschiangkou (48), 4. Santschiangkou–Jangkujao–Tschengkou (11), 5. Tschengkou–Hsientien (32), 6. Hsientien–Santsaitschi–Makeng (43,5), 7. Makeng–Jaoschan–Schanghsikeng (48), 8. Schanghsikeng (0), Schanghsikeng–Tawangschan–Taotschukeng (35,5), 10. Taotschukeng–Kuantschiatschiao–Penkuling (35,5), 11. Penkuling–Schitzupatschi–Santschiehju (32), 12. Santschiehju–Tangtsun–Pingtien (35,5), 13. Pingtien–Huatschuhsia–Paischito (37), 14. Paischito (0), 15. Paischito–Jitschang–Meitien (32), 16. Meitien–Tschiangschui–Linwu (48), 17. Linwu (0), 18. Linwu–Tienschuipu–Jangkulingjao (32), 19. Jankulingjao–Taipingju–Tschutschijau (43,5), 20. Tschutschijau (0), 21. Tschutschijau–Tzutangju–Tientangju (43,5), 22. Tientangju–Paischiutang (16), 23. Paischiutang–Hsiangtzujun–Taotschou (48), 24. Taotschou–Wuliliu–Tschiangtschialing (32), 25. Tschiangtschialing–Juangankuan–Hsiangkou (21), 26. Hsiangkou–Wenschih (11), 27. Wenschih (0), 28. Wenschih–Anschanpa–Schitangju (35,5), 29. Schitangju–Taipingju–Schaoschui (32), 30. Schaoschui (0).

1. Schaoschui–Meitzuling–Tawan (21), 2. Tawan–Tschingmingkuan–Jutschaping (35,5), 3. Jutschaping–Ssuschihtien (32), 4. Ssuschihtien–Paimaokuan–Tschantou (21), 5. Tschantou–Paimoakuan–Henglukou (35,5), 6. Henglukou–Tschajuan (21), 7. Tschajuan (0), 8. Tschajuan–Wutang–Paitschuping (34), 9. Paitschuping–Kuangnantschen–Pingténg (35,5), 10. Pingteng–Pinghsi–Liujen (35,5), 11. Liujen–Schuangtschiang–Tschintien (43,5), 12. Tschintien–Tschangju–Hsintu (35,5), 13. Hsintu–Hsintschang–Pingtschaso (32), 14. Pingtschaso–Liping–Kutun (35,5), 15. Kutun–Kojutschu–Papaio (40), 16./17. Papiao (0), 18. Papaio–Potung–Hakou (34), 19. Hakou–Nanpang–Liutschai (34), 20. Liutschai–Nanschao (43,5), 21. Nanschao–Tschienho (27), 22. Tschienho–Tschungtou–Schangketun (34), 23. Schangketun–Nienjapu–Pientschai (34), 24. Pientschai (0), 25. Pientschai–Tingtschai–Wengkulung (34), 26. Wenkulung–Paihsi–Schihping (34), 27./28. Schihping (0), 29. Schihping–Suntschiapo–Laotangtschai (40), 30. Laotangtschai–Jutsching (27), 31. Jutsching (0).

1. Jutsching–Tutijao–Lunghsi (34,5), 2. Lunghsi–Liangfengschao–Tschingkangjuan (27), 3. Tschingkangjuan (0), 4. Tschingkangjuan–Wukiangho–Jutschintszu (32), 5. Jutschingtszu–Schuanghsiangpu (32), 6. Schuanghsiangpu–Hsinlungtschang–Huangtschiapa (32), 7. Huangtschiapa–Meitan–Tschiatzutschang (35,5), 8. Tschaitzutschang–Lijupa (34), 9.–12. Lijupa (0), 13. Lijupa–Tsunji–Ssutzschutschan (40), 14. Ssutzschutschan–Louschankuan–Tungtzutschen (32), 15. Tungtzutschen–Schihni-

luan–Schihmentsching (34), 16. Schihmentsching–Hsintschan–Erhlitzu (34), 17. Erhlitzu–Tschungachuishchi–Sungkan (16), 18.–20. Sungkan (0), 21. Sungkan–Tschientou–Schihhao (43,5), 22. Schihhao–Matschiaoa–Wenschuo (32), 23. Wentschuo–Liangtsun–Tuschutschan (40), 24. Tuschutschan–Fengtsun–Schihtscheng (43,5), 25. Schihtscheng–Fenglinjao–Juanhou (27), 26. Juanhou–Fenglinjao–Patan (28), 27. Patan–Fenglinjao–Juanhou (27), 28. Juanhou (0), 29. Juanhou–Laojakou–Malupa (37), 30. Malupa–Tientzupa–Lungtschaupoa (34,5), Lungtschaupoa–Tschentschiajen–Hsianglanpa (35,5).

FEBRUAR 1935

1. Hsianglanpa–Tatschai (19), 2. Tatschai–Jungning (32), 3. Jungning–Tschinotschih (35), 4. Tschinotschih–Tapa (32), 5. Tapa–Wutsun (13), 6. Wutsun–Rantschang–Tschienwutschen (48), 7. Tschienwutschen–Lojangko–Lohai (27), 8. Lohai–Mahotang–Sankoutang–Kuanhsiung (35,5), 9./10. Kuanhsiung (0), 11. Kuanhsiung–Hsihoja–Tschahsi (32), 12. Tschahsi–Taipingschan (32), 13. Taipingschan–Fengschuiling–Panjaho (34), 14. Panjaho–Tschienjangkou–Jingpanschan (35,5), 15. Jingpanschan–Mahsienpao–Schuangtsun (35,5), 16. Schuangtsun–Schalungkou–Mutschiaotun (34), 17. Mutschiaotun–Tschiunglungschan–Tschenlungschan (35,5). 18. Tschenlungschan–Schihsiaokou–Tsoumapa (32), 19. Tsoumapa–Taipingtu–Majikou (34), 20. Majikou (0), 21. Majikou–Fengtsaipa–Tunghuangtien (35), 22. Tunghuangtien–Tuschupa–Taschuitschiao (32), 23. Taschuitschiao–Tiungkutschiao–Schuanglungtschang (35,5), 24. Schuanglungtschang–Tschiutzupa–Hotsun (35,5), 25. Hotsun–Tschiupa–Litzupa (32), 26. Litzupa–Tungtzutschen–Hsiaschenmiao–Szetschutschan–Tsunji (53), 27. Tsunji (0), 28. Tsunji–Liangschuitsching (27).

MÄRZ 1935

1. Liangschuitsching–Lomintschen–Tschintaokeng (35,5), 2. Tschintaokeng–Paliuschui–Tsunji (34), 3./4. Tsunji (0), 5. Tsunji–Paliuschui–Tsaihsi (35,5), 6. Tsaihsi–Tipa (11), 7./8. Tipa (0), 9. Tipa–Tzufeng–Tschangkanschan (33), 10. Tschangkanschan–Pintschiatschai (16), 11. Pintschiatschai (0), 12. Pintschiatschai–Schihkeng–Tienpa (27), 13. Tienpa–Tschingpa–Junganschan (32), 14. Junganschan–Mingkuanszu (27), 15. Mingkuanszu–Kuanjitang–Wengschipa (27), 16. Wengschipa–Kuanjintang–Maotai (27), 17. Maotai–Tatsaotzupa–Jutscha (32), 20. Jutscha (0), 21. Jutscha–Schihhsiakou–Jengfankou (43,5), 22. Jengfankou–Litschianiao–Antschingschan (35,5), 23. Antschingschan–Tschoutschiatschang–Huoschihkang (48), 24. Huoschihkang–Hsientien–Ssufangtu (43,5), 25. Ssufangtu–Kuanjinszu–Paitien (35,5), 26. Paitien–Kanshi–Hoti (35,5), 27. Hoti–Huamatien–Tipa (32), 28. Tipa (0), 29. Tipa–Wantzutscheng–Schatu (27), 30. Schatu–Jaunschan–Wukiangho (32), 31. Wukiangho–Niutschang–Wangtschiaping (27).

1. Wangtschiaping–Hsialungwo (21), 2. Hsialungwo–Laojaho (21), 3. Laojaho–Paimatung–Tiwopa (43,5), 4. Tiwopa–Matschang–Jangtschang (43,5), 5. Jangtschang–Linpokang–Kaotschai (19), 6. Kaotschai–Kangtschai (16), 7. Kangtschai–Laopahsiang (35,5), 8. Laopahsiang–Kuanjinschan–Schaokuantien (48), 9. Schaokuantien–Huntzutschang–Tschitschangpu (43,5), 10. Tschitschangpu–Schangmassu–Tingfangtschen (43,5), 11. Tingfangtschen–Kusung–Jangmaotschang (32), 12. Jangmaotschang–Ketsching–Supeitschiao (32), 13. Supeitschiao–Patsche (27), 14. Patsche–Tschutschang (34,5), 15. Tschutschang–Tzujunhsien–Laja (35,5), 16. Laja–Pahojang–Jangtschian (43,5), 17. Jangtschian–Pankiang–Latschi (43,5), 18. Latschi–Kaotschai–Talan (35,5), 19. Talan–Peihsiang (43,5), 20. Peihsiang–Tuntschiao–Jangschihtun (35,5), 20. Jangschihtun–Hsiapa–Kuanjinschan (48), 21. Kuanjinschan (0), 22. Kuanjinschan–Tschutschang (43,5), 23. Tschutschang–Huangniho–Paijuntsching (43,5), 24. Paijuntsching–Hsiaojangtschang–Kuantung (32), 25. Kuantung–Jingschang–Hsiliuschui (11), 26. Hsiliuschui–Tschutzutschieh (43,5), 27. Tschutzutschieh–Malungtschung–Tschitoutsun (45), 28. Tschitoutsun–Malungtschen–Tsaohsiehtschiao (45), 29. Tsaohsiehtschiao–Jilungtschen–Sungming (43,5), 30. Sungming–Tschitschia–Lengschuikou (35,5).

1. Lengschuikou–Tschima (75), 2. Tschima–Huatschiao (53), 3. Huatschiao–Maanschan–Wutuho (48), 4. Wutuho–Hsiatschili (43,5), 5. Hsiatschili–Talapo (11), 6. Talapo–Lungtschieh–Makou (59), 7. Makou–Pingti–Schatan (53), 8. Schatan–Tschungwuschan–Tschinschakianpin (53), 9. Tschinschakianpin–Tungan (27), 10. Tungan–Wangtschengjao–Kuanjintschiao (43,5), 11. Kuanjintschiao–Tatschiao (21), 12.–13. Tatschiao (0), 14. Tatschiao–Fenschuiling–Junmawan (32), 15. Junmawan–Tschintschuantschiao (53), 16. Tschintschuantschiao–Anschouho–Tehtschang (53), 17. Tehtschang–Tschiaokoutang–Wangschuitang (43,5), 18. Wangschuitang–Tschensanszu (43,5), 19. Tschensanszu–Litschou–Tukuantschung (34,5), 20. Tukuantschung–Hsilung–Luku (43,5), 21. Luku–Mafangkou–Mienning (35,5), 22. Miening (0), 23. Miening–Tatschiao–Towu (45), 24. Towu–Hsiaoputzu (43,5), 25. Hsiaoputzu–Hsingtschang–Anschungtschang (32), 26. Anschungtschang (0), 27. Anschungtschang–Haierhwa–Tienwan (43,5), 28. Tienwan–Menghukang–Mohsimien (16), 29. Mohsimien–Tschunipa–Schangtienpa (53), 30. Schangtienpa–Hsiatienpa–Lutingtschiao (32), 31. Lutingtschiao–Lungpafu–Puschuitsching (43,5).

1. Puschuitsching–Taokou–Santaotschiao (27), 2. Santaotschiao–Nitou–Hutschuantschieh (32), 3. Hutschuantschieh–Kanschuschan–Tatschiao

(35,5), 4. Tatschiao–Hsinmiaotzou–Schihping (32), 5. Schihping–Hsiao-hotzu–Tschentschiapa (32), 6. Tschentschiapa–Taschenhsi–Liutschiakou (21), 7. Liutschiakou–Schihjang (13), 8. Schihjang–Schihpataota–Luschanhsien (64), 9. Luschanhsien–Huntschaiapa (13), 10. Huntschaiapa–Schuanghotschang–Hsiaokuantzu (35,5), 11. Hsiaoku-antzu–Paohsienghsien (32), 12. Paohsienghsien–Tatschihkou–Fengtungja (43,5), 13. Fengtungja–Tatschiaotschi (43,5), 14. Tatschiaotschi–Tschiatschinschan–Tawei (64), 15. Tawei–Kuantschai (24), 16. Kuantschai–Moukung (24), 17. Moukung–Liangschuitsching–Patschiao (32), 18.–22. Patschiao (0), 23. Patschiao–Fupien (27), 24. Fupien–Lianghokou (35,5), 25. Lianghokou (0), 26. Lianghokou–Huangtsaoping (16), 27. Huangtsao-ping–Menpischan–Tschoketschi (53), 28. Tschoketschi (0), 29. Tschoket-schi–Mamutschiao–Somo (43,5), 30. Somo–Matang (35,5).

JULI 1935

1. Matang–Kangmiaossu (16), 2. Kangmiaossu–Tapanling–Tschaitou (43,5), 3. Tschaitou–Tsangte (34,5), 4./5. Tsangte (0), 6. Tsangte–Takuling–Taku (34,5), 7. Taku–Tolokang (53), 8. Tolokang–Tatschulin (53), 9. Tatschu-lin–Limassu (8), 10. Limassu–Maoerhkai (5), 11.–28. Maoerhkai (0), 29. Maoerhkai–Tschangfang–Latzuling (24), 30. Latzuling–Tschang-fang–Maoerhkai (28), 31. Maoerhkai (0).

AUGUST 1935

Maoerhkai–Kajing (35,5), 2. Kajing–Tschaliko–Hsiaolamassu (35,5), 3. Hsiaolamassu–Polotzu (31), 4.–6. Polotzu (0), 7. Polotzu–Heischuiho (16), 8.–17. Haischuiho (0), 18. Haischuiho–Tschalilo–Hsiaolamassu (35,5), 19. Hsiaolamassu–Kajing (35,5), 20. Kajing–Maoerhkai (35,5), 21./22. Maoerhkai (0), 24. Maoerhkai–Tschihsingtschiao–Latzutang (35,5), 24. Latzutang–Grasland–Fenschuiling (35,5), 25. Fenschuiling–Gras-land–Houho (43,5), 26. Houho–Grasland–Tatsaoti (35,5), 27. Tatsaoti–Grasland–Hsiaoschenlin (35,5), 28. Hsiaoschenlin–Panju–Pahsi (27), 29. Pahsi–Ahsi (11), 30./31. Ahsi (0).

SEPTEMBER 1935

;. Ahsi (0), 2. Ahsi–Maolung (32), 2./3. Maolung (0), 4. Maolung–Ku-angli–Otschieh (48), 5.–11. Otschieh (0), 12. Otschieh–Tschiaotschissu (28), 13. Tschiaotschissu–Manti (32), 14. Manti–Watsangssu (35,5), 15. Wats-angssu–Schihmen–Moja (21), 16. Moja–Heila (35,5), 17. Heila–Latzukuo (48), 18. Latzukou–Talaschan–Hsuanwo (64), 19. Hsuanwo–Lujuanli (19), 20. Lujuanli–Hajuanpu (19), 21./22. Hajuanpu (0), 23. Hajuanpu–Lut-sching (128), 24. Lutsching–Hsinssu (53), 25. Hsinssu–Juangtschangtschu (27), 26. Juangtschangtschu–Panglotschen (48), 27./28. Panglotschen (0), 29. Panglotschen–Tungwei (38), 30. Tungwei (0).

1. Tungwei (0), 2. Tungwei–Wangtschaho–Ssutzuschuan (32), 3. Ssutzut-schuan–Hungsuerh–Hungtschiatatschuang (35,5), 4. Hungtschiatatschu-ang–Kaotschiapu (16), 5. Kaotschiapu–Hsienschengmiao–Tschangtschiat-schi (53), 6. Tschangtschiatschi–Huangfutzufu–Tschangjipu (35,5), 7. Tschangjipu–Tschinhschihtschu–Naitschiaho (35,5), 8. Naitschiaho–Pa-jangtschen–Putschihjao (35,5), 9. Putschihjao–Tschentschiawan (48), 10. Tschentschiawan–Santscha (48), 11. Santscha–Heitschiajuan–Sutschiawan (27), 12. Sutschiawan–Maotschiatschuan (53), 13. Maotschiat-schuan–Tschentschiawan (35,5), 14. Tschentschiawan–Miaot-schiaho–Hungtetschen (48), 15. Hungtetschen–Tsaotschiawan–Kungtschia-wan (24), 16. Kungtschiawan–Miaotschiajo–Mukuatschen (32), 17. Mukuatschen–Tschoutschiahsiaotschung–Tsotschiajaoschan (32), 18. Tsot-schiajaoschan–Tienpeihou–Tiehpientschen (32), 19. Tiehpientschen–Mah-singtschuang–Wutschitschien (32), 20. Wutschitschien (0), 21. Wutschit-schien–Tutschiataotzu–Tangerhwan (21).

Anhang C

Dramatis Personae

Der Hauptfeind der chinesischen Kommunisten auf dem Langen Marsch war Tschiang Kai-schek, Präsident und Generalissimus der Republik China und Führer der herrschenden Kuomintang- oder Nationalistischen Partei (als Nachfolger des Parteigründers Sun Jat-sen), mit dem Hauptquartier in Nanking.

Die wichtigsten Kuomintang-Generale, die gegen die Rote Armee auf dem Marsch fochten, waren Tschen Tschi-tang, Tschiang Ting-wen, Tschou Hun-juan, Ho Tschien, Ho Kuo-kuang, Hsueh Jueh, Hu Tsung-nan, Kuo Tschu-tung und Liu Tschien-hsu.

Die führenden Provinz-Kriegsherren und ihre Generale, die die Kommunisten während des Marschs in Kämpfe verwickelten, waren Wu Tschi-wei in der Provinz Kuangsi, Hou Tschi-tan, Ja Kuo-tsai und Wang Tschia-lieh in Kueitschou, Jang Hu-tschang in Schensi, Liu Hsiang, Liu Wen-hui und Tien Tsung-jan in Szetschuan und Lung Jun in Jünnan.

Die nichtchinesischen Berichterstatter, die bald nach dem Langen Marsch in der kommunistischen Basis in Jenan eintrafen und die Informationen darüber aufzeichneten, würden in sich eine faszinierende Studie liefern. EDGAR SNOW (1905 bis 1972) ist amerikanischer Journalist, der in Missouri geboren wurde und für die *Chicago Tribune, New York Herald Tribune, Daily Herald* und andere Zeitungen seit Anfang der 30er Jahre berichtete, erreichte als erster im Sommer 1936 Mao Tse-tungs Hauptquartier in Schensi und schrieb auf der Basis dieses vier Monate währenden Besuchs ›Roter Stern über China‹. Seine Frau, HELEN FOSTER SNOW, (die unter dem Pseudonym NYM WALES schrieb), folgte ihm 1937 und schrieb ›*Red Dust*‹ und ›*Women in Modern China*‹, zum Teil auf Grund von Material, das sie dabei sammelte. Snow und Wales waren beide idealistische junge Amerikaner, die chinesisch sprachen und viel Sympathie für die Chinesen empfanden. Später wurden sie geschieden. Snow besuchte China 1960 und 1964 abermals, während sich Wales nach Amerika zurückzog. AGNES SMEDLEY (1893–1950) stammt ebenfalls aus Missouri, kam aber über ihr jugendliches Interesse für den indischen Nationalismus auch nach China. Von 1928–1933 war sie Korrespondentin der ›*Frankfurter Zeitung*‹. 1937 besuchte sie Jenan und schrieb eine Biographie Tschu Tehs (Der Große Weg).

Die folgende Liste nennt die Kommunisten, die beim Langen Marsch eine führende Rolle spielten:

BRAUN, OTTO, siehe Li Teh.

HO LUNG (1896–) als Sohn einer armen Bauernfamilie in Hunan geboren, mit wenig Schulbildung, wurde aber als Befehlshaber der Zweiten Frontarmee in der Hupei-Hunan-Basis einer der berühmtesten Generale der Roten Armee, begleitete Tschang Kuo-tao nach der Maoerhkai-Konferenz nach Sikiang, hatte aber nach 1949 hohe zivile und militärische Posten inne.

HSIANG JING (1897–1941) in Hupei geboren und schon früh verwaist, wurde geschickter Gewerkschaftsorganisator und war in der Zentralen Sowjetregierung einer der zwei Stellvertretenden Vorsitzenden Maos. Nahm nicht am Marsch teil, wurde nachher aber Politischer Kommissar der berühmten Neuen Vierten Armee während der Kämpfe nach dem Marsch mit der KMT. Im Kampf gegen Kuomintang-Einheiten 1941 in Anhuei gefallen.

HSIAO KE (1909–) aus einer hunanesischen Mandarinfamilie, nahm mit Tschiang Kai-schek an der ›Expedition nach Norden‹ teil; trat 1927 in die KPCh ein; führte vor dem Marsch das VI. Armeekorps, vereinigte sich mit Ho Lung und bildete die Zweite Frontarmee; nach 1949 wichtige militärische und zivile Posten.

HSU HSIANG-TSCHIEN (geb. 1902), in Schensi geboren, studierte in Whampoa und trat um 1927 in die KPCh ein; organisatorische Arbeit in Hupei; wurde schließlich mit Kuo-tao Befehlshaber der Vierten Armee, ging mit Tschang nach Sikiang, als seine Truppen von Maos Kolonne abgeschnitten wurden; nach 1949 militärische Spitzenpositionen, 1955 Marschall von China.

HSU MENG-TSCHIU, ›offizieller Historiker‹ des Langen Marsches, verlor während des Marsches beide Beine durch Erfrieren.

JANG TSCHENG-WU (geb. 1904), in Fukien geboren, trat 1927 während eines Aufstands in Südhunan in die Rote Armee ein, wurde 1932 Politischer Kommissar eines Regiments des I. Armeekorps und gehörte auf dem Marsch zur Vorhut. 1954–1968 Mitglied des Nationalen Verteidigungsstabs, wurde während der Kulturrevolution Stabschef, fiel aber später in Ungnade.

JEH TSCHIEN-JING: (geb. 1899) in Kuangtung geboren; wurde Lehrer in Whampoa und trat 1924 in die KPCh ein. War während des Marschs Leiter des Colleges der Roten Armee und Anhänger Maos, wurde 1958 Präsident der PLA-Militärakademie, während und nach der Kulturrevolution hohe Parteiämter.

KAO KANG (1902–1954), in Schensi als Sohn einer Landbesitzerfamilie geboren, 1926 in die KPCh eingetreten, wurde Liu Tschih-tans politischer Kommissar in der Sechsundzwanzigsten Roten Armee in Schensi; half Liu 1935 bei der Gründung des Schensi-Kansu-Sowjets; hatte nach dem Marsch hohe Parteiposten inne und war 1949–53 der höchste Parteifunktionär in Nordostchina; in der Folge nach Peking versetzt und hart angegriffen, weil er versucht haben soll, im Nordosten ein unabhängiges Königreich zu errichten; Freitod 1954.

Li Teh, alias Otto Braun, deutscher militärischer Berater der Komintern bei der KPCh in Kiangsi; einziger Europäer, der den Langen Marsch von Anfang bis Ende mitmachte. Von Mao in Tsunji wegen taktischer Fehler hart angegriffen, kehrte 1937 nach Rußland zurück, schrieb 1968 Erinnerungen in Ostdeutschland.

Lin Piao (1907–1971) als Sohn einer Bauernfamilie in Hupei geboren, brillanter militärischer Taktiker. Studierte an der Whampoa-Akademie, traf mit den Streitkräften Tschu Tehs in Kiangsi ein, befehligte das I. Armeekorps auf dem Langen Marsch und war persönlich Mao ergeben, wurde 1959 Verteidigungsminister und später Maos Stellvertreter. (Nach einem angeblichen Putschversuch 1971 bei einem Flugzeugunglück auf geheimnisvolle Art ums Leben gekommen. A. d. Ü.)

Liu Tschih-tan (1903–1936), Sohn einer Landbesitzerfamilie in Schensi, 1925 Eintritt in die KPCh, Studium in Whampoa; vereinigte 1932 seine Truppen mit Kao Kang, um die Sechsundzwanzigste Rote Armee zu bilden; half Kao Kang bei der Gründung der Basis in Nordschensi, die das Endziel des Langen Marschs wurde. Gefallen in einem Feldzug der Roten Armee in Schensi.

Liu Po-tscheng (geb. 1892), in Szetschuan geboren; militärische Ausbildung, Eintritt in die KPCh 1926, einer der hervorragendsten Befehlshaber der Roten Armee. Er führte eine der Vorhuteinheiten des Langen Marsches, ging mit Tschang Kuo-tao nach Sikiang und traf 1936 in Jenan ein. Leitete die Ausbildungsabteilung der Volksbefreiungsarmee 1954–1957 und wurde 1955 Marschall der Volksrepublik.

Liu Schao-tschi (geb. 1900), Sohn einer hunanesischen Bauernfamilie, trat in Moskau der KPCh bei, 1927 ins ZK der KPCh gewählt, wurde er der führende Theoretiker der Parteiorganisation; nahm an einem Teil des Langen Marschs teil; wurde 1959 Vorsitzender der Volksrepublik China und war nach Mao bis 1966 zweithöchstes Parteimitglied. 1966 wurde er zum Hauptangriffsziel der Kulturrevolution und fiel in Ungnade.

Lo Fu: siehe Tschang Wen-tien.

Lo Ping-hui (19??–1943), Kommandeur des IX. Armeekorps während des Marschs; im Kampf gefallen.

Mao Tse-tung (geb. 1893). Als Sohn einer Bauernfamilie in Hunan geboren. Klassische und moderne Bildung. Nahm 1921 am ersten Parteikongreß der KPCh teil. Leitete vor der KMT-KPCh-Spaltung 1927 die Bauernabteilung der Kuomintang. Gründete mit Tschu Teh den Kiangsi-Sowjet, etablierte in Tsunji während des Langen Marschs seine führende Position in der Partei und wurde unbestrittener Führer der Bewegung, nachdem Tschang Kuo-taos Herausforderung fehlschlug. Seit 1949 Vorsitzender der KPCh und Führer Chinas.

Nieh Jung-tschen (geb. 1899), Sohn einer armen Bauernfamilie in Szetschuan, studierte in Frankreich und später in Rußland. 1923 Eintritt in die KPCh. Trat in Whampoa in die Armee ein, wurde 1932 Politischer Kommissar des I. Armeekorps und behielt diesen Posten während des

Marsches; wurde 1955 Marschall der Volksrepublik und leitete viele di-
plomatische Missionen im Ausland.

PENG TEH-HUAI (geb. 1899), Sohn einer reichen Bauernfamilie in Hunan,
Eintritt in die KPCh 1928. Befehligte während des Marsches das III. Armeekorps der Ersten Frontarmee; Anhänger Maos und einer der wichtigsten Kommandeure im Bürgerkrieg. 1954–59 Verteidigungsminister; wegen antimaoistischer und prorussischer Tätigkeit in Ungnade gefallen und
entlassen.

PO KU: siehe Tschin Pang-hsien.

TSCHANG KUO-TAO (geb. 1897), Sohn einer Landbesitzerfamilie aus Kiangsi.
In der ›Bewegung vom 4. Mai‹ aktiv. Delegierter beim Ersten National-
kongreß der KPCh; Führer der Vierten Frontarmee während des Marsches
aus der Ojuwan-Basis; forderte bei der Konferenz in Moukung und
Maoerhkai Maos Führung heraus, lief 1938 zur KMT über. Zog sich nach
Kanada zurück.

TSCHANG WEN-TIEN (geb. 1898) alias Lo Fu, Sohn einer wohlhabenden Bau-
ernfamilie in Schanghai, wohlbekannter Schriftsteller und Übersetzer, der
1925 der KPCh beitrat; einer der in Rußland geschulten Achtundzwanzig
Bolschewiki. Von Tsunji bis 1943 Generalsekretär der KPCh, 1951–55
Botschafter in Moskau, auch weiterhin wichtige Posten, obwohl seine in
Rußland geschulten Genossen gerügt wurden.

TSCHEN SCHAO-JU (geb. 1907) alias Wang Ming, Sohn einer wohlhabenden
Bauernfamilie in Anhuei, 1925 Eintritt in die KPCh. Führer der Achtundzwanzig Bolschewiki, Generalsekretär der KPCh 1931–32, 1932–37
Kominternvertreter der KPCh in Rußland; kehrte 1937 nach China zurück, wurde von Maos Faktion wegen seiner Politik in den frühen 1930er
Jahren kritisiert; erhielt seit 1949 keine wirkliche Verantwortung mehr
und ist inzwischen nach Rußland zurückgekehrt.

TSCHEN JUN (geb. 1900), in Schanghai geboren, geringe formelle Ausbildung;
trat der Partei um 1924 bei, 1934 in Kiangsi in das ZK gewählt, unterstützte Mao augenscheinlich in Tsunji, ging aber 1935 nach Rußland;
kehrte 1938 nach China zurück; war nach 1949 Vizepräsident des ZK und
hatte wichtige wirtschaftliche Planungsposten in der Regierung inne.

TSCHIN PANG-HSIEN (1907–1946) alias Po Ku; Sohn einer Beamtenfamilie in
Tschekiang, 1925 Eintritt in die KPCh. Einer der Achtundzwanzig Bolschewiki. Von 1932 bis zur Tsunji-Konferenz Generalsekretär der KPCh,
gab später die offizielle Zeitung der KPCh heraus, bei einem Flugzeugunglück während des Bürgerkriegs ums Leben gekommen.

TSCHOU EN-LAI (geb. 1898), Sohn einer Adelsfamilie in Tschekiang, Studium
in Japan und Frankreich, Stellvertretender Direktor der Politischen Abteilung der Akademie in Whampoa. Hohe zivile und militärische Posten
in Kiangsi, wurde nach der Tsunji-Konferenz Politischer Generaldirektor
der Roten Armee; nach 1949 Chinas erster Ministerpräsident und Außenminister, ist in auswärtigen Angelegenheiten immer noch der führende
Sprecher seines Landes.

TSCHU TEH (geb. 1886), Sohn einer armen Bauernfamilie in Szetschuan, reiste und arbeitete in den frühen 1920er Jahren in Europa. Nahm am Nantschang-Aufstand teil. Gründete mit Mao den Kiangsi-Sowjet, Befehlshaber der Ersten Frontarmee während des Langen Marsches. Nahm an Tschang Kuo-taos Expedition nach der Maoerhkai-Konferenz teil. 1950–59 Stellvertretender Vorsitzender der Volksrepublik, später Vorsitzender des Ständigen Ausschusses des Nationalen Volkskongresses.

TSO TSCHUAN, Stabschef des I. Armeekorps auf dem Langen Marsch, in den 1940er Jahren gefallen.

TUNG PI-WU (geb. 1886), in Hupei geboren, studierte in Japan, war einer der Gründer der KPCh. Leiter der Zentralen Parteischule in Kiangsi, Teilnehmer am Marsch, wurde Mitglied des ZK und des Politbüros, Präsident des Obersten Volksgerichts 1954–59.

WANG TSCHIA-HSIANG (geb. 1904), in Anhuei geboren. Graduierte an der Universität Schanghai und wurde einer der Achtundzwanzig Bolschewiki; Mitglied des ZK 1931; 1933 Direktor der Politischen Generalabteilung der Roten Armee. Teilnehmer am Langen Marsch; auch später hohe Posten, 1949–51 chinesischer Botschafter in Moskau, aber während der Kulturrevolution heftig angegriffen.

WANG MING: siehe Tschen Schao-ju.

WANG SCHOU-TAO (geb. 1907), Sohn einer armen Bauernfamilie in Hunan. Eintritt in die KPCh 1925; arbeitete in Hunan, Schanghai und Kiangsi für die Partei, während des Marsches Direktor der Politischen Abteilung des IX. Armeekorps, 1945–56 alternierendes Mitglied des ZK – nach 1949 verschiedene Regierungsposten.

Register

Namen, die ständig im Text vorkommen – wie Mao Tse-tung, Rote Armee, Langer Marsch, KPCh usw. – sind im Register nicht aufgeführt.

Sachbuch-Bestseller als Heyne-Taschenbücher

Pauwels/Bergier
Aufbruch ins dritte Jahrtausend
7022 / DM 7,80

Theo Löbsack
Versuch und Irrtum Der Mensch: Fehlschlag der Natur
7023 / DM 5,80

Erich von Däniken
Erscheinungen
7024 / DM 6,80

A. G. Galanopoulos /
Edward Bacon
Die Wahrheit über Atlantis
7025 / DM 6,80

Karl Steinbuch
Ja zur Wirklichkeit
7026 / DM 5,80

Eugen Kogon
Der SS-Staat
7027 / DM 6,80

Bernhard Grzimek
Auf den Mensch gekommen
7028 / DM 7,80

Hannes Lindemann
Überleben im Stress– Autogenes Training
7029 / DM 6,80

Gerhard Konzelmann
Die Araber
7030 / DM 7,80

Bedford/Kensington
Das Delpasse-Experiment
7031 / DM 6,80

Karlheinz Deschner
Das Kreuz mit der Kirche
7032 / DM 7,80

Matthias Pusch
Die Römer
7033 / DM 6,80

C. P. Fitzgerald
Die Chinesen
7034 / DM 7,80

Evelyn Wells
Nofretete
7035 / DM 7,80

Hannsferdinand Döbler
Die Germanen
2 Bände
7036 / DM 17,60

Thor Heyerdahl
Fatu Hiva
7037 / DM 7,80

Laslo Havas
Die Ägypter
7038 / DM 5,80

Hannes Lindemann
Anti-Stress-Programm
7039 / DM 5,80

Friedrich L. Boschke
Das Unerforschte
7040 / DM 7,80

Dr. S. Smith
Astrale PSI-Geheimnisse
7041 / DM 5,80

F. Courtade /
P. Cadars
Geschichte des Films im Dritten Reich
7042 / DM 10,80

Martin Ebon
Das Rätsel des Bermuda-Dreiecks
7043 / DM 4,80

Helga Vollmer
Die Krise in den mittleren Jahren
7044 / DM 4,80

Wolfgang Leonhard
Am Vorabend einer neuen Revolution
7046 / DM 8,80

Rolf Bossi
Ich fordere Recht
7050 / DM 7,80

HEYNE BIOGRAPHIEN

Eine systematische Sammlung großer
Biographien in einer preiswerten Taschenbuch-Reihe.
Jeder Band ergänzt durch Chronologie und Register.

35 / DM 5,80

36 / DM 7,80

37 / DM 7,80

38 / DM 7,80

39 / DM 9,80

40 / DM 8,80

41 / DM 9,80

42 / DM 8,80

43 / DM 8,80